21世纪国际经济与贸易专业系列教材

国际商法 第五版

International Business Law

党伟 主编

东北财经大学出版社 大连

Dongbei University of Finance & Economics Press

图书在版编目（CIP）数据

国际商法／党伟主编 . —5 版 . —大连 ：东北财经大学出版社，
2019. 2（2020. 8 重印）

（21 世纪国际经济与贸易专业系列教材）

ISBN 978-7-5654-3462-4

Ⅰ . 国… Ⅱ . 党… Ⅲ . 国际商法–高等学校–教材 Ⅳ. D996.1

中国版本图书馆 CIP 数据核字（2019）第 027447 号

东北财经大学出版社出版

（大连市黑石礁尖山街 217 号 邮政编码 116025）

网 址：http：// www. dufep. cn

读者信箱：dufep @ dufe. edu. cn

大连雪莲彩印有限公司印刷 东北财经大学出版社发行

幅面尺寸：170mm×240mm 字数：402 千字 印张：20.25 插页：1

2019 年 2 月第 5 版 2020 年 8 月第 12 次印刷

责任编辑：李 彬 徐 群 责任校对：田 杰

于 梅 刘东威

封面设计：冀贵收 版式设计：钟福建

定价：42.00 元

21世纪国际经济与贸易专业系列教材编委会

主　任

李东阳　教授，博士生导师

阙澄宇　教授，博士生导师

郭连成　教授，博士生导师

副主任

王绍媛　姜文学

委员（以姓氏笔画为序）

邓立立　王国红　兰　天　孙玉红

田玉红　叶富国　李　虹　李艳丽

李勤昌　苏　杭　杜晓郁　范　超

施锦芳　党　伟　黄海东　鄂立彬

总　　序

　　国际经贸活动是在原始社会末期和奴隶社会初期随着阶级和国家的出现而产生的，直至资本主义生产方式确立后才获得了广泛的发展，才真正具有了世界性。对国际经贸活动的系统研究始于15世纪的重商主义学派，至今已形成涉及领域广泛、结构完整的学科知识体系。

　　与一国国内经济不同，国际经贸活动涉及两个或两个以上国家（或地区）的当事人，而全球范围内又不存在一个超国家的权力机构对这些活动进行规范和管理，因此，国际经贸活动的习惯做法及各种规则往往是先发国家国内做法和规则的延伸，由此决定了先发国家和后发国家在国际经贸人才培养方面的差异：先发国家由于国内外经贸活动的做法和规则差异不大，因此很少专门设立国际经贸类专业，而是将其内容分散在相关专业的课程中进行介绍；后发国家由于国内外经贸活动的做法和规则差异很大，因此往往专门设立国际经贸类专业。

　　中华人民共和国成立后，在计划经济体制下，国际经贸本科层次人才的培养主要集中在少数几个财经类院校。改革开放以后，国内各类高校在本科层次纷纷设立了名称各异的外经贸相关专业或方向，包括对外贸易、国际贸易、国际经济、世界经济、国际经济合作、工业外贸等。1993年，国家教委印发了《普通高等学校本科专业目录》，将国际经贸本科层次专业规范为三个，即经济学学科门类下的"国际经济"专业和"国际贸易"专业、工学学科门类下的"工业外贸"专业。2012年《普通高等学校本科专业目录》中，"国际经济与贸易"专业没有调整，是经济学学科门类下的"经济与贸易类"专业之一。

　　最先在国家（或地区）之间发生的经贸活动是货物贸易，它至今仍是国际经贸领域的重要内容。关于国际货物贸易的教学与研究起步早，成果多，课程体系完整，主要包括理论、实务与惯例、专业外语三类课程。随着国际经贸活动领域的不断拓展，国际经贸类专业的课程体系也随之完善，增加了诸如"国际技术贸易""国际经济合作""国际投资""国际服务贸易""国际物流"等课程，国内部分院校还基于这些领域设立了专业方向，细化了课程体系。

　　21世纪是一个催人奋进的时代，科学技术迅猛发展，知识更替日新月异，国际竞争日趋激烈。

　　从国际经济环境来看，跨国投资飞速发展，世界各国和地区间的经济依赖程度不断加深，经济全球化和区域经济一体化趋势不断加强，国际经济协调日显重要，经济集团内部以及经济集团之间的合作与竞争日益成为关注的焦点。

从国内经济环境来看，社会主义市场经济体制的建立与不断完善改善了我国企业参与国际竞争的条件，加入世界贸易组织承诺的逐步履行、我国产业结构和贸易结构的调整也为我国企业参与国际竞争提供了机遇和挑战。

为了培养熟悉国际经济运行规则、符合社会主义市场经济建设需要的人才，优化人才的知识结构，我们组织东北财经大学国际经济贸易学院的专业骨干教师编写了"21世纪国际经济与贸易专业系列教材"。这套教材在保留原有教材体系优点的同时，结合教师多年教学的经验，尽可能地反映本学科领域最新的研究成果和发展趋势。

我们深知，教材从编写出来的那一天起就已经"过时"了，这就需要教师在讲授过程中不断充实、调整有关授课内容，我们也将根据国内外经济环境的变化适时修订本系列教材。为了便于读者深入理解相关知识和在教材更新期间及时更新信息，我们在部分教材（尤其是理论类教材）中设计了"补充阅读"栏目，提供相关章节的主要数据来源和建议阅读的资料。

本系列教材是专门为国际经济与贸易专业本科生课程编写的，同时也适合于其他经济类专业和有兴趣学习、更新国际经济与贸易知识的人士使用。

由于作者学识和资料所限，本系列教材难免有不足之处，敬请广大读者批评指正。

21 世纪国际经济与贸易专业系列教材编委会

第五版前言

国际经济交往的发展推动了国际贸易规则的完善。随着我国深入参与国际经济关系以及我国相关法律的不断完善，在规则上与国际经济规则接轨的程度不断提高。在这个背景下，作者对《国际商法》一书进行了修订与补充。

国际商业交易领域的法律规范是在处理国际商业问题过程中逐渐形成的，这种形成过程使它既包括了最初的商人习惯法和交易惯例，也包括后来逐渐发展起来的各国调整国际商业活动的民商法规范，以及最近一个世纪迅速形成的国际贸易条约与协定体系。而在国际上，从事国际经济与贸易活动要遵循的国际规则，包括商事方面的国际公约和国际惯例，以及由国际私法规则指引的有关国家的民商法。国际商法就是以这几方面规范为研究对象的法律学科。

本书按以下体例编写：第1章国际商法导论；第2章国际商事关系的主体及其法律地位；第3章比较合同法；第4章国际货物买卖法；第5章比较代理法；第6章商事组织法；第7章工业产权法；第8章比较票据法；第9章国际商事仲裁。考虑到《联合国国际货物销售合同公约》在我国的对外贸易司法实践中应用越来越广泛，本书增加了《联合国国际货物销售合同公约》的相关内容，包括公约优先适用原则的发展近况、公约的违约救济体系，以及各国法院或者仲裁机构适用本公约进行审判或者仲裁的有代表性的判例。这些最新发展不仅对《联合国国际货物销售合同公约》产生影响，而且对国际商法的很多问题以及未来的发展方向产生重大影响。为便于读者学习和研究，本书再版时附录仍然保留了1980年《联合国国际货物销售合同公约》的中文文本。同时，根据我国法律的最新进展，对相关内容进行了调整，以适应我国国际贸易领域和商事领域法律发展的最新要求，反映国际商法的最新动态。

本书适用于高等院校国际经济与贸易专业的本专科学生、从事相关工作的人员和对国际商法有兴趣的读者。本书难免有不足之处，敬请读者对本书提出宝贵的修改建议，作者的电子邮箱：dangwei@ dufe. edu. cn 或 dww999@ sina. com。

编　者

2019 年 1 月

目　　录

第 1 章 / 国际商法导论

学习目标

　　本章介绍的是本课程最基本的问题，目的是为国际商法课程的学习打下一个基础。因此，本章分别介绍了国际商法的概念、渊源及沿革。此外，考虑到大陆法系和英美法系对国际商法的巨大影响，本章对两者之间的差别与联系也予以介绍，以便读者对本课程有一个清晰的线索。

1.1　　国际商法的概念

　　国际商法，是指调整国际商事行为以及由此而产生的各种国际商事关系的法律规范的总称。

　　商事行为和民事行为同属于法律行为：商事行为强调以营利为目的，这是它与民事行为的区别所在。因而，私人①是国际商事行为的主要从事者。国家以营利为目的直接参与具体的国际商事活动的例子很少见，我国的国有企业在国际商事活动中也是以自己的名义，而不是以国家的名义参加国际商事活动的，并且，即使出现了国家以营利为目的参与具体的国际商事活动的情形，国家在这一具体的商事行为中也经常被看作一个地位同等的私法主体。因此，这里"国际"②一词是指"跨越国家"，涉及的是私法主体跨越国家进行的商事行为，而不包括公法意义上的国际关系。所以，西方学者往往将当代国际商法称为"跨国法（transnational law）"。

　　对于国际商法的概念和范围既存在很多观点，也有一些争论。但本书从实务角度出发，抛开学术争论，以"一个人从事跨国商业活动所应遵守的法律规范和国际性准则"为出发点，来确定本书的内容。前联合国法律顾问和联合国国际贸易法委员会主席施米托夫认为，国际商法包括两个主要分支：①国际贸易法，其中国际货物买卖是该法的主要内容，尽管它还包括国际银行业务、保险及航空、海洋和陆上运输中的法律问题。②国际公司法，国际公司是指根据一国法律设立但又在其他国家具有商业利益的公司。无论此项商业利益采取何种形式，如在其他国家设立

---

① 这里的私人是指私法意义上的主体，包括自然人和法人。
② "国际关系"一词通常有两种含义，它既指以政府间关系为代表的国家之间的关系，也指具体的当事人跨越国境活动而产生的各种关系。

子公司，或在联合公司中占有股份，或参加经营管理，或采用其他形式。这一观点对本书有重要影响。

由于近年来国际贸易的飞速发展，国际贸易概念本身在扩大，由传统的货物贸易扩展到技术贸易和服务贸易，调整国际贸易的法律规范也由原来的私法规范为主演变为公法与私法多角度调整①，国家以及国家之间的关系对国际贸易关系产生了决定性的影响。这些变化对国际商法课程的影响是显而易见的，它使得该课程的内容急剧扩大并复杂化，与其他课程产生很多交叉、重叠。为避免这些问题，并考虑与其他课程的协调，本书仍以传统的国际商法为基础，即以国际货物买卖关系为主的国际商事关系和国际商事组织关系为主要内容，以私法规范为主。

综上所述，从实务角度来考虑，参考国内外学者的有关论点，本书按如下体例编写：①国际商法导论；②国际商事关系的主体及其法律地位；③比较合同法；④国际货物买卖法；⑤比较代理法；⑥商事组织法；⑦工业产权法；⑧比较票据法；⑨国际商事仲裁。

与国际商法概念相关的一个重要问题，是它与相邻法律学科的关系，尤其是国际贸易法的关系。一般认为，国际贸易法是调整国际贸易关系的法律规范的总称。这里所说的国际贸易关系，包括与贸易有关的其他关系，如运输与保险、国际银行业务、进出口管制等。可以说，国际贸易法是随着 20 世纪以来国际贸易的飞速发展、国际贸易概念的不断扩大以及国家高度介入国际贸易关系而产生的，它的范围远远超出传统的国际商法范围。所以，国际贸易关系的调整，要涉及三个方面的法律：一是各国调整对外贸易活动的民商法，即"私法"方面的内容，包括合同法、买卖法、票据法、海商法、专利法、商标法等；二是各国管制对外贸易活动的法律，即"公法"方面的内容，如外贸法、海关法、进出口许可法、商品检验法和外汇管制法等；三是关于国际贸易的国际法规范，如双边与多边的贸易协定、支付与结算协定以及国际货物买卖中的国际惯例。

以上三个方面的法律组成的国际贸易法，既包含"私法"，又涉及"公法"，而同是调整国际贸易关系的国际商法，则以"私法"内容为主，不包括"公法"方面的内容。这是国际商法与国际贸易法的主要区别所在。

例1-1 2000 年，中国政府与澳大利亚政府就相互之间的钢材贸易关系达成了一个双边协议，以规范两国之间的钢材贸易活动。

问：中、澳两国这种安排所建立的贸易关系，是否属于本教材所定义的国际商事关系？

分析：以政府关系为代表的国家之间的关系，也就是我们所说的"公法"意义上的国际关系，不属于我们所说的商人跨国商事活动。如前所述，国际商法中的

---

① 这也是国际贸易法产生的一个重要原因。注意比较国际商法与国际贸易法的区别（见本节）。

"国际"一词是指"跨越国家",涉及的是私法主体跨越国家进行的商事行为,而不包括公法意义上的国际关系,所以,中、澳两国的这种安排所建立的贸易关系,不属于本书所定义的国际商事关系。

但是,如果从国际贸易法的概念出发,这种关系应当是国际贸易法所调整的国际贸易关系。

1.2 国际商法的渊源

国际商法的渊源,是指国际商法的表现形式。作为调整国际商事活动的法律规范,国际商法的渊源大致包括国际贸易条约或协定、国际商业(贸易)惯例和国内法三个方面的内容。

1.2.1 国际贸易条约或协定

国际贸易条约或协定是两国或多国为设定、变更或终止它们之间的权利义务关系而达成的协议。按照参与国的多少和效力范围不同,国际贸易条约或协定可以分双边和多边两种。前者如 1979 年《中美贸易关系协定》,后者如 1980 年《联合国国际货物销售合同公约》和 1978 年《联合国海上货物运输公约》等。

国际贸易条约或协定是国际商法的一个重要渊源,国际商法的许多内容来自于此。一国为安排和协调与其他国家的贸易关系,会参加或签署许多涉及国际商事贸易关系的条约或协定。根据"条约必须遵守(pacta sunt servanda)"的国际法准则,国际贸易条约或协定对缔约国具有法的约束力。因此,《国际法院规约》规定,法院适用国际公约,不论其为一般的,还是特殊的,只要它确认了诉讼当事国所承认的规则。各国大多通过本国的立法程序将国际条约纳入本国法律体系,在效力上,它高于国内法。我国《民法通则》第 142 条规定,我国缔结或参加的国际条约与我国法律有不同规定的,除我国声明保留的条款外,应适用国际条约的规定。

联合国国际贸易法委员会是根据 1966 年第 21 届联合国大会的决议成立的,它是负责起草国际贸易统一法文件的主要机构。作为国际商法重要渊源的国际贸易条约或协定,有许多就是它所起草的,其中有代表性的是:1974 年《国际货物买卖时效公约》、1978 年《联合国海上货物运输公约》(简称《汉堡规则》)、1976 年《联合国国际贸易法委员会仲裁规则》、1980 年《联合国国际货物销售合同公约》等。

1.2.2 国际商业(贸易)惯例

国际商业(贸易)惯例,是指在长期国际贸易实践中逐渐形成的,并被相关各方所普遍承认和遵守的一种行为规范,它经历了由通例或一般实践(general practice)至习惯性做法(usage)再至惯例(custom)的演变。依照《国际法院规约》第 38 条的规定，所谓国际惯例，是指"作为通例（一般实践）之证明而被接受为法律者（as evidence of a general practice accepted as law）"。施米托夫则将国际商业（贸易）惯例定义为："应用非常广泛的，由凡从事国际贸易的商人们期待着他们的合同当事人都能遵守的商业习惯性做法和标准构成。"

国际商业（贸易）惯例之所以是国际商法的一个重要渊源，在于它的效力被各国在立法中予以认可或接受。例如，《日本商法典》第 1 条规定，本法无规定的，适用商业习惯法；我国《民法通则》第 142 条规定，我国法律和我国参加的国际条约没有规定的，可以适用国际惯例。国际商业（贸易）惯例不是由国家立法机关或政府间组织制定的，不属于制定法①（statute），但它是法律（law）的组成部分，是法律的一个重要渊源。

作为国际商法渊源的国际商业（贸易）惯例，具有以下特点：

第一，它是在长期国际贸易实践中逐渐形成的，并为从事特定贸易的商人所共知的行为规则，如国际贸易中的 CIF 和 FOB 价格条件。

第二，它具有明确内容，能确定合同当事人之间的权利义务关系，因而被有关国家和当事人接受为法律。国际商业（贸易）惯例既有成文的，也有非成文的。人们通常所说的国际商业（贸易）惯例，是指由一些国际性组织制定的成文的规则。例如，国际商会制定的《国际贸易术语解释通则》《跟单信用证统一惯例》，国际海事委员会制定的关于共同海损理算的《约克·安特卫普规则》，国际统一私法协会制定的《国际商事合同通则》等。

第三，在效力上，它属于任意性规范，即只有当事人根据"意思自治"原则在合同中明示或默示适用某项惯例时，该项惯例才对其产生法律约束力。当事人如在合同中明示采用某项惯例，还可以协议变更惯例的内容。例如，制定的《华沙–牛津规则》（CIF 买卖合同统一的规则）第 1 条规定："在 CIF 合同中，本规则的任何一条都可以变更、修改或增添其他条款，但这样的变更、修改或增添必须是在合同当事人明示的协议中才能成立。"

目前，在国际商事活动中影响比较大的国际商业（贸易）惯例包括：国际法协会制定的《华沙–牛津规则》，国际商会制定的《国际贸易术语解释通则（2010年修订）》《跟单信用证统一惯例》《托收统一规则》，国际海事委员会制定的关于共同海损理算的《约克·安特卫普规则》，国际统一私法协会制定的《国际商事合同通则》等。

1.2.3　国内法

在国际贸易领域，由于现有的国际贸易方面的条约或协定和国际商业（贸易）

---

① 很多教材认为国际商业（贸易）惯例不是法律，而是从制定法意义上解释法律的，但更多的学者将惯例作为法律渊源的一个组成部分。

惯例还不能包括国际商事领域的所有问题，一些合同争议往往需要通过国际私法规则（又称法律适用规范）的指引，适用有关国家的国内法才能最终解决。因而，各国国内法中有关商事方面的法律，就构成了国际商法的渊源的一部分。例如，《联合国国际货物销售合同公约》第 7 条第（2）款指出，凡本公约未明确解决的属于本公约范围的问题，应按照本公约所依据的一般原则来解决，在没有一般原则的情况下，则应按照国际私法规定适用的法律来解决。这里所说的"国际私法规定适用的法律"，通常是指有关国家的国内法，主要是各国的民商法。

各国调整民事和商事活动的法律，可分为民商分立与民商合一两种体例。所谓民商分立，是指分别就民事问题与商事问题制定单独的民法典和商法典，如法国、德国、日本、西班牙等国属于这一类型。所谓民商合一，是指民事与商事统一立法，没有单独的商法典，而是将商事方面的内容编入民法典中，或以单行法的方式公布，如意大利、瑞士、荷兰等国属于该种类型。英美法系国家不存在"民法（jus civile）"的概念，它们在判例和单行法规中确立的法律原则往往针对某个或某些民商法的具体问题，从这个角度来看，英美法系国家应属于民商合一的体例。

国际商事关系中的许多问题，最后要通过适用有关国家的国内法才能最终解决。因而，各国调整民事和商事活动的法律构成了国际商法的渊源的一个重要组成部分。施米托夫指出，认为国际商法具有国际法或超国家法的性质的看法是错误的。因为它归根结底建立在国内法基础上，但又是由国际商业界在与各主权国家无利害关系的领域内发展起来的。

例 1-2　在代理一件国际货物买卖合同纠纷的诉讼中，邓律师为支持自己的观点，在法庭上提出了以下 3 个依据：（1）去年，本省高级人民法院在处理一件类似的国际货物买卖合同纠纷案件时所作出的判决，其结果与自己的观点一致；（2）最高人民法院在一个关于国际货物买卖合同纠纷案件处理的司法解释中作出的规定，可以支持自己的观点；（3）某著名学者在其著作中的论点，与自己的观点一致，该论点已经被我国法律界广泛接受。

问：（1）什么是法的渊源？

（2）邓律师提出的 3 个依据是否可能被法庭在审判中所采纳？

分析：首先，任何法都必须以一定的形式表现出来，法的渊源是指法的这种表现形式。"法的渊源"一词来自拉丁文"fontes juris"。古代西方人将法比作水，把法所由产生的渊源称为"fontes"。由于这是一种比喻，因此法学家们对"渊源"一词的解释往往因人而异，各国的做法也存在差别。例如，大陆法系国家以法律（成文法）为主要渊源，而英美法系国家以判例法为主要渊源。而在我国，法的渊源通常被认为包括宪法、法律、行政法规和地方性法规、司法解释、国际条约或协定。

其次，邓律师提出的 3 个依据中，只有第 2 个可能被法庭在审判中所采纳。因为第 1 个属于判例，判例在我国不属于法的渊源，不是法的组成部分；第 3 个属于学理解释或者称为专家的看法，可以起到参考作用，但不能作为司法审判的依据，也不属于法的渊源；第 2 个属于最高人民法院的司法解释，属于我国法的渊源的组成部分，可以被用来作为司法审判的依据。

1.3　　　　　　国际商法的沿革

国际商事活动很早就出现了，但调整国际商事活动的法律规范的形成却经历了一个较长的过程。施米托夫认为，国际商法的发展经历了三个阶段：第一阶段为中世纪的商人习惯法，即旧的商人习惯法；第二阶段为 17 世纪至 19 世纪，在这段时间里，中世纪的商人习惯法被纳入各国国内法体系；第三阶段开始于第二次世界大战以后，施米托夫称之为新的商人习惯法阶段。这一划分被人们广泛接受。

一般认为，当代的国际商法是始于第二次世界大战后的新的法律部门和法律学科，但调整国际商事关系的法律则可追溯到中世纪欧洲的商人习惯法，即商人法（lex mercatoria or law of merchant）时期，这是国际商法的第一个发展阶段。商人法出现于 11 世纪至 15 世纪，最初是地中海沿岸威尼斯、热那亚等城邦国家商人之间的自治规约（statuta mercatorum），后来随着海上贸易的发展，其适用范围逐渐扩展至西班牙、英国和法国等国，商人法涉及买卖合同标准条款、海上运输与保险、商业合伙以及破产程序等内容。当时欧洲的海上商人习惯法十分发达，适用于地中海沿岸的有《康苏拉度法》（Consulado del Mar），适用于大西洋一带的有《奥列隆法》（the Judgements of Oleron），适用于北海和波罗的海地区的有《维斯比海事法》（the Sea Laws of Wisby）。与当时封建王朝的法律相比，这种商人习惯法具有以下特点：①由于这种法是中世纪时普遍适用于西欧各国商人的习惯法，因此它自产生时就具有跨国性和统一性，超越了当时封建城邦国家的法律差别的影响；②它普遍适用于从事特定行业的跨国贸易活动的商人，强调商事主体的自主性，其解释和适用不是由专业法官来执掌，而是由商人们自己组成商人法庭来执掌；③它注重解决纠纷中公平合理原则的适用，在程序上也比较简单，不拘泥于形式。

到了中世纪后期，随着欧洲中央集权国家的兴起，城邦国家不复存在，商人法逐渐被各国的国内法所吸收和取代，国际商法进入了它的第二个发展阶段——国际商事活动的国内法调整时期。1618—1648 年，欧洲爆发了 30 年战争，在结束战争的威斯特伐利亚和会之后，主权观念开始取代神权观念，以主权为基础的近代意义的民族国家形成。各主权国家为谋求自身利益，不断扩大自己的影响，包括扩大本国法律的影响范围，基础脆弱的商人习惯法在这种背景下逐渐被各国的法律所吸收和取代而不复存在。各国最早的商事立法有法国路易十四时期颁布的《商事条例》（1673 年）和《海事条例》（1681 年）。1807 年拿破仑一世又在这两个条例的基础上颁布了《法国商法典》。该法典是近代资本主义商事立法的重要蓝本，对许多国家的商法典都产生了深远的影响。德国早在 1871 年统一前就已有统一的商事立法，统一后又开始制定全德统一的法律，并于 1896 年和 1897 年先后颁布了《德国民法典》和《德国商法典》，这两部法典均于 1900 年 1 月 1 日开始施行，并对奥地利、日本、斯堪的纳维亚国家的商法典产生影响。尽管英美法系国家的法律体系中没有商法的概念，但是商人法的规则也被英美法系国家纳入它们的判例法中。19 世纪以来，出于商业上的需要，英国、美国等国还制定了一系列商事方面的单行法规，如 1882 年英国的《票据法》、1893 年英国的《货物买卖法》和 1906 年美国的《统一买卖法》等。

中世纪统一的商人习惯法逐渐为各国的国内法所取代后，调整国际商事关系就主要依赖于各国的国内法，这种状态持续了近 3 个世纪。但由于各国民商法基本上是顺应本国的经济发展的要求而制定的，再加上各国文化、历史、政治等诸多方面的差异，导致各国之间在法律上的千差万别，特别是大陆法系和英美法系之间的重大分歧，不可避免地会引起国际商事活动中的法律冲突，而各国商人又多要求用他们各自的国内法来处理对外贸易中的问题，因此，加剧了法律适用冲突，严重影响了国际贸易活动的正常开展。为此，自 20 世纪初以来，一些国际组织发起了国际商事统一法运动，并得到了各国政府和国际社会的响应，在国际上形成了国际商事统一法运动的潮流，国际商法进入了它的第三个发展阶段。

在这一阶段中，许多国际组织发挥了重要的作用，其中最有影响的是罗马国际统一私法协会、国际贸易法委员会（UNCITRAL）和国际商会（ICC），它们制定的许多规范在适应国际商事活动发展方向、统一国际商事活动法律规范中起到了关键的作用。其中，罗马国际统一私法协会是 1924 年在国际联盟主持下建立的政府间的学术机构，1930 年该协会下设了"国际货物买卖统一法起草委员会"。1964 年在海牙外交会议上通过的《国际货物买卖统一法》和《国际货物买卖合同成立统一法》就是由这个委员会负责起草的。罗马国际统一私法协会现有 58 个成员，包括中国、法国、德国、日本、俄罗斯、英国、美国等国；联合国国际贸易法委员会是根据 1966 年第 21 届联合国大会的决议成立的，由它负责起草的国际贸易统一法的文件有：1974 年《国际货物买卖时效公约》、1978 年《联合国海上货物运输公约》（简称《汉堡规则》）、1976 年《联合国国际贸易法委员会仲裁规则》、1980 年《联合国国际货物销售合同公约》等；国际商会成立于 1919 年，是由欧美等国工商业者组成的国际团体，其总部设在巴黎。它在统一国际商业惯例方面起着重要的作用。由它负责制定的国际贸易惯例有：《国际贸易术语解释通则》《跟单信用证统一惯例》《托收统一规则》等。这些国际贸易惯例已被各国政府和商人广泛接受和采用。

施米托夫将当代的国际商法称为"新的商人习惯法（new lex mercatoria）"。当然，这是一种形象的比喻，因为现代国际商法在性质上已经完全不同于最初的商人习惯法，它的效力是建立在各国对其接受或认可的基础上，是建立在国际组织协调各国利益关系、建立国际经济秩序的努力所取得的成果上。1957 年，施米托夫在赫尔辛基大学发表演讲时指出，我们正在开始重新发展商法的国际性，国际法—国内法—国际法这个发展圈子已经自行完成：各地商法发展的总趋势是摆脱国内法的限制，朝着国际贸易法这个普遍的和国际性的概念的形成方向发展。

1.4　　　　　　西方国家的两大法系

当今世界各国的法律，就其内容和形式，大致可分为大陆法系和英美法系。大陆法系和英美法系是西方国家两大主要法系，并对现今世界各国的法律产生了深远的影响。

大陆法系，又称罗马法系，是指在罗马法的原则和形式的基础上，以 1804 年《法国民法典》和 1900 年《德国民法典》为样本，而形成和发展起来的法律体系。属于这一法系的国家，除法国和德国外，还有瑞士、比利时、奥地利、荷兰、意大利、西班牙、葡萄牙等一些欧洲国家，以及明治维新后的日本和拉丁美洲的一些国家。

英美法系，又称普通法系，是指以英国中世纪普通法为基础而发展起来的各国法律。属于这一法系的国家，除英国（不包括苏格兰）、美国（不包括路易斯安那州）外，还有加拿大（不包括魁北克省）、澳大利亚、新西兰等国家和地区。

西方国家的两大法系的出现是由于历史传统、文化以及发展背景的不同而产生的，它们之间的主要区别在于：

（1）大陆法系以成文法为主要标志，而英美法系以判例法为主要标志。大陆法系国家将其法律按照逻辑关系，系统整理、排列，划分为相互联系、相互协调的不同的法律部门，通过对部门法进行比较全面和系统的陈述而形成一个有机的整体，法典是其主要的表现形式。法院判决只对受审理的案件有效，对日后的同类案件不具有约束力。而英美法系国家则遵循"维持先例（stare decisis）"的原则，通过法官在审判实践中的判决及其积累，确立法律的规则体系，作为处理法律问题的主要依据。法官在处理当前的争端时，要以过去的判例为准则，特别是下级法院要受上级法院以往判决（先例）的约束。尽管英美法系国家也不同程度地存在一些成文法，但是它们多以单行法规的形式出现，针对具体的法律问题，一般不趋向于法典化。

（2）大陆法系国家，法官在审理案件时，首先要考虑法典和其他成文法中的规定，依据该规定来对具体案件作出判决，采用的是"一般到个别"的演绎推理。法官是法律的执行者，不能超出成文法的规定进行审判活动。而英美法系国家，法官在审理案件时，首先要参照以往类似案件的判决，并从中归纳出适合于本案的一般原则，然后再作出判决，采用的是"个别到一般"的归纳推理。如果发现先例确立的原则已经不能适应当前的形势，或者随着社会的发展出现了前所未有的法律问题，法官可以根据公平合理原则创制先例。

（3）两大法系的法律观念也不同。大陆法系以理性主义为哲学基础，重视法理研究，强调成文法规。而英美法系以经验主义为哲学基础，重视判例的作用，强调"法官制定法律"。

（4）在法律分类上，两大法系也存在差异。大陆法系沿袭罗马法的传统，将全部法律分为"公法"与"私法"两大类。"公法"，是指处理社会公共事务的法律，包括处理国家与个人关系的法律，如宪法、行政法、刑法、诉讼法以及处理国家之间关系的国际公法等。"私法"，是指处理私人之间关系的法律，民法和商法是其主要代表。而英美法系在传统上并不将法律分为"公法"与"私法"。在英国法中，有"普通法"与"衡平法"之分。"普通法"，是指与制定法（成文法）相对的"法官创造的"一般法律。"衡平法"，是指 15 世纪始于英国，根据衡平（公平、合理、正义）原则，为弥补"普通法"的不足而形成的一种判例法。实际上，无论"普通法"或"衡平法"都是判例法，因此，在英美法系国家，不再强调"普通法"与"衡平法"之分，法院在司法审判中把它们作为共同的法律通则予以遵循。

例 1 - 3　土地买卖违约定金案［HUTCHISON v. TOMPKINS 259 So. 2d 129（Fla. 1972）］。

事实：原告同意以 12.5 万美元的价格向汤普金斯（Tompkins）出售一块土地，汤普金斯交付 1 万美元给经纪人（excrow agent）作为定金。契约中规定，如果买受人届时不履行契约，出卖人有权选择以没收定金的方式作为损害赔偿。由于汤普金斯违约，而经纪人误将定金返还汤普金斯，因此原告对汤普金斯及其经纪人提起诉讼。

诉讼过程：一审以条款系惩罚性为由，驳回原告的诉讼。

本案判决理由：（1）Pemdroke v. Caudill（160 Fla. 948, 37 So. 2d 538（1948））案的受诉法院认为，若违约当时损害赔偿易于确定，则事前约定的违约金将被视为惩罚性而无效，不论缔约时损害是否易于确定；而 Hyman v. Cohen（73 So. 2d 393（Fla. 1954））案的受诉法院认为，若缔约时损害结果易于确定，则此种违约金条款将被视为惩罚性条款而无效。

本案法院认为就不动产交易的损害赔偿，在契约违约时极易确定，因为可用契约价金及市场价格作为损害赔偿的计算标准。若采用 Pemdroke V. Caudill 案的标准，则会产生寒蝉效果（chilling effect），即此类不动产买卖交易在违约时极易确定损害结果，会造成所有不动产交易的违约金条款均属无效。因此本案法院认为应采用 Hyman V. Cohen 案的标准，以缔约时是否易于确定作为判断标准，若预定的损害赔偿数额与实际损害数额相差过大，则可适用衡平原则，降低损害赔偿数额，而不必宣告损害赔偿条款无效。

（2）佛罗里达州不动产交易的市价变化极大，每年不同、每季不同，因此依据本案事实，双方当事人于缔约当时，对于违约的损害结果无法清楚确定，因此其订立的违约金条款不构成惩罚性条款。

分析：本案的判决是一个比较典型的英美法系的判决方式：法院所引用的不是法律条文，而是以前先例中对类似问题的判决所确立的原则。

在英美法系中，惩罚性的违约金条款是无效的。本案中所要确定的就是：该土地买卖契约中的定金是惩罚性的还是补偿性的。法院有两个先例可以援引：一个是1948 年 Pemdroke v. Caudill 案，考虑违约时损害赔偿是否易于确定；另一个是1954 年 Hyman v. Cohen 案，考虑缔约时损害结果是否易于确定，以决定违约金条款是否应被视为惩罚性条款而无效。

经过比较，法院认为后者更适合本案，因而采用了后者的原则来对本案作出判决。法院认为，由于"佛罗里达州不动产交易的市价变化极大，每年不同、每季不同"，双方当事人在缔约时无法对违约可能造成的损害结果确定清楚，因此他们可以在合同中预先规定以交付定金的方式作为违约金的一种形式，以便在一方违约时，另一方可以得到及时救济。因此，法院判定"其规定的违约金条款不构成惩罚性条款"，该定金条款有效。

我们可以设想一下，在大陆法系国家，法院要对这样一个案件进行判决，首先要考虑什么？判决依据会是什么？

大陆法系与英美法系尽管有诸多差别，但它们共同渊源于罗马法，都属于西方资本主义国家的法律，并且随着社会经济的发展和经济全球化的进程，以及法学交流的增加，两大法系相互影响、相互渗透现象显著。例如，自 19 世纪末以来，英美法系国家相继制定了许多成文法，如英国 1893 年的《货物买卖法》、1906 年的《海上保险法》，美国 1906 年的《统一买卖法》和 1952 年在此基础上制定的《统一商法典》等。而属于大陆法系的国家，如法国和德国，也日益重视判例的作用。德国就利用民法典中的某些"弹性"规定，强调最高法院判决的效力。

有些国家和地区，如菲律宾、斯里兰卡、南非、苏格兰、美国的路易斯安那州、加拿大的魁北克省等的法律，原来都属于大陆法系，但后来又都采用了一些英美普通法的原则，因而现在都属于混合型的法律制度。现代美国在社会和经济方面的法律，已经出现成文法取代判例法的趋势，美国《统一商法典》等立法蓝本和单行法规在社会经济生活中发挥着越来越大的作用，因此，按照有些美国法学家的观点，美国也已经属于判例法和成文法混合型的法律制度国家。

另外，两大法系的许多共同基础也为这种融合提供了条件，例如，两者的体例基本相同。大陆法系国家的民法典一般包括物法、债法、亲属法和继承法等，与英美法系中的财产法、合同法、侵权行为法和家庭法等在内容上是一致的；虽然在大陆法系中没有"衡平法"的概念，但是大陆法系国家的债权法以"诚实信用（bona fides）"为最高原则。"诚实信用"的内涵就是"衡平（equity）"，即"公正与善良（ex aequo et bono）"。

但是，两大法系的这种相互影响、相互渗透现象并不意味着两大法系的统一。

由于历史传统和发展背景上的差别，两大法系的基本法律原则和风格并没有改变，两大法系的差别仍会继续存在。

● **复习思考题**

1. 什么是国际商法？它与国际贸易法是什么关系？

2. 在国际商法的渊源中，国际贸易方面的条约或协定与国际商业（贸易）惯例有什么不同？国际贸易方面的条约或协定、国际商业（贸易）惯例和各国国内法之间是什么关系？

3. 西方国家两大法系之间的主要差别是什么？通过对比大陆法系和英美法系的不同，你认为中国应属于什么法系？

第2章 / 国际商事关系的主体及其法律地位

---- 学习目标 ----

    本章对国际商事关系的主体以及各国给予他们的法律地位予以介绍。随着国际经济交往的广泛开展，各国法律对于国际商事活动主体的资格限制越来越少，因此本章从自然人、法人、非法人组织和国家的角度来介绍国际商事活动主体，并从私法角度介绍各国在国际商事关系中给予外国人的待遇，即民事法律地位问题。

2.1   国际商事关系的主体

2.1.1   自然人

    自然人（natural person），是指基于自然出生而具有法律人格（指作为民事权利义务主体的资格）的人，包括内国人、外国人和无国籍人。具有一国国籍的自然人在法律上就是该国的公民，"公民"往往是和一定的国籍相联系的。

    1）自然人的权利能力和行为能力

    自然人要直接参与民事活动，必须具有能力。大陆法系国家将这种"能力"划分为权利能力和行为能力，英美法系国家则强调自然人是否具有行为能力。

    （1）自然人的权利能力

    权利能力（legal capacity，capacity for private rights）是法律赋予民事主体享受权利和承担义务的资格，具有和人身不可分割的性质。这种能力从出生开始，到死亡结束。例如，《德国民法典》第1条规定，人的权利能力，始于出生的完成；我国《民法总则》也规定，公民（自然人）从出生时起到死亡时止，具有民事权利能力。

    死亡分为自然死亡和宣告死亡。宣告死亡（legal death，declaration of death）是对死亡法律上的推定。例如，我国《民法总则》第46条规定，自然人下落不明满4年的，以及因意外事件，下落不明满2年的，人民法院可以依利害关系人的申请宣告该自然人死亡。英国法使用"死亡推定（presumption of death）"的概念，自然人7年杳无音信的，可以推定其死亡。宣告死亡或推定死亡的法律后果与自然死亡相同。

（2）自然人的行为能力

行为能力（disposing capacity），是指以自己的行为取得权利和设定义务的能力，即以自己的行为独立实现权利能力的资格。大陆法系国家和英美法系国家均认为，完全没有能力作出符合逻辑的决定的人，他所作出的承诺（行为）没有任何法律效果。英美法系的"缔约无能力原则"①认为，契约对于在缔约时欠缺合理选择能力的当事人不具有强制执行力。

确定自然人的行为能力，一般依据"年龄"和"理智"两个因素。

"年龄"因素中主要涉及的是各国对于成年人年龄的规定，但各国（包括地区）对成年人年龄的规定不统一：中国、英国、法国、德国和美国的大部分州规定为 18 岁；奥地利规定为 19 岁；瑞士、日本、韩国和中国台湾地区规定为 20 岁；意大利、比利时、西班牙、葡萄牙、阿根廷和一些北欧国家规定为 21 岁。

近年来，西方一些国家规定成年人的年龄有降低的趋势，如英国、法国等国将成年人年龄由 21 岁降至 18 岁；丹麦、西班牙、葡萄牙等国将成年人年龄由 25 岁降至 21 岁。英国法律委员会认为这个年龄还可以降到 16 岁，德国也有人提出类似建议，但大多数专家认为，对 16 ~ 18 岁的未成年人，有些针对草率合同的保护仍是有必要的。2018 年 6 月 13 日，日本《民法修正案》在日本参议院全体会议上，以执政党多数赞成获得通过。修订后的《日本民法》规定，日本成年人的年龄将从 20 岁调整为 18 岁。该项规定将于 2022 年 4 月 1 日正式施行。中国法律在解决这个问题时采取了以下规定，16 周岁以上不满 18 周岁的未成年人，以自己的劳动收入为主要生活来源者，视为具有完全民事行为能力的人。

除年龄因素外，"理智"因素也是各国确定一个人行为能力的重要因素。在这方面，大陆法系国家的民法中有宣告"禁治产人"的规定，而英美法系国家的民法中有"宣告为精神病人（lunatic so found）"的制度，受到这种宣告的人均没有订立合同的能力。此外，英美法系国家对于因酗酒而影响其判断力情形下订立的合同，也倾向于否定其效力。

"禁治产"是大陆法系国家的一个术语，是指由法院宣告自然人无行为能力而禁止其治理财产的制度。受到禁治产宣告的人称为"禁治产人（interdicted person）"。例如，《德国民法典》第 6 条规定，有下列情形之一的，则宣告为禁治产人：①因精神病或精神衰弱不能处理自己事务者；②因挥霍浪费致自己或其家属有陷于贫困之虞者；③因酗酒成癖或吸毒不能处理自己事务，或致自己或其家属有陷于贫困之虞者，或危及他人安全者。

2）未成年人签订合同的效力

未成年人不受合同的约束，是世界各国广泛采纳的一个原则。那么，一个人的理解力和判断力达到什么水平，他在法律上才可以被看作具有订约的行为能力呢？

---

① 贝勒斯. 法律的原则［M］. 张文显，等，译. 北京：中国大百科全书出版社，1996：216.

有些国家的法律将某一个年龄段以下的所有的人都归为无行为能力者，不论他们如何聪明，其订约行为都是无效的。例如，《德国民法典》第 105 条第 1 款、第 106 条规定为 7 岁；《奥地利民法典》第 865 条也规定为 7 岁；《希腊民法典》第 128 条规定为 10 岁；我国《民法总则》第 20 条规定为 8 周岁。有些学者对此持怀疑态度，认为固定的年龄限制虽然可以使法律具有确定性，但对待那些刚好超过或不足该年龄限制的人时，这种区分的弊端是很明显的。

各国更为普遍的做法是，无论一个未成年人有多么理智、成熟，法律上设定一个固定年龄限制，在该年龄限制以下的未成年人可以得到一些法律上的保护，超过该年龄则具有完全行为能力。这个年龄标准就是前述的各国法律对成年人的规定，如英国、法国、德国和美国的大部分州规定为 18 岁；奥地利规定为 19 岁，但《奥地利民法典》第 151 条第 2 款规定，一个 14 岁或 14 岁以上的未成年人可以"处分他个人取得的收入并承担相应的义务，只要这不限制他的必要的需求"；瑞士、日本、韩国和中国台湾地区规定为 20 岁；意大利、比利时和一些北欧国家规定为 21 岁。

然而，考虑到未成年人的利益和对方利益的均衡以及公平合理原则，各国法律在未成年人不受合同约束注意原则上均有一些例外规定。这些例外包括：

（1）对未成年人有利的合同

英国法在这一问题上尤为突出。如果一个未成年人签订合同是为了自身的利益，如购买生活必需品，这个合同可以例外地约束双方当事人。按照 1979 年英国《货物买卖法》第 3 条的规定，所谓必需品，是指适合于未成年人生活条件以及他在订立合同和交付标的物时实际需要的物品。英国法对于必需品的解释，既包括食品、衣服和药品，也包括个人服务、提供住宿和租用机动两用脚踏车等。英国法认为，在未成年人不需要保护的层面上，如他购买必需品或接受对其有利的服务合同，对未成年人所签订合同的效力的强调无疑有利于保护商业。

《法国民法典》第 1305 条及相关条文的规定所产生的实际效果与此相同。根据这些规定，未成年人签订的合同也是有效的，除非合同对他是不利的。也就是说，要主张合同无效，未成年人仅仅证明在签订合同时他尚在法定年龄之下是不够的，他必须继续证明，如果维持这个合同的效力，他将遭受经济上的损害。同时，法国法也考虑未成年人签订的合同是否经父母或其他法定监护人同意。因此，在法国最高法院的判例中，未成年的债权人为保护自己的债权而申请登记一个抵押权或对其债务人提出迟延警告被认为是有效的，而无须其父母同意。

（2）经父母同意的合同

德国法裁定一个未成年人合同是否有效，主要依据其父母（或其他法定监护人）是否同意，而不是强调它对未成年人是否有利，包括瑞士、奥地利等国也是同样的原则。这些国家认为，合同对未成年人是否有利是一个随意性很强的问题，原则上，只有在经父母授予未成年人相应权利的情况下，他签订的合同才是有效的。这种授权可以事先授权，也可以事后追认，在某些情形下法律还会推定为父母的默认，如未成年人对于父母给他们的零用钱或其他款项有权支配。父母决定是否同意合同的效力时，无疑会考虑未成年人的利益。

但是，如果一个合同赋予未成年人"无条件的法律上的利益"，未成年人不会因该合同承担任何义务，则该合同在这些国家也会被认定为是有效的（《德国民法典》第 107 条、《瑞士民法典》第 19 条）。《奥地利民法典》第 151 条第 3 款的规定则更宽松，如果一个合同是同龄的未成年人在通常条件下可以签订并与日常生活的某些小的方面有关，则只要未成年人已经履行了他的义务，该合同就是有效的。

（3）未成年人达到法定年龄后对合同的追认

各国法律一般都承认，因一方当事人未成年而无效或不具有强制力的合同，可以经过该未成年人在其成年后的追认而具有法律约束力（《德国民法典》第 108 条第 3 款、《法国民法典》第 311 条以及法国、瑞士最高法院的判例）。

例 2-1　Quality Motors, Inc v. Hays（1949 年阿肯色州最高法院）。

当年 16 岁的 Johnny Hays 去 Quality 汽车公司购买汽车，销售人员因其是未成年人而拒绝了他。然而，第二天 Johnny Hays 带来了一个 23 岁的年轻人，Johnny Hays 为汽车付了账，以那个年轻人的名义订立了购车合同。然后，销售人员带两人去了城里的公证处，那个年轻人在公证处作公证，将汽车转让给 Johnny Hays，销售人员于是将车交给了 Johnny Hays。后来，Johnny Hays 的父亲知道了这件事，要求把车退掉、偿还原价被拒绝。不久，Johnny Hays 在一次交通事故中把车损坏了。随后，Johnny Hays 通过他的父亲向法院起诉，要求否定汽车销售合同并索还原价。初审法院判决 Quality 汽车公司收回汽车、退还原价。Quality 汽车公司不服，提出上诉。

分析：这里的关键问题是，Johnny Hays 是否可以否定自己以别人名义订立的合同。因为 Quality 汽车公司显然会认为自己是将车出售给了那个 23 岁的年轻人，是那个年轻人又将车转让给了 Johnny Hays。

阿肯色州最高法院维持了原判，Johnny Hays 可以否定合同并获得原价，而且不用为汽车的损坏负责。法院的理由是销售人员明知 Johnny Hays 是未成年人，依然帮助他在另一个成年人的协助下购车，并且帮助他们办理汽车转让手续，所以，合同的实质仍然是 Quality 汽车公司将汽车卖给了 Johnny Hays。法院认为，将某货物卖给未成年人，而该货物又不是必需品时，该未成年人可以否定这个合同。法院引述了以下法律条文："法律规定……除非涉及生活必需品，未成年人原则上可以否定他所签订的合同，而且不必返还原对价，除非原对价还没有在他手上灭失……"

这里所说的生活必需品，是指维持一个未成年人基本生活、经济以及社会地位所需的东西，如衣物、食物、医药和住处等。但在实际生活中，对一个人来说是生活必需品的东西，对另一个人来说可能就是奢侈品。

因此，判断是否属于生活必需品就要取决于该未成年人是否处于其父母的照顾之下：如果未成年人的父母为其提供了住处，该未成年人另行签订租房合同就不能视为寻求生活必需品，但一个未成年人离开父母到其他城市去上大学，其租房合同就可以看作生活必需品合同；一所高中为其所有学生提供校车接送服务，该校学生购买汽车的行为就不能解释为购买生活必需品，但如果学校不提供校车接送服务，该学生的父母又无法保证接送其上下学，那么该学生的购车行为只要不违反当地法律的强制性规定，其购车行为就可能被认定为购买生活必需品。

中国法律规定 18 周岁以上的自然人为成年人，不满 18 周岁的自然人为未成年人。对于未成年人所签订的合同，中国法律规定：①不满 8 周岁的未成年人为无民事行为能力人，他们无缔约能力，由其法定代理人代理实施民事法律行为；②8 周岁以上的未成年人为限制民事行为能力人，实施民事法律行为由其法定代理人代理或者经其法定代理人同意、追认，但是可以独立实施纯获利益的民事法律行为或者与其年龄、智力相适应的民事法律行为；③16 周岁以上未满 18 周岁的未成年人，如果其以自己的劳动所得为主要生活来源，视为具有完全的民事行为能力，有缔约能力。

例 2-2 少女 A 今年 15 岁，参加当地的一个少年歌手大奖赛获得一等奖。B 唱片公司在 A 获奖后与 A 签订了一个出版合同，请 A 参与该公司的一些唱片录制工作并支付 A 一定的报酬。

问： 请你分析一下，英国、法国和德国的法律都会从什么角度去考虑该合同的效力？

分析： 未成年人不受合同的约束是世界各国广泛采纳的一个原则，但考虑到未成年人的利益和对方利益的均衡以及公平合理原则，各国法律在未成年人不受合同约束注意原则上均有一些例外。

英国法首先要考虑的，是这个合同是否对未成年人有利：如果一个未成年人签订合同是为了自身的利益，如购买生活必需品，这个合同可以例外地约束双方当事人。英国法认为，在未成年人不需要保护的层面上，如他购买必需品或接受对其有利的服务合同，对未成年人所签订合同的效力的强调无疑有利于保护商业。因此，少女 A 与 B 唱片公司的这个合同是否对 A 有利、是否必须以及否定这个合同是否会造成不公平，是英国法考虑这个合同效力的出发点。

法国法也类似，它要考虑合同对未成年人的利益是否会造成损害，同时也考虑这个合同是否经未成年人父母同意。按照法国法的解释，未成年人要主张他所签订的合同无效，不仅要证明在签订合同时他尚在法定年龄之下，而且他还必须继续证明，如果维持这个合同的效力，他将遭受经济上的损害。因此，少女 A 与 B 唱片公司的这个合同是否会给 A 带来不利的义务以及 A 的父母对这个合同是否同意，是法国法考虑这个合同效力的出发点。

德国法决定一个未成年人签订的合同是否有效，首先要考虑的是其父母（或其他法定监护人）是否同意，而不是强调它对未成年人是否有利。当然，纯获利益的合同不需要父母（或其他法定监护人）的同意，但这个合同显然不是纯获利益的合同，少女 A 获得报酬的条件是她必须参加 B 唱片公司的唱片录制工作。

那么，进一步思考一下，在我国应如何认定这个合同的效力？

2.1.2　法人

法人（legal person，artificial person，juristic person，moral person，corporation）是与"自然人"相对应的概念，是商品经济发展的产物。在商品经济的发展过程中，介入经济活动的已经不仅仅是个人，而且还包括一些团体、组织，法律上必须把这些团体、组织作为"人"来看待，赋予它们法律上的人格，使它们具有人的权利，承担人的义务，这种具有法律上的人格的团体、组织被称为法人。

1）法人制度的建立

法人的起源可以追溯到 6 世纪，当时在罗马法中已出现"团体人格"的概念，承认教堂、寺院、慈善团体和地方自治团体的民事权利主体地位。但法人制度的形成和完善，是资本主义商品经济高度发展的结果，尤其是股份有限公司的出现，为集中资本和减少投资风险提供了最好的组织形式，也为现代法人制度奠定了基础。1896 年制定的《德国民法典》首次正式使用"法人"一词。从此"法人制度"就和"财产私有制度""契约自由制度"一起成为西方国家民法的三大制度。目前，大陆法系国家都承认法人制度。

英美法系中没有"法人"的概念，但学术著作中却使用"法人"一词，并且事实上也存在同样的制度，如根据美国州和联邦的法律，公司被认定为一个"人"，它享有许多与美国公民一样的权利。根据美国《权利法案》第 14 次修订案，公司与自然人一样，平等享有受法律保护的权利。公司作为一个实体，享有在法院起诉和应诉的权利，有免除被无理搜查、没收财产的权利。根据第一修正案，公司被赋予了言论自由的权利。

我国现在的法人制度是以《民法总则》为基础建立起来的，该总则对法人制度作了专章规定。根据我国《民法总则》的规定，法人是具有民事权利能力和民事行为能力，依法独立享有民事权利和承担民事义务的组织。这一概念与大陆法系国家的法人概念基本一致。我国《民法总则》规定，法人应具备以下条件：①依法成立，包括依法律或行政命令成立和经国家主管机关准许而成立。国家机关和非经营性事业单位的成立，属于前一种情况；工商企业包括外商投资企业的成立，属于后一种情况。②有必要的财产或经费（经费是财产的另一种形式，主要就国家机关而言）。这种财产独立于国库，独立于其他法人，也独立于法人内部的成员。③有自己的名称、组织机构和场所。④能够独立承担民事责任。我国《民法总则》第 60 条规定，法人以其全部财产独立承担民事责任，这是指以法人名义，用自身的独立财产，对自己的国内外债务负责。

2）法人的种类

各国法律对法人按不同标准进行不同的分类，但大陆法系国家最常见的分类是按法人成立基础，将它们划分为社团法人和财团法人。社团法人，是指为实现一定目的，由一定数目的成员组成的具有法人资格的组织，如公司、合作社、工会、学术团体等。财团法人，是指拥有一定财产，根据捐献人的意志而从事某种事业的法人，如各种基金会、慈善机构、个人集资兴办的学校等。社团法人是人的集合体，以社员的结合为其成立基础；财团法人是财产的集合体，以财产的捐献为其成立基础。英美法系中没有财团法人的概念，英美法系中的公益信托（public trust）与财团法人相似。

其中，社团法人又可分为公益法人和营利法人：以谋求社会公共利益为目的而设立的法人，称为公益法人，如宗教、慈善、技艺、学术团体等；以谋求经济利益为目的而设立的法人，称为营利法人。财团法人就其性质而言，不可能成为营利法人。公益法人的成立通常采用"许可主义"，即须经主管机关许可；而营利法人的成立，通常采用"准则主义"。

此外，有些国家按法人的国籍划分，将法人划分为本国法人和外国法人。对法人国籍的确定，国际上无统一标准。大陆法系国家采取管理中心说，即以法人的管理中心（董事会所在地）为标志；英美法系国家则采取登记地说，即法人在哪国登记，依哪国法律成立，就是哪国法人。

有些学者还按法人所行使的职能，将法人划分为公法人和私法人。行使国家管理职能的法人为公法人，如国家机关等；为私人目的而设立的法人为私法人。私法人又有前述社团法人和财团法人、公益法人和营利法人之分。

我国《民法总则》根据法人业务活动的性质，将法人分为营利法人、非营利法人和特别法人。其中：①营利法人，是指以取得利润并分配给股东等出资人为目的成立的法人，主要包括有限责任公司、股份有限公司和其他企业法人等。根据我国法律的规定，依法设立的营利法人，由登记机关发给营利法人营业执照。营业执照签发日期为营利法人的成立日期。②非营利法人，是指为公益目的或者其他非营利目的成立，不向出资人、设立人或者会员分配所取得利润的法人，主要包括事业单位、社会团体、基金会、社会服务机构等。根据我国法律的规定，为公益目的成立的非营利法人终止时，不得向出资人、设立人或者会员分配剩余财产。剩余财产应当按照法人章程的规定或者权力机构的决议用于公益目的；无法按照法人章程的规定或者权力机构的决议处理的，由主管机关主持转给宗旨相同或者相近的法人，并向社会公告。③特别法人，主要包括机关法人、农村集体经济组织法人、城镇农村的合作经济组织法人、基层群众性自治组织法人。其中，有独立经费的机关和承担行政职能的法定机构从成立之日起，具有机关法人资格，可以从事为履行职能所需要的民事活动。

3）法人的权利能力和行为能力

（1）法人的权利能力

法人的权利能力，即法人参与民事活动，享受民事权利或承担民事义务的资格。法人与自然人一样享有权利能力，但法人的权利能力是一种特殊的权利能力，与自然人的权利能力不同，其表现在：自然人的权利能力一律平等，而法人的权利能力则取决于法人的成立宗旨和业务性质。其中，社团法人的权利能力不同于财团法人；公益法人的权利能力不同于营利法人。此外，对于某些自然人特有的权利，法人无法享有，如肖像权；而自然人也不能享有法人所能享有的某些权利，如法人的名称权具有一定的财产权性质，在某些条件下具有独占性，而自然人的姓名显然不具有这些性质。

（2）法人的行为能力

法人的行为能力也是一种特殊的行为能力。首先，判断自然人的行为能力所依据的是"年龄"和"理智"两个因素，而判断法人的行为能力却与这两个因素无关，法人的行为能力和权利能力同时开始、同时终止；其次，法人作为一个团体或组织，其本身是无法具有民事行为能力的，因此法人的行为能力由它的法定代表人或代理人行使。

法人的法定代表人是依照法律或者法人组织章程规定，代表法人行使职权的负责人，法定代表人的行为往往被认定是法人的行为，它与一般意义上的委托代理人不同：委托代理人是受托人接受法人委托，以法人名义进行民事活动的人，包括自然人和其他法人；而法定代表人的权利直接来源于法律的规定或者法人组织章程的规定。有些学者将法定代表人列为法定代理的一种形式。

法人应对它的法定代表人或其他工作人员在执行职务时的一切行为，包括合法行为和违法行为，承担民事责任。

关于法人是否对其法定代表人的越权行为承担责任的问题，大陆法系国家与英美法系国家的规定有所不同。根据德国法，法人章程和公司规则只对法人内部有约束力，因此法人应对其法定代表人的一切合法行为和侵权行为负责，但第三人与法定代表人恶意串通损害法人利益者除外。而根据英国法，公司董事如超越公司章程规定的营业范围从事业务活动，就属于越权行为（ultravires），凡越权订立的合同无效，公司不承担责任。这一做法因影响交易安全而遭到商界人士反对。1972 年英国通过《欧洲共同体法》后改变了这一做法。《欧洲共同体法》第 9 条第 1 款规定，应保护善意第三人的利益，如果与公司订立越权合同的第三人不了解公司章程，而合同越权又出于董事会的授意，则合同仍应履行。我国法律对于法人是否应对其法定代表人的越权行为承担责任问题的规定，与大陆法系国家相似。例如，《中华人民共和国合同法》（以下简称《合同法》）及有关司法解释规定，法人或其他组织的法定代表人或负责人超越权限订立的合同，除相对人知道或应当知道其超越权限的以外，该代表行为有效。我国《民法总则》第 61 条也规定，法人章程或者法人权力机构对法定代表人代表权的限制，不得对抗善意相对人。

2.1.3 非法人组织

非法人组织，是指依法成立，有一定的财产和组织机构，但不具备法人资格的组织。非法人组织的权利能力和行为能力一般由其所在国法律确定，大部分国家或地区的法律承认非法人组织可以作为独立的民事主体从事民事活动，但不能独立承担民事责任，如无限责任公司、合伙企业、联营企业、合作企业以及其他团体等。

根据我国《民法总则》的规定，非法人组织，是指不具有法人资格，但是能够依法以自己的名义从事民事活动的组织，主要包括个人独资企业、合伙企业、不具有法人资格的专业服务机构等。非法人组织应当依照法律的规定登记，在其财产不足以清偿债务时，非法人组织的出资人或者设立人应承担无限责任。

2.1.4 国家

进入 21 世纪以来，国家以营利为目的参与具体的国际商事活动的例子越来越少见，尤其随着我国的经济体制改革，以国家的名义直接参与国际商事活动的现象大量减少。目前，我国的国有企业在国际商事活动中也是以自己的名义、以具有独立法人资格的实体身份，而不是以国家的名义参加国际商事活动。但在某些情况下，需要国家以自己的名义直接参与具体的国际商事关系时，国家也可以同自然人或法人一样，依法享受民事权利、承担义务，成为国际商事关系的主体。例如，一国驻外商务代表处或其他国家机构，经国家授权，以国家的名义采取法律行为，如采购军用装备或进行借贷行为等，由此而产生的民事权利和义务则直接归属于国家。

在这种国家直接参与具体的国际商事活动的情形中，国家作为涉外民事关系的主体，又与自然人和法人不同，其特殊性主要表现为国家享有主权豁免权，主要是司法豁免权。司法豁免权包括两个方面：一是管辖豁免，即根据"在平等者间，无裁判权（par in parem non habet, jurisdictionem）"的原则，一国法院不得受理以另一国国家为被告的诉讼，除非得到该外国的同意；二是执行豁免，即一国法院对于属于外国的国家财产，不得查封扣押和强制执行。

对于国际商事活动中的国家的主权豁免问题，各国普遍倾向于将此时的国家视为一个地位平等的商事主体，不应就具体的商业合同要求国家主权豁免。有些西方国家在司法实践中区分国家的具体行为是商业行为还是主权行为，对于国家的商业行为，不承认其享有主权豁免权；而对于主权行为，则承认其享有主权豁免权。我们认为，是否放弃在具体的商业行为中的国家主权豁免权，是一国政府的主权，他国无权干涉。我国一向坚持国家享有主权豁免权这一公认的国际法原则，但我国也通过参加某些国际公约，接受放弃主权豁免权的某些条款。例如，我国参加的1969 年《国际油污损害民事责任公约》第 11 条第 2 款规定，关于为缔约国所有而用于商业目的的船舶——每一国都应接受第 9 条所规定的管辖权受理的控告，并放弃一切以主权国家地位为根据的答辩。

2.2　外国人在国际商事关系中的民事法律地位

外国人是指在一国境内不具有居住国国籍的人，包括自然人和法人。

根据国际法准则，所有在一国境内的外国人都受所在国法律的管辖，必须遵守所在国的法律和法令。决定给予外国人什么样的待遇，是一国的主权，他国无权干涉，但随着国际政治、经济、文化交往的增加和现代科技的飞速进步，随着各国际组织越来越发挥出巨大的作用，国际间人员往来已经成为普遍现象，各国在处理外国人待遇问题上也更加注重与本国承担的国际义务相一致，考虑现今国际关系和国际实践、国际法的基本原则和有关的国际惯例。

外国人在国际商事关系中的民事法律地位，是指在国际商事活动中，一国给予外国人什么样的民事待遇，允许外国人在所在国享有哪些民事权利、承担哪些民事义务。各国在这个问题上的实践不尽相同，但主要有国民待遇、最惠国待遇、普遍优惠制、差别待遇和敌性国外国人待遇五项原则。

2.2.1　国民待遇

国民待遇（national treatment），是指给予外国人的待遇和给予本国人的待遇相同，即在同样的条件下，所享受的民事权利和义务相同。现代的国民待遇都是互惠性的，而且范围一般都限于投资保护、知识产权、海难救助、船舶港口待遇以及民事诉讼权利等方面。

国民待遇制度通常在国际条约或国内立法中作出规定。例如，我国《民事诉讼法》第 5 条规定，外国人、无国籍人、外国企业和组织在人民法院起诉、应诉，同中华人民共和国公民、法人和其他组织有同等的诉讼权利义务。又如，《中美贸易关系协定》第 6 条第 2 款规定，缔约双方同意在互惠基础上，一方的法人和自然人可以根据对方的法律和规章申请商标注册，并获得这些商标在对方领土上的占用权。《关税与贸易总协定》第 3 条也对"国内税与国内规章的国民待遇"作出了专门规定。

2.2.2　最惠国待遇

最惠国待遇（most-favored-nation treatment），是指一国（给惠国）在民事权利方面，给予另一国（受惠国）个人或法人的待遇，不低于它已经给予或者将要给予任何第三国个人或法人的待遇。最惠国待遇与国民待遇不同，它不是使外国人和内国人享受平等待遇，而是使不同的外国人在内国享受平等的优惠待遇。

最惠国待遇通常由有关国家通过贸易条约或协定加以规定。贸易条约或协定中规定此种待遇的条款，称为最惠国条款。最惠国条款往往明确规定最惠国待遇的适用范围。

根据目前国际间贸易与航海等方面的条约或协定，最惠国待遇主要适用于以下五个方面：

（1）国际贸易和支付方面的待遇。

（2）外国运输工具（船舶、航空器、铁路和机动车）的待遇。

（3）外国人的定居和营业活动。

（4）外国著作权、专利权和商标权的法律保护。

（5）外国法院判决或仲裁裁决的承认和执行等。

但是，最惠国待遇一般不适用于以下三种例外情况：

（1）边境贸易的优惠。

（2）关税同盟和自由贸易区成员之间的优惠。

（3）发展中国家享有的普遍优惠制待遇。

这里所说的关税同盟，是指以一个单独的关税领土代替两个或两个以上的关税领土，统一同盟内对外的关税和关税政策。自由贸易区，是指由两个以上的关税领土所组成的一个对这些组成领土上的产品的贸易，实质上已取消关税和其他贸易限制的集团。自由贸易区与关税同盟的区别在于，自由贸易区对外不实行相同的关税税率。

1998 年 7 月以来，美国等国家将最惠国待遇改称为"正常贸易关系（normal trade relations）"，并被许多国家所接受。

2.2.3 普遍优惠制

普遍优惠制（generalized system of preferences），又称普惠制，是指发展中国家在向发达国家出口工业制成品和半制成品时，发达国家应普遍给予减免关税的优惠待遇。这种优惠是单方面的，即发达国家在向发展中国家出口工业制成品和半制成品时，不要求发展中国家给予反向优惠，其他国家也不能援引该优惠条件。但是，普遍优惠制的实施由"给惠国"决定，给惠国有权决定将这种优惠给予哪些发展中国家、优惠到什么程度。因此，它实际上并不"普遍"，实行普惠制的各国所提供的受惠范围不同，并且对享有优惠关税的商品又有各种限制。

2.2.4 差别待遇

差别待遇，是指一国将某些特殊限制性规定专门用于某一特定国家的外国人，使该国的外国人所享有的民事权利不仅可能少于本国人，而且可能少于其他国家的外国人。例如，某种职业只能由本国人担任，某类企业只能由本国人开办，某类财产只能由本国人占有。1919 年英国的"外国人限制法"曾经规定，外国人不得在联合王国区域内作引水人，不得在联合王国注册的英国商船上担任船长、大副、轮机长等；美国很多州不允许外国人担任律师等。但近年来，由于国际服务贸易的发展和各国在 WTO 框架下的谈判与妥协，这些差别待遇的范围已经很小。我国国务院 2002 年 2 月 11 日发布的《指导外商投资方向规定》，也根据我国国情将外商投资企业的投资项目分为鼓励、允许、限制和禁止四类，某些情形下禁止外国人在一定领域内的投资活动。

与差别待遇相对应，有些国家还单独提出不歧视待遇。不歧视待遇与最惠国待遇不同：不歧视待遇所要求的权利平等，是不同国家的外国人在一般权利上的平等；而最惠国待遇所要求的权利平等，是不同国家的外国人在优惠待遇方面上的平等。

2.2.5　敌性国外国人待遇

敌性国外国人待遇（treatment of enemy-character foreigners），是指将敌性国外国人从外国人中分离出来，对其权利实行专门的限制。例如，战时的敌国商船是攻击和拿捕的对象，中立国商船如果破坏封锁或违反中立义务，也可以被拿捕等。

● **复习思考题**

1. 什么是权利能力和行为能力？各国法律对于自然人行为能力是怎样规定的？

2. 比较禁治产制度与无行为能力、限制行为能力的规定，指出它们之间的联系和区别。

3. 在阅读本章 2.1.1 中"2）未成年人签订合同的效力"的基础上，请你发表意见：导致如此优待未成年人否定合同的社会价值取向是什么？应有哪些合理的限制？

4. 国民待遇与最惠国待遇的基本内容是什么？这两种待遇之间有什么区别？

● **补充阅读材料**

11 岁女孩打赏主播 9 万余元平台不退，这事你支持谁

朱女士的女儿小敏（化名）今年 11 周岁，读小学五年级。前段时间，小敏迷上了做彩泥，有时会在网上观看做彩泥的视频和直播。"孩子喜欢玩彩泥不奇怪，我们起初没太在意。"朱女士说。

2 月 20 日，朱女士需要从银行卡上转账，发现无法操作，查询余额仅剩 3 200 元，9 万余元不翼而飞。次日，她去银行打印了流水单，发现从 2 月 17 日至 19 日，该账户陆续通过支付宝，在北京快手科技有限公司消费 113 笔，共计 92 718 元。单笔最少 6 元、最多 1 688 元。

在朱女士询问下，小敏承认是自己所为，她还删掉了银行的短信通知。朱女士告诉记者，女儿自己安装了快手 APP，并注册了账号，但她不知情。"过年期间，

我和她爸爸忙于拜年和各种聚会，孩子跟着爷爷奶奶，他们都70多岁了，对智能手机不懂，也起不到监管作用。"朱女士说。

这么多钱，到底是怎么花出去的呢？

朱女士说："2月20日，我需要转账，发现这笔钱没有了。当时就想，孩子一直拿着这个手机玩，会不会是她买什么东西了。可是我问她，她说：'我什么也没买呀。'"

于是，朱女士次日去银行查交易记录，发现这些钱大部分是通过支付宝转账到了北京快手科技有限公司。那么，这些钱又是被谁转走的呢？在一再追问下，朱女士的女儿说出了实情。

朱女士的女儿小敏说："就是感觉无聊，我看手机上有一个图标，也不知道那是什么，一点开就是直播，有好多人说话。"

上小学五年级的小敏，平时就非常喜欢玩彩泥。丰富的色彩、千变万化的造型，可以充分发挥孩子的想象力，因此玩彩泥在小敏的同学中非常流行。而快手直播平台，就有主播专门直播如何制作彩泥，小敏则被他们的新奇做法深深吸引住了。

在看直播的过程中，有人和主播互相赠送礼物，小敏也学着赠送礼物，而这些礼物并不是免费的，不同的礼物需要支付几十元、几百元，甚至上千元的费用。也许是为了好玩，也许是为了获得更多的礼物，小敏在直播平台上不断地给主播赠送礼物。这也就造成小敏通过113笔交易，向直播平台转账9万余元。

然而，支付宝转账是需要密码的，小敏又是怎么知道的呢？

小敏说："以前我妈用手机给我发红包时，看见了密码，不知道支付宝的密码会跟这个一样，然后一试就对了。"

发现问题后，朱女士立刻联系了北京快手科技有限公司，并按照该公司的要求提供了相关证明材料，要求该公司退还全部费用。

朱女士得到的回复是：朱女士所提供的证明材料，不足以证明是未成年人在无人监管的情况下操作的，北京快手科技有限公司只答应以捐赠的形式，赔付一部分费用（约3.1万元）。

朱女士不接受这种回复，还在继续跟北京快手科技有限公司进行交涉。

各方观点

观众A：虽然小敏只有11周岁，但是在法律上是限制民事行为能力人，她的行为显然与她的智力水平是不相适应的，那么按照我国《合同法》的相关规定，她的行为应当经过其法定代理人的认定之后，才能成为有效行为。如果没有追认，那么属于效力待定，按照目前的情况，法定代理人可以要求返还打赏的金额。

作为从事民事法律行为的参与者，都有审查义务。作为直播平台，应该审核与其发生互动的主体是否具备资格，即是否具备民事行为能力，对于不具备民事行为能力的人，可禁止他参与这种互动活动。

观众 B：其实这也是新的技术条件下的新问题，按法律规定无民事行为能力人或限制民事行为能力人进行与其年龄、能力不相当的这类给付行为，确实可以主张无效。

但是，网络交易有其特殊性。在非网络环境下，商家有能力判断交易对象的年龄，与明确无相应民事行为能力的人进行交易，则商家有一定过错。

然而，在网络环境下，即使是无民事行为能力的人，只要掌握了交易手段，拿到手机、有支付密码就可以交易，商家没有有效的判断方式。

观众 C：此事件中有过错的是家长，因为家长没有管理好自己的手机和支付密码。依据现行法律的规定，如果没有足够的证据证明，所谓无民事行为能力人独立支付的事实，不退还费用也是正常的。

另外，即使退还了费用，也有一个法律问题需要研究。在以往实物交易环节中，无民事行为能力人花了钱买了东西，家长认定无效也是要把实物退回去的，而在网络环境中，这种支付行为若被认定为无效，是不是应当考虑适当地对平台或主播进行补偿。从法律角度来讲，对网络支付行为的认定和这些相关问题，也都应该进行详细的研究。

第3章／比较合同法

学习目标

本章以 1980 年《合同公约》为线索、比较大陆法系国家与英美法系国家在合同问题上的异同，对合同问题进行介绍，内容包括合同的成立、合同的担保、违约与违约救济以及合同的转让与终止等几个重点问题，并提供了大量实际案例便于读者理解和掌握。在学习本章的时候，读者尤其要注意本章的许多问题在实践中都存在争论或不确定因素，各国法律千差万别，并且不断发展变化，在掌握基本理论的基础上学会实际运用才是最重要的。

3.1　合同概述

3.1.1　合同的概念和特征

合同又称契约，是商品交换的法律形式。在现代商品经济社会中，合同关系体现在生产、交换、分配和消费的各个环节。在国际经济贸易领域中，无论是传统的货物买卖还是新兴的技术转让，乃至服务贸易，无不以合同方式进行。在传统的民法上，合同有广义与狭义之分：广义的合同除债权合同外，还包括物权合同（如设定抵押权的合同）和亲属关系方面的合同（如协议结婚、离婚、收养等）；狭义的合同仅指债权合同，即当事人之间为设立、变更或终止债权债务关系而达成的协议。

法国、日本和英美法系国家的合同法均采用狭义的合同概念，而德国民法采用广义的合同概念。我国的《合同法》采用了狭义的合同概念。我国《民法通则》第 85 条规定，合同是当事人之间设立、变更、终止民事关系的协议。这里所说的"民事关系"，包括债的关系，即当事人一方请求另一方为一定行为或不为一定行为（作为或不作为）的权利义务关系；也包括物权关系，即当事人之间设立、变更、终止物权而产生的权利义务关系，但没有包括亲属关系。我国《合同法》也规定，合同是平等主体的自然人、法人、其他组织之间设立、变更、终止民事权利义务关系的协议。

各国法律对合同的含义有不同的界定。

法国法律把合同看作一种合意。《法国民法典》第 1101 条规定，合同是一种合意（consensu），依此合意，一人或数人对于其他一人或数人负担给付某物、作为或不作为的债务。

《德国民法典》则将合同纳入法律行为范畴，作为法律行为的一种。《德国民法典》第 305 条规定，以法律行为设定债务关系或变更法律关系内容者，除法律另有规定外，应依当事人之间的合同。

美国法学会 1932 年编纂的《合同法重述》对"合同"所下的定义是，合同是一个许诺（promise）或一系列的许诺，违背这种许诺，法律给予救济（remedy），履行这种许诺，法律看作是一项义务。这一定义被英美法系国家普遍接受，具有代表性。

英美法系国家关于合同概念的缺陷在于，它忽略了合同中双方当事人合意的因素。为此，一些英美法系国家的学者力图将大陆法系的合同概念移植到英美法系中。近年出版的美国《布莱克法律辞典》和英国《牛津法律大辞典》都已采用了大陆法系国家关于合同的定义。因此，大陆法系国家和英美法系国家有关合同的概念出现了趋于统一的倾向。

无论对合同概念如何表述，各国合同法普遍认为合同具有以下特征：①合同是平等地位的当事人之间的协议；②合同是当事人之间设立、变更或终止债权债务关系的协议；③合同是具有法律约束力的协议。

3.1.2　合同的要件

根据各国法律的规定，合同必须具备一定条件才能有效成立。概括起来，合同成立的有效要件通常包括：

1）当事人意思表示一致

这种意思表示的一致，各国法律均通过对"要约与承诺"这一过程来规定，1980 年《联合国国际货物销售合同公约》（以下简称《合同公约》）也对要约与承诺问题作出了规定（详见 3.2）。

2）当事人应当具有订立合同的能力

行为人必须有缔约的能力，才能使合同有效订立。当事人的"能力"，包括其权利能力和行为能力。自然人应是能依法享有权利和承担义务、理智正常的成年人；法人则要受其成立宗旨和业务范围的约束。关于自然人和法人的权利能力和行为能力，已在 2.1 和 2.2 分别作了介绍。

3）合同内容合法

内容合法是合同产生法律效力的根本前提，各国法律都规定合同不得违反其本国的法律和公共秩序。例如，在英美法系中，赌博合同、高利贷合同、违反行业执照管理的合同以及与敌国贸易的合同等，都属于违法合同，因而是无效的。

"公共秩序（public order）"一词，是大陆法系的用语，英美法系则使用"公共政策（public policy）"的概念。公共秩序是一个弹性概念，西方国家的法官在行使所谓"自由裁量权（discretion）"时往往对它作出不同的解释。例如，合同中含有限制性商业条款（如不合理限制销售渠道和出口市场等）或关于排除或限制产品责任的规定等内容，在很多国家的判例中被认定为违反公共秩序或公共政策。

我国《合同法》第7条规定，合同的订立和履行，不得违反中华人民共和国法律或者损害社会公共利益。

4）当事人的合意具有真实性

合同的订立是当事人双方交换意思表示达成合意的过程。因此，合意的真实性，即当事人的表示与其内在意思一致，也是合同有效成立的前提条件之一。如果存在错误（重大误解）、欺诈、胁迫等情形，影响了当事人的意思表示而使合意缺乏真实性，合同就不能有效成立。

对缺乏合意真实性的合同，我国《合同法》第54条规定，因重大误解订立的合同，在订立时显失公平的合同，以及一方以欺诈、胁迫的手段使对方在违背真实意思的情况下订立的合同，受损害方有权请求人民法院或仲裁机构变更或者撤销。

5）约因或原因

约因（consideration）一词又译为"对价"，是英美法系合同法中的一个重要的概念。大陆法系和英美法系都有这样一个格言：没有约因的口头合同不产生诉权（Ex nudo pacto non oritur action）。

约因或原因（causa）是很多国家法律对合同有效成立的一个基本要求，没有有效的约因或原因的合同不能产生法律约束力。这个问题在英美法系中尤其突出（详见3.2）。

我国《合同法》在合同成立的问题上，没有严格的约因要求。

6）合同应当符合法定形式

各国法律对合同的形式有不同的要求。

大陆法系在合同形式问题上，以不要式为原则，只对某些合同才规定必须以法定形式订立。例如，《法国民法典》规定，赠与合同和设定抵押权的合同必须经公证证明方为有效；《德国民法典》规定，保证合同和债务承认合同必须以书面形式订立。但是，在大陆法系中，商事合同大多都是非要式合同，无论采用口头形式还是书面形式，都产生法律效力。

英美法系将合同分为签字蜡封合同（contract under seal）和简式合同（simple contract）。例如，按照英国法的判例，没有约因的合同和转让地产或船舶的合同，均须采用签字蜡封合同。简式合同又分为口头合同和书面合同两种。例如，英国法规定海上保险合同和股票转移合同，以及美国法规定金额在500美元以上的买卖合同和期限在1年以上的合同等，均须采用书面合同。

《合同公约》对国际货物销售合同的形式不加任何限制，合同可以采取口头形式、书面形式或其他形式。

我国《合同法》也采取类似的规定，当事人订立合同，可以采取口头形式、书面形式或其他形式，但法律有特别规定的除外。例如，根据我国有关法律的规定，中外合资经营企业合同、中外合作经营企业合同、中外合作勘探开发自然资源合同等，除书面形式外，还需经国家主管机关核准，方能有效。

3.1.3 合同的分类

依据成立条件和法律效力的不同，合同主要可划分为：

1）单务合同与双务合同

大陆法系根据合同的权利义务的关联性的不同，将合同分为单务合同（unilateral contract）和双务合同（bilateral contract）。双方当事人互相享有权利和承担义务的合同，称为双务合同；当事人一方只承担义务、另一方只享受权利的合同，称为单务合同。买卖合同是典型的双务合同：在买卖合同中，卖方有义务交付货物，并有权利请求买方付款；而买方有义务付款，并有权利请求卖方交付货物。而借用合同和赠与合同则是典型的单务合同，如借用合同成立后，借用人负有返还的义务，而出借人享有请求返还的权利。

英美法系根据许诺是单方的或是双方的来划分。双方互相作出许诺的合同是双务合同。绝大多数合同都是双务合同。当事人一方以许诺换取另一方行为的合同是单务合同。悬赏寻物是典型的单务合同，一方作出给赏的许诺，另一方则以寻物的行为换取赏金。

区分单务合同与双务合同的意义在于：双务合同的当事人，在法律和合同没有另行规定的情况下，双方应为对等的给付，即任何一方如果没有履行自己的合同义务，就无权请求对方履行义务，大陆法系称为同时履行抗辩权。例如，在买卖合同中，除合同另有规定外，卖方交货与买方付款互为条件；而在单务合同中，则要求债务人单方履行义务。

2）明示合同与默示合同

根据合同意思表示方式的不同，合同可分为明示合同（express contract）和默示合同（implied contract）。用口头或书面形式作出意思表示的合同，称为明示合同；从当事人的行为或沉默推定其缔约意图的合同，称为默示合同。例如，《合同公约》第 18 条规定，在隔地成立的合同中，接受订约建议的一方，可依习惯做法或惯例，以发运货物或支付价款的行为表示同意，接受于作出该项行为时生效。又如，《德国商法典》第 362 条规定，商人在接到与其经常有业务往来的客户的订货或要约时，必须明确作出同意与否的表示，否则他的沉默就构成接受。

但应当注意的是，在国际贸易活动中，只有在法律有明确规定或当事人事先有明确约定的情况下，才能从沉默中推定当事人的缔约意图。

明示合同与默示合同只是意思表示的方式不同，但它们所产生的法律后果是一样的，因此两者之间并没有本质的区别。

3）诺成合同与实践合同

根据合同的成立是否必须交付标的物区分，合同可分为诺成合同（consensual contract）和实践合同（real contract）。当事人双方就合同的必要条款协商一致即告成立的合同，称为诺成合同；除双方当事人协商一致外，还必须交付标的物才成立的合同，称为实践合同。

区分诺成合同与实践合同的意义在于：确定合同的成立和生效的时间。例如，关于海上货物运输合同的性质，国际上的看法不尽一致。但多数国家认为，国际海上货物运输合同属于诺成合同，双方协商一致签约后，合同生效；而国内海上货物运输合同则多为实践合同，合同在交付所托运的货物后才告成立，但一个合同到底属于诺成合同还是实践合同，应依据该国法律规定或当事人的约定。

4）要式合同与非要式合同

根据合同的成立是否必须采用一定形式区分，合同可分为要式合同（formal contract）和非要式合同（informal contract）。必须依法定方式才能成立的合同，称为要式合同；无须采用特定方式就能成立的合同，称为非要式合同。

区分要式合同与非要式合同的意义在于：要式合同在未履行法定方式前，合同不成立，因而不产生法律效力。

《合同公约》对国际货物销售合同的形式原则上不加任何限制，即采用非要式原则。

例3-1 日本A公司向大连B公司订购一批水产品，双方通过电话商谈达成口头供货协议，大连B公司同意在1年内向日本A公司发出10批货物，总价款30万美元左右，以实际交货为准结算。为保证付款，日本A公司将一张1年期的远期汇票质押给大连B公司。根据我国法律的有关规定，质押合同应当采用书面形式，票据质押应自权利凭证交付之日起生效。

问：（1）日本A公司与大连B公司之间订购水产品的合同采取口头形式是否有效？

（2）根据前述合同分类的内容，分析一下日本A公司与大连B公司之间的汇票质押合同。

分析：对于第一个问题，日本A公司与大连B公司之间订购水产品的合同采取口头形式应当有效。我国《合同法》和《合同公约》均未要求国际贸易合同必须采用书面形式，因此这一合同采用口头形式并不违反法律的要求，它是有效的（这里注意一个问题：我国参加《合同公约》时对公约的合同形式条款提出了保留，该保留的后果是：关于合同形式问题适用我国国内法律而不适用公约，而我国现在的国内法律，即我国《合同法》不再要求合同（包括涉外合同）必须采用书面形式）。

对于第二个问题，我们可以做个分析：第一，从单务合同与双务合同的划分来看，该汇票质押合同应属于单务合同，即日本 A 公司承担担保付款的义务，而大连 B 公司是权利的享受方。第二，从明示合同与默示合同的划分来看，该合同应属于明示合同，不存在默示生效的条件，但是，如果日本 A 公司未及时支付某笔货款而给大连 B 公司造成损失，而质押合同未订明质押担保的范围，则应视为双方存在一个默示条款：质押担保的范围依据法律的规定，包括主债权、利息、损害赔偿等。第三，从诺成合同与实践合同的划分来看，该合同应属于实践合同，因为我国法律规定，票据质押应自权利凭证交付之日起生效。如果双方仅仅签订了书面质押合同而未实际交付质押物，合同并不产生法律约束力。第四，从要式合同与非要式合同的划分来看，该合同应属于要式合同，因为我国法律规定，质押合同应当采用书面形式，没有采用该法定形式的质押合同不产生法律约束力。

3.2　合同的成立

　　合同的订立，应该由一方提出订立合同的建议，并经另一方同意。法律上把它们划分为要约与承诺两个基本步骤。

3.2.1　要约

1）要约的概念

　　要约（offer）是要约人（offeror）向受要约人（offeree）发出的订立合同的建议。根据 1980 年《合同公约》[①] 的规定，凡向一个或一个以上特定的人提出的订立合同的建议，如果十分确定并表明要约人在得到接受时受约束的意思，即构成要约。

　　根据《合同公约》的这一条款，并参考各国法律的规定，一项有效的要约应具备以下条件：

　　（1）要约原则上应向一个或一个以上的特定的人提出。非向特定的人提出的订约建议，如果提出建议的人没有明确表示相反的意向，就不是要约，而是要约邀请（invitation to make an offer）。例如，刊登一般的商业广告，发出招标通告或招标单等，通常不是对特定的人提出的，因而都不是要约而是要约邀请。要约邀请是邀请相对人提出要约，相对人的要约须经要约邀请人承诺后，合同方能成立。我国《合同法》第 15 条规定，要约邀请是希望他人向自己发出要约的意思表示。寄送的价目表、拍卖公告、招标公告、招股说明书、商业广告等均为要约邀请。

　　与《合同公约》的规定不同，很多国家的国内法允许要约向非特定的人提出，尤其在一些特殊的销售方式中，如自动售货机的设置、公共车辆的行驶、影剧院的

---

　　① 考虑到该公约是我国对外经济交往的重要依据，本章介绍以公约为主。本书中提到的《合同公约》也是指同一个文件。

开设等，这类情形下，虽然相对一方并非特定的人，但是仍可视为要约。商业广告的内容如果十分明确、肯定，在各国国内法中可能会构成要约，我国《合同法》也规定"商业广告的内容符合要约规定的，视为要约"。而对于商店标价陈列商品，各国的法律规定差别较大。例如，英国法认为商品被标价陈列属于要约邀请，但瑞士债务法则认为是要约。

这里需要注意的是，我国《合同法》并没有要求要约须向一个或一个以上的特定的人提出。

例3-2 雷恩-马歇尔公司诉普罗拉多过滤器分公司（1982年）。

1977年，原告收到一份寄自被告的广告性通函，其中附有若干种可供选择的购买普罗拉多牌商品的订单。依通函中说明，每购买一种商品，买方均可得到相应的回扣，回扣依订单金额大小而不同。其中一项规定，购买10万磅重的普罗拉多牌产品，普罗拉多公司将赠送一辆1978年产全新的布依克-厄勒克特拉牌汽车和一架柯达一次成像相机。汽车和相机的零售价为17 450美元，买主只需为此再付500美元。

原告在阅读了该通函后，将一张认购10万磅以上的普罗拉多牌石油过滤器的订单寄给被告，并要求得到上述回扣。在收到这一订单后，普罗拉多公司打电话给原告说，该订单没有被接受。此后，被告没有交货和支付回扣，原告也没有付款。原告提起诉讼，要求被告履行合同义务。

那么，在原告与被告之间是否已经产生了一个合同？

分析：考虑原告与被告之间是否已经产生了一个合同，关键在于被告最初发出的广告性通函是否构成一个要约。事实上，通过新闻媒体、展览会、广告牌、传单等方式发布的商品广告一般不被视为出售商品的要约。同样，通过寄发商品目录、价目表而向他人传递交易信息，不管其所载交易条件有多详细，也只是要约邀请而不是要约。因此，法院在审理这个案件时，认为被告寄出的这份通函具有广告性质，其判词中有一段比较清楚的表述："人们更乐于接受的解释是，广告仅是一种邀请对方与自己进行讨价还价的表示。一份公布的价格表也不是一个依公布价格出售货物的要约。本法院判决，被告寄出的小册子不是一个要约，原告的订单才是要约。该要约没有被接受。"因此当事人之间并没有形成一个有约束力的合同关系。

（2）要约的内容应当"十分确定"。要约一经受要约人有效接受，合同便告成立，因此要约的内容必须十分确定。要约内容"十分确定"要求一项有效的要约应包含合同的主要条款，但各国法律对这种要约内容确定性的要求存在一定的差异，有些国家法律允许在缺少某些条款的情况下由法院根据具体情形判定。

对于要约内容的确定性，《合同公约》并没有要求订立合同的建议必须包含合同的所有条款。按照《合同公约》第14条第（1）款的规定，一个订立合同的建议如果"写明货物"、"明示或默示地规定数量或规定如何确定数量"和"明示或默示地规定价格或规定如何确定价格"，即为符合"十分确定"的要求。《合同公约》这一要求与大多数国家的国内法基本一致。但《合同公约》的基本原则之一是将公约视为自成体系的法律规范，尽量摆脱各国国内法对公约适用的影响，以保障公约的统一性。因而，按照《合同公约》的解释，数量没有直接确定不影响要约内容的确定性要求，公约包括需求合同或者产出合同，即合同标的的数量要取决于将来买方的具体需求或者取决于卖方的生产能力；价格没有明确确定也不影响要约内容的确定性要求，《合同公约》第 55 条为此提供了解决方案，根据《合同公约》第 55 条的规定，如果合同已有效订立，但没有明示或暗示地规定价格或规定如何确定价格，在没有任何相反表示的情况下，双方当事人应视为已默示地引用订立合同时，此种货物在有关贸易的类似情况下销售的通常价格。

例 3-3　荷兰买方向德国卖方发出订单，订购"3 卡车鸡蛋"，交货方式为"由买方派车到德国接货"。买方先后 3 次派车到卖方营业地接货，但卖方都未将货车装满（由于鸡蛋利润较低，如果未将货车装满，买方很难获利，甚至会亏损）。买方认为，卖方没有按照约定足额交货，主张在应付款中扣除一部分，以抵销其进行替代购货所造成的损失。但卖方认为，买方订单中的"3 卡车鸡蛋"数量并不确定，应以卖方实际装货量为准。双方发生争议。

分析：法院须解决的关键问题是：双方是否就鸡蛋的交货数量达成了一致（交付的数量是否是双方实际达成的数量）。

法院认为，一方当事人在订立合同过程中的声明和行为，应当根据另一方当事人的合理理解或者应当合理理解的情形来解释（《合同公约》第 8 条第（2）款）。考虑了交易的所有相关背景，法院得出结论：虽然买方的订单表述的是"3 卡车鸡蛋"，但是这个数量没有争议，因为没有一个谨慎的商人为不能满载的数量而会派卡车长途往返接货，所以卖方所处的位置使其完全明白买方订购的是满载卡车的鸡蛋。

因此，法院判决买方有权得到替代购货所造成的损失，并有权获得利息赔偿。

从一般意义上说，"3 卡车鸡蛋""5 千包大豆""4 个货柜冷冻鲭鱼""大约 70 吨聚丙乙烯"等对于数量的表述都是不确定的。但在本案中，法院通过对当事人交易的行业背景、交易过程的分析，认为卖方对于买方"3 卡车鸡蛋"所要求的数量是知道的，而且已经接受，因而法院没有支持卖方试图摆脱合同义务的抗辩理由。这是国际贸易中比较常见的一个问题：当一方当事人因自身原因或者价格波动而企图摆脱合同义务时，寻找合同中的漏洞是常用的手段。本案的判决结果代表了市场法律制度比较成熟地区的一个普遍立场：法院和仲裁机构不支持这种投机性的做法，仅仅是合同某些条款的缺失并不影响合同的订立。但考虑到目前我国法院队伍的现状以及判决结果的不确定性，我国的当事人在合同中对数量条款尽量作出具体的表述无疑是更为明智的做法。

（3）要约应当表明要约人愿受其要约约束的意思。有效的要约是要约人发出的、希望与受要约人订立合同的明确建议，因此一旦受要约人作出承诺，要约人就应当受其约束，合同关系在双方当事人之间产生。在国际贸易实践中，大部分要约并不明确说明要约人是否受要约的约束，一般认为，只要内容明确肯定，当事人没有相反的意思表示，即可推定为要约人有受约束的意思。也就是说，建议所列条件越完整明确，法院就越倾向于认定其为要约；相反，建议所空缺的内容越多，法院就越倾向于认定当事人缺乏订立合同的意图。

在我国对外贸易实践中，贸易术语"发盘"就不能简单等同于要约，因为发盘中包括实盘与虚盘，实盘可以说属于要约，而虚盘因为包含保留性语言或条件，如"以上条件仅供参考""以我方确认为准"等，它不属于要约，而应视为要约邀请。但应注意的是，美国《统一商法典》第2—205条涉及商人所提出的"实盘（firm）"，该实盘不仅是要约，而且被解释为不可撤销的要约。

例3-4　一家法国公司（卖方）以英语向一家德国公司（买方）发出传真，提议销售20卡车浓缩番茄酱（tomato concentrate）。买方以传真接受了这一提议。但后来，买方只收到1卡车货物，卖方宣布合同无效。双方发生争议，卖方认为：自己发出的传真在语言上有许多不确定之处，不能构成一项有效的要约，因而与买方之间的合同并未订立。所发出的1卡车货物应视为样品，买方同意后双方应签订正式的合同，并且，由于当年夏季法国天气异常，大雨过多造成番茄减产，卖方有权要求免除责任。

卖方起诉买方，要求买方支付已经交付货物的欠款；买方拒绝，提出与卖方违约所造成的损害赔偿相抵销。

分析：法院没有支持卖方关于合同并未订立的主张。法院认为，根据《合同公约》第14条的规定，卖方的传真已经构成了要约。因为：第一，其传真中表述的货物、数量、价格都十分确定，尤其是番茄罐头（规格）以及卡车装载量都规定的十分确定，当事人所指的数量双方都十分清楚，并且属于该行业当事人常用的贸易做法。第二，表明了要约人受要约约束的意思。卖方传真的语言虽然有不确定的地方，但是卖方以英语发出传真，可以推定明确表明了卖方受约束的意思。因为英语作为买卖双方的外语，并不是双方通常使用的工作语言，卖方以这种语言发出传真很难解释为其他的意思，只能理解为卖方以一种非常正式的表述方式向对方发出要约，这种郑重其事的表达使对方有理由相信卖方愿意受其许诺的约束。因而法院的结论是，卖方传真包含了《合同公约》第14条要求的要约的所有因素（条款），在买方对其作出承诺后，合同已经订立。

此外，法院认为，第一车交货不能被卖方解释为样品，卖方也不能根据《合同公约》第79条的规定要求免责。法院认为，法国的大雨确实降低了番茄的产量，刺激了价格的上涨，但并没有导致所有番茄腐烂或者绝收，因而卖方仍然有可能供货，作物减产和番茄市场价格上涨是卖方可以克服的障碍，不构成不可抗力。

法院判决卖方违约，买方可以获得合同价格与宣告合同无效时市场价格的差价作为损害赔偿。此外，法院（根据法国国内法）接受了买方将损害赔偿与应付卖方欠款相抵销的主张。法院认为，在相同当事人之间的性质相同的债务可以抵销，是现代商法的一项普遍原则（is by now a general principle of the lex mercatoria），对所有文明的商业国家而言，（这项原则）是共同的（common to all civilized, trading nations）。

这里应当注意的是，如果该案件发生在我国，法院不会认为当事人以英语发出要约是"表明了要约人受约束"的意思，因为英语是我国（以及很多东方国家）对外贸易的工作语言。法院在当事人为法国、德国企业的背景下，认定英语并不是双方通常使用的工作语言，卖方以这种语言发出传真是一种郑重其事的表达方式，表现了西方国家的法院更多地从一个商人的立场去理解交易，以商人的思维解决商事争议的传统。

2）要约的约束力

要约的约束力主要是指要约对要约人的约束力。也就是说，要约人在要约生效后能否撤销他的要约。在这个问题上大陆法系与英美法系存在一定的差别。

大陆法系认为要约原则上是有约束力的。例如，《德国民法典》第 145 条规定，向他方要约订立契约者，因要约而受约束，但预先声明不受约束者不在此内。

但英美法系认为，要约原则上对要约人没有约束力。即使要约中指明了作出承诺的期限，要约人也可以不受其约束。因为英美法系认为要约也是一种许诺，对于该许诺，对方（受要约人）并没有付出任何对价，所以要约人不应受其发出的要约的约束。

《合同公约》对此采取了折中态度。《合同公约》第 16 条作了如下规定：

（1）在订立合同之前，如果撤销通知于受要约人发出承诺通知之前送达受要约人，要约可予撤销。

（2）但在下列情况下，要约不得撤销：①要约写明接受要约的期限或以其他方式表示要约是不可撤销的；②受要约人有理由信赖该项要约是不可撤销的，而且受要约人已本着对该项要约的信赖行事。

我国《合同法》采取了与《合同公约》类似的规定。按照我国《合同法》的规定，要约可以被撤销。撤销要约的通知应当在受要约人发出承诺通知之前送达受要约人。但有下列情形之一的，要约不得撤销：①要约确定了承诺期限或以其他方式明示要约是不可撤销的；②受要约人有理由认为要约是不可撤销的，并已经为履行合同做了准备工作。

3）要约的生效

各国法律和《合同公约》都规定，要约于送达受要约人时生效。我国《合同法》采取同样的原则。因此，在要约生效以前，要约人有权收回其要约的意思表示，这称为要约的撤回。

例 3-5　大连某水产品进出口公司（以下简称"大连公司"）于 5 月 21 日以商业信函的方式向一日本公司发出一份要约，欲出售一批货物。该要约中明确表示：请日本公司在 5 月 26 日以前作出答复，大连公司在此前无论发生什么情况都不会撤销该要约。预计这封商业信函将在 5 月 24 日到达日本公司。然而，5 月 23 日大连公司就改变了主意，在当天以电传方式通知了日本公司：取消 5 月 21 日发出的要约。

问：（1）以《合同公约》为依据，你认为，5 月 23 日这天，大连公司能否取消自己于 5 月 21 日发出的那份要约？

（2）要约的撤回与要约的撤销有什么区别？

分析：首先，5 月 23 日这天，大连公司可以取消自己于 5 月 21 日发出的那份要约，这属于要约的撤回。《合同公约》第 15 条第（2）款规定，一项要约，即使是不可撤销要约，如果撤回通知先于要约送达受要约人或同时送达受要约人，得予撤回。我国《合同法》的规定与此相同。

其次，要约的撤回与要约的撤销区别在于：要约的撤回是在要约生效之前作出的，而要约的撤销则是在要约生效之后，要约人收回其要约的意思表示。《合同公约》与我国《合同法》对于要约的撤销采取同样的原则（见前述"2）要约的约束力"）。本例中，在 5 月 24 日日本公司收到要约后，大连公司就不能再撤销其要约了。

4）要约的失效

要约的失效，是指要约失去其约束力。要约的失效主要有以下几种原因：

（1）要约的有效期已过。要约可以规定有效期间，如"5 月 20 日之前复到有效""请于 3 月 5 日之前答复"等。超过这个期间，要约自动失去效力。要约没有规定有效期间的，大陆法系和英美法系均认为要约在合理的时间失去效力。

（2）要约被受要约人拒绝。这种拒绝包括直接拒绝和间接拒绝，前者即受要约人明确表示不接受要约，后者则是指受要约人虽然没有明确表示拒绝，但是其行为足以理解为拒绝的表示，如提出反要约，以至于实质上改变了原要约的条件等。

（3）要约人撤销要约。在要约属于可撤销要约的条件下，要约人在受要约人接受之前可以撤销要约，要约经这种撤销行为而失效。

此外，要约如果在生效之前即已被撤回，则该要约根本未生效，不产生任何要约的效力。

例 3-6　Hyde v. Wrench（1840 年）。

被告在 6 月 6 日向原告提出要约，愿以 1 000 英镑将自己的农场出售给原告。6 月 8 日原告回答表示愿以 950 英镑购买该农场，被告于 6 月 27 日表示拒绝。6 月 29 日原告又书面通知被告说，他愿意接受原来的报价即 1 000 英镑，但被被告拒绝。原告于是向法院起诉，要求强制履行双方达成的合同。

分析：法院判决原告败诉，因为双方之间并无合同。

法院认为，原告在 6 月 8 日表示愿以 950 英镑购买农场，是一个反要约，其效果是拒绝了被告的原要约，使原要约失去了效力。原告不能事后改变主意，要求对原要约作出承诺，因为原要约既已不复存在，原告当然也无承诺可言。

主审法官 Lord Langdale MR 指出：……根据本案情况，我认为双方之间不存在有效的合同。被告的要约提出以 1 000 英镑出售农场，如果该要约立即被无条件地接受了，那么无疑构成一份完好的有约束力的合同。但是，原告提出了自己的要约，即愿意出 950 英镑购买农场，否决了被告原先的要约，此后他不能再提出接受被告的要约，因此双方之间不存在任何义务。

3.2.2 承诺

1）承诺的概念

承诺（acceptance），是指受要约人向要约人作出同意要约内容的意思表示。承诺在内容上必须和要约一致。由于国际贸易的环境复杂，各国传统、文化和经济习俗的差异较大，要求承诺在形式上与要约完全一致容易造成交易的困难，因此现在各国法律均要求承诺与要约内容基本一致或称为实质上一致即可，如果承诺的内容只是和要约稍有出入，则不影响合同成立。对此，《合同公约》第19条作了如下规定：

（1）对要约表示接受但载有添加、限制或其他更改的答复，即为拒绝该项要约并构成新要约。

（2）但是，对要约表示承诺但载有添加或不同条件的答复，如所载的添加或不同条件在实质上并不变更该项要约的条件，除要约人在不过分迟延的期间内以口头或书面通知反对其间的差异外，仍构成承诺。如果要约人不作出这种反对，合同的条件就以该项要约的条件以及承诺通知内所载的更改条件为准。

（3）有关货物价格、付款、货物质量和数量、交货地点和时间、一方当事人对另一方当事人的赔偿责任范围或解决争端等的添加或不同条件均视为在实质上变更要约的条件。

例 3-7 卖方发出要约：现有 M 型水上飞机一架，单价 5 000 美元，如同意购买，请将 5 000 美元汇入我银行账户，可以立即交货。买方答复：同意购买，已经将 5 000 美元汇至你开户的银行，交货后立即付款。卖方收到买方的答复后，却将飞机卖给了他人。

问：卖方能否这样做？

分析：卖方可以这样做。因为买方的答复不是承诺，而是新的要约：按卖方的条件，应该是先付款后交货；而按买方的答复，则成为先交货后付款：买方只是将 5 000 美元汇到了卖方的开户银行，并未按卖方要求汇入卖方账户，并且声称"交货后立即付款"。付款属于实质性条件，它的更改使买方的答复没有构成承诺，而成了一个新的要约。所以，双方之间没有形成合同关系，卖方可以将飞机卖给他人。

例 3-8 经过对德国卖方（被告）产品的初步了解，瑞典买方（原告）以信函方式请德国卖方就某种质量的特制螺丝提出报价。德国卖方（在买方信函中）

填写上价格和发货日期，将信函寄回。

3 月 5 日，瑞典买方以传真订购 3 400 个特定质量的螺丝，另外还订购了 290 件此前未提到的其他商品。3 月 10 日，德国卖方感谢瑞典买方的订单，表示收到订单并愿意成交，但要求预先付款或提供一张信用证。

瑞典买方又要求提供估价单。德国卖方按要求寄去估价单，但其中列出的是质量等级较低的相关商品及相应的价格。瑞典买方立即表示反对，要求按当初"订货"的质量提供这些商品。德国卖方回复说，按照卖方的产品目录，那些等级较高的产品交货期比较长、价格也更高。瑞典买方坚持要求德国卖方按报价单列出的价格提供质量较高的商品。双方发生争议。

问：双方之间是否已经订立了有效的合同？

分析：由于当事人双方的营业地分别位于《合同公约》的缔约国境内，根据《合同公约》第 1 条第（1）款 a 项，审理该案的法院认为《合同公约》适用于本案。

对于合同是否订立，法院认为，瑞典买方以信函方式请德国卖方提出报价属于要约邀请（an invitation to make an offer），德国卖方的回复构成要约，但瑞典买方 3 月 5 日的传真偏离了卖方的要约，不仅质量标准与卖方要约存在不一致，而且增加了要约中没有提到的产品。法院提到，根据《合同公约》第 19 条第（1）款，对一项要约的答复，如果载有更改要约的条件，即为拒绝要约，并构成还价。因此，瑞典买方的最后订单（即 3 月 5 日的传真）构成了新的要约。对于这一新的要约，法院认为，一方面，德国卖方答复说要求预先付款构成了一项反要约，瑞典买方拒绝德国卖方的估价单时拒绝了这项反要约；另一方面，从《合同公约》第 14 条第（1）款的意义上来说，这一新的要约还不够明确，因为其中某些订货的价格既无人知晓，也无法确定。因此，法院认为，这个新的要约并未导致合同的有效订立。直至德国卖方按瑞典买方要求发出估价单时，要约应具备的条件才完全具备，可以被有效承诺，订立合同，但瑞典买方拒绝了这个估价单。因此，双方的合同并未订立。

2）承诺的生效与撤回

关于承诺生效的时间，大陆法系与英美法系有很大出入。

大陆法系采用"到达主义"原则，即承诺的通知于到达要约人时生效；而英美法系则采用"投邮主义"原则，采取信件、电报方式作出承诺，承诺通知一经投邮立即生效。

《合同公约》原则上采用"到达主义"，同时规定了例外情况。《合同公约》第 18 条第（2）款规定，承诺于表示承诺的通知送达要约人时生效；《合同公约》第 18 条第（3）款对例外作了规定，即如果根据要约的要求或依照当事人之间确认的习惯做法或惯例，受要约人可以作出某种行为的方式（如与发送货物或支付货款有关的行为）来表示承诺，而无须向要约人发出承诺通知，则承诺于该行为作出时生效。

承诺应当在要约确定的期限内到达要约人。要约没有确定承诺期限的，承诺应当在合理期限内到达。所谓合理期限，是指依通常情形可期待承诺到达的期间，一般包括要约到达受要约人的期间、受要约人作出承诺的期间、承诺通知到达要约人的期间。如果要约以对话方式作出的，承诺应当即时作出，但当事人另有约定的除外。

对于承诺期间的计算，《合同公约》规定，要约以信件或者电报作出的，承诺期限自信件载明的日期或者电报交发之日开始计算。信件未载明日期的，自投寄该信件的邮戳日期开始计算。要约以电话、传真等快速通信方式作出的，承诺期限自要约到达受要约人时开始计算。

3）逾期承诺

未能在承诺期间内到达的承诺被称为逾期承诺（late acceptance），可分为两种情况：一种是迟发迟到的承诺；另一种是非迟发而迟到的承诺。《合同公约》第 21 条对此分别作出了规定：

（1）逾期承诺仍有承诺的效力，如果要约人毫不迟延地用口头或书面方式将此种意见通知受要约人。

（2）如果载有逾期承诺的信件或其他书面文件表明，它是在传递正常、能及时送达要约人的情况下寄发的，则该项逾期承诺具有承诺的效力，除非要约人毫不迟延地用口头或书面方式通知受要约人：他认为他的要约已经失效。

4）"开口价"合同

一般情况下，承诺生效，合同就成立了，除非法律另有规定或者当事人另有约定。但在国际贸易中常常存在这种情形：虽然合同已有效订立，但当事人在合同中没有明示或默示地规定货物的价格，也没有规定确定价格的方法，这通常被称为"开口价"合同（也称"开口价"条款）。对此，《合同公约》第 55 条规定，如果合同已有效订立，但没有明示或默示地规定价格或规定如何确定价格，在没有任何相反表示的情况下，双方当事人应视为已默示地引用订立合同时此种货物在有关贸易的类似情况下销售的通常价格。

这里涉及一个公约规则体系的协调问题。根据《合同公约》第 14 条规定，一个订立合同的建议如果写明货物并且明示或默示地规定数量和价格或规定如何确定数量和价格，即为"十分确定"。也就是说，价格是要约达到"十分确定"要求的必要条件。那么，没有价格条件的要约，是否还可以被认为是有效的要约，如果未承诺，合同能否有效订立？对此，学术界存在一些争论，但在国际贸易的实践中通常的做法是，将《合同公约》第 55 条看作是对《合同公约》第 14 条的一个重要补充，即虽然《合同公约》第 14 条规定了要约必须具备货物、数量、价格三个要素才符合"十分确定"的条件，但并不意味着缺少其中一个要素就一定导致合同无法订立。国际贸易的情况很复杂，有可能存在当事人尚未就价格达成一致但合同已经成立的情形，如存在某种商业上的习惯做法或者紧急情况下的订货与发货。此时，《合同公约》第 55 条就是对《合同公约》第 14 条的一个重要补充。因此，这两条规定并不矛盾，而是解决国际贸易实践中"开口价"合同的一个补充性规定。

例 3-9 2018 年 3 月，荷兰卖方与瑞士买方达成了建立未来合作关系的协议，瑞士买方利用荷兰卖方的库存纺织材料制作 30 款到 35 款时装，这一时装系列决定着将来双方的合作关系。

2018 年 4 月 19 日，瑞士买方以传真通知荷兰卖方发送了一批布料，荷兰卖方按要求发货。但是，在使用了部分布料（约 10%）后，2018 年 6 月 12 日，瑞士买方通知荷兰卖方"不打算继续合作了"，并要求荷兰卖方就已发送的货物出具发票。荷兰卖方出具了发票。双方就发票所列的货物数量和价格进行几次商谈后，瑞士买方以信件通知荷兰卖方"将退回剩余的布料"。

荷兰卖方起诉了瑞士买方，要求瑞士买方就全部货物付款。

分析：因双方营业地均在《合同公约》的不同缔约国境内，法院认定《合同公约》适用于本案（《合同公约》第 1 条）。

法院认为，买方须支付全部交付纺织材料的价款，而不仅仅是已使用的 10% 的纺织材料的价款。法院按照与卖方同等资格、通情达理的人处于相同情况中对这一标准应有的理解，解释买方的声明和行为（《合同公约》第 8 条），由此推断买方愿意接受合同以及买方愿意根据合同获得货物的数量。法院认定，在订立合同时双方当事人之间不存在任何相关的情况或习惯做法（上述情况必须被纳入考虑范围）时，从买方在已经知道不会使用全部材料的情况下，仍然毫无保留地要求卖方就已发送的货物出具发票的行为，即可推知买方具有接受货物的意愿。

进货价格不是由双方当事人确定的，而是由法院通过适用《合同公约》第 55 条确定的，即在没有任何相反表示的情况下，双方当事人已默示地引用订立合同时此种货物在有关贸易的类似情况下销售的通常价格。利率则是根据诉讼地的国际私法规则所适用的法律（即荷兰法律）确定的。

由于价格因素在国际贸易中居于十分重要的地位，缺少价格条款的合同比较少见。而在适用《合同公约》第 55 条的司法实践中，尊重当事人的意思自治始终是一个重要的原则，即《合同公约》第 55 条的存在并不意味着法院和仲裁机构有权为当事人决定一个价格，尊重当事人的意思自治，是适用《合同公约》第 55 条的重要前提：第一，通过当事人的意思表示或者交易过程可以确定价格时，一般不考虑《合同公约》第 55 条的适用，而是通过当事人的意思表示或者交易过程来推定价格。例如，双方当事人最初并未确定价格，但在履行合同中因质量争议而进行关于价格的协商已明示或默示地规定了价格，从而满足了《合同公约》第 14 条规定的要求，此时无须再借助于《合同公约》第 55 条。第二，如果空缺的价格条款参考了其他客观因素后仍然不能确定，倾向于认定合同没有订立，而不通过《合同公约》第 55 条赋予法院或仲裁机构以定价权力。第三，援引《合同公约》第 55 条确定价格的判决或裁决，大多发生在当事人已经事实履行了合同但缺少价格的情形。此时，《合同公约》第 55 条成为法院或仲裁机构填充当事人的价格空白的补充依据。

例 3—10 德国买方与比利时卖方均为水果和蔬菜行业的经营者。2017 年 6 月，经过口头商谈后，卖方寄给买方一封信，在信中卖方确认买方"按当季价格"（to be fixed during the season）购买 40 万罐去核樱桃的交易。在第一批货物（5 万罐）按每罐 0.95 欧元价格交付买方后，卖方于 2017 年 10 月再次致信买方，确认买方此前商定的 40 万罐去核樱桃的交易，但提出按每罐 0.90 欧元定价的提议，并要求买方将合同寄回以便正式签署。2018 年 1 月和 7 月，买方又分别以每罐 0.87 欧元和每罐 0.90 欧元的价格接受了 13 万罐货物。2018 年 8 月，卖方要求买方履行 2017 年 6 月达成的（购买 40 万罐去核樱桃）协议，以每罐 0.90 欧元的价格提走剩余货物。买方向德国法院起诉，要求法院宣告当事人之间并不存在有效的合同。

分析：法院认定，当事人之间达成了一项口头的 40 万罐去核樱桃的交易，卖方的信件可以证实这点。法院特别指出，依据《合同公约》的规定，对一封信件的沉默并不导致合同的成立，除非存在一个这样的国际惯例或者当事人之间的习惯做法。而本案中，信件可以作为合同已经成立的证明（法院的意思是，当事人之间的合同并非因为买方对卖方的信件保持沉默而成立，而是因为卖方以信件确认他们之间达成的口头协议，买方对信件的沉默意味着他承认他们已经达成协议的事实）。

当事人同意"按当季价格"定价的事实也不足以阻碍有效合同的成立，因为价格虽然没有明确，但它是可以确定的（《合同公约》第 14 条）。"按当季价格"定价应当解释为卖方同意买方以季的价格为基础，参照《合同公约》第 55 条的原则确定价格。法院进一步认定，即使将"按当季价格"定价解释为价格在合同订立后由当事人商定，结果也不会有什么不同，如果合同已经有效成立，《合同公约》第 55 条可以用来填补价格条款的空缺。最后，法院指出，没有任何理由否定合同成立后当事人实际上已经就合同价格达成了一致，因为买方接受了多批货物并按照卖方对每批货物的标价进行了付款。

这里需要注意的是，法院认为"当事人实际上已经就合同价格达成了一致"，但不能推定为买方接受了每罐 0.90 欧元的价格。对本案的逻辑关系应当这样理解：卖方的信件证明双方当事人达成了 40 万罐去核樱桃的交易，价格"按当季价格"定价；但由于每罐 0.90 欧元的价格是卖方在后来的信件中提出的，买方对信件的沉默不能理解为接受了这个价格提议。因而法院的结论是，当事人之间 40 万罐去核樱桃的合同成立，价格为"按当季价格"定价，如果对以后交货的价格不能达成一致，应当根据《合同公约》第 55 条的原则来确定。

例 3—11 德国卖方与瑞士买方因时装销售发生争议。卖方提起诉讼，要求买方支付 2018 年 1 月至 3 月共四张发票的货款。买方否认其中两张发票，认为与卖方并未达成过那些交易，而对于其余两张发票，买方虽然承认与卖方的交易，但提出反诉：这些时装价格过高且不符合市场需求，而这完全是卖方交货迟延引起的，因为卖方坚持要求预付货款，否则拒绝发货——这既不符合行业惯例，也没有事先达成一致，因而买方要求从货款中抵销其遭受的损失。

分析：法院认定，德国与瑞士均为《合同公约》缔约国，因而《合同公约》适用于本案（《合同公约》第 1 条）。

对于买方否认的两张发票，法院指出，卖方未能证明与买方之间达成过这些交易，也未能证明与买方之间就货物的价格达成过一致（《合同公约》第 14 条）。法院认为，仅仅是开出发票和发送货物不能证明当事人之间订立了合同，尤其是在本案中，谁订的货、什么时间以及价格如何都不能确定。

法院特别指出，关于确定价格，法院认为《合同公约》第 55 条在本案中并不适用，因为这项条款的适用是以合同已经订立为前提的，即在不能确定合同已经订立的情况下，不存在援引《合同公约》第 55 条的规定来确定价格的问题。因此，卖方无权就这两张发票要求付款。

对于买方承认的两张发票，因不属于《合同公约》范围内的问题，法院依据德国法作出判决，否定了买方的抵销权主张，判令买方向卖方支付这两张发票的货款及利息。

3.2.3　当事人合意的真实性

合同的订立是当事人双方交换意思表示达成合意的过程。因此，合意的真实性，即当事人的表示与其内在意思一致，也是合同有效成立的前提条件之一。

根据各国法律，主要有以下几种情况影响当事人合意的真实性：

1）欺诈

欺诈（fraud），是指一方故意制造假象或掩盖事实真相而使他方陷于错误的行为。《法国民法典》第 1116 条规定，如果一方当事人实施欺诈，他方当事人决不会订立合同者，则该欺诈构成契约无效的原因。《德国民法典》第 123 条规定，因欺诈而为意思表示者，表意人得撤销其意思表示。

欺诈在英美法系中称为"欺骗性的不正确陈述（fraudulent misrepresentation）"，是一种侵权行为（intentional tort），蒙受欺骗的一方除有权提出解除合同外，还可要求对方赔偿损失。对于如何认定不正确陈述，英国普通法发展了许多细节，如①不正确陈述只能针对事实，而不包括法律方面（指国内法）的错误陈述，因为法律是公开的资料，不存在被隐瞒的问题；②对于事实的陈述必须是对方所不知悉的事实，并且只有对方依赖该陈述订立了合同，才可能构成不正确陈述；③这种事实必须是过去的（past）或现在（present）的事实，而不应是对将来的预测，如预测某个项目的投资可以获利一般不构成不正确陈述；④对将来的保证则不能被理解为预测，这种保证可以构成不正确陈述，如货运代理人答应托运人将货物装在甲板下，但运输中却将货物置于甲板上而造成损坏，此时不能将货运代理人的行为解释为预测，而应认定为保证，货运代理人必须对损失负责；⑤对事实的沉默原则上不构成不正确陈述，但如果这种沉默是对整体事实的隐瞒，或合同属于最高诚信合同，如保险合同，或双方存在信托关系，则一方的沉默也会构成不正确陈述。英国1967 年《不正确陈述法》（Misrepresentation Act）针对不正确陈述导致合同成立的情形作了规定。

《国际商事合同通则》（国际统一私法协会）第 3.8 条规定，一方当事人可宣告合同无效，如合同基于对方当事人的欺诈而订立。我国《合同法》规定，一方以欺诈、胁迫的手段或者乘人之危，使对方在违背真实意思的情况下订立的合同，受损害方有权请求人民法院或者仲裁机构变更或者撤销。其中，采取欺诈手段订立的合同如果损害了国家的利益，则合同无效。

2）胁迫

胁迫（duress），是指以使他人产生恐惧为目的的故意行为。例如，《法国民法典》第 1112 条规定，如行为的性质促使正常人产生印象并使其担心自己的身体或财产面临重大且现实的危害者，即为胁迫。我国最高人民法院《关于贯彻执行〈中华人民共和国民法通则〉若干问题的意见（修改稿）》（1990 年）第 68 条规定，以给公民及其亲友的生命健康、名誉、荣誉、财产等造成损害，或者以给法人的名誉、荣誉、财产等造成损害为要挟，迫使对方作出违背真实的意思表示的，可以认定为胁迫行为。而英国普通法早期对胁迫的定义是狭义的，仅限于对人身或财产的暴力或暴力威胁，到 20 世纪后期，英国法律也开始接受商业上或经济上的胁迫作为取消合同的理由，如付款一方不正当地利用对方财务上的困境迫使对方答应降低款项金额或提出其他新要求，或者航运中船东在装运港装运易腐货物时要求增加运费，否则拒绝装运等。

但各国法律在胁迫问题中都考虑两个因素：①居于优势地位的公司或企业利用其优势达成对自己有利的合同条件，除非与所在国的反不正当竞争法相抵触，一般不认为存在胁迫。②主张受到胁迫的一方是否还有其他合理选择，也是确定是否存在胁迫时必须考虑的因素。如果受到胁迫的一方还有其他合理选择但仍然接受了对方的要求，则不应再以胁迫为由主张合同无效或撤销。

大陆法系和英美法系都规定，以胁迫手段订立合同，构成合同无效或可撤销的原因。《国际商事合同通则》第 3.9 条规定，合同因胁迫无效，如果胁迫是急迫的和严重的。

3）重大错误

所谓错误（mistake），是指意思表示的错误，即行为人基于对合同的主体、客体或内容等的误解，而作出错误的意思表示，但并非所有的错误都可能对合同产生影响，各国法律都认为，只有重大错误（mistake of vital matter）才能作为否定合同效力的依据。例如，《德国民法典》第 119 条第 2 款规定，关于人的资格或物的性质的错误，如交易上认为重要者，视为意思表示内容的错误。

按照法国法律的规定，因严重错误而订立的合同无效，而德国法认为由于重大错误而订立的合同可以撤销。

英美法系对于"错误"的要求比大陆法系更为严格。英美法系将错误分为单方错误（unilateral mistake）和双方错误（bilateral mistake），双方错误又包括共同错误（common mistake）和相互错误（mutual mistake）。单方错误一般不影响合同效力，双方错误只有在涉及合同的重大事项时，才可以主张合同无效或要求撤销合同，如英国 1856 年 Couturier v. Hastie 一案中，双方买卖一批已在船上付运的玉米，但订约时船长因为货物已经开始腐烂而在中途将其处理掉了。买方知悉该情况后，拒绝付款而与卖方发生争执。英国贵族法院判决该买卖是针对这批玉米，合同因共同错误而无效，因为双方订约的一个前提是假定该货物存在。

我国《民法总则》规定，因重大误解而订立的合同，当事人有权请求人民法院或者仲裁机关予以变更或者撤销，但对于造成误解有过错的一方，应赔偿对方因此所受的损失。最高人民法院《关于贯彻执行〈中华人民共和国民法通则〉若干问题的意见（修改稿）》（1990 年）指出，行为人因对行为的性质、对方当事人、标的物的品种、质量、规格和数量等的错误认识，使行为的后果与自己的意思相悖，并造成较大损失的，可以认定为重大误解。

《国际商事合同通则》第 3.4 条指出，错误是指在合同订立时对已存在的事实或法律所做的不正确的假设。《国际商事合同通则》第 3.5 条规定，严重错误构成合同无效的原因，但错误如由于错误方的重大过失所致，或错误的风险如应由错误方负担，错误方不能宣告合同无效。

4）显失公平或重大失衡

我国最高人民法院《关于贯彻执行〈中华人民共和国民法通则〉若干问题的意见（修改稿）》（1990 年）第 72 条和第 73 条规定，一方当事人利用优势或者利用对方没有经验，致使双方的权利与义务明显违反公平、等价有偿原则的，可以认定为显失公平；对于重大误解或者显失公平的民事行为，当事人请求变更的，人民法院应当予以变更，当事人请求撤销的，人民法院可以酌情予以变更或者撤销。《国际商事合同通则》第 3.10 条（重大失衡（gross disparity））规定，如果在订立合同时，合同或其个别条款不合理地对另一方当事人过分有利，则一方当事人可宣告该合同或该个别条款无效。

对缺乏合意真实性的合同，我国《合同法》第 54 条规定，因重大误解订立的合同，在订立时显失公平的合同，以及一方以欺诈、胁迫的手段，使对方在违背真实意思的情况下订立的合同，受损害方有权请求人民法院或者仲裁机构变更或者撤销。

例 3-12 K 公司是一家经营进口及批发篮筐制品的小公司，与购货商签订了一份供货合同。为了交货，K 公司又与承运人 A 快邮公司订立了运输合同，将货物运交购货商。运输合同开始履行后，A 快邮公司发现自己计费有误，致使这次运输所订的运价极不合算。于是 A 快邮公司对 K 公司声称，除非改变合同运价，否则终止运输。K 公司的生意在很大程度上要依赖于那个购货商的合同，不能及时交货会导致损失惨重，而且当时已经很难迅速找到其他承运人替代。K 公司只好答应了 A 快邮公司调整运费的要求，但合同履行后，K 公司以受到胁迫为由拒绝支付增加的运费，双方发生争议。

问：（1）K 公司是否可以以受到胁迫为由拒绝支付增加的运费？

（2）A 快邮公司可否以运费计费有误属于重大错误为由主张运输合同无效？

（3）如果 A 快邮公司以政府法令发生变化为由要求调整运费，而未主张计费错误，K 公司同意增加运费，但事后 K 公司发现并不存在政府法令发生变化导致调整运费的事实，K 公司是否可以主张 A 快邮公司采取欺诈手段订立合同而要求其承担责任？

分析：（1）可以。因为 K 公司的生意在很大程度上要依赖于那个购货商的合同，如果不答应 A 快邮公司的要求，可能会导致不能及时交货而损失惨重，并且当时已经很难迅速找到其他承运人替代，所以 K 公司所处的情形可视为受到胁迫。因此 K 公司可以以受到胁迫为由拒绝支付增加的运费。

（2）一般情况下，A 快邮公司不能主张运费计费有误属于重大错误。在英美法系中，这属于单方错误，当事人原则上不能因单方错误主张合同无效，除非：①这种单方错误为对方所知悉，并且对方利用了这种错误来达成合同；②这种单方错误导致双方之间实质上没有达成协议。在大陆法系中，这种计费错误也很难被认定为重大错误。

（3）如果 A 快邮公司以政府法令发生变化为由要求调整运费，K 公司同意。那么，事后 K 公司发现并不存在政府法令发生变化的事实，一般也不能主张 A 快邮公司的行为属于欺诈。法律是公开的政府文件，任何人均可以查阅，K 公司没有理由轻信对方的陈述，K 公司只能对自己的疏忽负责。

但以下两种情况下可以主张对法律的虚构或曲解构成欺诈：①法律专业人士对非专业人士解释的法律；②对外国法律的虚构或曲解，因为外国法律通常被视为一种事实存在。

3.2.4　约因

1）约因的概念

在英美法系中，除签字蜡封合同外，约因（consideration）（或称对价）是合同的要件之一。这是因为人们在日常生活中的各种许诺多如牛毛，但不可能都会得到法院的强制执行。只有具有一定约因的许诺，法律才会承认其有约束力，法院也才有可能予以强制执行，因为有约因的许诺才是"订约双方愿意接受法律约束的唯一证据"。[①]

1875年英国高等法院法官路希（Lush）在柯里诉米萨（Currie v. Misa）一案中对"约因"下了这样的定义："有价值的约因，从法律意义上来说，或是一方当事人所得到的某种权利、利益、利润或好处，或是另一方当事人所作的某种克制，所遭受的某种损害、损失或所承担的某项义务。"路希的这个定义被看作是权威性的解释，因此常被英、美合同法的著作所引用。

美国《布莱克法律辞典》（1979年）对"约因"的解释是："合同的诱因，诱使一方当事人缔结合同的原因、动机、代价或推动力，是合同的理由或实质性原因。"

简单地说，约因就是一方当事人所获得的利益，或者另一方当事人所愿意承担的损失。在商业活动中，约因一般是比较明确的：卖方出售货物是为了获得价款，买方支付价款是为了获得货物，价款和货物就构成这个买卖合同的约因，约束双方交付货物和支付货款的许诺。

2）约因的几项原则

（1）约因只要存在即可，而无须相当。约因是当事人愿意受许诺约束的证据，是法院强制执行许诺的一个理由，因此在审理合同案件时，只考虑许诺是否有约因的支持，而不考虑约因在价值上是否相当，但如果有欺诈或错误等情形，受害一方则有权请求衡平救济，要求解除合同。

例3-13　中国香港特区政府为协助香港国际仲裁中心的发展，同意免费为其提供办公场所3年。但香港国际仲裁中心要求在租用办公场所的合同中订明"每年支付1港元租金"的条款。

问：这一条款有何意义？

分析：如果没有这一条款，这只是一种施与，中国香港特区政府可以随时要求香港国际仲裁中心搬出去；有了这一条款，就成为一个有约束力的协议，因为1港元的约因已经足以约束当事人双方了。

（2）过去的约因（past consideration）无效。过去的约因，是指过去的、已经获得的利益，这种利益不能再成为约束许诺的约因。例如，同学甲在同学乙生病时主动照顾乙，乙病愈后表示愿意将自己的电脑送给甲作为酬谢。乙的这个许诺就属于无约因的许诺，是没有约束力的，因为甲提供的服务是过去的约因。

（3）履行已经存在的义务不能作为约因。这种已经存在的义务可能源自合同，也可能由于法律的规定或当事人身份的性质。例如，消防队员救火或者警察破案，原则上不应以此为约因而要求额外报酬。

例3-14　Stilk v. Myrick（1809年）。

---

① 杨良宜. 国际商务游戏规则［M］. 北京：中国政法大学出版社，1998：32.

一条船从伦敦开往巴尔的摩时，船长发现两名水手中途逃跑了，一时又无法找到合适的船员来代替他们的工作。于是船长许诺将这两名水手的工资分给留在船上的船员，以鼓励他们在人手紧缺的情况下多分担工作，把船开回伦敦。但是，当船到达伦敦后，船长拒绝履行他的许诺。船员们将船长告上法庭。

分析：法院认为，船长的许诺是没有约因的，也就是说，船员们没有为船长的许诺付出额外的对价。法院认为，船员们分担了两名水手的工作不能构成约束船长的许诺的约因，因为这是他们在签订雇佣合同时已经承担的一项合同义务，即在有船员逃跑、死亡时，剩余的船员有义务继续履行合同，将船开回目的地。

但是，如果所承担的责任超过了合同或法律规定的应有范围，仍可作为约因。例如，某矿主因担心罢工的矿工暴动，请警方加派人手来保护，并许诺愿意为此支付费用。虽然警方在法律上负有保护市民、维持社会治安的责任，但是这种额外的保护可以视为约因，警方可以要求矿主履行他的许诺。

3）约因原则的例外

考虑到约因原则在诸多方面不能适应经济活动的要求，英美法系也存在许多针对约因原则的例外，主要包括：①签字蜡封合同。根据英国普通法，这种合同无须约因，就具有法律约束力。②诺言不得翻悔原则（promissory estoppel）。根据这一原则，当事人一方所做的许诺，如果对方有理由信赖并因而采取了相应的行动，为防止不公平的结果，即使这种许诺没有约因的支持，法院也可以予以强制执行。③修改现有买卖合同的协议。这一例外主要出现在美国法律中。根据美国《统一商法典》第2—209条的规定，一项修改合同的协议如果出于诚意，无须用约因来约束。④弃权。该例外也是美国法律中的原则，即权利人自动放弃了自己已知的权利。例如，布朗于3月20日接受了本应于3月10日交货的一批货物，布朗就会被认为放弃了10日的权利：他要么拒绝接受货物并要求损害赔偿，要么接受货物并放弃10日的权利，尽管他放弃这10日的权利并没有对方任何约因或对价的约束。

4）原因

约因或对价是英美法系中特有的概念，大陆法系国家在合同法理论中并不强调这一原则，但并不是说大陆法系国家就没有类似的概念，在大陆法系中与"约因"相对应的概念是"原因"。例如，《法国民法典》第1131条规定，无原因的债、基于错误原因或不法原因的债，不发生任何效力。按照法国法的解释，债的原因是指订约当事人产生该项债务所追求的最直接和最接近的目的。这里的债，包括合同问题。

德国、瑞士等国的民法不采用"原因"学说，但这些国家的民法中有所谓"不当得利（unjust enrichment）"的制度。不当得利制度，是指没有法律上的理由而获得他人的财产或其他利益，获得这种财产或利益的一方因缺少法律上的原因而无权保留该财产或者利益，因而负有义务把它归还给真正的权利人。例如，杰斯太太家养的鸡跑到邻居家下了3个鸡蛋，她的邻居无权保留这3个鸡蛋，而应按照不当得利制度将其归还给杰斯太太。可以说，这一制度的法律效果与原因或约因很类似，都是由于缺乏法律上的原因或对价，双方当事人之间不能确定合同关系，受益人必须归还从他人处取得的财产或利益。

3.3　　　　　　　　合同的担保

合同的担保（security of contract），是指依据法律的规定或者当事人的约定保证合同的履行，保障债权人利益实现的法律措施。现代商业实践中，尤其是国际贸易中，交易风险大量存在，无论是销售方还是债权人，都不愿意承担"收不回钱"的风险，所以他们通常要在付款得到某种形式的法律保证以后，才会售出货物或者贷出资金。

根据各国法律的规定，合同担保主要可以划分为人的担保和物的担保。

3.3.1　人的担保

人的担保（personal security）又称信用担保或保证（suretyship），即由保证人保证合同当事人（债务人）履行合同义务的担保方式。担保具有从属性，因而保证合同在性质上属于从合同，它只有在主合同有效成立的情况下才发生效力。如果主合同无效，保证合同也无效，但保证合同无效，并不必然导致主合同无效。

在商业实践中，人的担保通常是由作为保证人的第三人与债权人约定，当债务人不履行其债务时，该第三人按照约定履行债务或者承担保证责任。但是在我国的司法实践中，在以下情形下保证合同也可以依法成立：①保证人在债权人与被保证人签订的订有保证条款的主合同上，以保证人身份签字或者盖章的；②作为保证人的第三人单方以书面形式向债权人出具担保书，债权人接受且未提出异议的；③主合同中虽然没有保证条款，但是保证人在主合同上以保证人的身份签字或者盖章的。

1）保证的形式

大陆法系国家依据保证责任的不同，将保证分为连带责任保证和补充责任保证。连带责任保证，是指在债务人不履行合同时，债权人既可请求债务人履行债务或赔偿损失，又可请求保证人履行债务或赔偿损失，而不论债务人是否有履约能力或赔偿能力。补充责任保证，是指只有在债务人不能履行债务时，保证人才有义务代为履行或承担赔偿责任。保证人在补充责任保证中享有先诉抗辩权，即补充责任是第二性责任，债权人未起诉债务人之前，保证人有权拒绝承担保证责任。

英美法系国家将保证人分为保证人和担保人，其中保证人对债务人所负担的债务负主要责任，而担保人对债务人所负担的债务负次要责任。这种划分与大陆法系国家的连带责任保证和补充责任保证类似。

保证人在代替债务人履行合同或赔偿损失后，保证人就在其清偿的范围内取得代位追偿权（subrogation to right under a contract），即取代债权人的位置，有权向债务人追偿。

例 3-15 Delm 公司是一个小公司，经常需要借钱来发工资。银行担心 Delm 公司没有偿还贷款的能力，要求其主要股东 Joseph（一个富有的生意人，拥有该公司 65% 的股份）签署一个协议来为 Delm 公司的借款提供担保，确保 Delm 公司一旦无法还款时，他将替 Delm 公司偿还。同时，Joseph 的儿子 Robert 也向该银行申请贷款买一辆二手车，因为 Robert 还是一个大学生，银行不能贷款给他，除非 Joseph 同意在贷款书上与他的儿子一起签字成为保证人，对还款负连带责任。

问：如果 Joseph 签署了这两份担保性质的协议，那么他的责任是否一样？

分析：当然不一样。当 Joseph 签署了这两份担保性质的协议后，他成为保证人。其中，对于 Delm 公司的贷款，他承担的是补充责任或称次要责任，在大陆法系国家他的保证属于补充责任保证（我国担保法称为"一般保证"），在英美法系国家他属于担保人，即只有在 Delm 公司不能还款时他才承担责任；而对于他儿子 Robert 的贷款，他承担的是连带责任或称主要责任，在大陆法系国家他的保证属于连带责任保证，在英美法系国家他属于保证人，这意味着如果 Robert 到期没有及时还款，银行有权选择 Joseph 或者 Robert 任何一个人主张权利，追讨欠款。

2）共同担保

在同一债权上既有人的担保（保证）又有物的担保的，属于共同担保。这种情况下，如果发生了法律规定的或者当事人约定的债权人实现担保权利的情形，应当先执行哪种担保？各国普遍遵循的原则是：当事人有权约定实现担保权利的顺序；如果当事人未予约定，债权人应先就物的担保实现债权。在物的担保不能满足债权或无法执行时，再通过人的担保实现债权。

我国法律采取了类似的原则。根据我国《物权法》的规定，被担保的债权既有物的担保又有人的担保的，债务人不履行到期债务或者发生当事人约定的实现担保物权的情形，债权人应当按照约定实现债权；没有约定或者约定不明确，债务人自己提供物的担保的，债权人应当先就该物的担保实现债权；第三人提供物的担保的，债权人可以就物的担保实现债权，也可以要求保证人承担保证责任。提供担保的第三人承担担保责任后，有权向债务人追偿。因而，在当事人没有约定或者约定不明时，债权人应按以下原则实现债权：

①如果人的担保（保证）与债务人提供的物的担保并存，则债权人先就债务人的物的担保求偿。保证人在物的担保不足清偿时承担补充清偿责任。

②如果人的担保（保证）与第三人提供的物的担保并存，则债权人可以就物的担保实现债权，也可以要求保证人承担保证责任。这种情况下，第三人提供物的担保的，人的担保（保证）与物的担保在我国属于同一清偿顺序，债权人既可以要求保证人承担保证责任，也可以对担保物行使担保物权。

③如果人的担保（保证）与第三人提供的物的担保并存，其中一方承担了担

保责任，则只能向债务人追偿，而不能向另一方担保人追偿。

3.3.2 物的担保

物的担保（real security），是指通过在债务人或第三人的所有物上设定担保物权的方式保证合同履行的行为。物的担保包括抵押、质权、留置、定金等方式。

1）抵押

抵押（mortgage），是指由债务人或第三人向债权人提供一定财产作为抵押物但不转移物的占有的法律行为。债务人如到期不履行合同，债权人有权依法以抵押物折价，或从变卖抵押物的价款中优先受偿。抵押通常要由债务人或第三人与债权人签订书面抵押协议，但德国、日本等国采取了非要式主义，抵押合同既可以是书面的，也可以是口头的。

（1）抵押财产

抵押财产多限于不动产。例如，《法国民法典》第 2118 条规定，抵押物以下列财产为限：①属于交易范围内的不动产以及被视为不动产的附属部分；②在用益权期间，前项所指相同的不动产以及不动产负数部分的用益权。德国、瑞士、日本的抵押权制度也限于不动产抵押，动产只能设定质权。但为适应社会经济发展的需要，法国、日本逐步以特别法或单行法规形式确立了动产抵押制度，法律所规定的特定的动产可以进行抵押。我国的抵押制度不限于不动产，根据我国法律的规定，不动产和动产均可用于抵押。

我国《物权法》采取列举的方式规定了可以抵押以及不得抵押的财产。根据该法第 180 条的规定，债务人或者第三人有权处分的下列财产可以抵押：①建筑物和其他土地附着物；②建设用地使用权；③以招标、拍卖、公开协商等方式取得的荒地等土地承包经营权；④生产设备、原材料、半成品、产品；⑤正在建造的建筑物、船舶、航空器；⑥交通运输工具；⑦法律、行政法规未禁止抵押的其他财产。抵押人可以将前款所列财产一并抵押。而根据我国《担保法》的有关规定，下列财产不得抵押：①土地所有权；②耕地、宅基地、自留地、自留山等集体所有的土地使用权，但法律规定可以抵押的除外；③学校、幼儿园、医院等以公益为目的的事业单位、社会团体的教育设施、医疗卫生设施和其他社会公益设施；④所有权、使用权不明或者有争议的财产；⑤依法被查封、扣押、监管的财产；⑥法律、行政法规规定不得抵押的其他财产。

英美法系在传统上也将抵押限于不动产，但美国《统一商法典》第 9 部分规定的担保制度则适用于动产担保。

例3-16　Jamie 想从 A 公司购买一个新浴缸，购买价格是 5 500 美元。因不能用现金支付所有款项，Jamie 签署了一份协议，先付 3 000 美元，此后每月付 200 美元，直至付清全部余款及利息为止。

问：A 公司应该怎样保护自己的权利？

　　分析： A 公司在签署这份销售协议时，可以规定一个担保条款，在 Jamie 付清全部余款及利息之前，A 公司对其所销售的物品（浴缸）保留担保物权。如果 Jamie 不能按照协议履行付款义务，A 公司有权依法以该抵押物折价，或从变卖抵押物的价款中优先受偿，以保障自己的权利。

　　（2）抵押登记

　　抵押协议是否需要依法登记，各国法律规定不同。由于抵押是非占有性担保，为了保护债权人和社会公众的利益，各国通常要求抵押权以在不动产登记簿或特种动产登记簿上进行登记的方式予以公示，但登记的效力各国不同：

　　①法国、日本采取登记对抗原则，即抵押权的生效不以登记为条件，但未经登记的抵押权不得对抗善意第三人；德国、瑞士则采取了登记成立要件主义，即未经登记，抵押权不成立。

　　②美国《统一商法典》的原则与法国法类似。根据美国《统一商法典》的规定，受担保方（指债权人）可以凭州或地方相应部门所出具的"资金调度表"来完善担保物权，但这种资金调度表制度只是用于"完善"担保物权，而不是担保生效的法定条件。也就是说，没有这种资金调度表的登记，担保物权一般也可以产生，但缺少对抗第三人的效力。对于机动车辆、船只等还需要所有权证明。

　　③我国采取了登记要件主义与登记对抗主义相结合的做法。我国《物权法》规定，以建筑物和其他土地附着物、建设用地使用权、正在建造的建筑物抵押的，或者以招标、拍卖、公开协商等方式取得的荒地等土地承包经营权抵押的，应当办理抵押登记，这类财产的抵押权自抵押登记时设立。而以上述财产以外的其他财产抵押的，抵押权自抵押合同生效时设立；未经登记，不得对抗善意第三人。例如，甲公司以自己正在建造的船舶为抵押物，向银行贷款，如果未进行抵押登记，这个抵押合同仍然有效，银行对这艘正在建造的船舶享有抵押权。但是，这个抵押合同仅对甲公司和银行有约束力，不能对抗善意第三人。如果甲公司将这艘正在建造的（或者建造完成的）船舶卖给了不知情的善意第三人，银行无权凭抵押合同向该善意第三人主张其对这艘正在建造的船舶享有抵押权。

　　（3）抵押权的实现

　　发生当事人约定或者法律规定的实现抵押权的情形时，抵押权人可以与抵押人协议以抵押财产折价或者以拍卖、变卖该抵押财产所得的价款优先受偿。在抵押物灭失、毁损或者被征用的情况下，抵押权人可以就该抵押物的保险金、赔偿金或者补偿金优先受偿。担保物权的担保范围通常包括主债权及其利息、违约金、损害赔偿金、保管担保财产和实现担保物权的费用。当事人另有约定的，按照约定。

　　如果在同一物上并存数个抵押权或并存数个物权（包括一项抵押权），会产生优先受偿权的位序问题。关于优先受偿权位序，各国普遍采取法定主义，由法律明确规定。根据我国法律的规定，同一财产向两个以上债权人抵押的，多个抵押权并存时的清偿顺序应当为：①已登记的抵押权先于未登记的抵押权受偿。②多个已登记的抵押权并存的，按照登记的先后顺序清偿。顺序相同的，按照债权比例清偿。③抵押权未登记的，按照债权比例清偿。

在抵押权与其他物权并存时，清偿顺序应当为：①同一财产法定登记的抵押权与质权并存时，抵押权人优先于质权人受偿；②同一财产抵押权与留置权并存时，留置权人优先于抵押权人受偿。

2）质权

质权（pledge）是债权人为担保合同履行，而占有债务人或第三人移交的财产，如果债务人到期不履行合同，债权人可就该项财产优先享有清偿的权利。质权和抵押的区别在于：①质权转移占有标的物，而抵押不转移占有标的物；②质权分动产质权和权利质权，尤其是以动产质权为主，而抵押常为不动产。

动产质权的产生，各国法律均要求以占有质物为生效条件。在英美法系中，只要受担保方占有附属担保品，一份口头协议也具有同样的效力。例如，在美国《统一商法典》9—203条第（1）款中规定，如附属担保品已转移至受担保方保管，则担保协议的生效无须拘泥于书面形式。

目前，我国的《物权法》和《担保法》将质权称为"质押"。在我国，质押包括动产质押和权利质押。动产质押的标的物为可转移占有的动产。权利质押则包括：①汇票、支票、本票；②债券、存款单；③仓单、提单；④可以转让的基金份额、股权；⑤可以转让的注册商标专用权、专利权、著作权等知识产权中的财产权；⑥应收账款；⑦依法可以质押的其他权利，包括公路桥梁、隧道或公路、渡口等不动产的收益权等。在我国质押合同应当采用书面形式。

例3-17 2013年9月1日，根据上海宝利国际贸易有限责任公司（以下简称"宝利公司"）的申请，上海虹×银行（以下简称"虹×银行"）开立了号码分别为No.581084和No.581085的两份信用证，金额分别为45万美元和47万美元，付款日期均为2013年12月17日。宝利公司按开证金额的20%分别向虹×银行支付了9万美元和9.4万美元的开证保证金。

2013年9月28日，经宝利公司申请，虹×银行又开出了号码为No.581234的信用证，金额为45万美元，见票后85天付款。宝利公司按开证金额的20%向虹×银行支付了9万美元的开证保证金，并由上海华×储运（集团）有限公司（以下简称"华储公司"）担保宝利公司偿付信用证项下的款项。

2013年10月7日，虹×银行通知宝利公司No.581234信用证项下的单据已经到单，要求宝利公司审核单据。宝利公司经审核，认为单据无误，向虹×银行出具了"同意承兑付款"的通知。虹×银行作出承兑，付款日期确定为2014年1月7日。

2013年12月17日，No.581084和No.581085两份信用证付款到期，虹×银行对外支付了92万美元，并于第二天从宝利公司账上划走上述三份信用证的开证保证金，共计 27.4 万美元。2013 年 12 月 21 日，宝利公司根据虹×银行的催收通知，偿还了剩余的 64.6 万美元。

2014 年 1 月 7 日，虹×银行支付了 No.581234 信用证项下的对外款项 45 万美元，并向宝利公司发出催收垫款通知书。此时，宝利公司已经无力偿还信用证项下的款项，于是虹×银行要求华储公司承担连带保证责任，偿还信用证项下的 45 万美元对外付款。华储公司对自己是否承担连带保证责任提出异议，双方发生争议。

问：（1）开证保证金在法律上属于什么性质？

（2）虹×银行是否有权要求华储公司承担连带保证责任？

分析：（1）开证保证金是开证申请人向开证银行提供的为开立信用证而备付的具有担保性质的资金，在法律性质上应属于动产质押，因此它具有法定性与特定性的特点。

所谓法定性，是指根据物权法定原则，开证申请人将金钱以保证金形式特定化后，移交银行占有，构成了一种对银行的质押担保，符合我国法律对动产质押的规定。我国最高人民法院《关于适用〈中华人民共和国担保法〉若干问题的解释》第 85 条规定，债务人或者第三人将其金钱以特户、封金、保证金等形式特定化后，移交债权人占有作为债权的担保，债务人不履行债务时，债权人可以以该金钱优先受偿。

所谓特定性，是指开证保证金与所担保的信用证是一一对应的，每一项保证金应当用以偿还对应信用证项下的债务，而不能用来清偿其他信用证项下的欠款。本案中，虹×银行支付了 No.581234 信用证项下的开证保证金 9 万美元，用来偿还其他信用证项下的欠款，不符合法律的规定。

（2）根据我国《担保法》第 28 条的规定，同一债权既有保证又有物的担保的，保证人对物的担保以外的债权承担保证责任。在本案中，号码为 No.581234 的信用证金额为 45 万美元，宝利公司支付了 9 万美元的开证保证金，该开证保证金在性质上属于动产质押，是物的担保的一种形式。因此，虹×银行应当先执行物的担保，以 9 万美元开证保证金偿付所垫付的款项，对 9 万美元开证保证金之外的债权才有权要求保证人华储公司承担保证责任。因此，华储公司的连带保证责任应为 36 万美元。

3）留置

留置（lien）是债权人因一定的合同关系而占有债务人的财物，债务人不履行债务时，债权人有权将其扣留；如果经过催告，债务人在合理期限内仍不履行债务，债权人有权变卖所扣留的财物，从价款中优先受偿。

大陆法系国家一般在成文法中规定留置权，英美法系国家的留置权则划分为技工留置权、手艺人留置权、旅店业主留置权和司法留置权等不同种类，其中除司法留置权主要涉及财产扣押问题外，其他留置权与大陆法系国家相似。

行使留置权的期限，各国法律规定不同。例如，美国各州申请技工留置权的期限必须在完工或提供完材料后的 60 天到 120 天之间。我国法律规定行使留置权的期限不少于 2 个月。

4）定金

定金（earnest money）是订约的证明和履约的保证。根据我国《担保法》的有关规定，当事人可以约定以向对方给付定金作为合同的担保，债务人履行债务后，定金应当返还或者抵作价款；给付定金一方如不履行合同就失去定金，接受定金的一方如不履行合同则应加倍返还定金。我国《合同法》作出了同样的规定，并规定合同中的定金不得超过合同标的额的 20%，超过部分人民法院不予支持，但英国、德国的法律规定，返还定金时无须加倍。

我国《合同法》第 116 条规定，当事人既约定违约金，又约定定金的，一方违约时，对方可以选择适用违约金或者定金条款，但两者不能并用。

3.4 违约与违约救济

3.4.1 违约的概念

违约，即违反合同，是指合同当事人没有全部或适当地履行合同，或者拒绝履行合同。我国的《民法通则》第 111 条规定，当事人一方不履行合同义务或者履行合同义务不符合约定条件的，另一方有权要求履行或者采取补救措施，并有权要求赔偿损失。

大陆法系以当事人的过错（故意或过失）作为违约责任的前提。例如，《法国民法典》第 1147 条规定，凡不履行合同是由于不能归责于债务人的外来原因所造成的，债务人即可免除损害赔偿的责任。又如，《德国民法典》第 276 条第 1 款规定，债务人如无其他规定，应就其故意或过失的行为承担责任。

虽然英美法系不使用"过错"概念，但是它对违约所作的解释实际上与大陆法系非常接近。例如，《美国合同法重述》第 314 条对违约的定义是，没有法律上的理由，不履行构成合同全部或部分的许诺。所谓"没有法律上的理由（without legal excuse）"，与"过错（fault）"的含义是一致的。

在大陆法系中，与违约有关的，还有一种催告制度。所谓"催告（putting in default）"，是指债权人提请债务人履约的通知。在合同没有明确规定履行日期的情况下，只有经债权人催告后，债务人才承担迟延责任。

3.4.2 违约形式及其法律后果

各国法律和《合同公约》，根据违约性质不同，分别对违约的形式和不同形式违约的法律后果作出了相应的规定。

1）德国法

德国法把违约分为给付不能（supervening impossibility of performance）和给付迟延（delay in performance）两种情况。这里的"给付"一词，是指实现合同内容的作为与不作为。给付不能，是指合同义务由于某种原因已经无法履行，如买卖合同的标的物被焚毁。在给付不能的情况下，要根据债务人对于给付不能是否有过错决定债务人是否应当承担责任。给付迟延，是指债务人没有按期履行合同义务。如果这种迟延属于债务人的过错，则自债权人"催告"时起，债务人应负迟延责任；如果这种迟延不属于债务人的过错，则债务人不承担责任。

2）法国法

《法国民法典》第 1147 条将违约分为债务不履行和债务迟延履行两种情况，这种划分与德国法的给付不能和给付迟延非常接近。不履行或迟延履行债务的损害赔偿责任，也视债务人有无过错而定。

3）英国法

英国法将违约分为违反要件（breach of condition）和违反担保（breach of warranty）两种基本形式。违反合同的主要条款，如买卖合同中有关货物品质、数量、交货期限等的规定，称为违反要件；违反合同的次要条款，称为违反担保。根据英国《货物买卖法》的规定，在违反要件的情况下，受害方有权解除合同并要求赔偿损失；而在违反担保的情况下，受害方不能解除合同，而只能要求违约方赔偿损失。

但需要注意的是，一个条款在合同中应该属于要件，还是属于担保，应根据该条款在合同中的重要性或作用来具体判断。例如，时间条款在合同中是属于要件还是担保，就不能单纯根据这一条款本身来决定，而要看它在合同中的作用。我们来看下面这个例子。

例 3-18　在英美法系国家的法律教学中，有一个被广泛使用的对比：

假设 A 公司向 B 公司出售一批火鸡，合同约定的装船日期不迟于 12 月 10 日。然而，由于卖方延误，该批火鸡直到 12 月 30 日才装船。买方认为卖方违反合同的行为属于违反要件，宣布解除合同。法院会同意买方的观点，认为卖方违反合同的行为已经构成违反要件，买方有权宣布解除合同。

与此相类似，如果 A 公司向 B 公司出售的不是一批火鸡，而是一批冷冻鸡肉，合同同样约定装船日期不迟于 12 月 10 日，由于卖方延误，该批冷冻鸡肉也是直到 12 月 30 日才装船。此时，如果买方认为卖方违反合同的行为属于违反要件，宣布解除合同，法院不会同意买方的观点。法院会认为：卖方违反合同的行为属于违反担保，买方可以根据损失要求卖方赔偿损失，但无权宣布解除合同。

问：为什么同样延误了 20 天，合同项下的货物又是类似商品，第一个例子中卖方违反合同的行为已经构成违反要件，而第二个例子中卖方违反合同的行为却仅仅属于违反担保？

分析：在第一个例子中，卖方违反合同的行为构成违反要件的原因在于：火鸡是一种节日食品，过了节日期间，买方依据合同所期望的利益就已经不存在了，合同继续履行下去的意义也丧失了。因此，法院会同意买方的观点，买方有权宣布解除合同。而第二个例子中，卖方违反合同的行为属于违反担保，这是因为鸡肉是一种常年供应和消费的食品，不会因为延误几天而产生根本性影响，买方依据合同所期望的利益仍然存在。因此，法院不会同意买方宣布解除合同，但买方因卖方延误而遭受的损失，如价格下降等，有权向卖方索赔。

除上述违反要件和违反担保的基本划分外，英国法中还有预期违约（anticipatory breach）和违反中间性条款的划分。预期违约，是指当事人在合同履行期届临之前就已经表示不履行合同义务。预期违约又可分为明示和默示两种，前者是以口头或书面表示将不履行所承担的合同义务；后者是以行动表明不准备履行合同义务。合同当事人一方预期违约时，另一方有权选择，或解除合同并要求损害赔偿，或坚持合同有效，要求对方履约，同时自己也做好履约准备。违反中间性条款则是考虑到有些合同条款很难简单地被归类为条件条款或者担保条款而在近年来出现的一种划分。

4）美国法

美国法将违约分为重大违约（material breach）和轻微违约（minor breach）。重大违约和轻微违约是根据违约造成损害的程度来区分的。重大违约，是指一方违约而使对方的主要利益得不到满足，即另一方因而不能取得合同的主要利益。轻微违约，是指一方违约虽给对方造成损害，但对方仍能取得合同的主要利益。就法律后果而言，美国法的重大违约相当于英国法的违反要件，美国法的轻微违约相当于英国法的违反担保，但美国法没有采用英国法中过于晦涩的用语和划分方式，而是使用了更为简洁、易懂的法律语言进行这种划分。

5）《合同公约》

《合同公约》根据国际贸易活动的实际需要，将违约分为根本性违约（fundamental breach）、非根本性违约（non-fundamental breach）以及预期违约（anticipatory breach）三种情况。

（1）根本性违约和非根本性违约

《合同公约》第25条对根本性违约的定义是，一方当事人违反合同的结果，如使另一方当事人蒙受损害，以至于实际上剥夺了他根据合同规定有权期待得到的东西，即根本违反合同，除非违反合同一方并不预知而且一个同等资格、通情达理的人处于相同情况下也没有理由预知会发生这种结果。根据《合同公约》的有关规定，在根本性违约的情况下，受损害的一方有权要求宣告合同无效并要求损害赔偿；而在非根本性违约的情况下，受损害的一方只能要求损害赔偿，而不能主张合同无效。

　　例 3-19　荷兰卖方向德国买方出售 4 批不同量的硫酸钴（cobalt sulphate）。在收到货物以及相关单据后，德国买方基于以下理由宣告合同无效：①荷兰卖方所交付的货物的质量等级低于合同规定的等级标准；②合同规定货物的产地应当是英国，但经证实，这批货物产自南非（并非指产自南非的货物质量低，而是当时国际社会正在实施对产自南非的货物的禁运措施）；③卖方提供的原产地证明和质量证明与合同规定不符。德国买方认为：这些与合同不符的情形足以构成根本违反合同，因而德国买方有权宣告合同无效。荷兰卖方在德国法院对德国买方提起诉讼，要求德国买方支付货款。

　　问：如果德国买方主张宣告合同无效的三项理由均为真实的，荷兰卖方的行为是否足以构成根本违反合同？

　　分析：德国买方能否主张宣告合同无效，关键在于其主张的三项理由是否构成了根本违反合同。

　　由于德国与荷兰均为《合同公约》缔约国，审理该案的德国法院适用《合同公约》解决本案的争议（《合同公约》第 1 条第（1）款 a 项）。德国法院认为，德国买方没有理由宣告合同无效，因此判决其支付全部价款。

　　法院认为，判定当事人的违约行为是否构成《合同公约》第 25 条所规定的根本性违约，如是否剥夺了买方依据合同有权期待得到的东西，取决于买方是否仍然可以在通常的商业条件下使用或转售这些货物而不至于遭遇不合理的困难。然而，买方可能被迫以较低的价格转售这些货物这一事实本身并不属于这种不合理的困难。

　　本案中，首先，买方有可能以较低的价格转售这些货物这一事实表明，通过减价等方式完全可以对违约进行救济。这种情况下，由于质量欠佳或卖方交付的原产地单据有出入而产生的交货不符合合同的情况并不构成根本性违约，因此买方仍然可以对货物加以利用或转售。即使当时存在对产自南非的货物的禁运而导致这些货物可能无法出口，也不属于不合理的困难，因为买方未能证明在德国国内不能销售这些货物。其次，法院认为，提供错误的原产地和质量证明有可能构成根本违反合同，但本案并不属于这种情况，因为买方可以很容易地获取正确的原产地证明（法院认为，买方通过向生产者请求交付准确的单据自己就可以轻易地补救瑕疵）和通过专家检验获得质量证明，且卖方提交单据与合同不符并不妨碍买方提取货物并处置它们。

　　显然，法院认为，在《合同公约》的违约救济体系中，因货物与合同不符而宣告合同无效是相对于诸如要求减价等各种措施中，买方可以援用的最后的救济方法，因而对根本违约的判定比较慎重。

　　（2）预期违约

　　《合同公约》第 71 条和第 72 条还分别规定了预期违约的两种情况：一是在订

立合同后，一方当事人发现对方的履约能力或信用有严重缺陷，或者从对方在准备履行合同或履行合同的行为中，确认对方显然将不履行其大部分重要义务，一方当事人可以中止履行其义务，但是其必须将中止履行通知对方，如对方对履行义务提供充分保证，则其必须继续履行义务；二是如果在履行合同日期之前，明显看出一方当事人将根本违反合同，另一方当事人可以解除合同。

6）《国际商事合同通则》

根据《国际商事合同通则》第 7.1.1 条的规定及注释，合同不履行包括：瑕疵履行或迟延履行；不可免责的不履行与可免责的不履行。对于可免责的不履行，受损害方当事人无权要求损害赔偿或实际履行，但有权要求终止合同。

3.4.3　违约的救济方法

违约救济（remedies for breach of contract），是指在合同一方当事人违约时，法律给予受损害的一方当事人（the aggrieved party）的补救。根据各国法律的规定，违约救济主要有以下五种方式：

1）实际履行

实际履行（specific performance）又称具体履行、实物履行或强制履行。"实际履行"一词有两重含义：一是指合同履行原则，即要求债务人按合同规定的标的履行，而不能以支付金钱或其他给付代替合同履行；二是指违约救济方法，即由法院作出裁决，强迫债务人按合同规定履行义务。

大陆法系以实际履行为违约救济的主要方法之一。《德国民法典》第 241 条第 1 款规定，债权人因债的关系得向债务人请求给付。根据这项规定，债权人有权请求法院强制债务人按合同规定履行其所付义务。《法国民法典》第 1184 条规定，双方契约当事人一方不履行债务时，债权人有选择权：或如有可能履行契约时，要求他方履行契约，或解除契约并请求损害赔偿。因此，无论依据德国法还是依据法国法，债权人都有权要求债务人实际履行合同。

在英美法系中，违约救济以金钱赔偿为主，而实际履行只是辅助性的衡平救济手段。只有在确定金钱赔偿不是适当的救济方法时，才会作出实际履行的判决。也就是说，在英美法系中，原则上不支持实际履行这种救济手段，但如果当事人能够证明其他救济已经不能弥补其损失时，法院才会在一定条件下作出实际履行的判决。

鉴于各国法律对实际履行的规定不一，《合同公约》第 28 条对实际履行作出了一个折中性的规定，即如果按照《合同公约》的规定，当事人一方有权要求他方履行某项义务，法院没有义务作出裁决要求实际履行此项义务，除非法院依照其自身的法律对不受本公约支配的类似买卖合同可以这样做。

例 3-20　一个德国商人与一个英国商人签订了一份小麦销售合同，德国商人向英国商人出售一批小麦。德国商人违约，拒绝出售这批小麦，而英国商人又非常想得到这批小麦，英国商人向德国法院起诉德国商人，要求法院判决德国商人实际履行合同。

问：（1）这个英国商人能否得到实际履行的判决？

（2）如果反过来，英国商人向德国商人出售小麦，英国商人违约，拒绝出售小麦，德国商人向英国法院起诉英国商人，要求法院判决英国商人实际履行合同。这个德国商人能否得到实际履行的判决？

分析：依据《合同公约》第 28 条对实际履行的规定，在前述情形下，英国商人能够得到实际履行的判决而德国商人不能得到。

因为按照《合同公约》的规定，当事人一方有权要求他方履行某项义务，但法院没有义务作出裁决要求实际履行此项义务，除非法院依照其自身的法律对不受本公约支配的类似买卖合同可以这样做。这条规定的含义是：当事人有权提出实际履行的要求，但法院没有义务必须作出实际履行的判决，法院是否作出实际履行的判决，取决于法院所在地国家的法律。如果依法院所在地国家的法律对国内类似的买卖合同可以作出实际履行的判决，则对适用《合同公约》的合同也可以判决实际履行；反之，如果依法院所在地国家的法律对国内类似的买卖合同不作出实际履行的判决，则对适用《合同公约》的合同也不应当作出实际履行的判决。

因此，英国商人向德国法院起诉德国商人，要求法院判决德国商人实际履行合同，英国商人可能会得到实际履行的判决；而德国商人向英国法院起诉英国商人，要求法院判决英国商人实际履行合同，德国商人却很难得到实际履行的判决。

2）损害赔偿

损害赔偿（compensation for damages）是违约救济的重要方法之一，但各国法律对赔偿责任的确立、赔偿方法和范围的规定不尽相同。

大陆法系中的损害赔偿责任，一般应具备以下要件：违约行为、违约人的过错以及因违约而给对方造成损害（即因果关系）。例如，《德国民法典》第 280 条规定，因可归责于债务人的事由导致不能给付时，债务人应对债权人赔偿因不履行而造成的损害。

英美法系中不使用"过失责任"的概念，倘若一方当事人没有法律上的理由而不履行自己的许诺，对方就可以提起损害赔偿诉讼。

（1）损害赔偿的范围

世界各国的法律大多规定损害赔偿的范围包括直接损失和间接损失。直接损失又称积极损害或实际损失，间接损失又称消极损害或可得利益的损失。

《法国民法典》第 1149 条规定，损害赔偿一般应包括"所受的损失和所失的可获得的利益"。《德国民法典》第 252 条规定，应赔偿的损害也包括所失利益。

英美法系中，损害赔偿的范围包括：①直接损害（direct damage），是指违约行为直接造成的损失；②附带损害（incidental damage），是指除直接损失外，受害人附带遭受的损失，如受害人一方因对方违约对货物的保管、运输、检验等方面所支出的费用；③间接损害（indirect damage），是指违约所造成的损害后果，不包括违约行为直接造成的损失。

《合同公约》第74条规定的规定，一方当事人违反合同应负的损害赔偿，应与另一方当事人因他违反合同而遭受包括利润在内的损失相等。这种损害赔偿不得超过违反合同一方在订立合同时，依照他当时已知道或理应知道的事实和情况，对违反合同预料到或理应预料到的可能损失。

我国《合同法》采取了与《合同公约》第74条规定一致的原则。根据我国《合同法》第113条规定，损害赔偿额应相当于因违约所造成的损失，包括合同履行后可以获得的利益，但不得超过违反合同一方订立合同时预见到或者应当预见到的因违反合同可能造成的损失。

例3-21 一家德国公司（买方）与一家中国进出口公司（卖方）订立了购置石墨电极废弃物的合同。卖方交付货物后，买方按照有关规定对货物进行检验，两份检验证书均确认卖方交付的货物存在缺陷。买方及时对货物质量提出了异议，但卖方置之不理。买方只得削价出售，并提出仲裁申请，向卖方提出损害赔偿要求，包括买方削价出售这些货物的差价损失；买方为进口这些货物所支付的保险费、进口关税、检查费；买方为这些货物在意大利支付的增值税；按12%年利率计算的利息。

问： 根据《合同公约》的规定，买方的主张是否可以得到仲裁机构的支持？

分析： 由于当事人双方的营业地分别位于《合同公约》的缔约国境内，根据《合同公约》第1条第（1）款a项规定，《合同公约》适用于本案。

依照《合同公约》第74条的规定，仲裁庭认为：第一，买方要求赔偿差价合乎情理。《合同公约》第74条规定，一方当事人违反合同应负的损害赔偿，应与另一方当事人因他违反合同而遭受包括利润在内的损失相等。买方遭受的差价损失是由于卖方交付的货物存在缺陷造成的。仲裁庭还指出，根据《合同公约》第77条的规定，买方有义务减轻损失，而本案中的买方已经履行了这一义务。第二，对于买方主张赔偿为进口这些货物所支付的保险费、进口关税、检查费和在意大利支付的增值税，仲裁庭不予支持。其所持的理由是，如果合同得到完全履行，买方本应支付这些费用。仲裁庭认为，这些费用属于商业交易的常规费用，而与卖方违约无关。因此，买方关于这些费用的索赔要求无法成立。第三，买方有权就赔偿金上的利息问题主张损害赔偿。但是，仲裁庭并不同意买方要求的利率，因为买方未提出支持其请求的证据。仲裁庭认为，根据商业惯例，应当采用8%的年利率。

（2）减轻损失的义务

各国法律都要求一方当事人在对方违约时，应及时采取有效措施尽量减少违约所造成的损失。《合同公约》第77条规定，声称另一方违反合同的一方，必须按情况采取合理措施，减轻由于另一方违反合同而引起的损失，包括利润方面的损失。如果受害方不采取这种措施，违反合同一方可以要求从损害赔偿中扣除原可以减轻的损失数额。例如，在卖方违约时，买方应当积极在市场上寻找替代商品，或者尽快取消其与下级买方的销售合同以减轻损失等。我国《合同法》第119条规定，当事人一方违约后，对方应当及时采取适当措施防止损失的扩大；没有采取适当措施致使损失扩大的，不得就扩大的损失要求赔偿。

例3-22 2016年年初，一家乌克兰公司（卖方）与一家俄罗斯企业（买方）订立了销售金属产品的合同。货物分别于2016年5月15日和20日分两批交付买方。买方收取了货物，但是没有支付货款。经过一番谈判，双方达成一份清偿协议，重新安排了还款时间。买方根据商定的债务偿清时间表进行了部分支付，但大部分价款仍然未付。最后，卖方于2017年2月1日要求买方偿还债务，买方仍然未能清偿欠付的款项。卖方于2017年3月提起仲裁程序，要求买方支付合同项下应付价款、价款利息以及损害赔偿（即乌克兰预算局因卖方未向国家支付货币收益费用而收取的一笔罚金）。

分析：由于乌克兰与俄罗斯均为《合同公约》缔约国，根据《合同公约》第1条第（1）款a项规定，在当事人双方的营业地分别位于本公约的不同缔约国境内时，《合同公约》应予适用。

仲裁庭认为卖方有权要求买方支付价款（根据《乌克兰苏维埃社会主义共和国民法》）及利息。对于损害赔偿，仲裁庭根据《合同公约》第77条的规定，认为如果卖方没有把仲裁程序延误至货物报关日后90天期满时，那么这笔罚金将不会出现，即由于卖方未能在更早的时候启动仲裁程序，相当于未能根据《合同公约》第77条的规定减轻损害，因此仲裁庭驳回卖方针对这项损害赔偿提出的主张。

例3-23 大连东大设计公司向中国香港CAL设备进出口公司订购3台特殊的印刷设备，合同单价8 000美元/台，交货期为6月5日。大连东大设计公司要求中国香港CAL设备进出口公司务必保证及时供货，否则会影响一笔7万美元的订单。然而，中国香港CAL设备进出口公司没有按约定及时供货，大连东大设计公司只好按当时的市场价格8 150美元/台向其他公司购买了3台同样的设备。

问：以《合同公约》为依据，请思考以下几个问题：

（1）大连东大设计公司是否有权就印刷设备的差价向中国香港CAL设备进出口公司索赔？

（2）尽管大连东大设计公司采取了措施，但仍然损失了该7万美元的订单业务，大连东大设计公司能否就该笔业务的损失向中国香港CAL设备进出口公司索赔？

（3）如果这一时期，有一家美国公司向大连东大设计公司预订一笔10万美元的业务，也由于中国香港CAL设备进出口公司没有按约定及时供货而损失掉了，大连东大设计公司能否就该笔业务的损失向中国香港CAL设备进出口公司索赔？

（4）如果依据我国的《合同法》，上述3个问题的结论会怎样？

分析：对于前两个问题，答案应该是肯定的。根据《合同公约》第74条的规定，一方当事人违反合同应负的损害赔偿，应与另一方当事人因他违反合同而遭受包括利润在内的损失相等。这里的差价与利润的损失，显然包括在这个范围内。

但我们注意到《合同公约》第74条规定的后半段："这种损害不得超过违反合同一方在订立合同时，依照他当时已知道或理应知道的事实和情况，对违反合同预料到或理应预料到的可能损失。"从这一规定来看，第3个问题的结论应当是否定的。因为对于市场的差价，违约方中国香港 CAL 设备进出口公司应当知道，对于7万美元的订单业务的损失，违约方也应当能够预料得到，但对于美国公司这一时期会向大连东大设计公司预订一笔10万美元的业务，显然不是违约方"依照他当时已知道或理应知道的事实和情况，对违反合同预料到或理应预料到的可能损失"，因此不应成为损害赔偿的内容。

如果依据我国《合同法》的规定，上述3个问题的结论与以《合同公约》为依据得出的结论相同。我国《合同法》第113条规定，损害赔偿额应相当于因违约所造成的损失，包括合同履行后可以获得的利益，但不得超过违反合同一方订立合同时预见到或者应当预见到的因违反合同可能造成的损失。这一规定与《合同公约》第74条规定是一致的。

3）解除合同

将解除（rescission）合同作为违约救济手段始于1804年的《法国民法典》。该法典第1184条规定，双务契约一方当事人不履行其债务时，应视为有解除合同的约定。《德国民法典》第325条和第326条也分别规定，双务契约的一方当事人在给付不能或给付迟延时，另一方当事人有请求损害赔偿或解除合同的权利。在英美法系中，解除合同是一种衡平救济方法，在一方当事人违反合同要件或重大违约时，另一方当事人就有权解除合同。

《合同公约》第49条和第64条分别规定，在卖方或买方根本违反合同时，买方或卖方可以解除合同，并要求损害赔偿。但《合同公约》使用宣告合同无效的表述取代解除合同的概念，以避免各国在适用《合同公约》时产生不必要的争议。

《合同公约》第49条规定，买方在以下情况下可以宣告合同无效：（a）卖方不履行其在合同或公约中的任何义务，已经构成根本违反合同；（b）如果发生不交货的情况，卖方不在买方按照公约规定给予卖方的额外时间内交付货物，或卖方声明他将不在所规定的额外时间内交付货物。但是，如果卖方已交付货物，买方则丧失宣告合同无效的权利，除非公约另有规定。与此相对应，《合同公约》第64条规定，卖方在以下情况下可以宣告合同无效：（a）买方不履行其在合同或本公约中的任何义务，构成根本违反合同；（b）买方不在卖方按照公约规定给予买方的额外时间内履行支付价款的义务或收取货物，或买方声明他将不在所规定的额外时间内这样做。但是，如果买方已支付价款，卖方则丧失宣告合同无效的权利，除非公约另有规定。

我国《合同法》第 94 条规定，有下列情形之一的，当事人可以解除合同：

（1）因不可抗力致使不能实现合同目的；

（2）在履行期限届满之前，当事人一方明确表示或者以自己的行为表明不履行主要债务；

（3）当事人一方迟延履行债务，经催告后在合理期限内仍未履行；

（4）当事人一方迟延履行债务或者有其他违约行为致使不能实现合同目的；

（5）法律规定的其他情形。

我国《合同法》第 96 条规定，当事人一方主张解除合同的，应当通知对方。合同自通知到达对方时解除。

4）禁令

禁令（injunction）是英美法系中特有的违约救济方法。禁令是一种衡平救济方法，它是由法院颁布的司法令状，通常是强制被告履行某项不作为的义务，如制止侵犯他人专利权或商标权的禁令，法院向银行发布的止付令等。

5）违约金

违约金（penalty, liquidated damages）是根据法律或合同的规定，一方当事人在违约时，支付给对方的一定金额。例如，《德国民法典》第 341 条规定，债务人在不以适当方法，特别是不在一定时期履行债务而定有违约金者，债权人得在请求履行外并请求违约金。违约金就其性质而言，可分为惩罚性违约金和赔偿性违约金两种，大陆法系国家的立法以赔偿性违约金为原则，而以惩罚性违约金为例外。

英美法系把违约金看作一种预定的损害赔偿（liquidated damages），即当事人在合同中预先约定如发生违约应赔偿的金额，违约金的数额必须和违约可能造成的损失有合理的联系。如果法院认为合同中规定的违约金不是为了补偿违约可能造成的损失，而是为了迫使当事人履行合同，它就可能被看作一种罚金（penalty）而不予执行。

我国《合同法》也把违约金看作违约的损失赔偿。我国《合同法》第 114 条规定，当事人可以约定一方违约时应当根据违约情况向对方支付一定数额的违约金，也可以约定因违约产生的损失计算赔偿额；约定的违约金过分高于或者低于违反合同所造成的损失，当事人可以请求仲裁机构或者法院予以适当减少或者增加。

例 3-24① 　原告想承租一块土地，租赁契约中规定，如果出租人中途解除契约，出租人除须支付承租人在土地上的实际支出费用外，还须支付其每年毛收入的 25% 给承租人作为违约金。1989 年，出租人解约并将土地售出，并拒绝支付契约中规定的违约金。依据该案的事实，如果依照租赁契约的规定计算，每年毛收入的 25% 是 29 万美元，而以净收入计算，原告 1985 年的所得为 3 649 美元、1986 年的

---

① 根据 1994 年美国新泽西最高法院对 Wasserman's Inc v. Middletown 案的判决改编。

所得为 414 美元, 1987 年的所得则为-323 美元。

问：依据英美法系的原则和依据我国法律的规定, 对这一条款的效力会怎样认定?

分析：依据英美法系的原则, 该条款的效力会受到法院的质疑。因为英美法系认为, 倘若约定的违约金是一惩罚性条款, 则不应具有法律上的约束力, 其理由旨在避免处于不平等地位的当事人, 以惩罚性条款压迫弱势的当事人。而本案中的违约金条款显然具有惩罚性的色彩, 它不是立足于如何计算违约的受害方所可能遭受的损失, 而是要求违约方依据自己的毛收入向对方支付一笔金钱, 实际可能遭受的损失与契约规定相差过大, 法院会否定该违约金条款的效力。

而依据我国法律的规定, 该违约金条款是有效的, 但当事人如果能够证明约定的违约金远高于违反合同所造成的实际损失, 可以请求法院或仲裁机构予以减少。

3.4.4　免除合同责任的条件

无过错即无责任, 是罗马法的一项古老原则, 后来世界各国的民商法也都遵循这一原则。一般来说, 债务人如果没有过错不履行合同义务, 就可以免于承担责任。除允许当事人约定免除合同责任的条款外, 各国法律对于免除或减轻合同责任的条件大致可以归纳为以下几种：

1）不可抗力

我国《合同法》第 117 条规定, 不可抗力（force majeure）是指不能预见、不能避免、不能克服的客观情况。

大陆法系国家普遍将不可抗力看作法定的免责条件, 并且这一概念也被英美法系国家广泛接受。《法国民法典》第 1148 条规定, 如债务人系因不可抗力或事变而未履行给付或作为的债务, 或违反约定从事禁止的行为时, 不发生赔偿损害的责任。

不可抗力是一个相对概念, 不同国家由于社会情况和法律观念不同, 对不可抗力常有不同的理解。因此, 当事人可以在合同中约定不可抗力事件的范围。在对外贸易合同中通常都有一项免责条款, 对不可抗力的范围及法律后果作出约定。

例 3-25　A 公司与 B 公司签订了一个拖带合同, 由 A 公司将 B 公司的一个海上石油钻井平台从日本拖到荷兰。合同约定使用"Super Servant 2 号"拖轮（A 公司有两条拖轮："Super Servant 1 号"和"Super Servant 2 号"）。然而, 在合同履行前, "Super Servant 2 号"拖轮意外沉没。A 公司主张因不可抗力而解除合同, B 公司不同意, 认为：虽然"Super Servant 2 号"拖轮因意外而沉没, 但 A 公司尚有"Super Servant 1 号"拖轮可以履行合同, 仍有履约能力。双方发生争议。

问：A 公司能否以不可抗力为由解除合同并免除自己不履行合同的责任?

分析：可以。因为合同指定的履行拖轮是"Super Servant 2 号", 既然该拖轮因意外而沉没, A 公司可以解除自己的合同义务, 因为 A 公司没有义务使用"Super Servant

1 号"拖轮来替代。大陆法系中的不可抗力与英美法系中的合同落空均可以用来解释这个问题。

但是，如果 A 公司与 B 公司在签订拖带合同时并未指明使用哪条拖轮，则 A 公司不能以不可抗力为由解除合同，因为 A 公司可以用另一条拖轮来履行合同义务。

2）合同落空

合同落空是英美法系的用语，又称合同履行受挫（frustration of contract），是指合同履行期间发生了某种事件，造成合同的履行成为不可能或者不合法，或者履行的义务与合同规定的义务有本质上的不同，而事件的发生并不是当事人的过失造成的，因而允许当事人解除合同并免除违约责任。

英国普通法最初在确认合同的法律效力时根本不考虑意外事件的影响，合同履行受挫并不能起到解除合同并免责的效果。当时英国法院是"契约自由"的严格遵循者，认为只要是当事人自愿达成的协议，即使造成了不公平的结果，法院也无权加以干预。合同当事人应当预见到各种阻碍合同履行的事件，并在合同中作出相应的安排。如果因不可预测的事件导致合同不能履行，即使当事人没有过错，也必须承担违约责任。到 19 世纪中期，随着海外贸易的迅速发展和海运合同的剧增，经常发生意外事件使合同履行受挫，而当事人很难得到公平的判决结果，要求改变法律规则的呼声越来越强烈，最终迫使英国法院改变了态度，承认了合同落空原则。

例 3-26　Taylor v. Caldwell（1863 年）。

1862 年 5 月 27 日，原告与被告协商签订了租用被告的音乐厅的合同，原告拟自同年 6 月 17 日至 7 月 15 日以及 8 月 5 日至 19 日举办几场音乐会。但在第一场音乐会举办之前，音乐厅因意外发生火灾被焚毁，音乐会无法举办。双方当事人对此均无过错。但原告认为被告未能提供举办音乐会的场地属于违约行为，因而起诉被告，要求被告赔偿原告已经发生的音乐会支出。

分析：英国法院判决，既然合同不能履行的原因是由于突然发生的火灾而非被告的过错，那么合同应因履行受挫而被解除，双方当事人都被免除了合同义务，被告因而无须承担损害赔偿责任。

主审该案的法官 Blackburn 解释判决理由时提出，既然双方当事人一开始就知道该合同的履行依赖于一种特定物（音乐厅）的继续存在，那么合同就应当被解释为"服从一项隐含的条款"，即如因特定物的灭失使合同履行变得不可能，而当事人对此又无过错，则应当解除当事人的合同义务。

这个判决被认为是英美法系在合同免责问题上的一个转折点，它提出了隐含条款理论，确立了合同履行受挫原则，为以后英美法系中合同落空理论打下了基础。

根据英美法系国家的立法和判例，构成合同落空通常有以下方面的原因：①标的物的意外灭失；②合同规定的特定义务人无履行能力；③爆发战争；④政府法令变化或者政府干预;⑤意外事件。这其中大部分情形均可列入不可抗力范围。

3)情势变迁和艰难情形

情势变迁,是指合同成立后,由于当事人事先无法预料的情况,使合同的基础发生重大变化或不复存在,如果仍坚持合同的原有效力,就有失公平、有背诚实信用原则,因此允许当事人变更或解除合同。情势变迁是大陆法系的用语,英美法系将其纳入合同落空概念之中,作为合同落空的一种情形。我国《合同法》并未规定情势变迁,但有关司法解释对此有所规定:合同成立以后客观情况发生了当事人在订立合同时无法预见的、非不可抗力造成的不属于商业风险的重大变化,继续履行合同对一方当事人明显不公平或者不能实现合同目的,当事人请求法院变更或者解除合同的,法院应当根据公平原则,并结合案件的实际情况确定是否变更或者解除。

与"情势变迁""合同落空"相似,《国际商事合同通则》采用"艰难情形"一词。所谓"艰难情形(hardship)",是指根本改变双方当事人均衡的事件,如果该事件发生在合同订立之后,又是处于不利地位的当事人不能合理预见、不能控制和不应承担风险的(第6.2.2条);艰难情形可以作为终止或修改合同的理由(第6.2.3条)。

4)当事人不可避免的障碍

《合同公约》采取的免责标准与各国国内法的不可抗力、合同落空等的性质有所不同,但其基本内容是建立在各国法定免责事由基础之上,并通过对各国法律的基本原则进行协调而形成的。《合同公约》第79条规定,当事人对不履行义务,不负责任,如果他能证明此种不履行义务,是由于某种非他所能控制的障碍,而且对于这种障碍,没有理由预期他在订立合同时能考虑到或能避免或克服它或它的后果。

如果当事人不履行义务是由于他所雇用履行合同的全部或一部分规定的第三方不履行义务所致,该当事人只有在以下情况下才能免除责任:(a)他按照上一款的规定应免除责任;(b)假如该项的规定也适用于他所雇用的人,这个人也同样会免除责任。

根据《合同公约》第79条的规定,公约所规定的免责对障碍存在的期间有效。不履行义务的一方必须将障碍及其对他履行义务能力的影响通知另一方。如果该项通知在不履行义务的一方已知道或理应知道此障碍后一段合理时间内仍未为另一方收到,则他对由于另一方未收到通知而造成的损害应负赔偿责任。

《合同公约》第79条所规定的免责事由,只排除受害方要求损害赔偿的权利,而没有排除本公约规定的各方当事人的任何其他权利。

例3-27 一家瑞士公司(买方)和一家中国公司(卖方)订立了采购氧化铝的合同。按照合同约定,货物将分三批交付,对于每批货物,买方将通过签发不可撤销的信用证支付货款。由于向银行申请开立信用证方面出现的问题,买方未能按约定签发第一份信用证，卖方只好将已经备好的第一批氧化铝以低于合同的价格转售给另一家公司。然后，卖方接着采购了第二批氧化铝，但买方又未能签发信用证。卖方将第二批氧化铝转售给另一家公司，并提出仲裁申请，要求赔偿损失。卖方认为，依照《合同公约》第 25 条的规定，买方未签发信用证即构成严重违约，应当赔偿由此给卖方造成的损失。而买方则认为，依据《合同公约》第 79 条的规定，银行拒绝签发信用证超出其控制范围，卖方不应追究买方责任。

分析：仲裁庭经过调查发现，银行拒绝向买方提供信用证是基于买方以往的商业交易屡次失败的事实。因此，仲裁庭认为，银行拒绝提供信用证可以预料，并不构成不可抗力，也不构成《合同公约》第 79 条所规定的不可克服的障碍。买方未签发信用证属于《合同公约》第 25 条规定的根本性违约，卖方有权得到损害赔偿。

但是，仲裁庭又认为，卖方仅有权针对第一批货物的损失主张损害赔偿，卖方有权获得合同价格与替代交易之间的价差。而对于第二批货物，在买方未能按期开出第一份信用证，并已经写信告诉卖方其有可能无法履行合同后，卖方应当意识到买方很可能不会履行后续几批货物的合同的情况下，仍然购置了更多的材料以便向买方出售，这违反了《合同公约》第 77 条所规定的减轻损害的义务。

3.5　　　　　　　　　合同的转让与终止

3.5.1　合同的转让

合同关系是一种债的关系，即特定的当事人之间一方请求另一方为一定行为或不为一定行为的权利义务关系。债的关系在罗马法中称为"法锁（vinculum juris）"，它由主体、客体和内容（权利义务）三个要素组成。债的任何一个要素发生变更，债的关系也随之变更，而合同转让仅涉及合同主体的变更，即合同由新的当事人代替旧的当事人，而合同的客体和内容不变。合同转让（assignment of contract）可分为债权让与和债务承担。

1）债权让与

债权让与，又称债权转移，是原债权人与新债权人之间的协议，根据这一协议，原债权人（让与人）将债权转让给新债权人（受让人）。债权让与又分为民法上的债权让与（assignment）和商法上的债权让与（negotiation）。民法上的债权让与，让与人或受让人一般应将主体变更的事实通知债务人，否则债务人仍可向原债权人清偿债务，而不向新债权人清偿债务。商法上的债权让与，如票据的转让，则以背书的方式进行，无须通知债务人。此外，民法上的债权让与还有一个权利瑕疵或抗辩权的转移问题，商法上的债权让与一般不存在这个问题。

大陆法系国家的法律允许债权让与（无须债务人同意），但各国法律的具体规定不尽相同。德国法认为，债权让与是一种非要因合同，即不以给付原因为成立要件的合同。德国法这样规定的目的是保证债权的连续让与，使债权让与的效力不致因缺乏原因或原因有瑕疵而受到影响。但法国法则认为，债权让与是受让人与让与人之间买卖债权的协议，是一种要因合同。

英美法系原则上承认债权让与，但是具有人身性质的合同权利，如雇主要求雇员为其提供劳务的权利，不能转让。

英国法将债权让与分为成文法的让与（statutory assignment）和衡平法的让与（equitable assignment）。根据1925年《英国财产法》（Law of Property Act），债权让与必须符合以下三项规定：①让与必须是绝对的、无条件的；②让与必须采用书面形式；③让与必须以书面形式通知债务人。

例3-28　A于3月5日向本市B银行贷款5 000美元，约定还款期为当年的9月5日。当年6月，B银行通知A：因业务调整，请A在贷款到期日向本市C银行偿还。

问：（1）A能否拒绝向C银行偿还贷款而坚持只向B银行偿还？

（2）如果C银行要求A提前到8月5日还款，A可否拒绝？

分析：首先，A不能拒绝向C银行偿还贷款，也无权坚持只向B银行偿还贷款。B银行的行为属于债权让与，让与人或受让人只要将主体变更的事实通知债务人即可，无须债务人同意。

其次，A有权拒绝C银行要求其提前到8月5日还款的要求，因为原债权人B银行无权要求A提前还款，A享有的该抗辩权对新债权人C银行也有效，这就是抗辩权转移问题。另外，如果B银行的权利有瑕疵，C银行也必须承受这种权利瑕疵。

2）债务承担

债务承担，又称债务转移，是指由新债务人代替旧债务人履行合同义务。债务转移涉及债务人的变更，由于不同债务人的资信情况和履约能力不同，因此债务承担必须经债权人的同意。

德国和瑞士等国家的法律都承认债务承担制度。法国法则规定债务承担主要通过债的更新（以新债代替旧债）的方法实施。按照英国法，合同义务非经债权人的同意，原则上不得转移。但为了商业上的需要，英国法允许以合同更新（novation of contract）或替代履行（vicarious performance）的方法转移债务。

例3-29　与前例同，A于3月5日向本市B银行贷款5 000美元，约定还款期为当年的9月5日。当年6月，A通知B银行：因业务调整，将由D在贷款到期日向B银行偿还贷款。

问：B银行能否拒绝由D来偿还贷款而坚持要求A偿还贷款？

分析：可以拒绝。A 的行为属于债务承担或债务转移，由于不同债务人的资信情况和履约能力不同，对债权人权利的影响比较大，因此债务承担或债务转移必须经债权人的同意。

3.5.2　合同的终止

合同终止（termination of contract），是指合同关系由于某种原因而不复存在。大陆法系将合同终止归入债的消灭范畴，与英美法系有所不同。

1）大陆法系的规定

大陆法系关于债的消灭原因，主要有清偿、提存、抵销、混同和免除等。

（1）清偿（payment）。它是指履行给付、实现合同内容的行为。清偿是终止合同关系最普遍、最基本的原因，如买卖合同中的交付货物或支付价金等。清偿产生终止合同的效力。

（2）提存（deposit，consignation）。它是指债务人在债权人无正当理由拒绝受领、迟延受领或下落不明时，将应交付的标的物寄存于法定的提存机关以代替清偿的行为。提存制度起源于 6 世纪的罗马法，现在法国、德国、瑞士、日本以及一些东欧国家的民法典，都有提存的规定。

（3）抵销（set-off）。当事人双方互相有种类相同的到期债务，主要是金钱债务，可以相互抵销，终止债权债务关系。

抵销主要有两种情形：一种是约定抵销，即互有债务的双方当事人，按照合同的约定抵销各自的债务；另一种是法定抵销，即当事人双方互有债务，因具备法定要件而归于消灭，而无须双方另有约定。法定抵销的条件通常是：①当事人双方互为债权人和债务人；②债的种类相同；③双方债务都已到清偿期。

（4）混同（merger，confusion）。它是指债的关系因债权人与债务人合为一人而归于消灭。除德国的民法未作规定外，法国、奥地利、瑞士、日本等国家的民法都将混同列为债的消灭原因之一。

（5）免除（release，remise）。它是指债权人放弃债权从而解除债务人义务的行为。

关于免除的性质，各国立法规定有所不同。法国、德国、瑞士等国家的立法，因受罗马法的影响，把免除看作双方法律行为，即免除需经债务人同意才能成立；而日本的民法认为免除是单方法律行为，只需债权人一方作出免除的意思表示，债的关系即告终止。

（6）其他。除以上几种情况外，在大陆法系中终止债的原因还有诉讼时效、标的物的灭失、解除条件的成就等。

例 3-30　甲企业拖欠乙企业 20 万元货款未予清偿，乙企业拖欠丙企业 20 万元货款未予清偿，丙企业拖欠甲企业 20 万元货款未予清偿，均为到期债务。如果丙企业吞并了乙企业后，对甲企业主张抵销相互欠款，而甲企业不同意。

问：（1）甲、丙企业之间的债权债务能否抵销？

（2）乙、丙企业之间的债权债务是否还存在？

分析：首先，甲、丙企业之间的债权债务可以抵销。因为丙企业吞并了乙企业后，也继承了乙企业对甲企业的债权，成为甲企业的债权人，而丙企业自己又是甲企业的债务人，双方互有种类相同的到期债务，并且符合法定抵销的条件，经丙企业主张，甲、丙企业之间的债权债务消灭。其次，乙、丙企业之间的债权债务在丙企业吞并了乙企业后也不再存在，这属于债的混同。

2）英美法系的规定

在英美法系中，合同通常因履行、违约（违反要件、重大违约或预期违约）、合同落空、混同、免除等而终止或解除。

此外，英美法系中合同终止的原因还有和解与清偿、合同更新、诉讼时效已过、破产等。

（1）和解与清偿（accord and satisfaction）。和解与清偿是合同双方当事人之间，一方同意另一方替代履行，从而解除原合同的协议。

（2）合同更新（novation）。它是指以新合同代替现有合同的协议，合同一经更新，原有的合同即告终止。

（3）诉讼时效（statute of limitations）已过。在英美法系国家，合同因超过诉讼时效而终止。根据1939年《英国时效法》，简式合同的诉讼时效为6年，签字蜡封合同的诉讼时效为12年。这些诉讼时效也适用于仲裁。

美国《统一商法典》第2—725条第1款规定，买卖合同的诉讼时效为4年；当事人可以在合同中规定将时效缩短至1年，但不得延长时效。

（4）破产（bankruptcy）。宣告破产的债务人，经过破产清算程序，取得法院的解除令（order of discharge）后，债务人的债务便随之解除，其所承担的合同义务也随之终止。

3）我国法律的规定

合同终止的原因既包括当事人约定的终止情形，也包括法律规定的终止情形。我国《合同法》第91条规定了以下合同权利义务的终止情形：①债务已经按照约定履行；②合同解除；③债务相互抵销；④债务人依法将标的物提存；⑤债权人依法免除债务；⑥债权债务同归于一人；⑦法律规定或者当事人约定终止的其他情形。上述合同终止的情形与大陆法系基本一致。

（1）合同的解除

合同的解除包括约定解除和法定解除两种情况。

约定解除既包括当事人通过协商解除合同权利义务，也包括在合同中订立解除权条款，当事人在解除权条款约定的情形发生后依约定行使解除权终止合同。约定解除权不得违反法律、法规的强制性规定，不得损害国家利益和社会公共利益。根据法律规定必须经有关部门批准才能解除的合同，当事人的解除权受到一定的限制。

法定解除，是指在法律规定的解除条件出现时，当事人通过行使解除权而使合同关系归于消灭。我国《合同法》规定的解除条件包括：因不可抗力致使不能实现合同目的；在履行期限届满之前，当事人一方明确表示或者以自己的行为表明不履行主要债务；当事人一方迟延履行主要债务，经催告后在合理期限内仍未履行；当事人一方迟延履行债务或者有其他违约行为致使不能实现合同目的；法律规定的其他情形。此外，我国有关司法解释允许在发生情势变迁的情形下变更或者解除合同。

（2）债务相互抵销

抵销分为法定抵销和约定抵销。

法定抵销，是指当事人互负到期债务，在该债务的标的物种类、品质相同的情况下，任何一方可以将自己的债务与对方的债务抵销，但依照法律规定或者按照合同性质不得抵销的除外。法定抵销中的抵销权在性质上属于形成权，因此当事人主张抵销的，应当通知对方。通知自到达对方时生效。抵销不得附条件或者附期限。

约定抵销，是指当事人互负债务，在标的物种类、品质不相同的情况下，经双方协商一致，也可以抵销。约定抵销只有在当事人协商一致的基础上才能生效。

（3）债务人依法将标的物提存

提存，是指由于债权人的原因导致债务人无法履行债务或者难以履行债务的情况下，债务人将标的物交由提存机关保存，以终止合同权利义务关系的行为。我国《合同法》规定的提存是以清偿为目的，所以是债消灭的原因。但是我国《担保法》中的提存是以担保为目的，因而并不消灭债，与合同终止无关。

我国《合同法》第 101 条规定，有下列情形之一，难以履行债务的，债务人可以将标的物提存：①债权人无正当理由拒绝受领；②债权人下落不明；③债权人死亡未确定继承人或者丧失民事行为能力未确定监护人；④法律规定的其他情形。标的物不适于提存或者提存费用过高的，债务人依法可以拍卖或者变卖标的物，提存所得的价款。

标的物提存后，除债权人下落不明的以外，债务人应当及时通知债权人或者债权人的继承人、监护人。标的物提存后，毁损、灭失的风险由债权人承担。提存期间，标的物的孳息归债权人所有。提存费用由债权人负担。

债权人领取提存物的权利，自提存之日起 5 年内不行使而消灭，提存物扣除提存费用后归国家所有。

（4）债权人依法免除债务

债务的免除，是指合同没有履行或未完全履行，权利人放弃自己的全部或部分权利，从而使合同终止的一种形式。根据我国法律的规定，债权人免除债务人部分或者全部债务的，合同的权利义务部分或者全部终止。

（5）债权债务同归于一人

债权债务同归于一人，也称混同。混同大多发生在企业合并情形中，当债权人的企业与债务人的企业合并后，双方之间原来存在的合同归于消灭。根据我国法律的规定，债权和债务同归于一人，合同的权利义务终止，但涉及第三人利益的除外。

合同的权利义务终止后，某些情况下当事人还负有后合同义务，应当遵循诚实信用原则，根据交易习惯履行通知、协助、保密等义务，并且合同的权利义务终止，不影响合同中结算和清理条款的效力，也不影响合同中独立存在的有关解决争议方法的条款的效力。

● **复习思考题**

1. 我国某外贸公司5月10日收到外商来电，销售一批货物，要求5月20日以前作出答复。该外贸公司5月11日答复：同意收货，但每吨须降价5美元。外商收到，但未答复。5月17日，该外贸公司又致电外商：完全同意贵公司5月10日要约。外商5月18日收到，但表示拒绝。

根据《合同公约》的规定，你认为双方之间是否产生了合同关系？

2. A于3月11日向B发出一份要约，并告诉B尽快答复，因为A想在3月20日之前确定买主。B正在考虑时，于3月17日收到A撤销要约的通知。B认为A无权撤销并决定接受A的要约，于3月18日发出承诺，A于3月19日收到。

根据《合同公约》的规定，你认为双方之间是否产生了合同关系？

3. 甲以电报方式向乙发出要约，订购小麦300吨，列明交易所必需的条件并声明：十万火急，有货速发。

根据《合同公约》的规定，你认为：（1）乙收到电报后立即发货，却未再以通知的方式答复甲，乙的行为是否构成承诺？（2）若第三人丙得知甲的要约内容后，则向甲表示同意供货的答复是否构成承诺？

4. 甲同意出售一批棉花给乙，乙也同意购买。这批棉花从孟买由一艘名为"无敌号（Peerless）"的轮船运到目的地。当时有两艘名字同为"无敌号"的轮船，分别在10月和12月运送品质、数量相同的棉花先后到达目的地。甲把12月到达的棉花交给乙，乙拒收。甲起诉乙。经查证：原来乙同意购买的是10月那艘轮船运到的棉花，而甲同意出售的是12月那艘轮船运到的棉花。

对此，你认为法院应当怎样处理该纠纷？

5. 甲请乙报价。乙5月1日报价：5月31日前报价为离岸价格每箱2美元，共200箱罐装鲨鱼，7月份纽约港装运。甲答复：对你5月1日的报价还盘为5月20日前离岸价格每箱1.8美元，共200箱罐装鲨鱼，纽约港装运。到5月20日，甲仍未收到乙的回电。鉴于货物价格上涨，甲5月22日电乙：你5月1日……我们接受。

你认为该过程的后果如何？请根据《合同公约》予以说明。

6. A与B就一批棉花的买卖曾经进行过谈判，但未能在价格上达成协议。4月3日，A致函B：经过考虑，我同意将该批棉花以42 000美元价格售与你，其他条件不变。如果同意，可以立即成交。该信函应于4月6日到达B处。4月3日这天，B 也给 A 发出一封信：我决定出价 42 000 美元购买我们谈过的那批棉花，其他条件不变。这是我可以出的最高价，请认真考虑。如果你同意，我们可以立即成交。4 月 6 日，A 和 B 均收到了对方的信函，但又都没有再答复对方。4 月 15 日，B 得知 A 将该批棉花卖给了他人，遂起诉 A 违反合同，要求损害赔偿。

你认为双方之间是否已经形成了一个合同？为什么？

7. 法国一建筑公司（以下简称"法国公司"）欲投标承包一个医院主楼的施工工程，需要一批钢材。为此，该法国公司于 5 月份向一家德国钢铁公司（以下简称"德国公司"）发出电传，说明自己将要投标承包一个医院的工程，列出需要的钢材数量、型号等具体规格条件，请该德国公司报出价格，并告诉德国公司：该批钢材将被用来计算投标的价格，投标将在 7 月 5 日开始，7 月 25 日将会知道投标的结果。

德国公司于 6 月 5 日报出了该批钢材的价格，但德国公司在报价中既没有规定法国公司承诺的期限，也没有表示不会撤销该报价。法国公司接到报价后，开始计算投标价格，并于 7 月 5 日投标。

然而，7 月中旬，国际市场上钢材价格暴涨，德国公司认为自己 6 月 5 日的报价过低，便于 7 月 15 日以电传通知法国公司：撤销其 6 月 5 日的钢材报价。法国公司未作出表示。

7 月 25 日，法国公司得知自己中标的消息后，立即通知德国公司：接受其 6 月 5 日的报价。德国公司表示拒绝。

你认为法国公司和德国公司之间是否形成了一个合同？

8. 某贸易商（卖方）2013 年 11 月与某粮油公司（买方）签订合同，由卖方从某国进口 2 000 吨小麦，以每吨 230 美元的价格卖给买方。合同包含一项条款：如果因小麦生产国政府的行政命令或法律行为导致无法履行本合同时，本合同自动失效。

随后，卖方又与小麦生产国一出口公司签订一份小麦进口合同，装船期限为 2014 年 2 月上旬。但到了 2014 年 1 月，小麦生产国政府将小麦列入专卖管制的范围，尽管卖方与小麦生产国的出口公司所签订的小麦进口合同是在管制之前，但是仍需按专卖价格每吨 290 美元买进小麦。卖方因此主张合同自动失效。

从不可抗力的一般原则考虑，你认为卖方是否可以主张与买方的合同自动失效，为什么？

9. A 公司向 B 公司订购一台设备，价值 3 万美元，并按合同的约定支付了 1 万美元的定金。后来 B 公司违约，拒绝履行合同，并通知 A 公司取回定金。

你认为：（1）根据我国法律，B 公司应当返还给 A 公司多少定金？（2）根据英国和德国的法律，B 公司应怎样承担责任？

10. 某供应商有小麦 300 吨，分别与 A、B、C 签订了 3 个 100 吨的小麦供应合同。合同签订后，政府发布征用令，征走了该供应商的 200 吨小麦。现在该供应商只有 100 吨小麦可以用来履行合同，且无其他货源。

你认为该供应商应如何用这 100 吨小麦来履行与 A、B、C 的 3 个合同并使自己免于承担违约责任？

11. 出租人有 5 条渔船，分别与 A、B、C、D、E 5 人签订了渔船租赁合同，供 5 人捕鱼作业。合同签订后，出租人向政府申请捕鱼许可证，但只获得两张许可证。按照当地已有的法律规定，没有捕鱼许可证的渔船不得从事捕鱼工作。

你认为现在出租人应如何分配其获得的两张捕鱼许可证并对其余 3 位承租人免除自己的违约责任？

● 补充阅读材料

一、在通常情况下，刊登一般的商业广告，不是对特定的人提出的，因而不是要约而是要约邀请。但某些情况下，由于广告的内容非常具体明确，不至于产生歧义，法院就完全有可能将广告判为要约，以下这个判决就很具有代表性。

［案例］Carlill v. Carbolic Smokeball Co.（1893 年）。

［案情］被告某公司生产并出售一种名为 Carbolic Smokeball 的抗感冒烟丸，它们在几份报纸上刊登广告宣称，任何人只要按照广告中指出的办法连续 14 天使用该公司生产的抗感冒烟丸后，如果仍然患上感冒的，公司将向他支付 100 英镑。并且，该公司还进一步说明：为示诚意，公司已在一家银行（Alliance Bank）存入了 1 000 英镑，以备需要时支付。原告是一位老太太，她听信广告购买了被告生产的抗感冒烟丸，并按照广告中描述的办法使用烟丸后，结果还是患上了感冒。于是，老太太请求被告支付 100 英镑，遭到被告的拒绝，遂诉诸法院。初审法官判决原告胜诉，理由是：被告的广告就是要吸引顾客，并且广告得到了 1 000 英镑存款的支持。被告上诉至最高法院。

［判决］驳回上诉，维持原判，即原告有权取得 100 英镑。

二、在英美法系中，对违约的救济以损害赔偿为唯一手段，而实际履行只是辅助性的衡平救济手段。也就是说，只有在确定金钱赔偿不是适当的救济方法时，才会作出实际履行的判决。那么，在什么情况下法院可能作出实际履行的判决？

［案例］塞弗森诉埃尔伯伦谷物仓储公司（1977 年艾奥瓦州最高法院）。

［案情］原告塞弗森是一家公司的总经理，该公司在艾奥瓦州的乡下经营着数个谷物仓库。被告埃尔伯伦谷物仓储公司在该州拥有一个谷物仓库。该公司唯一的股东和经营者莫斯巴赫在几年之前就想把这个经营不善的仓库卖掉。1973 年 3 月 4 日，莫斯巴赫遇到了原告。当时，莫斯巴赫经营的仓库的有形财产包括：一块从铁路公司租来的土地、一块属于自己的土地、一个容量为 10 万蒲式耳的钢结构建筑物、一个容量为 1 万蒲式耳的谷物仓库及附属的储藏设施、一个磨坊、一个容量为 2 万蒲式耳带烘干设备的谷物仓库、一座办公楼、两个储藏楼等。据原告说，双方已经就买卖这一仓库达成了口头协议，并且就全部必要的条件取得了一致意见。根

据这一协议，购买该仓库的有形财产的价金为 5 万美元。被告认为，尽管双方已经就这一买卖的价金达成口头协议，但其他实质性的合同条件还没有谈好。

　　[注释] 我们发现，根据审理记录的记载，双方已经达成一个口头协议，并打算受其约束。一项口头协议是可以成立的，即使协议的双方还没有将其写成书面形式。被告进一步主张，原告未能证明，普通法上的救济在本案中不能成为适当的救济。这种主张所依据的理论是，在用赔偿金进行补偿能提供适当救济的时候，实际履行不应获得准许。

　　当合同涉及某种独一无二的财产或具有特殊价值的财产时，实际履行是可以采用的。在推定上，不动产就具有这种特性。法院推定，金钱赔偿不能成为对违反不动产合同的适当的救济。对于这种合同，法院准许实际履行，即使当事人并没有证明普通法的救济是不适当的。

　　本案中的买卖包括了对不动产的买卖。该买卖还涉及一种依租赁而持有的权益。此外，该财产作为整体具有的性质以及该买卖的目的也是十分重要的。这些财产对于在这些财产所在的乡间经营一个谷物仓库是独一无二的，而原告的目的正是要在当地使用这些财产。对原告来说，这些财产在当地拥有的价值是位于不同地点的相似的财产所无法拥有的。

　　在决定用赔偿金对被告进行补偿是否合适时，被告在经济上的窘境也是一个应当考虑的因素。

　　我们认为，这是一个适于采用实际履行的案例。

　　三、对于损害赔偿的范围，《合同公约》第 74 条与我国《合同法》第 113 条的规定类似，其要义都是：损害赔偿额应相当于因违约所造成的、包括合同履行后可以获得的利益在内的损失，但不得超过违反合同一方订立合同时预见到或者应当预见到的因违反合同可能造成的损失。那么，怎样理解"不得超过违反合同一方订立合同时预见到或者应当预见到的因违反合同可能造成的损失"？下面是一个古老的判例，它是确定这一原则的重要判例之一。

　　[案例] 哈德利诉巴克森戴尔（1854 年英国理财法院）。

　　[案情] 原告哈德利是一个在英国的格洛斯特经营磨坊生意的商人，被告巴克森戴尔在同一地区以皮克福德公司的名称经营运输业务，原告磨坊中的机器为蒸汽机所驱动，而曲轴是蒸汽机上的关键部件。一天，磨坊的蒸汽机上的曲轴突然断裂，磨坊不得不停止工作。制造该蒸汽机的厂商位于格林威治，因此，原告必须把那根断裂的曲轴作为样品送到格林威治以便换回一个新的曲轴。原告把一个雇工派到被告那里，以便请被告把该曲轴运到格林威治。该雇工告诉被告的职员：磨坊现在已经停工，这个曲轴必须马上送走。该雇工还问，新的曲轴什么时候可以运回。被告的职员回答：如果能在某一天的中午 12 点以前把曲轴送来，那么第二天就可以送到格林威治。因此在第二天中午以前，原告将该曲轴送到了被告那里，以便运往格林威治。原告还向被告支付了 2 英镑 4 先令的运费。由于被告的疏忽，该曲轴

没有马上被送往格林威治。结果，原告收到新曲轴的时间晚了几天。

在初审阶段，被告称不能对原告要求的损害赔偿负责。法官克郎普顿把这一案件交给了陪审团裁决。结果，被告被令向原告支付 25 英镑。被告以该法官向陪审团进行了错误的引导为由，要求重新进行审判。但这个裁决在上诉中被推翻。法院判决，被告不必对原告停工期间的损失承担赔偿责任，因为被告不了解原告没有其他曲轴可用的特殊情况。

［注释］这是一个由英国法院在 19 世纪中期作出的判决，但至今仍被英国法院视为有关违约损害赔偿范围的权威判例。根据这一判决，当合同当事人一方违约时，另一方有权获得的赔偿以当事人双方在订立合同时能够合理地预见到由违约行为所造成的损害为限。如果该违约行为在通常情况下会自然地导致所发生的损害，这一损害就可以被合理地视为当事人双方在订立合同时能够合理地预见到的由该违约行为所造成的损害；否则，只有当违约方已经知道其违约行为将会造成后来所造成的那种损害时，这一损害才能被合理地视为当事人双方在订立合同时能够合理地预见到的由该违约行为造成的损害。

四、请比较以下两个判例，理解其不同结果的原因。

［案例 1］Stevenson v. MeLean（1880 年）。

［案情］被告发出要约，愿以每吨 405 英镑的价格出售一定品质的铁给原告，原告回信询问被告能否给予为期 40 天的赊购，并且说明如果被告不同意赊购，请电告最长的交货期。被告对此未予回答。原告于是仍按原要约表示接受，但同时，被告已将铁出售给他人。原告起诉被告违反合同。

［判决］原告胜诉。

本案中，法官面临的问题是，原告的回信是不是一项反要约，从而终止了原要约的效力。主审法官 J. Lush 经过比较 Hyde v. Wrench（1840 年）案的判决后，得出结论认为，原告的询问只是了解更多的信息，而不是拒绝被告的要约，原告后来按原要约作出的承诺，使双方之间已经达成了有效的合同。因此，被告应承担违反合同的责任。

［案例 2］Jones v. Daniel（1894 年）。

［案情］被告提出一项书面要约，愿以 1 450 英镑购买原告的不动产，原告的律师回信表示接受要约，并附上合同。但所附合同中增加了一些要约中未规定的特别条件，包括买方须支付 10% 的定金，并规定了成交的日期等。被告收到合同后没有签字就予以退回。后双方发生争议，原告起诉，请求被告履行合同，被告辩称双方之间并未达成合同。

［判决］双方之间并无合同。

法院判决认为，原告律师的回信及所附合同中增加了新的条件，不属于承诺，而是一项反要约。对此项反要约，被告既可以接受，也可以拒绝。既然被告选择了拒绝，没有签字就予以退回，显然，双方之间的合同并未成立。

第 4 章 / 国际货物买卖法

—— 学习目标 ——

　　本章以联合国 1980 年《合同公约》为基本线索，介绍公约及各国法律对于卖方义务和买方义务的规定、买卖双方违反合同时的救济措施以及国际货物买卖中所有权与风险转移的问题，目的在于让读者将国际货物买卖问题作为一个整体有一个概括的了解。此外，本章将产品责任也作为国际货物买卖中涉及的一个问题予以介绍，而不再拘泥于法律部门的划分，将其列为单独一章。

4.1　　　　　　　　　国际货物买卖概述

　　国际货物买卖（international sale of goods），即传统意义上的国际贸易，是国际经济交往的重要形式。尽管国际贸易的发展和科学技术的进步已经使国际贸易的范围由传统的有形贸易（货物买卖）扩展到技术贸易、服务贸易等多种形式，但国际货物买卖仍然在各国的对外经济交往中具有举足轻重的地位。因此，世界各国在推进本国经济的发展时仍然非常重视对外货物贸易，重视对国际货物买卖的法律调整。

4.1.1　　国际货物买卖合同

　　根据《合同公约》第 1 条的规定，本公约适用于营业地在不同国家的当事人之间所订立的货物销售合同：（a）如果这些国家是缔约国；（b）如果国际私法规则导致适用某一缔约国法律。因此，我们所说的国际货物买卖合同，或国际货物销售合同，是指营业地分别位于不同国家的当事人之间进行进出口货物的协议。

　　显然，《合同公约》在确定国际货物买卖合同时，采用了属地主义原则，以当事人营业地分处于不同国家，作为区分"国际"合同的依据，而不考虑当事人的国籍，这是它的最基本的特征。根据《合同公约》，国籍相同而营业地国不同的当事人之间所订立的货物买卖合同，是国际合同而不是国内合同。

　　对于营业地的确定，按照《合同公约》第 10 条的规定，如果当事人有一个以上的营业地，则以与合同及与合同的履行关系最密切的营业地为其营业地，但要考虑双方当事人在订立合同前任何时候或订立合同时所知道或所设想的情况；如果当事人没有营业地，则以其惯常居住地为准。

例4-1　日本A商社大连分社因业务需要，向山东某纺织厂订购价值20万元人民币的布料，并在我国国内完成了交货付款等手续。随后，日本A商社大连分社在大连将该批布料加工，制成某规格的制服，并将这批制服销售给了日本本土的B公司。这里涉及两个合同：日本A公司大连分社与我国山东某纺织厂的合同以及日本A公司大连分社与B公司的合同。

问：根据《合同公约》的规定，哪一个应当属于国际货物买卖合同？

分析：如果以《合同公约》的规定为标准，则后一个应当属于国际货物买卖合同。前者虽然是一家中国企业与一家日本公司的合同，但这个合同在中国境内已经完成了交易，是中国国内合同；而后者虽然交易双方都是日本公司，但它涉及进出口问题，是跨越国界进行的贸易活动，可以理解为买卖双方的营业地不在同一个国家的货物买卖合同。因此，我们应注意国际货物买卖合同的特点：它不考虑交易双方的国籍，而考虑双方营业地是否在同一个国家。

这里要注意的另一个问题是营业地的确定。A公司本身是日本公司，营业地在日本，其设在大连的分社属于日本国籍，但该分社的营业地为大连，而与本合同的履行关系最密切的也是其大连营业地。

在范围上，国际货物买卖合同是狭义的买卖合同，它的客体是货物即有体动产，不包括各种票据和权利财产，也不包括不动产和劳务等。《合同公约》第2条规定，本公约不适用于以下的商品买卖：

（1）供私人、家属或家庭使用而购买的货物的销售，除非卖方在订立合同前任何时候或订立合同时，不知道而且没有理由知道购买这些货物是作任何这种使用；

（2）经由拍卖的销售；

（3）根据法律执行令状或其他令状的销售；

（4）公债、股票、投资证券、流通票据或货币的销售；

（5）船舶、船只、气垫船或飞机的销售；

（6）电力的销售。

《合同公约》以排除的方法来划定货物销售的范围，这与英国《货物买卖法》第62条和美国《统一商法典》第2—105条对"货物"的解释是一致的。

例4-2　卖方是俄罗斯的一家企业（原告），与加拿大的一家公司（被告）订立了一份销售合同。根据该销售合同，原告向被告出售退役的柴油潜水艇，买方加拿大公司购买柴油潜水艇的意图是将它们拆卸作为废金属回收利用。合同中有一项仲裁条款，约定有关该合同的争议应提交一家俄罗斯仲裁机构仲裁解决，并明确选择俄罗斯法律作为适用于该合同的法律。

问：双方在履行该合同过程中发生争议，纠纷被提交仲裁机构解决。仲裁机构首先需要解决的问题是：确定适用于该合同的法律是什么？

分析：首先，当事人意思自治是各国法律的普遍原则，包括允许当事人选择适用于他们之间的合同的法律。该纠纷中，当事人在合同中明确选择俄罗斯法律作为适用法律，仲裁庭首先尊重当事人的选择，确定该合同以俄罗斯法律为适用法律。

其次，俄罗斯与加拿大都是《合同公约》的缔约国。《合同公约》第 1 条第 (1) 款规定，本公约适用于营业地在不同国家的当事人之间所订立的货物销售合同：(a) 如果这些国家是缔约国；(b) 如果国际私法规则导致适用某一缔约国的法律。俄罗斯加入《合同公约》后，《合同公约》已被纳入俄罗斯法律体系中，当事人选择俄罗斯法律并不能排除《合同公约》的适用。因而，仲裁机构还需要研究已被纳入俄罗斯法律的《合同公约》是否适用于所涉合同的问题。

仲裁机构认定，应将该潜水艇视为海洋船只：尽管它已经从俄罗斯海军退役，但与合同主体相关的关于"退役"的说明，只能表明该潜水艇失去了作为海军舰艇的地位，但该潜水艇仍能保持漂浮状态，即使它需要外部设备的协助才能行驶，但应将其视为海洋船只。根据《合同公约》第 2 条 e 项的规定，公约不适用于"船舶、船只、气垫船或飞机的销售"。因而，《合同公约》不适用于该合同。

基于上述分析，仲裁机构认定应当以俄罗斯国内法作为合同的适用法律。

在合同形式上，目前世界各主要国家（如英国、德国、法国等）的法律对一般货物买卖合同都不要求具备一定形式。我国《合同法》也采用了这种"不要式"原则，规定销售合同在形式方面不受任何限制，可以采用书面形式、口头形式或其他形式。我国《合同法》第 10 条规定，当事人订立合同，有书面形式、口头形式和其他形式。我国《合同法》第 11 条还规定，书面形式是指合同书、信件和数据电文（如电报、电传、传真、电子数据交换和电子邮件）等可以有形地表现所载内容的形式。

4.1.2　国际货物买卖合同的法律适用

由于双方当事人的营业地分别在不同的国家，国际货物买卖势必要涉及不同国家的法律适用。历史上，调整国际货物买卖关系的法律，主要是各国的国际私法及其所援引的有关国家的实体法。国际私法，又称法律冲突法或法律适用法，是解决涉外民事关系法律适用问题的法律。它指出某种涉外民事关系应适用哪一国的法律，但并不直接规定当事人的权利义务关系，如德国《民法施行法》、日本《法例》、瑞士《联邦国际私法法规》等。我国《民法通则》第 8 章 "涉外民事关系的法律适用" 也属于国际私法的范畴。尽管自 20 世纪 20 年代以来，一些国际组织分别制定了一些国际贸易方面的统一法则，包括《国际货物买卖公约》和《国际贸易惯例》，对国际贸易的发展起到了促进作用。但是，《国际货物买卖公约》和《国际贸易惯例》须经有关国家认可或由当事人选用后，才适用于具体的国际贸易关系，否则对这类关系的处理仍需依国际私法规则的指引，适用某一国家的实体法。

各国法律对国际货物买卖合同的许多问题，如当事人的缔约能力、合同的形式和效力、合同的履行、违约救济、合同的解除和终止等规定不一，援引不同国家的法律，往往会产生不同的法律后果，甚至引起尖锐的法律冲突。合同的法律适用，即合同准据法问题是一个在国际贸易中必须解决的问题。

1）联合国《国际货物销售合同法律适用公约》

1985 年 11 月，在海牙召开的联合国外交会议上正式通过《国际货物销售合同法律适用公约》（Convention on the Law Applicable to Contracts for the International Sale of Good）是国际货物销售合同法律适用方面的一个比较重要的国际性规范。它在总结各国法律适用实践的基础上，为国际货物销售合同的法律适用提供了指导性原则。

（1）当事人意思自治原则

意思自治原则，也称"私法自治"原则，是指民事主体在法律规定的范围内，有权按照自己的意志从事民事活动，创设自己的权利和义务。意思自治原则的出现与私有制社会商品经济的发展具有内在的必然联系，它源于商品经济逐渐发达的古罗马，是发展到一定阶段的商品经济的客观要求在法律上的必然反映。虽然罗马法孕育了意思自治原则的思想和精神，但一般认为最早提出"当事人意思自治"理论的是 16 世纪的法国法学家查理·杜摩林。为顺应当时形势发展的要求，查理·杜摩林提出应适用由当事人自主选择的法律来调整他们之间的契约关系、解决他们之间的经济纠纷。这一主张立即受到欢迎，并逐渐为大部分欧洲国家所接受，成为自由资本主义时期西方各国民法制度赖以建立的最重要的一块基石，1804 年自由资本主义时期的《法国民法典》以及 1896 年垄断资本主义时期的《德国民法典》均将其作为合同法的一项重要原则。在后来声势浩大的成文法运动中，意思自治原则不断发展、完善、修正，被赋予了更深刻的内涵。

1985 年的联合国《国际货物销售合同法律适用公约》也将当事人意思自治原则作为确定合同适用法律的一项基本原则。该公约第 7 条第（1）款规定，国际货物销售合同受当事人选择的法律支配。当事人的选择协议必须是明示的或者从合同的规定和当事人的行为整体来看可以明显地推断出来。这种选择可以仅限于合同的某一部分；该公约第 7 条第（2）款规定，当事人可在任何时候约定，其销售合同全部或部分适用原来所没规定的法律，而不管原来适用的法律是不是由当事人早先选择的结果。销售合同订立后，当事人对适用法律的任何变更不得有损于合同在形式上的有效性或第三人的权利。

（2）最密切联系原则

最密切联系原则由于符合国际交往的广泛需求，并且可以根本性地实现冲突法公平合理地适用法律的价值追求，因而成为各国法院或者仲裁机构确定适用法律的最重要的国际私法规则。

最密切联系原则作为确定合同准据法的方法，各国大多以特征性履行方法将其

具体化，即以合同的特征性履行作为确定最密切联系的基本客观依据。例如，1980
年《罗马公约》第 4 条第（1）款规定，应当对合同适用具有"最密切联系"的法
律。《罗马公约》第 4 条第（2）款进一步具体化为，合同与需要实现作为合同特
征的履行义务的当事人在订立合同时的惯常居所所在国有最密切的联系。而在货物
买卖合同中，构成某一具体合同的特征性履行义务的，无论是卖方的交货义务还是
买方的付款义务，其履行地通常都是卖方的营业地。因此，如果卖方的营业地在公
约的某一缔约国境内，该公约的缔约国的法院或者仲裁机构通常会适用卖方营业地
的法律。1955 年《海牙公约》则直接规定，如果当事人没有选择法律，就必须适
用卖方所在国的法律，除非卖方在买方所在国收到货物订单的情况，在这种情况
下，适用买方所在国的法律。

联合国《国际货物销售合同法律适用公约》采取了同样的原则。该公约第 8
条第（1）款规定，在当事人未按照该公约第 7 条选择合同适用法律时，合同"应
受卖方在订立合同时设有营业所的国家的法律管辖"。该公约第 8 条第（2）款规
定，合同应受买方在订立合同时设有营业所的国家的法律管辖，如果：①谈判在该
国家进行，并且参加谈判的各当事人在该国订立了合同；②合同明确规定卖方须在
该国履行其交货义务；③合同主要依买方确定的条件和应买方向投标人发出的投标
邀请（招标）而订立。该公约第 8 条第（3）款规定，作为例外，如果根据整个情
况，例如双方当事人之间的任何业务关系，合同明显地与本条第（1）款或第（2）
款应适用于合同的法律以外的另一法律有更密切的联系，则合同受该另一法律的
管辖。

2）我国法律的规定

我国《合同法》第 126 条规定，国际货物买卖合同的法律适用原则是：当事
人可以选择处理合同争议所适用的法律；当事人没有选择的，适用与合同有最密切
联系的国家的法律。我国最高人民法院有关司法解释对这两项法律适用原则作出了
如下说明：

（1）当事人选择的法律，可以是中国法，也可以是外国法，但是当事人的选
择必须是经双方协商一致和明示的。

对于当事人选择或者变更选择法律的期间，我国司法解释规定：当事人有权在
一审法庭辩论终结前，通过协商一致，选择或者变更选择合同争议应适用的法律。
此外，当事人虽然没有明确选择合同争议应适用的法律，但均援引同一国家或者地
区的法律且未提出法律适用异议的，我国法院也应当视为当事人已经就合同争议应
适用的法律作出选择。

（2）如果当事人未选择合同所适用的法律，对于国际货物买卖合同，人民法
院按照最密切联系原则确定所应适用的法律，通常情况下是：合同订立时卖方住所
地的法律。如果合同是在买方营业住所地谈判并订立的，或者合同主要是依买方确
定的条件并应买方发出的招标订立的，或者合同明确规定卖方须在买方营业住所地

履行交货义务的，则适用合同订立时买方营业住所地的法律。该解释与上述 1985 年《国际货物销售合同法律适用公约》第 8 条第（1）款和第（2）款对于最密切联系原则的规定是基本一致的。

2010 年 10 月 28 日我国通过了《中华人民共和国涉外民事关系法律适用法》（自 2011 年 4 月 1 日起施行），该法延续了我国《合同法》所确立的国际货物销售合同的法律适用原则。该法第 41 条规定，当事人可以协议选择合同适用的法律。当事人没有选择的，适用履行义务最能体现该合同特征的一方当事人经常居所地法律或者其他与该合同有最密切联系的法律。

3）"公约优先适用"原则

除上述基本原则外，在涉及《合同公约》是否适用时，该公约的各缔约国普遍遵循"公约优先适用"原则。这一原则具体体现为：

（1）如果双方当事人营业地所在的两个国家都是《合同公约》的缔约国，公约就自动适用于他们之间所订立的货物销售合同，而无须借助于国际私法规则。这也被称为公约的"直接适用"原则，它源于《合同公约》第 1 条第（1）款 a 项的规定。这一原则主要出于两个方面的考虑：第一，在有统一实质规则可用时，统一实质规则应优先于国际私法规则。因为直接适用统一实质规则，可避免国际私法规则典型的两步骤做法，即确定适用法律和适用适用法律。由于公约的规则直接涉及了实质性问题，因此公约的规则应优先于国际私法的规则。第二，直接适用统一实体法，不仅在防止择地行诉方面有优势，而且有利于在适用公约情况下形成统一的解释，促进公约解释和适用的统一，进而促进世界范围内销售法及法律规则的统一，减少法律差异对国际贸易活动产生的影响。

（2）如果国际私法的规则导致适用某一缔约国法律，公约优先于该缔约国国内法适用。这一情形通常是指只有一方当事人的相关营业地在缔约国，或者双方当事人的营业地都不在缔约国，但却由于国际私法规则导致适用某一缔约国法律的情形。这也被称为公约的"间接适用"，它源于《合同公约》第 1 条第（1）款 b 项的规定。"条约必须信守"是国际法领域中的一项被各国广泛接受的行为准则。在国际贸易法领域也是如此，《合同公约》的大部分缔约国在公约对该国生效后承认公约的优先效力。根据《合同公约》第 1 条第（1）款 b 项的规定，适用公约的情形一般包括：①当事人直接选择适用《合同公约》；②当事人选择适用某一缔约国的法律导致公约的适用；③在双方当事人没有作出法律选择，或者其选择无效的情况下，借助法院地的国际私法规则指引而导致公约适用。尽管公约并不约束非缔约国，但是在非缔约国法院所在地的国际私法规则指向了缔约国的法律，则公约仍然会适用。前两种情形，无论是当事人直接选择适用公约，还是当事人选择适用某一缔约国的法律导致公约的适用，均属于当事人"意思自治"的范畴；而最后一种情形，借助法院地的国际私法规则指引而导致公约适用，一般认为，体现的是"最密切联系原则"。

1985 年《国际货物销售合同法律适用公约》也与《合同公约》的这一原则保持一致。按照该公约第 8 条第（5）款规定，如果在合同订立时，买方和卖方在不同国家设有营业所，营业所所在国均为《合同公约》的缔约国，则凡属该公约（指《合同公约》）调整的事项不适用于本公约第（3）款对于最密切联系原则的例外规定。

例 4-3 一家营业地位于俄罗斯的公司（卖方）与一家营业地位于意大利的公司（买方）签订了一项有关钢铁销售的协议。双方商定了合同的细节条款，以详细规定产品种类、价格、交货方式和付款方式，但是在开始履行合同后，双方在某些已交付货物的品质标准上产生了争议。在同意降低已交付货物的价款使争议得到解决后，双方决定继续进行后续货物的交付。

然而，双方在履行相互义务的过程中再次产生了分歧，这些分歧主要出现在按商定条款支付降低后的价款和交付后续货物方面。该合同载有一项依据《米兰国内国际仲裁院规则》进行仲裁的仲裁条款。因此，卖方提起了仲裁。

但在仲裁过程中，双方在适用于合同的法律问题上产生争议：由于合同未指明适用于案件的实体法，卖方认为应适用俄罗斯法律，而买方则认为应适用意大利法律。

分析：仲裁庭依据最密切联系原则，支持了卖方立场。仲裁庭认为，俄罗斯法律应作为适用于本案的国内法——俄罗斯确实与合同联系更为紧密，因为货物在俄罗斯生产，采用俄罗斯标准，利用俄罗斯船只交货，这一切均为合同双方所熟知。

而俄罗斯是《合同公约》的缔约国，因此《合同公约》则作为国内一般销售法框架内的特别法适用于本案。

《合同公约》第 1 条第（1）款 a 项规定："本公约适用于营业地在不同国家的当事人之间所订立的货物销售合同。"《合同公约》第 10 条 a 项则规定，如果当事人有一个以上的营业地，则以与合同及合同的履行关系最密切的营业地为其营业地，但要考虑双方当事人在订立合同前任何时候或订立合同时所知道或所设想的情况。

仲裁庭认为，根据《合同公约》第 1 条第（1）款 a 项的规定，《合同公约》应自动适用于来自不同缔约国的双方之间所签订的销售合同。因此，《合同公约》为适用于本案仲裁的实体法。

4.1.3 《联合国国际货物销售合同公约》

在 20 世纪以前，对国际货物买卖关系的调整，主要依靠各国国内法的适用或通过国际私法（法律适用法）规则援引有关国家的实体法。由于各国法律规定不一，适用不同国家的法律，往往产生不同的法律后果，这种情况严重影响了国际贸易活动的正常开展。为此，自 20 世纪初开始，国际上兴起了"国际贸易统一法运动"，一些国际组织和民间团体着手制定统一的国际货物买卖公约和国际贸易惯例，以求国际贸易法律的统一，《合同公约》就是这一运动的产物。

1926 年，在国际联盟主持下，在罗马成立了国际统一私法协会（International Institute for the Unification of Private Laws，UNIDROIT），负责起草国际货物买卖统一法的工作。由于第二次世界大战爆发，这项工作延续了 30 多年。1964 年，在海牙外交会议上，通过了《国际货物买卖统一法公约》和《国际货物买卖合同成立统一法公约》，并于 1964 年 7 月 1 日开始签字。前一个公约于 1972 年 8 月 18 日生效，批准该公约的有比利时、冈比亚、联邦德国、以色列、意大利、荷兰、圣马利诺和英国 8 个国家；后一个公约于 1972 年 8 月 23 日生效，除以色列外，上述其他国家都批准了这一公约。但这两个公约的参与国不多，又主要反映大陆法系的传统，因而基本上是一个区域性的公约。这就决定了它们必将被新的更具有广泛性的国际货物买卖公约所代替。

1966 年，第 21 届联合国大会根据匈牙利代表的提案，通过关于加强国际贸易法的决议，并决定成立联合国国际贸易法委员会（UN Commission on International Trade Law，UNCITRAL），这一组织以"促进国际贸易法律的逐步协调和统一，消除国际贸易中的法律障碍，从而促进国际贸易的发展"为宗旨。1969 年，UNCITRAL 成立工作组，于 1978 年完成了国际货物销售合同公约的起草工作，将 1964 年海牙外交会议通过的两个公约，即《国际货物买卖统一法公约》和《国际货物买卖合同成立统一法公约》合并，定名为《联合国国际货物销售合同公约》（UN Convention on Contracts for the International Sale of Goods）。该公约于 1980 年 4 月 10 日在维也纳外交会议上获得通过。参加会议的有包括中国在内的 62 个国家的代表。中国于 1986 年 12 月 11 日向联合国交存批准文书。根据该公约第 99 条规定，该公约于 1988 年 1 月 1 日起对中国、意大利、美国等 11 个国家生效。现在，已有阿根廷、澳大利亚、奥地利、智利、中国、丹麦、埃及、芬兰、法国、德国、匈牙利、意大利、墨西哥、挪威、瑞典、瑞士、叙利亚、美国、新加坡等国家批准参加了该公约。

《合同公约》除序言外，分 4 个部分，共 101 条 187 款。第一部分为适用范围和总则；第二部分为合同的订立；第三部分为货物销售，规定买卖双方的权利义务、违约救济、风险转移等内容，共 5 章 64 条，是公约的重要部分；第四部分为最后条款，规定公约的加入、签字、批准、生效、退出、保留声明、文本和公约正文的保管等。

《合同公约》第 6 条规定，双方当事人可以约定不适用本公约，或在第 12 条的条件下，减损本公约的任何规定或改变其效力。因此该公约除第 12 条外，其余各条都属于任意性（optional）规范而非强制性（mandatory）规范。该公约第 12 条规定，某缔约国在加入或批准公约时声明，要求合同必须具备书面形式，则双方当事人必须遵守，不能通过双方当事人的协议改变缔约国的声明。

我国在向联合国交存关于公约的核准书时声明对《合同公约》作出两项保留：

（1）关于适用范围的保留。我国声明不受《合同公约》第 1 条第（1）款 b 项的约束。《合同公约》第 1 条第（1）款规定，本公约适用于营业地在不同国家的当事人之间所订立的货物销售合同：……（b）如果国际私法规则导致适用某一缔约国法律。根据该保留，对我国来说，《合同公约》仅适用于营业地在缔约国的当事人间订立的合同。但营业地在非缔约国的当事人自愿明示选择《合同公约》作为合同准据法的除外。

（2）关于书面形式的保留。我国对《合同公约》第 11 条、第 29 条及有关规定提出保留。《合同公约》第 11 条规定，销售合同无须以书面订立或书面证明，在形式方面也不受任何其他条件的限制。销售合同可以用包括人证在内的任何方法证明。第 29 条的规定则涉及合同更改或终止的书面形式要求。我国对这两项条款提出保留的原因是，当时我国的《涉外经济合同法》规定涉外合同必须采用书面形式。但该法已经被我国 1999 年《合同法》所取代，而我国 1999 年《合同法》也不再要求合同（包括国际贸易合同）必须采用书面形式。为适应这种变化，2013 年 1 月 16 日中国向联合国国际贸易法委员会秘书处递交了撤销该保留的文件，自 2013 年 8 月 1 日起撤销了书面形式的保留。《合同公约》第 13 条规定，为本公约目的，书面形式包括电报和电传。

例 4-4　我国某航空公司向欧洲 Airbus 公司订购 15 架 A320 型客机。合同中有一项条款规定，关于双方的权利义务，合同未明确约定的，适用《合同公约》的规定。而根据《合同公约》对国际货物买卖合同范围的规定，该公约不适用于飞机的买卖。

问：你认为我国某航空公司与欧洲 Airbus 公司在合同中规定的这一条款是否有效？

分析：有效。关于《合同公约》适用问题中的当事人意思自治原则体现在两个方面：一是可以排除公约的适用；二是可以改变公约条款的效果。这就是《合同公约》第 6 条"双方当事人可以不适用本公约，或在第 12 条的条件下，减损本公约的任何规定或改变其效力"的含义。当事人既可以在整体上排除《合同公约》的适用，也可以排除《合同公约》的个别条款，取消个别条款的效力，本例就属于这种情况。但更完善的条款建议是，本合同的权利义务由《合同公约》调整，但《合同公约》第 2 条不包括在内。

4.2　　　　　　　　卖方义务与买方义务

4.2.1　卖方义务

在国际货物买卖中，卖方的义务比较复杂，各国法律的规定也不尽一致，但普遍认为卖方最基本的义务应包括交付货物，对货物的品质担保以及对货物的权利担保义务。

1）交付货物的义务

卖方应首先按合同或有关法律规定的地点、方式和时间交付货物。

（1）交货地点

买卖双方有权约定交货地点，如采用"FOB大连"价格条件时，即在大连装运港船上交货。若合同未规定交货地点，则须按有关国家法律或《合同公约》的规定确定交货地点。各国法律在这个问题上比较接近，大陆法系和英美法系依合同的标的物是特定物或非特定物而定。例如，法国、日本和瑞士的法律规定，特定物的交付地点为订约时标的物的所在地；法国、德国和瑞士的法律规定，非特定物的交付地点为订约时卖方的住所地，而日本的法律规定非特定物的交付地点为买方现时的住所地。英国《货物买卖法》第29条和美国《统一商法典》第2—308条和第2—309条也规定，特定物的买卖，交货地点是订约时货物存放地点；种类物的买卖，交货地点是卖方营业地或住所地。

《合同公约》第31条规定，如合同未规定交货地点，应按下述三种情况分别处理：①买卖合同如涉及货物运输，卖方应将货物交给第一承运人，以便运交给买方。②如不涉及运输，而又属于以下三类货物，即特定物、特定化货物（从某批存货中划拨于合同项下，待提取）、尚待制造或加工生产的货物。如双方在订约时已知这些货物存放在某地点或将在某地制造或加工，卖方应在该地点把货物交给买方处置。③除上述情况外，在订约时的卖方营业地交货。

例4-5 沈阳A进出口公司向日本B公司出口一批罐装山野菜，合同约定卖方应不迟于3月底发运货物。双方均知道这批货物将在沈阳以北的铁岭加工完毕并包装出口。如果双方未对交货地进行具体约定，根据《合同公约》的规定，卖方应当在哪个地点履行交货义务？

分析：根据《合同公约》第31条的规定，如合同未规定交货地点，应按下述情况分别处理：（a）买卖合同如涉及货物运输，卖方应将货物交给第一承运人，以便运交给买方；（b）如不涉及运输，而又属于以下三类货物，即特定物、特定化货物（从某批存货中划拨于合同项下，待提取）、尚待制造或加工生产的货物，如双方在订约时已知这些货物存放在某地点或将在某地制造或加工，卖方应在该地点把货物交给买方处置。这里应适用（a）项规定，而不是（b）项规定。卖方的义务是选择适合履行合同的方式将货物交给第一承运人。卖方可以在铁岭将货物装车发运给日本公司，则交货地为铁岭；卖方也可以在沈阳（装车）或在大连（装船）将货物交给第一承运人，则交货地应分别为沈阳或大连。

（2）交货方式

在国际货物买卖中有实际交货（actual or physical delivery）和象征性交货（symbolic delivery）两种方式。实际交货，是指卖方将货物交给买方实际控制，如工厂交货和目的地交货，都属于这种情况。象征性交货，又称拟制性交货

（constructive delivery），是指卖方将所有权凭证（如仓单或提单）交给买方，如按 FOB、CFR 或 CIF 条件成交，就属于象征性交货。

象征性交货实际是通过交付单据来履行交货义务。因此，在象征性交货的情况下，移交单据有着重要的意义。《合同公约》第 34 条规定，如果卖方有义务移交与货物有关的单据，其必须按照合同所规定的时间、地点和方式移交这些单据。这些单据主要有提单、发票、保险单、商检证明等，当事人还有权约定他们之间必须移交的其他单据种类、数量。此外，《合同公约》第 34 条还规定，如果卖方在合同规定的时间以前已移交这些单据，则卖方可以在这个时间到达前纠正单据中任何不符合合同规定的情形，但卖方行使这项权利不得使买方遭受不合理的不便或承担不合理的开支。

《合同公约》第 32 条规定，如果合同涉及货物运输，即合同要求卖方通过承运人把货物发运给买方时，卖方应承担以下义务：

①卖方可以在货物上加标记，或以填写装运单据的方式或其他方式，将货物划定在该项合同项下（identified to the contract），即将货物特定化，将该项货物划作履行某一合同的标的物。卖方如未按上述两种办法将货物划定在合同项下，其必须向买方发出列明货物的发货通知。根据《合同公约》第 67 条第（2）款和第 69 条第（3）款的规定，在货物未特定化前，货物风险不转移给买方。

②如果卖方有义务安排货物的运输，如在 CIF 或 CFR 交货条件下，卖方必须订立必要的运输合同，按照通常的运输条件，用适当的运输工具，把货物运到指定地点。卖方合理安排运输的义务，应当理解为，在双方当事人没有就某种具体的运输方式作出约定的情形下，卖方的义务是"按照通常运输条件，用适合情况的运输工具"把货物运到指定地点。

③如卖方没有义务对货物的运输办理保险（如按 FOB 或 CFR 条件成交），卖方必须在买方提出要求时，向买方提供一切现有的必要资料，使买方能够办理这种保险。

例 4-6　奥地利买方（原告）就购买烈酒并运往俄罗斯与一家总部设在列支敦士登的公司的瑞士分公司（被告）订立了合同。买方预付部分货款后货物却未能如期交付，因为当事人双方对运输方式（以及其他问题）发生争议。买方状告卖方，要求归还预付款，而卖方则要求买方赔偿违约的损失。

对于运输方式的争议，买方声称双方曾商定用卡车运货，但卖方否认有这种协议，认为运输方式的选择权应由卖方决定。

分析：法院认为，虽然《合同公约》中涉及有关举证责任的规则，但是没有明确的规定，因而须援用法院地的国际私法规则指向的国内法予以确定，本案适用瑞士的国内法。依据瑞士的国内法，举证责任由买方承担。由于买方无法履行举证责任，不能证明双方曾达成用卡车运货的协议，因此法院认为这种情况下应适用《合同公约》第 32 条第（2）款的规定，运货方式的选择应由卖方决定。卖方有义务根据交易的情形，按照通常运输条件，用适合情况的运输工具，把货物运到指定地点。最终法院认定，卖方将部分货物以卡车运输、部分货物采用铁路运输的方式并不违反合同。

法院判决，卖方有权就可以证明的损失获得损害赔偿。

（3）交货时间

根据《合同公约》第33条，卖方必须按以下规定的日期交付货物：

①如果合同规定有日期，或从合同可以确定日期，应在该日期交货。所谓从合同可以确定日期，是指根据合同有关规定而确定的某一日期，如合同订立后若干天内交货，或收到信用证后几天内交货等。

②如果合同规定有一段时间，或从合同可以确定一段时间，除非情况表明应由买方选定一个日期外，应在该段时间内任何时候交货。在合同规定的交货期限内，通常由卖方确定具体的交货日期，但如果合同规定由买方租船接货时，也可由买方选定具体交货日期，在这种情况下，买方应通知卖方船只到达日期。

③在其他情况下，应在订立合同后一段合理时间内交货。所谓合理时间，是指视当事人之间的习惯做法或惯例而定。

例4-7 一家德国时装零售商（买方）与一家意大利服装制造商（卖方）签订了一份时装销售合同，其中对交货期限的规定是"秋季货品将于7月、8月、9月左右发货"。当第一批货于9月26日发运时，买方拒绝接收货物，声称交货期已过，并于10月2日退回了发票。

当事人双方根据已知的各种不同的附加因素而对上述合同规定的含义进行争辩。买方声称，"秋季货品将于7月、8月、9月左右发货"的交货期限条款，意味着卖方应在7月、8月、9月分别交付合同规定货物量的三分之一。卖方否认买方的主张，认为买方从未向卖方表达过类似的意思。

分析：法院以《合同公约》作为本案适用的法律，但对于履约问题，也参考德国的国内法，以填补缺漏。

法院认为卖方的要求是正当的，因为货物是在商定的交货期内发运的。法院指出，合同的交货条款为"秋季货品将于7月、8月、9月左右发货"，其含义可能是要求在每个具体月份交付合同规定货物量的三分之一。但是，在卖方没有这样做的情况下，买方却从未有效地终止合同，尤其是买方并未对卖方前两次的不交货另外规定一个期限（促使或者催告卖方交付货物）。因而法院认定卖方是在合同规定的"可以交付货物的一段期限"内交付的货物（《合同公约》第33条b项）。

法院判决卖方应获得全额货款，包括按意大利法定利率计算的利息，另加损失补偿费。

2）品质担保义务

卖方的品质担保义务，是指卖方所交付的货物，其品质、规格和包装须与合同规定相符，如合同未作具体规定，则应按合同所适用的有关国家的法律或国际公约办理。

大陆法系国家将品质担保义务称为物的瑕疵担保责任，即卖方应担保货物在风险转移给买方之前具有卖方所保证的品质，并在法律条文中规定。而英美法系国家由于其判例法的传统，对于货物的品质担保义务较为详尽，《合同公约》在很大程度上吸收了英美法系国家的许多做法。

（1）英美法系国家的规定

英国《货物买卖法》第 13 条至第 15 条规定，卖方所交付的货物在品质上应符合以下默示要件（implied condition）：

①凭说明书买卖（sale by description）。如买卖合同中规定为凭说明书买卖时，应含有一默示要件，即货物应与说明书相符；如兼用凭样品买卖和凭说明书买卖时，所交货物只与样品相符是不够的，还必须与说明书相符。

②对商品质量或适用性的默示责任。卖方在出售货物的交易过程中，还应有以下默示要件：

A. 买卖合同下的货物的品质是适合商销的（merchantable），但有下列情况的除外：（a）在缔约前已将货物的瑕疵特别提请买方注意的；（b）买方在缔约前已检查过货物，而该项瑕疵是在检查中应能发现的。

B. 如买方明示或默示地使卖方了解购买该项货物是为了特定用途时，则除非有证据表明买方并不信赖或不可能信赖卖方的技能或判断者外，卖方根据有关合同供应的货物，应合理地适合该项特定用途，不管此类货物通常是否是为此目的而供应的。

C. 关于商品质量或对特定用途适合性的默示要件或担保，可以因存在习惯做法而附加在买卖合同中。

③凭样品买卖（sale by sample）。在凭样品买卖的合同中应含有以下三项默示要件：

A. 所交货物在质量上应与样品相符；

B. 买方应有合理机会对货物和样品进行比较；

C. 所交货物不应存在有导致不合商销的瑕疵，而这种瑕疵是在合理检查样品时不易被发现的。

美国《统一商法典》将买方对货物的品质担保分为明示担保和默示担保：

明示担保（express warranty）。明示担保既是交易的基础，又是买卖合同的组成部分。《统一商法典》第 2—313 条列举了明示担保的三种方式：（a）卖方对买方就货物所作的事实上的确认或许诺；（b）卖方对货物所作的任何说明；（c）作为交易基础的样品或模型。

默示担保（implied warranty）。默示担保又分为商销性的默示担保和适合特定用途的默示担保。《统一商法典》第 2—314 条对货物的商销性提出以下几项要求：（a）合同项下的货物在本行业中可以毫无异议地通过；（b）如果所出售的货物是种类物，则货物在该规格内必须达到良好的平均品质；（c）货物应适合它的一般用途；（d）除合同允许有差异外，货物的每一单位和所有单位在品种、品质和数量方面都应相同；（e）货物应按合同要求适当地装入容器、加上包装、贴上标签；（f）货物须与容器或标签上所许诺或确认的事实相符。

《统一商法典》第 2—315 条对适合特定用途的默示担保作出了如下规定：如卖方在订立合同时理应知道买方对货物所要求的特殊用途，而且买方信赖卖方的技能和判断能力来挑选或提供合适的货物，则卖方应承担货物必须适合这种特殊用途的默示担保。

《统一商法典》第 2—316 条规定，在以下情况下卖方可以排除或限制其对货物品质的默示担保义务：①卖方如要排除或限制默示担保义务，必须采用书面形式，措词应尽量醒目、显眼；②卖方可使用诸如"依现状（as is）""有各种残缺（with all faults）"，以及其他按常识能引起买方注意的措词排除一切默示担保义务；③买主如在订立合同前，已按其意愿充分地检验过货物或其样品、模型，或买方拒绝进行检验，则对于通过此种检验应能发现的缺陷，就不存在任何默示担保；④默示担保也可以根据双方当事人过去的交易做法、履行过程或行业惯例排除或限制。

《统一商法典》第 2—317 条还规定，无论明示担保或默示担保，都应作相互一致和互为补充的解释。如果明示担保与默示担保互相抵触，则应按以下规则处理：①精确的或技术的规格说明取代不相一致的样品或模型或一般的说明；②现存批量货物中的样品取代普通语言所作出的不相一致的说明；③明示担保排除不相一致的默示担保，但适合特定用途的默示担保除外。

但是，根据美国 1974 年《担保法》，在消费交易中，卖方不得在合同中排除其各项默示担保义务。

例 4-8 一个农场主向一个二手农机经销商购买了一台（使用过的）拖拉机。在使用了一个星期后，该农场主发现，这台拖拉机经常在耕作途中熄火，无法正常使用，延误农时，修理多次也不见好转。当该农场主向二手农机经销商提出退货要求时，二手农机经销商认为：买方应当知道这是一台二手农机，其性能不可能非常理想，并且自己在销售时也未对该机器作出任何明确的担保。

问：该二手农机经销商是否违反了自己的品质担保义务？

分析：该二手农机经销商违反了自己的品质担保义务。尽管买方在购买该拖拉机时知道这是一台二手机器，其性能不可能非常理想，而且二手农机经销商在销售时也未对该机器作出任何明确的担保，但是作为默示担保的一部分，货物至少应适合它的一般用途。没有哪个农场主会同意购买一台无法使用的拖拉机，即使是二手农机，它也应当至少能够在耕作中使用，这是任何一个农场主合理的期望。因此，除非双方已经明确地排除了这种默示担保义务，否则，这台二手拖拉机至少应适合它的一般用途。

（2）《合同公约》的规定

《合同公约》第 35 条规定，卖方交付的货物必须与合同所规定的数量、质量和规格相符，并按照合同所规定的方式装箱或包装。除双方当事人另有协议外，货物除非符合以下规定，否则即与合同不符：

①货物适用于同一规格货物通常使用的目的；

②货物适用于订立合同时曾明示或默示地通知卖方的任何特定目的，除非情况表明买方并不依赖卖方的技能和判断力，或者这种依赖对买方是不合理的；

③货物的质量与卖方向买方提供的货物样品或样式相同；

④货物按照同类货物通用的方式装箱或包装，如果没有此种通用方式，则按照足以保全和保护货物的方式装箱或包装。

但是，如果买方在订立合同时知道或者不可能不知道货物不符合合同，则卖方无须承担上述与合同不符的责任。

例 4-9　数家荷兰公司（以下简称"各卖方"）在荷兰大陆架内从事勘探离岸气田并出售生产的产品。各卖方与一家英国公司（买方），在 1993 年和 1994 年先后签订了 12 项有关凝析油（一种被称为"Rijn 混合物"的原油混合物）的合同。该英国公司在原油勘探、生产和精炼以及成品油和气体销售领域处于国际领先地位。

合同签订后的最初几年买卖各方均履行了合同，未出现质量问题。但在 1998 年 6 月 11 日，买方通知各卖方：暂不接受下一批凝析油，因为其水银含量太高，无法进行进一步加工和销售。1998 年 6 月 16 日，买方通知各卖方将暂停履行剩余的合同，直到找到解决水银问题的方法。然而，由于始终未找到解决方法，一些合同过期了，买方终止了其他未过期的合同。为减少损失，各卖方将买方未收取的凝析油卖给了第三方，与原合同价格相比，各卖方均遭受了一定损失。

2000 年 5 月，各卖方向荷兰仲裁庭提起了针对买方的仲裁程序，请求损害赔偿。各卖方主张：由于未商定关于质量的具体要求，其出售的凝析油即使水银含量升高，但仍符合合同规定。因此，买方拒收货物和终止合同，违反了合同规定的买方义务，买方应承担损害赔偿责任。然而，买方拒绝承担损害赔偿责任，买方认为：货物并不符合合同规定，因为各卖方了解或者应当了解，凝析油系用于精炼业务，如此高的水银含量会对下游产品造成损害。由于出现这一不符合规定的情况，买方坚持认为其有权拒收货物并终止合同。

问：根据《合同公约》关于货物的品质担保的规定，买方是否有权主张各卖方违反了所承担的义务？

分析：由于合同未载明质量规格，根据《合同公约》第 35 条第（2）款 a 项的规定，货物应适用于同一规格货物通常使用的目的。而对于"货物通常使用的目的"这一点，存在三种可能的解释：①要求货物具有适销品质。这种观点为英国普通法的法律体系所支持，它认为，如果一个具有理性的买主了解货物质量后，会以类似的价格签订货物购买合同，那么货物就是符合合同规定的。②由大陆法系衍生而来的观点，它要求货物具有平均品质。③不是简单地依赖英美法系的"适销品质"或者大陆法系的"平均品质"的标准，而通过适用于《合同公约》的体系提出了一个合理品质的标准。

在本案中，分别按照"适销品质"和"平均品质"的标准进行解释会得出不同的结论。因此，仲裁庭认定，《合同公约》第 35 条第（2）款 a 项应按照合理品质的标准进行解释。仲裁庭认为，合理品质的标准更符合《合同公约》的规定，因为它并不直接依赖于国内法的观念。合理品质的标准还与《合同公约》的前期案文相吻合。另外，如果本案适用荷兰法律，合理品质的解释仍然可行。

仲裁庭裁定，凝析油未达到合理品质标准，因为：①无人会为水银含量升高了的凝析油支付这批合同商定的价格；②合同签订后的头几年未出现质量问题，因此买方便期望凝析油的质量水平保持恒定。仲裁庭认为，各卖方交付的凝析油未达到合理品质标准，违反了依照《合同公约》所应承担的品质担保义务。由于合同分批履行，因此买方有权拒收货物和终止合同。

（3）我国法律的规定

我国法律没有就卖方的品质担保义务作出特殊规定。我国《合同法》对此进行了原则性规定，出卖人应当按照约定的质量要求交付标的物。出卖人提供有关标的物质量说明的，交付的标的物应当符合该说明的质量要求。合同生效后，当事人就质量、价款或者报酬、履行地点等内容没有约定或者约定不明确的，可以协议补充；不能达成补充协议的，按照合同有关条款或者交易习惯确定；仍不能确定的，质量要求不明确的，按照国家标准、行业标准履行；没有国家标准、行业标准的，按照通常标准或者符合合同目的的特定标准履行。

对于包装，则采取了与公约规定一致的原则：出卖人应当按照约定的包装方式交付标的物。对包装方式没有约定或者约定不明确，依照法律有关规定仍不能确定的，应当按照通用的方式包装；没有通用方式的，应当采取足以保护标的物的包装方式。

3）权利担保义务

权利担保义务，又称权利瑕疵担保责任，包括以下三个方面的内容：①卖方保证对其所出售的货物拥有完整的所有权；②卖方保证在其所出售的货物上不存在任何未向买方透露的担保物权，如抵押权、质权或留置权；③卖方保证其所出售的货物不侵犯他人的工业产权和其他知识产权。

根据《合同公约》第 41 条和第 42 条的规定，卖方的权利担保义务包括以下内容：

（1）卖方所交付的货物，必须是第三方不能提出任何权利或要求的货物，除非买方同意在这种权利或要求的条件下收取货物。

（2）卖方所交付的货物，必须是第三方不能根据工业产权或其他知识产权主张任何权利或要求的货物，但以卖方在订立合同时已知道或不可能不知道的权利或要求为限。

（3）卖方在以下两种情况下应对买方承担责任：

①如果买卖双方在订立合同时预期货物将转售某国，第三方根据该国法律主张权利或提出请求时，卖方应承担权利担保责任。

②在任何其他情况下，卖方对第三方根据买方营业地所在国家的法律提出的权利或请求，卖方也应承担权利担保责任。

（4）卖方在下列两种情况下不对买方承担责任：

①买方在订立合同时，已知道或不可能不知道第三方会提出工业产权或其他知识产权方面的权利或要求。

②第三方提出的权利或要求，是由于卖方遵照买方所提供的技术图样、图案、程式或其他规格制造的货物而发生的。

例 4-10　德国 A 有限公司（卖方）向奥地利 B 公司（买方）出售了一批空白 CD 光盘。卖方是从其中国台湾的母公司（以下简称 C 公司）购买的这批光盘，C 公司有经权利人（也称"许可权人"）授权的生产和销售这类光盘的许可证。虽然许可证允许 C 公司在德国销售这种空白 CD 光盘，但是没有提及 C 公司是否也有权在奥地利销售这些光盘。

后来，因就许可证费与这种空白 CD 光盘的许可销售范围发生了争议，许可权人宣布解除许可合同。C 公司与许可权人之间的诉讼被台湾法院受理。

当买方得知该诉讼后，要求卖方就此作出澄清，但未收到任何进一步信息。买方就所购产品提出索赔要求后，也未收到卖方任何关于赔偿的信息。因此，买方决定宣告合同无效，扣留与许可合同解除之后卖方交付的货物有关的应付款项。买方认为：①这些货物并不能免于在奥地利被第三方索赔，一旦发生第三方索赔，买方很可能要为许可证费承担责任；②由于买方的业务原因，部分货物还要向其他欧洲国家销售，这些货物也不能免于在其他国家被第三方索赔。卖方提出异议认为，不存在买方为许可证费承担责任的风险，因为 C 公司并没有违反合同。此外，卖方向买方交付的 CD 光盘是在许可合同解除之前生产的，所交付的货物完全可以免于任何第三方索赔。

问：卖方起诉买方，要求支付拖欠的货款。根据《合同公约》的规定，你认为买方是否有权宣告合同无效，要求损害赔偿并扣除应支付的货款？

分析：根据《合同公约》第 41 条和第 42 条的规定，卖方必须在免于第三方的任何权利或索赔的情况下交付货物，除非买方在订立合同时已知道或不可能不知道这些权利。因而，卖方销售货物的行为就应推定为卖方已默许同意买方不应为任何许可证费承担责任。买方没有义务就许可合同是否仍然有效或者许可合同被解除是否合法进行调查。由于销售这批货物的主要权利依据——C 公司与许可权人之间的许可合同发生诉讼，买方面临着被第三方起诉或者索赔的风险，因此买方有权宣告合同无效和要求损害赔偿，并且在卖方违反合同的情况下，在卖方履行其合同规定的义务之前，买方为保证自己得到有效的赔偿而扣留应付款项也为大部分国家的法律所支持。

但是，对于买方因其业务原因而有可能将部分货物销售到其他欧洲国家，卖方是否应承担权利担保义务取决于卖方是否了解或者知道买方的这一意图。根据《合同公约》第 42 条的规定，如果双方当事人在订立合同时预期货物将在某一国境内转售或做其他使用，卖方应保证其提供的许可货物在该国可以合法销售；或在任何其他情况下，卖方应保证其提供的许可货物在买方营业地所在国家可以合法销售。

例 4-11　一家西班牙公司（卖方）向一家法国公司（买方）交付了带有伪冒缎带的鞋子。买卖双方均为常年从事鞋子制品销售活动的商人。这批鞋子因侵犯了他人的知识产权而被权利持有人起诉。经法院判决，买方向知识产权权利持有人支付了赔偿金。然后，买方对卖方提出起诉，要求卖方承担权利担保责任，赔偿买方向知识产权权利持有人支付的赔偿金以及损害赔偿，共计 300 000 欧元。

问：根据《合同公约》关于货物的权利担保的规定，买方是否有权主张卖方违反了所承担的义务？

分析：根据《合同公约》的规定，卖方所交付的货物，必须是第三方不能根据工业产权或其他知识产权主张任何权利或要求的货物，但以卖方在订立合同时已知道或不可能不知道的权利或要求为限。但是，卖方在下列两种情况下不对买方承担责任：（a）买方在订立合同时，已知道或不可能不知道第三方会提出工业产权或其他知识产权方面的权利或要求；（b）第三方提出的权利或要求，是由于卖方遵照买方所提供的技术图样、图案、程式或其他规格制造的货物而发生的。

法院在审理中发现，买卖双方均为常年从事鞋类制品交易活动的商人，对本行业非常熟悉。因而法院驳回了买方的索赔要求。法院认为，买方作为这一行业内的专业机构，不可能不知道什么是伪冒产品。因此，法院推定，买方在订立合同时，已知道或不可能不知道第三方会提出工业产权或其他知识产权方面的权利或要求。买方无权指责卖方交付了侵犯他人任何知识产权权利的货物。

我国法律对卖方权利担保义务的规定，主要体现在我国《合同法》第 150 条至第 153 条的规定上，根据这些规定，出卖人就交付的标的物，负有保证第三人不得向买受人主张任何权利的义务，但法律另有规定的除外。买受人订立合同时知道或者应当知道第三人对买卖的标的物享有权利的，出卖人不承担本法第 150 条规定的义务。

作为救济措施，我国法律规定，买受人有确切证据证明第三人可能就标的物主张权利的，可以中止支付相应的价款，但出卖人提供适当担保的除外。出卖人应当按照约定的质量要求交付标的物。出卖人提供有关标的物质量说明的，交付的标的物应当符合该说明的质量要求。

4.2.2　买方义务

在国际货物买卖合同中，各国法律对买方义务的规定大致相同，即认为买方有支付价款和收取货物两项基本义务。

《合同公约》第 53 条规定，买方必须按照合同和本公约规定支付货物价款和收取货物。这是《合同公约》对买方基本义务的概括性表述，即国际货物买卖中的买方基本义务有两项：一是按照合同和本公约规定"支付货物价款"；二是按照合同和本公约规定"收取货物"。《合同公约》第 54 条至第 59 条规定了买方支付价款的具体内容，《合同公约》第 60 条规定了买方收取货物的具体内容。

1）支付价款

（1）履行付款义务的必要步骤和手续

根据《合同公约》第 54 条的规定，买方应当根据合同或任何有关法律和规章的规定"采取步骤和手续"，以便履行其付款义务。

从国际贸易的实践来看，买方为付款而应"采取步骤和手续"的义务大致可以划分为两类：一类是根据合同规定及时申请开立信用证，或者为付款设定担保或交纳保证金，或者承兑卖方开具的汇票等，这些行为可称为"商业性措施"；另一类是付款行为涉及的法律法规或政府规章所要求的手续，如及时申请外汇或者诸如资金转账所需的行政授权等，这些行为又可称为"行政性措施"。

将"采取步骤和手续"以便支付价款作为买方的义务予以规定，其意义在于：第一，对采取这类步骤和手续的费用作出划分。如果合同没有相反的约定或法律另有规定，买方应当承担因这些步骤和手续而产生的费用，如涉及通过支票支付价款的相关费用应当由买方承担。第二，如果买方未履行这些义务，则构成违约，卖方有权根据《合同公约》采取救济行动。

《合同公约》第 54 条规定买方支付价款的义务包括根据合同或任何有关法律和规章的规定"采取步骤和手续"，但没有明确买方的这一义务仅限于采取必要的步骤和手续以便支付货款，还是应当对结果负责，没有获得必要结果视为买方违反了其义务。从目前适用《合同公约》的司法实践来看，倾向于要求买方承担结果。例如，在涉及信用证时，普遍认为买方未能申请开出信用证即属违反了其义务，而且属于根本性违约，除非买方未能申请开出信用证是由于卖方原因造成的。

例 4-12　德国卖方向俄罗斯买方交付了一批机械设备。因买方未支付货款，卖方依据合同中的仲裁条款提出仲裁申请，要求买方支付价款并赔偿损失。

买方承认接收了货物，但提出未能付款的责任不在买方。买方已经指示其银行向卖方转账，但负责买方外汇交易的银行未按照买方指示将货款汇转给卖方。银行这样做的理由是：根据俄罗斯外汇管理法律的相关规定，企业必须在其自由兑换货币账户上有充足的外汇资金，而买方自由兑换货币账户上没有资金可用来支付货款。买方提出，没有可利用的外汇资金的事实是由于俄罗斯外汇管理法律的相关规定造成的，因此应将买方不履行合同义务的责任视为不可抗力。

问： 买方因外汇资金不足而未能如期付款，是否违反合同义务？

分析： 仲裁庭拒绝了买方的观点。仲裁庭认为，在双方订立的合同中列明了免除双方不履行其合同义务的责任的不可抗力清单，买方缺乏外汇并未列入其中。而根据《合同公约》第 54 条的规定，买方支付货物价款的义务包括"根据合同或任何有关法律和规章的规定采取步骤和手续，以便支付价款"。本案中，买方仅仅指示其银行向卖方转账，但是没有确保以充足的外汇资金来支付价款，因此买方没有履行其支付价款的义务。

仲裁庭裁决，买方支付价款并承担赔偿责任。

（2）履行付款义务的地点与时间

关于付款的地点，《合同公约》第 57 条规定，如果买方没有义务在任何其他特定地点支付价款，则以下地点应为买方支付价款的地点：（a）卖方营业地；（b）如凭移交货物或单据支付价款，则为移交货物或单据的地点。卖方营业地如果在订立合同后发生变动，支付价款增加的有关费用必须由卖方负担。

买方没有义务在任何其他特定地点支付价款，一般理解为当事人在合同中没有约定，依据《合同公约》其他条款或交易惯例也不能确定。通常情况下，当事人在合同中约定的付款方式，如采取签发票据、信用证或汇兑（如电汇和信汇）方式付款，可以推定出具体的付款地，但这种技术上的付款地对买卖双方义务产生影响，容易发生争议。例如，由于银行等支付机构的延误或破产，或由于政府部门的限制等原因导致买方付款失败，易引发其后果由谁承担的争议。《合同公约》第 57 条的规定解决了这些可能存在的争议，如当卖方的营业地被确定为付款义务履行地时，买方的付款义务将受到以下影响：第一，买方须承担向卖方营业地履行付款义务的成本，如履行付款手续所发生的手续费、汇兑费用、保证金等；第二，买方须承担向卖方营业地付款传递的风险，如票据在传递过程中遗失或在付款到达卖方营业地（包括卖方的委托银行）之前有关中间支付机构发生延误或破产等；第三，买方须保证及时启动支付程序，以确保付款行为能够按时在卖方营业地完成，否则买方承担延误的风险（除非可以根据国际条约或相关法律免责）；第四，买方履行付款所必须遵循的政府程序或法规要求，包括支付发起国以及支付完成国的法律要求。

例 4-13 瑞士卖方向意大利买方出售并负责安装调试一套环保装置。双方在合同中约定：合同订立后买方须支付 30% 的价款，装配开始时支付 30% 的价款，在安装完成时再支付 30% 的价款，最后 10% 的价款应在设备成功使用后支付。设备安装后，双方就设备是否符合合同要求发生争议，买方拒付价款。卖方依据 1988 年《卢加诺公约》第 5 条第 1 款向瑞士苏黎世商业法院起诉要求买方支付拖欠的价款，而买方对瑞士苏黎世商业法院的管辖权提出异议。瑞士苏黎世商业法院认定本法院对本案有司法管辖权，买方就管辖权争议向瑞士联邦法院上诉。

分析：瑞士联邦法院依据 1988 年《卢加诺公约》[①] 第 5 条第 1 款确认了下级法院的判决，认定瑞士苏黎世商业法院有管辖权。

瑞士联邦法院认定《合同公约》适用于本案（《合同公约》第 1 条第 (1) 款 a 项）。

在当事人没有就支付价款的地点作出约定的情况下，卖方营业地应当被认定为付款地（《合同公约》第 57 条第 (1) 款 a 项）而不是货物交付地（《合同公约》第 57 条第 (1) 款 b 项）。瑞士联邦法院指出，只有买方没有义务在任何其他特定时间内支付价款、买卖双方的相关义务应当同时履行时，才有可能援引《合同公约》第 58 条第 (1) 款规定将交货地作为付款义务地，从而导致《合同公约》第 57 条第 (1) 款 b 项的适用。而本案并非如此，由于买方应当根据卖方履行义务的进度分期支付价款，这应视为双方当事人减损了同时履约的原则，即不再以交付货物作为付款的前提条件，因此不能再将货物交付地视为付款地点。这种情况下，应将卖方营业地苏黎世作为付款义务地。

据此，瑞士苏黎世商业法院根据《卢加诺公约》第 5 条第 1 款的规定（付款义务地法院有管辖权）对本案享有管辖权。

此外，根据《合同公约》第 59 条的规定，一旦付款时间确定，买方即应履行付款义务，而无须以卖方提出任何要求或办理任何手续为前提。从《合同公约》制定的角度来看，《合同公约》第 59 条更大的意义在于限制了大陆法系国家"催告"制度对《合同公约》适用的影响。大陆法系国家的"催告"制度，是指缺少明确的债务履行期限，或者虽然有明确的债务履行期限，但是对债务人履行债务缺少强制性约束时，债权人应当催告债务人履行债务，债务人经催告后不履行债务的，应当就迟延履行向债权人支付利息并承担其他违约责任。《合同公约》第 59 条表明了本公约的立场：一旦付款日期确定，无论是根据合同确定还是依据本公约的规定确定（如《合同公约》第 58 条第 (1) 款），买方即有义务支付货款，而无须卖方提出任何要求或办理任何手续，否则应承担迟延付款的责任。

例 4-14　德国买方向瑞士卖方订购一批鞋子。合同规定这些鞋子应分 4 批交付，货款按规定在每月的一个固定日期支付。但是，买方在收到最后一批货物的 10 周后才支付了价款。卖方起诉买方，要求支付迟延付款所产生的利息以及其他费用。买方抗辩说，除了发票外，并没有收到卖方提出的任何付款要求。另外，买方还提出因卖方交货迟延，影响了这些鞋子销售的季节性。

分析：法院认为，卖方有权收取价款的利息，利息自每笔款项应当支付之日起计算（《合同公约》第 59 条和第 78 条）。法院特别指出，根据《合同公约》第 59 条的规定，买方应当在约定的日期立即付款，无须卖方对此提出任何要求。对于利

[①]《卢加诺公约》全称为《关于民事与商事司法管辖权与判决执行的卢加诺公约》（Lugano Convention on Jurisdiction and the Enforcement of Judgments in Civil and Commercial Matters）。

率，法院认为应依据国际私法规则确定所适用的国内法来解决，本案中应适用卖方营业地的法律，即瑞士的法律，因而法院适用瑞士法对利率作出判决。

此外，法院还判决卖方有权获得其所支付的代理人费用，作为买方迟延付款所造成的损失的补偿（《合同公约》第74条）。

对于买方提出的卖方迟延交货问题，法院认为，买方没有在合理时间内发出通知，因而丧失了主张迟延交货的权利（《合同公约》第39条）。法院特别强调，对于季节性商品与合同不符（包括迟延交货），另一方应当自发现或理应发现这种不符之日起迅速提出。依本案情形，最迟也应当在1个月内提出，而买方未能满足这一要求。

2）收取货物

收取货物是买方所应承担的两项基本义务之一。《合同公约》第60条将买方收取货物的义务概括为两个要素：一是买方应承担与卖方合作的职责，"采取一切理应采取的行动，以期卖方能交付货物"（《合同公约》第60条a项）；二是接收货物（《合同公约》第60条b项）。

（1）买方承担与卖方合作的义务

交易的完成依赖于双方的相互合作，尤其是买方的合作对于卖方得以顺利完成交货义务非常重要，因而《合同公约》将诚信合作作为公约一项基本原则，《合同公约》第60条a项就是这一原则的具体化。作为买方在国际货物买卖中所应承担的基本义务，买方须采取"一切理应采取的行动"，以确保卖方得以完成交货义务。"一切理应采取的行动"通常是指与卖方交付货物有关的行为，其具体内容取决于合同的规定。例如，在FOB条件下，买方应及时租船到指定港口以便卖方能够按时将货物装船；在买方营业地为交货地的情况下，买方必须确保卖方能够进入这些场地并能够顺利履行交货义务；在要求卖方安装设备的情况下，买方必须为此准备好适当的场所与安装条件等。如果卖方交付货物需要买方配合办理一些特定的手续，买方也有义务积极配合。在国际贸易中，及时申请开立信用证和及时指派运输工具是涉及这一条款最多的情形。

例4-15 卖方与买方以FOB条件签订了一份绿豆销售合同。合同规定以不可撤销的信用证支付货款；货物将由卖方所在国的检验局进行检验。随后，双方经协商对合同价格作出了修改，并确定了装船日期。

卖方按照约定期限将货物运到装运港，并给买方发传真，告知货物已准备就绪，可以装船。卖方所在国的检验局在港口对货物进行了检验并签发检验证书。然而，直到过了装船日期，买方还是没有指定装运船只，也没有答复卖方将货物装船的要求。一个星期之后，买方致函卖方"发现部分货物变色"，并声称将请SGS检验货物。卖方答复买方：合同中并没有这样的规定，这样做令人无法接受，继续要求买方派船将货物运走。此后不久，买方答复卖方：SGS认定货物不符合合同要求，不会派船装运。

货物一直存放在港口，为了减少损失，在买方签发的信用证过期后，卖方将货物转售，并提出仲裁申请，向买方索取损害赔偿，要求损害赔偿的范围包括：价格差、货物损失、二次熏蒸费、工厂检验费、仓储费和银行贷款利息。

分析：仲裁庭鉴于双方营业地的所在国都是《合同公约》的缔约国，认定《合同公约》适用于本案。

仲裁庭认定，含有 FOB 条款的合同中规定买方承担租船义务，保证货物在规定日期内在指定港口装船。这项义务属于《合同公约》第 60 条规定的买方的基本义务（"采取一切理应采取的行动，以期卖方能交付货物"）。本案中，由于买方拒绝派船装货，导致卖方无法履行合同。买方的行为不仅违反了《合同公约》对买方基本义务的规定（《合同公约》第 60 条 a 项），而且这种违约构成了根本性违约（《合同公约》第 25 条）。对于买方的主张，仲裁庭认定，合同并没有规定由 SGS 来检验货物，而且卖方已经履行了义务，提供卖方所在国检验局签发的检验证书，检验证书证明货物符合合同要求。即使在卖方给予买方额外的延长时间之后，买方还是没有履行义务，致使卖方无法交付货物。

因此，仲裁庭裁定买方须向卖方支付合同价格与转售价格之间的差价，并支付二次熏蒸费、仓储费和银行贷款利息。

例 4-16 中国卖方与瑞士买方以销售确认书的形式订立了一份钼合金出口合同。后来，由于买方未按约定开具信用证，且拒绝采取补救措施，卖方将货物另行出售，并提出仲裁申请，要求买方赔偿损失。

买方抗辩说，未按时开具信用证是因为可供检验的时间太紧，卖方缺乏按时履行合同的意向，而且在双方发生争议后卖方未在合理时间内采取必要的措施减轻损失；卖方则认为，买方拒绝开具信用证是因为当时钼合金的国际市场价格下降，买方不愿意履行合同。

分析：仲裁庭认为，双方当事人之间的合同已经有效订立，而承运人提供的证据也足以证明卖方已经申请装运货物，而买方则缺乏证据表明货物未在到期日装运。因此，买方无任何理由拒绝开具信用证或者主张撤销合同。仲裁庭认为，买方未按合同的约定期限开具信用证的行为，显示其缺乏按合同约定付款的意向，这已经违反了依据《合同公约》第 60 条所应承担的基本义务，这种对买方基本义务的违反构成了对合同的根本性违约。因此买方应按照《合同公约》第 74 条的规定承担违反合同的全部赔偿责任。

另外，仲裁庭支持卖方对于差价的索赔请求（《合同公约》第 75 条），并裁决卖方有权获得差价利息（《合同公约》第 78 条）。对于买方声称卖方未在合理时间内采取合理措施减轻损害的主张（《合同公约》第 77 条），因证据不足，仲裁庭予以驳回。

（2）买方应接收货物

在各国的国内法体系中，买方收到货物与买方接受货物是存在区别的，但

《合同公约》没有采取这种划分。《合同公约》在这部分义务中使用了"接收货物（taking over the goods）"而没有使用"接受货物（acceptance of goods）"，意在避免争议：因为前者仅仅表明买方收到货物的事实，后者则通常意味着所有权的转移。而在国际贸易中买方的首要义务是接收货物，至于货物所有权是否能够转移，还要取决于其他因素。即使买方有理由拒收货物，也必须首先采取合理措施保全货物，甚至可能需要收取货物以保全货物，但买方有权要求偿还因保全货物而产生的费用。

对于买方在何种情况下有权拒收货物，《合同公约》第60条未作出规定。但《合同公约》的其他条款涉及到买方拒收货物的具体情况有：一是提前交货（《合同公约》第52条第（1）款）和数量超过合同规定的交货（《合同公约》第52条第（2）款），买方可以收取货物，也可以拒收货物；二是卖方违反合同构成了根本性违约，买方有权拒收货物，这种情况下买方有权宣告合同无效（《合同公约》第49条第（1）款a项）或要求交付替代货物（《合同公约》第46条第（2）款）；三是卖方未在买方按照《合同公约》第47条第（1）款规定的额外时间内交付货物，买方有权宣告合同无效，并拒收货物（《合同公约》第49条第（1）款b项）。

如果卖方履行义务不符合合同但尚未构成根本性违约，则买方必须收取货物。买方不及时履行收取货物的义务是违约行为，根据《合同公约》第69条的规定，如果买方不在适当时间内履行收取货物的义务，则从货物交给买方处置而买方未能及时收取货物从而违反合同时起，风险转移由买方承担，同时这也构成卖方依据《合同公约》第64条的规定宣告合同无效的理由。

例4-17　一家德国贸易公司（被告）向一家意大利制鞋商（原告）订购一批女鞋，但拒绝支付部分购货价款，理由是原告未在合同规定的期限内发货，并且鞋子不符合合同的规定。

分析：法院认为，被告既未能证明原告不履行合同义务构成根本性违约，又未能证明原告未在被告规定的额外时间交付货物（因为被告并未规定原告必须发货的期限），因此被告无权宣布合同无效并拒绝付款（《合同公约》第49条第（1）款和第81条第（1）款）。法院注意到，被告未具体说明鞋子与合同不符是略低于标准（如在此种情况下，不足以构成根本性违约，被告可以采取降低价格或索赔等措施，但不能宣告合同无效），还是完全不适合转售（如在此种情况下，可以构成根本性违约，被告可宣告合同无效）。法院认为，在原告履行义务不符合合同规定但尚未构成根本性违约时，被告仍然有义务按照《合同公约》第60条的规定收取货物。

本案中，被告未能向法院提供充分的证据支持其主张。因而，法院判令被告支付价款及利息，并判决原告有权对因拖欠付款造成的损失继续提出索赔。利率按照应适用的国内法确定，按照国际私法规定，意大利法律适用于本案，法院根据意大利法律的规定，判决按 10% 的利率支付利息。由于双方当事人没有约定具体的付款时间，法院援引《合同公约》第 58 条的规定来确定付款何时到期，并以此作为价款应付时间和利息起算时间。

4.2.3　违反买卖合同的补救方法

在国际货物买卖合同中，受违约行为损害的一方有权依法得到的补偿称为补救或救济。《合同公约》努力构筑一套独立的、结构完整的国际货物买卖规范体系，违约救济规则就成为其重要的组成部分。关于违约救济方法，《合同公约》分别就卖方违约和买方违约作出规定，形成了本公约特有的违约救济体系。

对比《合同公约》对卖方违约和买方违约分别作出的对称性规定，可以发现《合同公约》对卖方违约时买方的救济权利规定更为详细一些。这是因为在国际货物买卖合同中，合同能否顺利履行更多地取决于卖方是否恰当地履行了义务，因而卖方被认为是负有特征性履行义务的一方，在双方的合同关系中占主导地位，卖方所承担的义务因而涉及了更多的法律问题，也较为复杂。但《合同公约》并未采取倾向于保护买方权利的买方取向（buyer-oriented）立场，而是从买卖双方权利义务平衡的角度规定各自的义务负担，构筑了当事人双方权利义务相互依存、相互平衡的规则体系。

1）卖方违反合同的补救方法

根据《合同公约》第 45 条的规定，如果卖方不履行在合同和本公约中的任何义务，买方可以：（a）行使《合同公约》第 46 条至第 52 条所规定的权利；（b）按照《合同公约》第 74 条至第 77 条的规定，要求损害赔偿。一般认为，《合同公约》第 45 条是"卖方违反合同的补救办法"的纲领性条款，是对卖方不履行义务情形下买方可以采取哪些补救措施的概括性规定。在卖方违反合同的情况下，买方有权采取以下救济措施。

（1）要求卖方履行合同义务

《合同公约》给予买方要求卖方实际履行合同义务的权利，这项权利主要体现在《合同公约》第 46 条规定中，包括要求卖方交付货物与单据的权利；对不符合同的货物进行替换和修理的权利；保障买方独家销售地位的权利等。《合同公约》第 46 条至第 52 条规定了卖方不履行在合同和本公约中的任何义务时买方可利用的补救办法。要求卖方实际履行合同义务作为《合同公约》第 46 条在这些补救办法中居于首位，反映了《合同公约》所体现的一个精神：尽量使双方当事人受合同约束，使合同能够得到履行。

但是，买方要求卖方实际履行合同义务的权利也受到一定的限制：一是《合同公约》第 28 条规定的限制。根据《合同公约》第 28 条的规定，如果按照本公约的规定，一方当事人有权要求另一方当事人履行某一义务，法院没有义务作出判决，要求具体履行此义务，除非法院依照其所在地的法律对不属于本公约范围的类似销售合同愿意这样做。此条款是《合同公约》在各种司法体系之间进行的折衷，其原则是：承认当事人有要求实际履行合同的权利，但不赋予法院作出实际履行判决的义务。法院最终是否作出实际履行的判决，取决于法院所在地的法律规定。买方依据《合同公约》第46条要求卖方实际履行合同义务时，受理案件的法院或仲裁机构有权根据案件事实和本国法律决定是否采取此种补救办法。二是《合同公约》第46条规定本身的限制。此条款在给予买方要求卖方实际履行合同义务的权利时，也规定了一些限制性要求，主要体现在两个方面：一是买方是否已经采取与此相抵触的某种补救办法，如买方宣告合同无效或根据《合同公约》第50条规定降低了价格；二是买方的要求（替换和修理不符合同的货物）是否依照《合同公约》第39条的规定在发出通知的同时提出，或者在该项通知发出后一段合理时间内提出。

虽然《合同公约》重视合同义务的实际履行，将其作为买方的重要权利，但在国际贸易的实践中，买方要求卖方实际履行合同义务的情形并不多。实际上，买方更倾向于其他补救办法，特别是要求损害赔偿。

例4-18 波兰卖方与德国买方签订了4 400平方米皮革（用于生产德国军队的军鞋）的销售合同。卖方按照合同约定直接将皮革交付给了第三方（一家德国制鞋商），但买方没有查验货物。随后，德国联邦国防和供应局检验后发现货物不符合有关规格。德国制鞋商通知了买方并将已制造的所有鞋子退回了买方，买方随后就此不合格情况通知了卖方，另给3天时间，要求卖方交付替代货物，卖方拒绝。买方随后宣告合同无效，而卖方则起诉了买方，要求支付价款。

下级法院驳回卖方要求支付价款的诉讼请求，卖方将案件上诉到波兰最高法院。

分析： 由于双方当事人的营业地分别位于《合同公约》不同的缔约国境内，波兰最高法院首先认定《合同公约》适用于本案（《合同公约》第1条第（1）款a项）。

波兰最高法院认为，不履行合同与其他违约行为之间不应有任何区别。根据《合同公约》第35条的规定，交付的货物不符合规格（无论是通常用途还是特定用途）就是一种违约行为，但是，货物不符合规格并不意味着可根据《合同公约》第46条第（2）款的规定要求卖方交付替代货物，除非存在《合同公约》第25条规定的根本性违约。

波兰最高法院认为，下级法院并没有正确解释《合同公约》第46条第（2）款，因为该条款所处理的问题是赋予买方要求卖方交付替代货物的权利，并非因此而自动给予买方停止付款的权利（并且本案中卖方交付的货物与合同不符是否构成根本性违约，也需要证据的支持）。下级法院认为：一般而言，如果货物不符合合同，买方有权（在卖方根本性违约的情况下）根据《合同公约》第46条第（2）款的规定要求交付替代货物，同时也有权拒付价款，直至卖方履行其合同义务。但波兰最高法院认为下级法院并未解决这些事实与依据问题。

波兰最高法院最终裁决，本案发回下级法院重审。

(2) 买方规定额外时间要求卖方履行义务的权利

通常情况下，单纯的迟延交货并不能给予买方宣告合同无效的权利，除非买方能够证明这种迟延交货已经足以构成根本性违约①。卖方的迟延交货达到何种程度才会影响买方的利益是个极为模糊的问题，《合同公约》第 47 条为买方解决这个困境提供了一个途径：买方有权规定一段合理的额外时间要求卖方履行义务，卖方未能在规定的合理时间内交货，买方就可以在无须证明卖方的延迟交货构成根本性违约的情况下宣告合同无效。

《合同公约》第 47 条规定与许多大陆法系国家中的"宽限期"制度相似。但从《合同公约》希望作为一项自成体系的国际性规范，摆脱国内法影响的立场出发，这项条款更多的是与《合同公约》的其他条款相协调，作为买方可以采取的一系列救济措施中的一部分而存在。因此，这项条款将确定一段合理的额外时间让卖方履行义务作为买方的权利而不是义务，适用于卖方不交货或交货与合同不符等所有卖方应当履行义务的情形。同时，买方规定的额外时间为其以后援引《合同公约》第 49 条第 (1) 款 b 项规定宣告合同无效铺平了道路，而无须再考虑卖方的违约行为是否构成根本性违约。

例 4—19　埃及买方 (原告) 以口头方式向德国卖方 (被告) 订购了 9 台旧印刷机。双方议定分两批装运：第一批 6 台机器，第二批 3 台机器；原告必须在第一批货物装运之前支付大部分合同价款。原告支付了约定的部分价款后，被告只交付了 3 台机器，价值远远低于原告已经支付的价款。原告数次要求发运短缺的机器，并在两批货物的交货期均届满后规定了 11 天的额外时间要求被告交付剩余的全部机器，但被告没有在该期限内交货 (在该期限内，被告交付了几台并非合同所规定的机器，但原告拒收。随后不久，被告又提议要在预先付款条件下发运货物，也被原告拒绝)。在确定额外的交货期之后又过了 7 个星期，原告宣告合同无效，提起诉讼，要求被告赔偿因迟延交货和部分未交货所造成的损失，并要求被告返还原告支付价款中超出实际收到货物部分的价款。

分析：依据《合同公约》第 1 条第 (1) 款 a 项的规定，法院认定《合同公约》适用于本案。

根据《合同公约》第 47 条第 (1) 款的规定，法院认为，被告未能在原告确定的额外时间内履行合同义务，因此原告有权宣告合同无效 (《合同公约》第 49 条第 (1) 款)。

根据《合同公约》第 47 条的规定，法院指出，即使 11 天的额外交货时间或许太短，但在通知与实际宣告合同无效之间的时间 (7 个星期) 是合理的。被告在

---

①　见《合同公约》第 25 条规定。

此期间提出在预付款条件下发运货物是毫无根据的，因为预付整个合同价款违反了合同议定的条款（法院没有解释这是否可以理解为卖方"声称其将不在所规定的时间内履行义务"。但法院发现，这段时间卖方曾经通知买方称其已经将（买方订的）货物转售他人，法院认为卖方这种最后、明确且无正当理由地拒绝履行其合同义务，已经构成根本性违约）。法院进一步解释：被告交付了部分货物的事实并不影响原告宣告合同的剩余部分无效的权利。

法院判决，原告有权要求被告退还超出实际交付货物部分的价款并有权获得利息，利率依据所适用的国内法（《德国的民法典》第288条）确定为4%。

例4-20 意大利卖方与法国买方签订合同，出售2台高科技设备。在卖方厂内进行的先期检验结束后2个星期内，买方向卖方在法国的代理人发出信函，将设备与合同不符的情形通知了卖方，并特别指出在下一次检测前应进行哪些改进。1个月后，买方在第二次测试结束后立即通知了卖方：除非卖方对设备出现的问题作出必要的修理，否则买方将拒收设备。后来，因卖方提议先将设备在买方厂内安装后再行测试、修理，买方对此表示接受，但同时表明：在规定的日期前完成修理工作至关重要。由于卖方的修理仍然未达到要求，买方以设备与合同不符为由宣告解除合同，双方发生诉讼。

初审法院作出有利于买方的判决后，卖方上诉，认为买方没有在《合同公约》规定的合理期间内宣告合同无效，因而已经丧失了宣告合同无效的权利。

分析： 上诉法院认为，卖方提议先将设备在买方厂内安装后再行测试、修理，买方对此表示接受，这应视为买方按照《合同公约》第47条第（1）款的规定给予了卖方一段合理的额外时间。在第1台设备交付6个月后以及第2台设备交付11个月后，买方都向卖方写信说明存在的缺陷。法院认为，这些通知符合《合同公约》的规定，并且买方在报告这些设备缺陷时要求卖方进行修理，完全符合《合同公约》第46条第（3）款的规定。在卖方表示愿意对设备进行修理时，买方给予了卖方一段额外的时间以履行其义务，法院考察了设备修理的难度之后认为，这段时额外的间是合理的，符合《合同公约》第47条的规定。

由于卖方未能在买方规定的额外时间内修理好设备，因此买方无法按预期的用途使用。法院认为，买方有权宣告合同无效，因为设备的缺陷已经在实质上剥夺了买方有权期待从合同中得到的东西。买方在按《合同公约》第47条规定给予卖方的额外修理期间届满后及时通知卖方宣告合同无效，也完全符合《合同公约》第49条第（2）款的规定。

（3）宣告合同无效

宣告合同无效是《合同公约》救济措施中的一种最后手段，因而对其设定了较为严格的条件。《合同公约》第49条规定了可以宣告合同无效的两种基本情况：一是卖方不履行其在合同或公约中的任何义务，等于根本性违约（《合同公约》第49条第（1）款a项）。从条款的关系上来看，《合同公约》第25条是判定根本性违约的依据；二是买方按照《合同公约》第 47 条第（1）款的规定确定了额外时间，但卖方未在所规定的时间内交付货物（或者声明其将不在所规定的时间内交付货物）（《合同公约》第 49 条第（1）款 b 项）。

在国际货物买卖中，卖方违反合同义务主要包括"不交货""交货迟延""交货与合同不符"三种情形。对《合同公约》第 49 条第（1）款而言，如果卖方"不交货""交货迟延""交货与合同不符"足以构成根本性违约，买方则获得了宣告合同无效的权利，这是《合同公约》第 49 条第（1）款 a 项所规定的情形；在卖方"不交货""交货迟延"的情况下，如果买方按照《合同公约》第 47 条第（1）款的规定确定了合理的额外时间要求卖方履行交货义务，但卖方未在这段时间内交付货物（或者卖方声明将不在这段时间内交货），买方同样可以获得宣告合同无效的权利，而无须再考察卖方的"不交货""交货迟延"是否构成根本性违约，这是《合同公约》第 49 条第（1）款 b 项所规定的情形。

例 4-21　英国买方和德国卖方订立了一份合同，供应来自中国的铁钼合金。合同主要条件包括：铁钼合金总量为 18 000 公斤；钼含量不低于 64%；每公斤 9.7 美元；CIF 鹿特丹；因不可抗力原因致使卖方不能交货或者迟延交货，卖方免责等。合同签订后不久，卖方提议根据市场价格的波动涨价的建议，被买方拒绝。随后，卖方提议买方接受钼含量略低（约 60%）的铁钼合金并要求延期交货。买方接受钼含量略低的提议但确定了一个最后交货期。因卖方没有收到中国供货商提交的货物，在附加的交货期限到期之后卖方仍然未向买方交货。于是买方提出诉讼，要求卖方赔偿损失。

分析：法院支持了买方的主张。法院认为，按照《合同公约》第 49 条第（1）款 a 项和 b 项的规定，合同已宣告无效。对于《合同公约》第 49 条第（1）款 a 项，法院认为，虽然时间的拖延一般不被认为是根本性违约，但如果在特定时间内交货对买方来说有特别的利益关系，而这一点又是在签订合同时可以预见的，即构成根本性违约（《合同公约》第 25 条）。法院还认为，国际贸易术语 CIF 的定义决定了该合同是限期交货的交易；对于《合同公约》第 49 条第（1）款 b 项，法院认为，买方依照《合同公约》第 47 条第（1）款的规定确定了额外的交货限期，而卖方在该限期内仍然未能交货。

至于卖方没有收到中国供货商提交的货物，法院认为，无论是根据该合同的不可抗力条款，还是根据《合同公约》的有关规定，卖方均不能免除赔偿责任，卖方应当自己承担中国供应商延期交付货物的风险。

例 4-22　意大利制造商（卖方）向德国公司（卖方）出售一批鞋子。卖方交付了大部分货物（其中一些货物交货迟延，但另有一部分货物尚未交付），买方认为有权就卖方的迟延交货扣减货款，因而未全额支付货款。卖方提起诉讼，要求买方支付已交货物的全部货款。买方则以卖方未能交付议定的数量，由此造成的损失主张抵销。而且，买方声称有权暂停付款，直至卖方交付完议定的数量。

分析： 法院裁定《合同公约》适用于本案（《合同公约》第1条第（1）款a项）。对于《合同公约》未涉及的抵销问题，法院依据德国的国际私法规则确定适用意大利法律。

法院支持了卖方的索偿要求。法院认为，买方只有宣布合同无效，才有权利提出损害赔偿要求。而根据《合同公约》第49条第（1）款的规定，宣布合同无效的先决条件是：卖方根本性违约，或者卖方未能在买方确定的额外期限之内交货（《合同公约》第47条）。而在本案中，法院认为：第一，部分交货并不构成根本性违约，因为这并未剥夺买方依据合同的合理期待；第二，卖方没有在议定的期限内交货，只有在按期交货对买方特别重要，而且卖方能预测买方宁愿卖方不交货也不希望延迟交货（如涉及季节性商品的交易）的情况下，才能构成根本性违约（《合同公约》第25条），而本案不属于这种情形。在这种情况下，买方应当按照《合同公约》第47条的规定确定一段合理的额外时间让卖方履行其义务。但是在本案中，买方催促卖方立即交货却没有确定具体的履约期限，因此法院认定，买方行为并不符合《合同公约》第47条第（1）款的规定。由于买方未能证实其确定了交货的附加期限。因此根据《合同公约》第49条第（1）款b项的规定，买方不能宣布合同无效。

法院认为，由于卖方已部分履约，卖方有权就已交货部分要求付款。而买方无权停止部分付款而等待交付未付货物，因为在卖方已经部分交货的情况下，双方的争议已经不属于卖方未来"显然将不履行其大部分义务"的问题，而是履行义务是否符合合同的问题。在这种情况下，买方仍然应当根据《合同公约》第49条第（1）款的规定，要么宣告合同无效（在根本性违约的情况下）（《合同公约》第49条第（1）款a项），要么根据《合同公约》第47条的规定确定一段合理的额外时间让卖方履行义务（《合同公约》第49条第（1）款b项）。但无论如何买方都无权终止履行合同。

（4）要求减低价格

《合同公约》第50条规定，如果卖方所交货物不符合合同，不论价款是否已付，买方都可以降低价格，减价按实际交付的货物在交货时的价值与符合合同的货物在当时的价值两者之间的比例计算。

减价应当按比例计算，具体比例为"实际交付的货物在交货时的价值与符合合同的货物在当时的价值两者之间的比例"。减价的目的是在交付了与合同不符的货物的情况下，保持/恢复原合同当事人之间的均衡，因而公约将减价与买卖合同的价格联系起来，而不是考虑损失的绝对数额或者修理费用。对于这种减价的比例关系，学者列举了许多有代表性的例子，如买方以每100公升32马克的价格购入无硫供热油，交付的货物却是有硫供热油。无硫供热油的市场价格是每100公升30马克（买方买入的价格并不划算），而含硫供热油的市场价格为每100公升15马克。此时，减价的比例应当为实际交付的货物在交货时的价值（含硫供热油的市场价格为每 100 公升 15 马克）与符合合同的货物在当时的价值（无硫供热油的市场价格为每 100 公升 30 马克）之间的比例（1∶2）计算，以合同价格（每 100 公升 32 马克）为基数，减价为 16 马克，而不是减掉 15 马克，以 17 马克重新成交①。

如果卖方违反的是货物与合同相符义务之外的其他义务（如违反合同是基于迟延交货），通常不适用减价的救济方法。因为迟延交货造成市场上货物价格下跌，通常也应属于损害赔偿所考虑的内容，不倾向于采用减价的办法解决。

例 4-23 匈牙利卖方向美国买方出售一批毛绒衫。货物交付后，买方声称货物有缺陷，拒绝付款并要求损害赔偿。依据美国《统一商法典》第 2—714 条第 2 款的规定，所交付的货物与合同不符时，损害赔偿的计算应当以 "所收到的货物的价值（the value of the goods accepted）" 与 "货物符合要求时应当具有的价值（the value they would have had if they had been as warranted）" 之间的差价计算。争议发生在应当如何认定 "所收到的货物的价值"，买方主张请专业人士鉴定后确定货物的价值，卖方主张以买方将货物出售给第三方时实际获得的价格为标准。

分析：法院支持了卖方的主张，要求买方提供转售这些货物的有关文件。法院在作出这项判决时并未明确认定这个合同是否适用《合同公约》（匈牙利与美国均为缔约国）。虽然法院援引美国《统一商法典》第 2—714 条的规定，但是也参照了《合同公约》第 50 条的规定。法院认为，这两个条款基本是一致的，对前者的解释同样适合于后者。

例 4-24 德国买方与意大利卖方订立了一份鞋子销售合同。买方认为自己有权在价款中扣除因卖方迟延交货所造成的损失，因而未向卖方付款。卖方向法院起诉，要求买方支付全部价款并赔偿利息损失；买方提出反诉，认为自己有权在价款中抵销因卖方未交付另一批鞋子而给其造成的损失。

分析：法院认为，买方无权要求减价，因为《合同公约》第 50 条规定的减价权这种救济方式并不适用于迟延交货这类行为所造成的损失。买方的另一项主张，即卖方未交付另一批鞋子而给其造成了损失，也未得到法院的支持，因为买方未能提供证据证明这种损失的存在。法院解释说，若想得到这种损害赔偿，买方必须证明其客户坚持要卖方所未能交付的那种鞋子而拒绝接受其他替代品。

法院判决卖方有权获得全部价款及利息（《合同公约》第 78 条），利率按 16.5% 计算，因为卖方的证据表明其是以这个利率向其营业地的银行贷款的。

（5）要求损害赔偿

损害赔偿是各国采用的最广泛的方法。《合同公约》第 45 条规定，如果卖方不履行合同或公约中的义务，买方可以按照《合同公约》第 74 条至第 77 条的规

---

① 施莱希特里姆. 联合国国际货物销售合同公约评释［M］. 李慧妮，译. 3 版. 北京：北京大学出版社，2006.

定，要求损害赔偿。买方享有的这一权利，不因行使采取其他补救办法的权利而丧失。例如，买方可以在宣告合同无效的同时，请求损害赔偿。

2）买方违反合同的补救方法

根据《合同公约》第61条的规定，如果买方不履行在合同和本公约中的任何义务，卖方可以采取的补救措施主要包括两个方面：一是行使《合同公约》第62条至第65条所规定的权利；二是按照《合同公约》第74条至第77条的规定，要求损害赔偿。卖方可能享有的要求损害赔偿的任何权利，不因其行使采取其他补救办法的权利而丧失。《合同公约》第61条"买方违反合同的补救办法"是纲领性条款，是对买方不履行义务时卖方可以采取的补救办法的概括性归纳，它与《合同公约》第45条（"卖方违反合同的补救办法"）在逻辑结构与权利义务表述上相互对称，体现了《合同公约》注重买卖双方权利义务平衡的宗旨，也在买卖双方的权利义务之间建立了相互依存的内在联系。

（1）要求买方履行义务

在买方不履行义务的情况下，《合同公约》第62条赋予卖方要求买方实际履行合同义务的权利，包括要求买方"支付价款、收取货物或履行其他义务"的权利。要求违约方实际履行合同是大陆法系普遍承认的一种补救办法，而在英美法系中，实际履行只在有限的特别情况下运用。在国际贸易中，卖方要求买方实际履行合同的义务主要包括支付货物价款和收取货物两个方面。但是，如果买方拒绝收取货物，卖方强行要求买方收取货物的情形比较少，更多的情形是要求买方支付价款。

卖方要求买方履行义务的权利受到以下限制：第一，根据《合同公约》第28条的规定，如果按照本公约的规定，一方当事人有权要求另一方当事人履行某项义务，法院没有义务作出判决，要求具体履行此项义务，除非法院依照其本身的法律对不属于本公约范围的类似销售合同愿意这样做。也就是说，虽然《合同公约》第62条赋予了卖方要求实际履行合同义务的权利，但各国法院或仲裁机构并没有作出实际履行判决或裁决的义务，各国法院或仲裁机构在处理国际货物买卖纠纷涉及实际履行问题时，最终须参照"其本身的法律"来决定是否作出实际履行判决或裁决。第二，《合同公约》第62条在给予卖方要求实际履行合同义务的权利时，也规定了一项限制性要求：如果卖方已经采取与此相抵触的某种补救办法，如宣告合同无效或规定了一个履行义务的额外期限，则卖方便丧失要求买方实际履行合同义务的权利。

（2）规定一段合理时限的额外时间，让买方履行义务

与《合同公约》第47条给予买方的权利相对应，《合同公约》第63条也给予卖方同等的权利：卖方有权规定一段合理的额外时间要求买方履行义务。如果买方在这段时间仍然不履行其义务，则卖方有权宣告合同无效，并且无须证明买方迟延履行义务是否构成根本性违约。因此，《合同公约》第63条在无法确定买方的延

迟是否构成根本性违约的情况下具有非常重要的作用。

例4-25 法国买方向意大利卖方订购了一套印刷设备，意图将其安装到自己正在建设的新厂中。首期付款后，买方既未补足差额，也未按期提取货物。在交货和付款期满2个月后，意大利卖方依据《意大利民法典》的规定，向买方发出通知，要求买方在15日内提货，否则将宣告解除（终止）合同。买方没有在15日内提货。此后，卖方随后又通知买方一次，买方仍然没有提货。于是，卖方对买方提起诉讼，宣告解除合同并要求损害赔偿。买方提出抗辩：不能按最初商定的期限提取货物是由于其建设的厂房未能按期完工，情况超出了买方控制范围，并且买方曾请求延长交货期限，而卖方已接受了此请求，因而是卖方违反了合同，应返还买方预付的货款。初审法院依据意大利法律判决买方胜诉，卖方上诉。

分析：上诉法院首先认定应当是《合同公约》而不是意大利法律适用于本案（《合同公约》第1条第（1）款a项）。

上诉法院认为，卖方要求买方提货的通知实际上是按照《合同公约》第63条第（1）款的规定给予了买方一段额外的时间，让买方履行合同义务。此后，卖方又一次延长宽限期，从交货日期到卖方延长的宽限期的结束，共计2个半月，这符合《合同公约》第63条第（1）款所规定的合理期限的要求。由于买方没有在卖方规定的这段额外的合理期限内履行义务，卖方有权依据《合同公约》第64条第（1）款b项宣告合同无效，合同自宽限期届满之日起无效。

法院驳回了买方的抗辩，即厂房修建的意外推迟不可作为违反合同的理由。法院认为，该问题应根据有关国内法予以解决，本案按照意大利法律，买方同样不能以这个理由违反合同。

法院判决卖方有权获得合同价款与替代交易价款之间的差价（《合同公约》第75条）。法院认为，根据《合同公约》第63条的规定，给予买方一段合理的额外时间以履行义务的期限到期后6个月内转售这套印刷设备，仍然可以认为卖方是在合理时间内采取了行动（其中考虑卖方给予买方的额外时间以及转售这台设备需要的时间）。

但法院没有支持卖方其他的损害赔偿要求，因为卖方未能提供证据。

（3）宣告合同无效

《合同公约》第64条第（1）款规定了两种卖方有权宣告合同无效的情形：一是买方根本性违约；二是买方没有在卖方按照《合同公约》第63条规定的额外时间内履行支付价款的义务或收取货物，或买方声称其将不会这样做。

在国际货物买卖中，买方的主要义务是支付货物价款和收取货物。因而，如果买方未能履行支付货款和收取货物的义务足已构成根本性违约，卖方就获得了宣告合同无效的权利；如果买方未能履行这些义务尚不足已构成根本性违约，卖方应当按照《合同公约》第63条的规定在一段合理的额外时间内要求买方履行义务，如果买方未在这段额外时间内履行支付货物价款的义务或收取货物，或买方声明其将不在所规定的时间内这样做，卖方就可以根据《合同公约》第64条第（1）款的规定宣告合同无效。

在国际贸易中，买方不按规定支付价款或拒绝支付价款是买方违约的主要情形。根据《合同公约》第25条的规定，一方当事人违反合同的结果，如使另一方当事人蒙受损失，以至于实际上剥夺了另一方当事人根据合同规定有权期待得到的东西，即根本性违约。在买方未履行支付货物价款的义务时，卖方能否宣告合同无效取决于这种未履行支付价款的义务对卖方的影响，即是否剥夺了卖方根据合同规定有权期待得到的东西。一般情况下，买方未履行支付价款义务构成根本性违约，因为卖方在货物买卖合同中主要的利益是获得价款，或期望有保障地获得价款。因而，拒绝支付价款、不按合同约定或公约规定支付价款或开立信用证都可能构成根本性违约。但是，也有法院在考察了卖方受到的影响后，判决迟延开立信用证本身并不构成根本性违约，除非能够证明这种行为损害了卖方的根本利益。这种情况下，卖方应当根据《合同公约》第63条的规定，确定一段额外时间要求买方支付价款，如果买方不在这段额外时间内支付价款，或买方宣布在这段时间内将不这样做，卖方才可以宣告合同无效。

例4-26　澳大利亚卖方与马来西亚买方达成一项30 000公吨（允许10%的数量变动）的废钢销售合同。根据双方达成的书面协议，卖方需要于7月在任意一澳大利亚港口将货物装船，买方应在货物装运之前开立以卖方为受益人的不可撤销信用证，支付货款。

经过进一步的协商，双方同意由卖方在8月或9月发运合同项下的废钢，买方应在8月1日开出有效期为60天的信用证。但是到了7月，买方的管理层和内部管理结构发生变动，这种变动导致买方开出信用证的程序发生变化：只有经过（买方的）执行委员会同意，才可以发出信用证。卖方于7月31日向买方递交了租船的详细信息、货物装船信息和可能的到达时间。

由于买方的执行委员会未作出相关决议，买方没有应卖方要求提供信用证。卖方随后以书面方式通知买方：销售合同项下的废钢将于8月8日开始装运，买方必须在8月7日之前开出信用证；若买方未能及时开出信用证，卖方将认为买方违反合同，并将采取进一步措施处理该批废钢、撤销租船订舱合同，向买方要求损害赔偿。

8月7日，买方回复卖方称：新的交易安排仍在研究之中。卖方于8月8日再次要求买方在8月9日中午之前对是否将信守合同（发出信用证）进行确认。因买方无法在执行委员会召开之前给出答复，卖方在当天终止了合同，并起诉买方要求损害赔偿。

问：买方未能如期开出信用证的行为是否属于根本性违约？

分析：法院认为，根据合同的性质以及双方当事人之间的交易关系，一旦卖方递交租船的详细信息，买方就应立即开出信用证。根据《合同公约》第 64 条的规定，如果买方不履行任何义务，构成根本性违约，卖方就可以宣布合同无效。

法院对此的解释是，根据《合同公约》第 54 条的规定，买方的一项基本义务就是"支付价款"。这种义务包括根据合同或任何法律法规采取相应的步骤和办理必要的手续，以便支付价款。在本案中，买方没有及时开出信用证就是没有履行这项义务。从法律的角度来讲，买方管理结构的改变（经执行委员会批准才能开出信用证，而执行委员会拒绝了该请求）不能成为其没有及时开出信用证的理由。

因此，法院判卖方胜诉，买方须赔偿卖方包括利息（《合同公约》第 78 条）在内的所有损失。赔偿金以美元计算，因为美元是双方销售合同所使用的货币。

（4）要求损害赔偿

《合同公约》第 61 条规定，当买方不履行合同义务时，卖方可以根据《合同公约》第 74 条至第 77 条的规定，要求损害赔偿。这种权利不因卖方行使采取其他补救办法的权利而丧失。

3）我国法律的有关规定

我国法律对这类问题仅作出了原则性的规定。例如，我国《合同法》第 107 条规定，当事人一方不履行合同或者履行合同义务不符合约定的，应当承担继续履行、采取补救措施或者赔偿损失等违约责任。其中，对于采取何种补救措施，我国《合同法》第 111 条规定了修理、更换、重作、退货以及减少价款或者报酬等方式。

4.3　货物所有权与风险的转移

4.3.1　所有权的转移

所有权，是指所有权人依法对其财产享有占有、使用、收益和处分的权利。在国际货物买卖中，货物所有权何时转移，与买卖双方利害攸关，尤其是在当事人一方破产或死亡的情况下，货物所有权转移与否，将对另一方利益产生根本性的影响。各国法律在这个问题上的规定不同。

1）大陆法系国家的规定

大陆法系国家将所有权转移归入物权变动的范畴，是物权变动的一种形式。所谓物权，是指权利人直接支配其标的物，并享受其利益的排他性权利。民法上的物权一般包括所有权、用益物权（如地上权、地役权、典权等）、担保物权（如抵押权、质权、留置权等）。

（1）法国法的规定

《法国民法典》原则上以买卖合同成立的时间作为所有权转移的时间。法国法认为，物权的变动是债权合同的效果，在债权合同之外，不再有引起物权变动的其他合同存在，而交付和登记不过是对抗第三人的要件。例如，A 与 B 签订合同，将自己的一辆摩托车卖给 B，这个合同是债权合同，在 A、B 之间产生债权债务关系。自合同签订之日起，该摩托车的所有权就已经转移给了 B，这种所有权转移是债权合同的效果，不需要双方另为意思表示转移所有权。因此，《法国民法典》第1583 条规定，当事人双方就标的物及其价金相互同意时，即使标的物尚未交付，价金尚未支付，买卖即告成立，而标的的所有权依法由出卖人移转于买受人。该法典第 938 条、第 1138 条和第 1141 条也有类似规定。

但如果前述的 A 是一个摩托车经销商，签订合同时手中有 30 辆同样规格和型号的摩托车，显然无法在合同成立时就转移所有权。因此，按照《法国民法典》第 1585 条的规定，种类物的买卖，则必须特定化后，即经过过称、计数或丈量后，所有权才转移于买方；该法典第 1587 条和第 1588 条还规定，附条件的买卖，须于条件成就时，所有权才转移于买方。

（2）德国法的规定

德国法将合同分为债权合同和物权合同。德国法认为，债权合同仅发生以物权变动为目的的债权和债务，而物权变动的效力发生，直接以交付（动产）或登记（不动产）为条件，即在债权合同之外还有以直接发生物权变动为目的的物权合同（物权行为）。例如，A 与 B 签订合同，将自己的一辆摩托车卖给 B，这个合同是债权合同，仅在 A、B 之间产生债权、债务，但并不意味着摩托车的所有权已经转移给了 B。如果要转移所有权，还必须有 A 将摩托车交付于 B 的行为，所有权自 A将摩托车交付于 B 时转移。因此，《德国民法典》第 929 条规定，为让与动产所有权必须由所有人将物交付于受让人，并就所有权的转移由双方形成合意。

德国法认为买卖合同属于债权合同，基于双方合意，即可成立，但仅在双方之间产生债权债务，并不发生转移所有权的效果。转移所有权的合同属于物权合同，以动产为标的的合同，须有交付标的物的行为；而以不动产为标的的合同，须经登记才转移所有权。根据《德国商法典》规定，交付提单等物权凭证可以代替标的物的交付。

奥地利、瑞士等国采取了介于两者之间的折中主义。

2）英美法系国家的规定

英美法系国家没有像大陆法系国家那样将合同分为债权合同和物权合同，而是通过判例的积累确立了所有权转移的规则，并将它们纳入到成文法中。英美法系国家更倾向于区分货物是否已经特定化。

（1）英国法的规定

英国《货物买卖法》对所有权转移问题，根据货物是特定物或非特定物，分别作出不同的规定：①对于特定物的买卖，该法第 17 条规定，货物所有权的转移时间取决于缔约双方的意图。法院也有权根据合同的条款、当事人的行为等因素来确定当事人的这种意思。该法第 18 条还规定，凡无保留条件的特定物的买卖，在该特定物处于可交付状态时，货物所有权在缔约时即转移给买方。②对于非特定物（凭说明书买卖的货物或期货），该法第 16 条规定，货物在未特定化以前，所有权不移转给买方。所谓特定化，是指把适于交货状态下的货物无条件地划拨到合同项下。

无论是特定物还是特定化的货物的所有权转移，都要视卖方是否保留对货物的处分权而定。该法第 19 条规定，保留货物处分权的方法有两种：一是通过提单抬头的写法，表示卖方保留对货物的处分权，如货物已装船，而提单注明凭卖方或其代理人的指示交货，应推定卖方保留了对货物的处分权。二是通过对装运单据的处理方法，表示卖方保留对货物的处分权，如卖方开出以买方为付款人的空白汇票，将其与提单一并交付买方，并注明如果买方不偿付或承兑汇票，则必须退回提单，应推定为卖方保留了货物处分权。如果买方错误地留下提单而未满足"偿付或承兑汇票"条件，货物所有权并不移转给买方。

（2）美国法的规定

美国《统一商法典》允许当事人在合同中明确规定所有权转移时间，但"货物所有权在货物未划拨到合同项下前不转移给买方"是其基本原则（美国《统一商法典》第 2—401 条）。但需要注意的是，卖方通过保留物权凭证（如提单）来保留对货物的权益并不影响货物按合同约定的时间转移给买方，卖方的行为仅理解为对货物享有担保权益。

如果双方当事人没有在合同中明确约定货物所有权转移时间，原则上货物所有权应于卖方完成其交货义务时转移给买方，包括：①当货物需要运输时，如合同要求卖方向买方运送货物，但没有规定具体的目的地，则货物所有权在装运时转移给买方；如合同要求卖方在指定地点交货，则货物所有权在该地点交货时转移给买方。②如货物无须移动，则在卖方将物权凭证交付给买方时，货物所有权就由卖方转移给买方；或者合同不要求交付物权凭证而货物于订约时已经确定在合同项下，则于买卖合同成立时，货物所有权就由卖方转移给买方。

例 4-27　A 以 CIF 条件从阿根廷进口 3 000 吨小麦，并将其中 1 000 吨小麦转卖给 B，B 已经付清价款。但在货物运达英国港口之前，A 宣告破产，其所有财产（包括这 3 000 吨小麦）被列入破产财产清单进行破产清算。B 得知消息后，向主持破产清算的官员主张：这 3 000 吨小麦中的 1 000 吨小麦已经转卖给 B，并且 B 已经付清价款，应归还给 B。这一要求被官员拒绝。

问：已经转卖给 B 的 1 000 吨小麦是否应归还给 B？

分析：不能。尽管 A 已经明确将 1 000 吨小麦转卖给 B，而且 B 也已经付清价款，但是这 1 000 吨小麦仍然属于 3 000 吨小麦的一部分，尚未特定化，因此小麦的所有权没有转移给 B。B 只能作为一般债权人参加破产清算，不能要求官员归还这 1 000 吨小麦。

3) 我国法律的规定

我国《民法通则》第 72 条规定，财产所有权的取得，不得违反法律规定。按照合同或其他合法方式取得财产的，财产所有权从财产交付时起转移，法律另有规定或者当事人另有约定的除外。我国《合同法》则要求出卖人应当履行向买受人交付标的物或交付提取标的物的单证，并转移标的物所有权的义务。根据我国《合同法》第 133 条的规定，除法律另有规定或当事人另有约定的外，标的物所有权自标的物交付时转移。第 134 条规定，当事人可以在合同中约定买受人未履行支付价款或者其他义务的，标的物所有权属于出卖人。另外，我国《合同法》还规定，标的物交付之前产生的孳息，归出卖人所有；交付之后产生的孳息，归买受人所有。

例 4-28　2013 年 11 月，龙江公司从某油田购买了一船原油，欲在上海进行加工销售，双方签有表明购油意向的书面协议和补充协议，其中规定"在油款未到之前，油轮不得离开浅海油区"。龙江公司将原油两次装入"长虹 901"轮。同年 11 月 12 日，因债务纠纷，泰安公司向某海事法院起诉龙江公司并申请对"长虹 901"轮所载原油进行诉前保全。同年 11 月 13 日，海事法院裁定"扣押装载在'长虹 901'轮属于龙江公司所有的原油 4 000 吨"，并于 2013 年 12 月对该批被保全的原油进行变卖，得款 318.7 万元，由海事法院保存。2014 年 5 月 30 日，该海事法院判令龙江公司向泰安公司支付拖欠款项共计 318.7 万元人民币。

在海事法院对被保全原油的所有权权属问题正式函告某油田后，该油田向法院提出异议，认为根据协议，龙江公司尚未付清油款，被扣押的"长虹 901"轮所载原油的所有权属于该油田而不属于龙江公司。

问：根据我国《合同法》的规定，被扣押的"长虹 901"轮所载原油的所有权应当属于谁？

分析：应属于龙江公司。根据我国《合同法》第 133 条的规定，除法律另有规定或当事人另有约定之外，标的物所有权自标的物交付时转移。本案中，尽管在双方签订的表明购油意向的书面协议和补充协议中，规定了"在油款未到之前，油轮不得离开浅海油区"，然而并未表明卖方保留所有权的意思。因此，该批原油的所有权仍按我国《合同法》的规定，自标的物交付（装船）时转移给买方所有。法院有权判令龙江公司以该款偿还债务，某油田只能向龙江公司要求支付油款，不能对该批原油的所有权提出要求。

我国《物权法》采取了与我国《合同法》相一致的原则，并且规定更为具体。在"动产交付"中，我国《物权法》规定，动产物权的设立和转让，自交付时发生效力，但法律另有规定的除外。船舶、航空器和机动车等物权的设立、变更、转让和消灭，未经登记，不得对抗善意第三人。这一规定是一个很大的原则性变化，因为以前我国法律对船舶、航空器和机动车等财产的物权变动是以登记为生效条件的，现在改为登记对抗形式。

此外，动产物权设立和转让前，权利人已经依法占有该动产的，物权自法律行为生效时发生效力。动产物权设立和转让前，第三人依法占有该动产的，负有交付义务的人可以通过转让请求第三人返还原物的权利代替交付。动产物权转让时，双方又约定由出让人继续占有该动产的，物权自该约定生效时发生效力。

4）国际公约和国际惯例

由于各国法律对所有权转移的规定差异颇大、难以统一，并且涉及过多的民法理论问题，有关国际货物买卖的公约对这一问题大多采取了回避态度，没有作出具体规定。例如，《合同公约》第4条明确规定其不涉及所售货物的所有权的问题，将所售货物所有权问题留给法院或者仲裁机构根据其所在地的国际私法规则所确定适用的国内法来解决。这一立场也适用于保留所有权条款的效力问题。然而，当国际货物买卖合同中出现了涉及所有权转移或者保留所有权条款的争议时，法院或者仲裁机构的处理原则是：确定所有权转移或者保留所有权条款是否存在，可以适用公约的相关条款来解决；涉及所有权转移或者保留所有权条款的效力或者影响时，则依据有关的国际私法规则所确定的国内法来解决。

例4-29 一家营业地点在法国的公司（卖方）向一家营业地点在美国的伊利诺伊州的公司（买方）销售一批钢板。双方当事人在合同中规定，在买方支付全部购货价款之前，卖方保留对钢板的所有权。卖方按照合同规定交付了货物，买方接收了钢板后却没有支付价款。卖方对买方提起诉讼，要求收回对这批钢板的所有权。在诉讼程序中，法院根据买方提供的相关证据，发现买方已以这批钢板向一家银行设定了物权担保，该银行已按法律要求的程序，采取适当步骤公告其物权。

问：（1）卖方是否有权从买方手中收回已卖给买方但买方尚未付款的钢板的所有权？

（2）卖方保留所有权条款与银行的物权担保的相对优先顺序应如何确定？

分析：本案当事人的营业地处于不同的缔约国境内，根据《合同公约》第1条第（1）款a项的规定，卖方和买方的权利与义务应当受《合同公约》管辖。但是，根据《合同公约》第4条的规定，卖方保留所有权条款的效力不在《合同公约》涵盖范围内，因而必须适用相关的国内法来解决。

法院依据有关的国际私法规则，认定应适用美国国内法来确定保留所有权条款的法律影响及卖方和银行的物权的相对优先顺序问题。根据美国国内法的原则，卖方在货物已发运或已交付给买方后所保留的对货物的所有权，效力上只相当于保留担保权益，不能优先于银行已按法律要求的程序进行了公告（相当于大陆法系国家的登记）的担保物权。法院指出，第三方对货物的权利（这些权利通常与所有权问题相关），无论产生于销售前还是销售后，都不在《合同公约》涵盖范围。考虑到第三方银行对钢板的权利，依据美国国内法的原则，法院认定，卖方无权收回其对钢板的所有权。

但作为国际惯例的 1932 年《华沙－牛津规则》第 6 条规定，在 CIF 合同中，货物所有权在卖方将有关单据交到买方时转移。国际惯例将更多的注意力集中到了风险转移问题上。

4.3.2　风险的转移

国际货物买卖由于要跨越各国国境，环节多、风险大，货物的风险转移问题，对买卖双方的利益影响更为直接，因此它是国际货物买卖中的一个核心问题。货物风险，是指货物所发生的意外损失，包括盗窃、火灾、沉船、破碎、渗漏、扣押以及非正常损耗的腐烂、变质等。各国法律大都对货物风险的转移问题作出了明确的规定。

1）各国法律关于风险转移的原则

根据各国法律对货物风险转移问题的规定，大致可以归纳为两大原则：

（1）"物主承担风险"的原则，即把风险转移同所有权转移联系起来，风险随所有权的转移而转移。英国法和法国法都属于这种情况，例如，英国《货物买卖法》第 20 条规定，除另有约定外，卖方应负责承担货物的风险直至所有权转移给买方为止。但所有权一经转移给买方，则不论货物是否已经交付，其风险均由买方承担。但如果由于买方或卖方的过失，使得货物交付延迟，则由此项过失所引起的损失应由责任方承担。《货物买卖法》第 32 条第 2 款还规定，除另有约定外，如货物由卖方运交买方过程中须经过海运，而按照一般惯例应予保险的，则卖方须将有关情况通知买方以便其能办理海洋运输保险；否则，货物在海运途中的风险应由卖方负担。《法国民法典》第 1585 条也对"物主承担风险"的原则作出了规定。

（2）"交货转移风险"原则，即以交货时间确定货物风险的转移。美国、德国、瑞士、奥地利的法律都属于这种情况。美国《统一商法典》抛弃了英国《货物买卖法》以所有权决定风险转移的做法，认为风险转移是一个更为实际的问题，将它与所有权这样的抽象、难以把握的概念联系在一起是不妥当的，也容易出现问题。因此，美国《统一商法典》规定，在没有违约的情况下，如果合同没有要求卖方在某一特定目的地交货，货物风险在卖方把货物适当地交给承运人时转移于买方；如果要求卖方在某一特定目的地交货，货物风险在卖方将货物在目的地提供给买方时转移于买方。货物在受托人手中而无须移动即可交付，则须视受托人是否出具了代表货物所有权的单据以及该种单据的性质而定。

2）国际公约对风险转移的规定

由于"物主承担风险"原则将货物的风险转移与货物所有权问题联系在一起，导致问题的复杂化，以《合同公约》为代表的国际公约以及国际惯例大多采用了以交货时间确定货物风险转移的原则。《合同公约》第 66 条至第 70 条对货物风险转移问题作出了比较详细的规定，与美国法相似，原则上以交货时间确定货物风险的转移。

（1）交货时风险转移

在涉及货物运输的情况下，《合同公约》采取的原则是，首先看当事人是否对交货地点作出约定。如果当事人对交货地点作出了约定，卖方在该地点交货的时间就是风险转移的时间。例如，当事人双方约定采用"FOB 大连"术语成交，就意味着当事人双方约定以大连为交货地；如果当事人没有对交货地点作出约定，则以卖方将货物交付给第一承运人的时间为风险转移时间。

《合同公约》第 67 条的规定是这一原则的体现，该条款规定，如果买卖合同涉及到货物的运输，但卖方没有义务在某一特定地点交付货物，自货物按照买卖合同交付给第一承运人以转交给买方时起，则风险转移由买方承担。如果卖方有义务在某一特定地点把货物交付给承运人，在货物于该地点交付给承运人以前，则风险不转移仍由卖方承担。卖方控制货物处分权的单据，并不影响风险的转移。但是，在货物以加上标志，或通过装运单据，或以向买方发出通知或其他方式清楚地确定在合同项下之前，风险不转移给买方。

在交货时风险转移的情形下，从《合同公约》的规则体系来分析，可以引申出以下几项风险转移规则：①卖方保留控制货物处置权的单据，并不影响货物风险的转移，这一点在《合同公约》第 67 条中已经明文规定。②无论卖方还是买方拥有货物的所有权，对风险转移不产生影响。虽然《合同公约》第 67 条中并未明文涉及这个问题，但从《合同公约》的规则体系来分析，仍然可以得出这个结论，尤其是《合同公约》第 4 条 b 项规定公约与合同对货物所有权可能产生的影响无关，实际上是将损失风险和所有权转移做了区分，风险转移无须顾及是谁拥有货物的所有权。③风险转移与谁负责安排运输或保险事宜无关。也就是说，自卖方将货物在装运港装上船时起，与所销售物品有关的风险就已经转移给买方，不管买方是否已办理所销售和运输的货物的保险。④在卖方根本违反合同的情况下，交货转移风险的规则有可能受到限制。风险能否转移，须根据《合同公约》第 70 条的规则确定。

例 4-30　卖方德国公司（被告）向买方美国公司出售了一个移动磁共振成像系统。交货条款规定为"CIF 组约港，买方安排并支付结关和运至卡尔马特市（美国的最终目的地）的费用"。该合同还订有一项所有权保留条款，该设备到达最终目的地之后进行最后付款，卖方在最后付款前保留对该设备的所有权。双方在合同中约定德国法律为适用法律。

买卖双方一致认为，该设备在装运港装运时还处于运转良好状态，但在到达最终目的地时受损。两家美国保险公司（原告）对买方进行了赔偿，并作为买方索赔的代位人对卖方提起诉讼。

问：在卖方保留对该设备的所有权情况下，货物风险何时转移给买方？

分析：法院认为，根据《合同公约》第1条第（1）款b项规定，在国际私法规则导致适用某一缔约国法律时（德国当时已经是《合同公约》的缔约国），《合同公约》应予适用。法院注意到，德国法院也出于类似原因将《合同公约》作为适用的德国法律应用。

法院驳回了原告提出的诉讼请求。

法院的结论是，根据CIF交货条款，在货物于装运港装船时，损失风险就已转移到买方。法院认为，国际商会1990年的《国际贸易术语解释通则》属于《合同公约》第9条所规定的国际惯例，对当事人产生约束力，双方采用的CIF交货条款应根据《国际贸易术语解释通则》解释。法院还注意到，德国法院也将《国际贸易术语解释通则》作为一个具有法律效力的商业惯例使用。

对于原告提出的一个重要理由，即由于被告保留对设备的所有权，因此损失风险不可能转移，法院予以驳回。法院援引《合同公约》第4条b项（"本公约只适用于销售合同的订立及卖方和买方因此种合同而产生的权利和义务，特别是本公约除非另有明文规定，与以下事项无关：……（b）合同对所售货物所有权可能产生的影响"）和第67条第（1）款的规定，《合同公约》对货物的损失风险和所有权转移做了区分，前者在《合同公约》的第三部分的第四章有所论述，后者则超出了《合同公约》的范畴。

法院还指出，规定设备到达目的地之后进行最后付款的条款与损失风险的转移并不矛盾。

（2）合同成立时风险转移

对于在运输途中销售的货物（也称路货），根据《合同公约》第68条规定，原则上从订立合同时起，风险转移由买方承担。但是：

①如果情况需要，从货物交付给签发载有运输合同单据的承运人时起，风险就由买方承担。这是因为在一些路货买卖中，有时很难确定意外损害发生的时间，所以将风险提前到货物交付给承运人时起转移。

②如果卖方在订立买卖合同时已知道或理应知道货物已经遗失或损坏，卖方又不将这一事实告知买方，则这种遗失或损坏应由卖方负责。

（3）其他情况下的风险转移

《合同公约》第69条规定，凡不属于上述两种情况，从买方接收货物时起；或者买方不在适当时间内接收货物时起，或者从货物交给买方处置但其不收取货物从而违反合同时起，风险转移由买方承担。

此外，如果买方有义务在卖方营业地以外的某一地点接收货物，当交货时间已到而买方知道货物已在该地点交给其处置时起，风险则转移由买方承担。但是，如果货物并未确定在合同项下，则风险不能转移给买方。

（4）风险转移的后果

《合同公约》第 66 条和第 70 条还分别对风险转移的后果和根本性违约对风险转移的影响作出了规定：

①货物在风险转移到买方承担后遗失或损坏，并不因此解除买方支付价款的义务，除非这种遗失或损坏是由于卖方的行为或不行为所造成的，即卖方对货物的灭失或损坏有过错。

②如果卖方已根本性违约，即使货物风险已按《合同公约》规定转移给买方，买方仍可以采取解除合同、要求卖方交付替代货物或请求损害赔偿等各种补救方法。

例 4-31　9 月 1 日，大连某公司将一批玉米在大连装船，发往菲律宾马尼拉港，预计 9 月 22 日到达。在货物运输过程中，该大连公司开始寻找买主，并于 9 月 14 日与菲律宾 B 公司签订了出售该批玉米的合同。菲律宾 B 公司知道这批货物正在运输途中。

问：（1）如果事后得知，该批玉米于 9 月 20 日在海上焚毁，根据《合同公约》的规定，菲律宾 B 公司是否有义务继续付款？

（2）如果菲律宾 B 公司收到这批货物后发现，货物已经在运输途中严重腐烂，但无法确定腐烂的时间，根据《合同公约》的规定，该批货物的风险应由谁承担？

分析：首先，如果事后得知，该批玉米于 9 月 20 日在海上焚毁，菲律宾 B 公司仍有义务继续付款。因为根据《合同公约》第 68 条的规定，对于在运输途中销售的货物，原则上从订立合同时起，风险转移由买方承担。

其次，如果菲律宾 B 公司收到这批货物后发现，货物已经在运输途中严重腐烂，但无法确定腐烂的时间，则该批货物的风险仍由菲律宾 B 公司承担。因为根据《合同公约》第 68 条的规定，如果情况需要，从货物交付给签发载有运输合同单据的承运人时起，风险转移由买方承担，除非"卖方在订立买卖合同时已知道或理应知道货物已经遗失或损坏，而卖方又不将这一事实告知买方"。

3）我国法律的有关规定

对于货物风险转移的问题，我国法律的规定主要体现在《合同法》中。我国《合同法》采取了与《合同公约》基本一致的原则。

根据我国《合同法》第 142 条的规定，除法律另有规定或当事人另有约定外，标的物毁损、灭失的风险，在标的物交付之前由出卖人承担，交付之后由买受人承担。这是风险转移的基本原则。

此外，因买受人原因致使标的物不能按照约定的期限交付的，自约定交付之日起标的物毁损、灭失的风险由买受人承担（《合同法》第 143 条）；出卖人出卖交由承运人运输的在途标的物，标的物毁损、灭失的风险自合同成立之日起由买受人承担（《合同法》第 144 条）；当事人未明确约定交付地点或者约定不明确的，按照规定标的物需要运输的，自出卖人将标的物交给第一承运人后，标的物毁损、灭失的风险由买受人承担（《合同法》第 145 条）；按照约定或者规定出卖人应于特定地点交付标的物的，出卖人将标的物置于交付地点，买受人违反规定没有收取的，自买受人违反约定之日起标的物毁损、灭失的风险转移给买受人（《合同法》第 146 条）；因标的物不符合质量要求致使不能实现合同目的，买受人拒绝接受标的物或者解除合同的，标的物毁损、灭失的风险由出卖人承担（《合同法》第 148 条）。

标的物毁损、灭失的风险转移给买受人承担的，并不意味着出卖人履行合同义务符合法律规定。例如，根据《合同法》第 147 条的规定，出卖人按照约定未交付有关标的物的单证和资料，不影响标的物毁损、灭失风险的转移。但是，出卖人仍须负债务不履行的法律责任。

例 4-32 4 月 10 日中国 A 公司以 CIF 条件向加拿大 B 公司订购了 2 000 吨小麦。5 月 10 日，B 公司将 3 000 吨小麦装船，并通知 A 公司：其中 2 000 吨小麦属于 A 公司。5 月 20 日，载货船舶在运输途中遇险，致使该批小麦损失 2 000 吨，只有 1 000 吨小麦运抵目的港。B 公司认为出售给 A 公司的 2 000 吨小麦已经全部灭失，因为根据 CIF 条件，货物风险已经在装运港越过船舷时转移给了 A 公司。

问：B 公司的主张是否符合《合同公约》的规定？

分析：不符合。根据《合同公约》的规定，如果货物并未确定在合同项下，风险不能转移给买方。虽然根据 CIF 条件，货物风险在装运港越过船舷时转移给买方，但是其前提是货物能够明确地划分在买方名下。尽管 B 公司在将 3 000 吨小麦装船后通知 A 公司：其中 2 000 吨小麦属于 A 公司，但是没有确定（或者无法确定）哪 2 000 吨小麦属于 A 公司，即货物还没有特定化，因此风险没有转移给 A 公司。

4.4　　国际货物买卖中的产品责任问题

产品责任原属于国内法的问题，但国际货物买卖活动中的产品责任争端日渐增多，相关领域中国际公约相继出现，使该问题成为了国际货物买卖活动中的一个重要问题。大陆法系国家多将产品责任问题归入民法的特别侵权责任中，但近年来也出现了针对产品责任问题单独立法的趋势，而英美法系国家则通过审判实践确立了一整套独立的规则，判例与单行法规并用。我们在这里仅将产品责任问题作为国际货物买卖中涉及的一个问题来介绍。

就法律性质而言，产品责任问题不同于合同法或买卖法：合同法或买卖法基本上属于任意性规范，当事人可以自行确定相互之间的权利义务关系；但现代产品责任法多属于强制性规范，当事人不得在合同中排除或限制其应用。

4.4.1　美国的产品责任法

1）产品责任的诉讼依据

美国的产品责任法起步较早，并经历了由合同法向侵权行为法的演变过程。由于美国市场经济的高度发展，美国产品责任法成为世界上发展最完善、最具代表性的产品责任规范，对世界各国影响很大，其严格责任原则几乎成为现代世界各国产品责任法中无过错责任的样本。

在美国，消费者或使用者因产品有瑕疵而遭受损害的，可以依据下列几个理由向法院起诉：

（1）疏忽责任

根据美国《侵权行为法重述》（第二编）第 395 节规定，在产品制造中没有做到"合理的注意"而造成产品瑕疵的制造者，应对由此而导致使用者的损害承担疏忽责任。"疏忽（negligence）"属于侵权行为的范畴。因此，在对疏忽的诉讼中，原告与被告之间无须有合同关系，原告只要证明被告在产品制造中存在疏忽，就有权要求被告承担赔偿责任。这种疏忽可以通过产品事故本身推论，也可以通过产品设计上的缺陷、产品不符合州或联邦法律法规的标准或制造者、销售者未对产品的危险性提出警告等事实来证明。取证存在一定困难是该诉讼依据的不足。

（2）虚假陈述

根据美国《侵权行为法重述》（第二编）第 402 节规定，销售者通过报纸、杂志、电视或其他媒介做广告，对产品的性质或质量进行虚假陈述（misrepresentation），因而对消费者造成人身伤害时，销售者应承担侵权行为责任，即使该虚做陈述非出于欺诈或疏忽，或者消费者并非直接从销售者处购得该物品（消费者与销售者之间并无合同关系）。这是因为现代社会中，消费者更多的是通过各种媒介了解产品的，销售者应当就其向公众所做的虚假陈述承担责任。

（3）违反担保

美国《统一商法典》将担保分为明示担保、默示担保，明示担保和默示担保都属于产品责任问题。生产者、销售者违反了对产品作出过的担保（breach of warranty）而使消费者遭受损害，他们必须承担损害赔偿责任，无论这种担保是明示担保还是默示担保。担保是买卖法中的概念，而根据美国普通法的原则，诉讼违反担保的双方当事人之间必须存在合同关系。但近年来，美国各州法院为了保护消费者的利益，都已经放宽或取消了对当事人之间合同关系的要求。

无论明示担保还是默示担保，当事人都可以通过免责条款限制或排除。《统一商法典》第 2—316 条第 3 款规定了卖方限制或排除默示担保的三种情况：①卖方在交易时使用了"按现状（as is）""有各种缺陷"等足以引起买方注意的字句；②买方在订立合同前已对货物或其样品或模型进行检验，或者买方拒绝检验货物，而这种检验本可以发现货物的缺陷；③根据买卖双方以往的交易做法、履约过程或行业惯例。

但是，美国各州法律关于限制或排除担保责任的规定不尽相同。某些情况下卖方仍不能限制或排除自己的担保责任。

（4）严格责任

严格责任（strict liability），又称侵权法上的无过错责任，是美国产品责任法的最新发展。根据美国《侵权行为法重述》（第二编）第402节a款规定，凡销售有瑕疵产品而给使用者或消费者或其财产带来不合理危险的人，应对由此而造成最终的使用者或消费者的人身伤害或财产损失承担责任。在以严格责任为依据提起诉讼时，原告只须证明：①产品有瑕疵；②瑕疵在产品投入市场时就已存在；③产品瑕疵是造成损害的直接原因。严格责任为消费者或使用者提供的保护最为充分。

美国的产品责任法，允许原告根据具体情况选择以上四种理由中的一种或多种为依据向法院起诉。但是，从20世纪60年代以来，严格责任已在产品责任诉讼中占主导地位。而且，目前严格责任已成为美国大多数州的州法内容。

2）产品责任诉讼中的抗辩事由

根据美国的产品责任法，作为产品责任的被告为减轻或免除自己的责任，可以援引以下理由为自己抗辩：

（1）原告自己的疏忽

原告自己的疏忽行为造成损害，是作为产品责任的被告为减轻或免除自己的责任的重要理由。这种疏忽可分为共同疏忽（contributory negligence）和相对疏忽（comparative negligence）。共同疏忽，是指原告（受害人）对损害的造成也有过失，双方共同的疏忽造成的损害，原告不能从被告处获得赔偿；相对疏忽，是指若原告的疏忽也是促成损害的因素，则相应减轻被告（加害人）的赔偿责任。现在美国大多数州用相对疏忽取代了共同疏忽。

（2）自担风险（assumption of the risks）

自担风险，是指原告对于产品的缺陷充分了解，并自愿承担这种风险，或使用缺陷产品而造成的损害，或不顾有关产品的警示而造成的损害，其后果由受害人自负。

（3）误用和滥用产品（misuse & abnormal use of the product）

原告对产品误用或滥用，或对产品擅自改动、改装，使制造商或销售商无法合理预见到产品的风险，则被告可以以此免除自己的责任。

（4）科技水平（state of the art）

科技水平的抗辩，是指虽然产品是按最佳、最新的技术制造的，但是按产品投放市场时的科技水平，无法发现产品的瑕疵，产品的使用必然会带有不可避免的不安全因素。

4.4.2　欧洲国家有关产品责任的三个国际公约

欧洲国家的产品责任可分为有合同关系的产品责任和无合同关系的产品责任，即侵权行为的产品责任，主要规定在各国的民法典中，在责任性质上均属于传统的过错责任或推定过错责任。但是，自 20 世纪 70 年代以来，欧洲理事会和当时的欧洲共同体相继制定了几个产品责任方面的公约，对欧洲各国产生影响，英国、法国、德国等国家通过专门立法或审判实践吸收了公约原则或有关规定，使这些国家的产品责任由过错责任转变为无过错责任。

1）《欧洲理事会公约》

《欧洲理事会公约》的全称是《关于人身伤亡的产品责任欧洲公约》（European Convention on Products Liability in regard to Personal Injury and Death）。该公约于 1976 年在欧洲理事会总部所在地斯特拉斯堡通过，所以又称《斯特拉斯堡公约》。该公约采用无过失责任原则，但赔偿范围仅限于对人身伤亡的责任，不包括对财产损害的责任。尽管法国、奥地利、比利时等国家已经在公约上签字，但该公约目前尚未生效。

2）《欧共体产品责任指令》

《欧共体产品责任指令》的全称是《关于对有瑕疵的产品的责任的指令》（Directive Concerning Liability for Defective Products）（以下简称《指令》）是欧共体为消除其成员在产品责任方面的法律分歧而发布的法律命令。《指令》主要包含以下内容：

（1）对产品责任采用无过失责任，即严格责任原则。

（2）关于"生产者"、"瑕疵"和"损害"的含义。

（3）对产品责任的抗辩，包括生产者并未将有瑕疵产品投入市场；引起损害的瑕疵在生产者将产品投入市场时并不存在；受害人的自身过失等。

（4）诉讼时效。受害人诉讼的时效期限为 3 年，从受害人发现损害之时起算；生产者对其产品所造成的损害的时效期限为 10 年，从产品投入市场时起算。

（5）赔偿限额。《指令》允许成员在立法中规定，生产者对于具有同样瑕疵的同类产品造成人身伤亡的全部赔偿责任不得少于 7 000 万欧洲货币单位。

（6）产品责任法是强行法，不得由当事人以合同任意排除或限制。

该《指令》现已被英国、希腊、意大利和德国引入其国内法。

3）《关于产品责任的法律适用公约》

为了统一国际产品责任的法律适用问题，1973 年 10 月 2 日，第 12 届海牙国际私法会议通过了一项《关于产品责任的法律适用公约》（以下简称《公约》），目前已经有法国、奥地利、比利时、荷兰、西班牙、葡萄牙、瑞士等国家在该公约上签字。该公约于 1978 年 10 月 1 日生效。

《公约》对国际产品责任法律适用采用的原则是，首先适用直接受害者惯常居住地所在国的国内法，其次适用损害发生地所在国的国内法。

《公约》第 4 条规定，适用的法律应为损害发生地所在国的国内法，但以该国也是下列所在地为条件：①直接受害者惯常居住地；②被指控为责任者的主要营业地；③直接受害者取得产品的所在地。

《公约》第 5 条规定，尽管有第 4 条的规定，适用法律应为直接受害者惯常居住地所在国的国内法，但以该国也是下列所在地为条件：①被指控为责任者的主要营业地；②直接受害者取得产品的所在地。

《公约》第 6 条规定，凡该公约第 4 条和第 5 条都不适用时，则适用的法律应为被指控为责任者的主要营业地所在国的国内法，除非原告根据损害发生地所在国的国内法提出要求。

《公约》第 8 条对适用法律的范围作出了规定。

4.4.3 我国的产品责任法

我国的产品责任法更多的是通过产品质量责任来表现的。有关产品责任的立法内容最早见于同在 1986 年 4 月公布的《中华人民共和国民法通则》（第 122 条）和《工业产品质量责任条例》（共 31 条）；1993 年 2 月公布的《中华人民共和国产品质量法》（以下简称《产品质量法》），是我国第一部涉及产品质量和产品责任的专门立法。

我国现行产品责任立法的主要内容包括：

（1）产品是指经过加工、制作，用于销售的产品，不包括初级产品（如煤和石油）及农、林、牧、渔产品。

（2）因产品有缺陷（即瑕疵）造成他人人身或财产损害的赔偿责任，是一种侵权行为的民事责任。对此生产者承担无过错责任；而销售者承担过错责任，但销售者"不能指明缺陷产品的生产者也不能指明缺陷产品的供货者的，销售者应当承担赔偿责任"（《产品质量法》第 42 条）。

（3）生产者或销售者对因产品瑕疵而致他人损害负连带责任，受害者既可以向产品的生产者要求赔偿，也可以向产品的销售者要求赔偿。因产品责任而产生的赔偿请求权，不以受害人和责任者之间有无合同关系为前提条件。

（4）对产品责任的抗辩理由。

《产品质量法》第 41 条规定，生产者能够证明有下列情形之一的，不承担赔偿责任：①未将产品投入流通的；②产品投入流通时，引起损害的缺陷尚不存在的；③将产品投入流通时的科学技术水平尚不能发现缺陷存在的。

（5）产品瑕疵责任是法律直接规定的责任，属于强行法的范畴，当事人不得以合同免除或限制，但受害人事后自愿放弃赔偿请求不在此限。

（6）《产品质量法》第 45 条规定，因产品存在缺陷造成损害要求赔偿的诉讼时效期间为 2 年，自当事人知道或应当知道其权利受到侵害之日时算起。

● **复习思考题**

1. 以《合同公约》的规定为基础，简述国际货物买卖合同的概念、适用范围和法律适用原则。

2. 一位加拿大人向一家美国汽车销售商订购一辆汽车。根据《合同公约》对国际货物买卖合同范围的规定，你认为：（1）如果这位加拿大人向美国汽车销售商订购的是一辆小型卡车，用途不详，该买卖是否可以适用《合同公约》的规定？（2）如果这位加拿大人来到美国境内，向该美国汽车销售商购买一辆载重汽车用于营业，自己开回了加拿大，但始终未付清车款，该买卖合同是否适用《合同公约》的规定？

3. 中国商人 A 前往荷兰的阿姆斯特丹参加一个国际性的交易会，在会上结识了法国商人 B，并与其签订了购买一台价值 15 万欧元设备的合同，交货地为中国香港，设备质量问题依据该设备制造地德国的法律解决。如果当事人没有其他约定，该合同的法律适用原则应当怎样确定？

4. 卖方向买方出售一批冷冻黄鱼，买方将卖方提供的样品封存，作为日后交货的标准。在卖方交货时，买方发现卖方交付的冷冻黄鱼的颜色改变，有变质的嫌疑，便以自己封存的样品来对照，结果发现该样品也存在颜色改变的问题。现在，卖方交付的货物与样品完全一致。根据《合同公约》关于品质担保的规定，买方是否必须接受货物？

5. 广州 A 工厂向马来西亚 B 贸易公司出口一批仿制的"金利来"领带，并向对方保证不会有人追究，尽管放心销售。然而，马来西亚 B 贸易公司因侵犯商标权而被"金利来"领带商标权人起诉。根据《合同公约》关于权利担保的规定，卖方是否应当向买方承担权利担保义务？

6. 卖方将一批产于印度的奎宁出售给买方，双方均知道这批奎宁中含有一定的水杨酸成分，卖方也知道买方将向阿根廷销售这批货物。但在阿根廷，销售这种含有水杨酸成分的奎宁是非法的，卖方知道这一情形而未向买方透露。后来，买方将这批货物出口到阿根廷时被海关扣留。根据《合同公约》的规定，你认为卖方的行为是否违反了自己所承担的义务？

7. 简述各国法律以及有关国际公约中关于货物所有权与风险转移的规定或原则。

8. 4 月 2 日，A 将自己家中闲置的一台旧钢琴卖给 B，双方达成一致；4 月 5 日，B 来到 A 家拉走了钢琴；4 月 7 日，B 向 A 付清了款项。对于这个交易，你认为在法国、德国、英国、美国和我国，标的物的所有权和风险转移的时间分别是什么时候？

9. 简述我国现行产品责任立法的主要内容。

第5章/比较代理法

学习目标

　　本章着重介绍国际贸易中的代理问题。从比较代理法的角度出发，本章介绍了代理的一般概念、大陆法国家和英美法国家对于代理权产生的不同规定、代理的内部关系和外部关系以及《合同法》颁布以来我国外贸代理问题，最后为读者介绍了一些商事代理的基本形式和承担特别责任的商事代理人种类。

5.1　　代理概述

5.1.1　代理制度的产生与发展

　　代理制度是商品经济高度发展的产物。

　　古罗马时期，没有代理的概念；罗马帝国后期，虽然出现"海商诉""企业诉"等类似代理的法律形式，但代理在罗马法中始终未成为一项法律制度。其主要原因在于罗马法学家的观念：罗马公民可以通过他们自己亲自缔结的合同为自己创设权利义务，但不能为第三人创设权利和责任。然而，商业交易的发达和贸易规模的扩大，使得代理开始作为一种交易方式，然后作为一种法律制度发展起来。12世纪至13世纪，意大利和地中海沿岸城市出现一种从事海上运输业的康美达（commenda）组织。"康美达"一词，含有信用与委托之意。它既是一种商事合同，又是一种商业合伙形式，具有了一些代理的初级形态。中世纪海上贸易的发展，是代理产生的一个重要的社会原因。

　　到了资本主义时期，代理活动才空前活跃起来。这是因为随着商品经济的高度发展和社会关系的复杂化，以及公司等各类法律实体的出现，使得通过他人代理开展业务活动、参与市场竞争成为一种必需的法律形式。现在，随着商品经济的发展，代理关系突破空间限制，遍及国际经济贸易的各个领域，代理制度也成为国际经济贸易活动中一项必不可少的法律制度。

　　英美法系的代理主要是判例法，它的产生先于大陆法。18世纪至19世纪，大陆法通过吸收英美法的一些原则，形成了近代的代理法律制度。1804年的《法国民法典》第1984条至第2010条对委托代理作了规定，确定了委托或事务管理是一种交易，即"一个人授权另一个人为受托人并以其名义行事"，但该法典对代理的内部关系与代理的外部关系并未加区分。1900 年的《德国商法典》对商业代理作了专章规定。英美法系国家除判例法外，也颁布了有关委托代理的单行法规，如英国的《代理权条例》（1979 年），美国的《标准公司法》（1979 年）也涉及代理方面的内容。

为协调国际贸易活动中的代理制度，统一各国法律在代理问题上的差别，20世纪 80 年代罗马国际统一私法协会（UNIDROIT）制定了《国际货物销售代理公约》，在国际上产生了一定的影响，但目前该公约尚未生效。

我国现在的代理制度主要是通过《民法总则》《合同法》等有关法律法规的规定建立起来的。

5.1.2　代理的概念

代理是指民事主体通过他人行为实施民事法律行为的方式。我国《民法总则》规定，民事主体可以通过代理人实施民事法律行为。

大陆法国家的代理，一般是指代理人在代理权限内，以被代理人的名义与第三人实施民事法律行为，由此产生的法律后果直接由被代理人承担的一种法律制度。这也被称为狭义的代理或直接代理。我国《民法总则》采取的是狭义代理的概念，根据我国《民法总则》第 162 条规定，代理人在代理权限内，以被代理人名义实施的民事法律行为，对被代理人发生效力。这一代理概念与大陆法基本相同，如《德国民法典》第 164 条第 1 款规定，代理是指代理人于代理权限内，以被代理人名义所为的意思表示，直接为被代理人和对被代理人发生效力。其意思表示无论系明示以被代理人名义而为之者，或按情况可断定系以被代理人名义而为之者，并无区别。但我国《合同法》通过对委托合同的规定，确定了代理中的间接代理制度。

对大陆法国家的代理概念分析，代理应具有以下特征：

（1）代理人以被代理人（本人）的名义实施民事法律行为。因此，以自己名义代替他人实施法律行为，不属于代理，如行纪、寄售等受托处分财产的行为。我国《民法通则》也有同样的要求，这与英美法中的代理具有不同的含义，与我国目前的外贸代理也有所不同。

（2）代理人在代理权限内独立为意思表示。非独立进行意思表示的行为，如传递信息、居间活动等均不属于代理行为。但在英美法国家，某些传递信息的行为可能被认定为代理行为。

（3）代理人为被代理人利益向第三人实施民事法律行为。这使代理行为与其他委托行为，如代管物品等区别开来。这一特点是大陆法和英美法所共同强调的，即代理人是为被代理人的利益行事的。

（4）被代理人（本人）对代理人的代理行为承担民事责任。在这一点上，大陆法和英美法也有共同的立场。

英美法系国家的代理概念不像大陆法系国家这样严格，尤其不强调代理人必须以被代理人的名义实施民事活动。如美国的 Daniel S. Kleinberger 在其《代理、合伙与有限责任公司》一书中的定义，代理标志着法律可以适用于这样一种关系：基于双方相互同意（正式或非正式，明示或默示），一个人或实体（代理人）承担义务为另一个人或实体（被代理人）的利益行事，并受被代理人的控制。这一概括代表了大多数英美法国家对代理的态度。如中国香港有的学者对代理概念这样总结，一个人通过另一个人进行有法律意义的活动，这就是代理；或者，代理是这样产生的受托信义关系，一个人向另外一个人表示同意那个人在他制约下，替他办事，而那个人同意如此办事。①

从这个定义来分析，英美法系国家的代理可以根据以下标准来确定：

（1）代理人和被代理人双方同意确立相互之间的委托代理关系，这种同意可以是正式的，也可以是非正式的，可以明示，也可以默示。例如，甲给经纪人乙寄出一封信函，希望乙能为甲出售甲的一块土地，乙接到该信函后，在甲的这块土地上树起了"待售"的牌子。乙的行为已经默示地接受了甲的委托，双方的代理关系产生。

（2）代理人承担义务为被代理人的利益行事。这种义务是代理关系的重要基础，也是约束双方的基本依据。

（3）被代理人在法律上有权约束或控制代理人，代理人接受这种约束或控制。与大陆法强调代理人应以被代理人名义行事相比，英美法系国家更强调被代理人在法律上对代理人的约束或控制。

因此，在国际经济贸易活动中，代理就有直接代理和间接代理之分：前者指代理人以代表的身份，例如以本人的名义订立合同；后者指代理人以自己的名义但为了本人的利益而行为。如前所述，我国《民法通则》和《德国民法典》中所称的代理都是直接代理。英美法不仅承认直接代理，而且也承认间接代理。由罗马国际统一私法协会（UNIDROIT）起草、1983 年由 49 国代表参加的外交会议通过的《国际货物销售代理公约》（草案）也采用英美法系关于代理的概念。该公约草案第 1 条第 1 款中将其范围描述为"本公约适用于：一个人，即代理人，有权或声称有权代表其被代理人，即委托人，同第三人订立货物买卖合同"，第 1 条第 4 款规定，这与"代理人以自己名义或以本人名义而行为无关"。显然，这里所说的代理兼指直接代理和间接代理。

例 5-1 你认为下列行为中，哪些行为属于代理行为？

（1）行纪人受客户委托，以自己的名义处理客户的财产；

（2）张某最近要出国，委托邻居陈某代为照看自己的小狗 1 个月；

（3）保险公司业务员邓某为公司承揽了一张大额保单；

---

① 魏振瀛，王小能. 中国内地与香港代理法比较研究［J］. 中外法学，1998（2）.

（4）Ralph 受某航运公司委托，为其寻找客户，并促成了客户 Sam 与航运公司的谈判；

（5）Rachael 委托 Albert 去通知她的一个客户，说 Rachael 同意出售她的土地。

分析：在大陆法国家，只有第（3）项才属于民法意义上的代理（即狭义的代理或直接代理），保险公司业务员邓某为公司的代理人，保险公司是被代理人，邓某以公司名义揽保，保险公司对后果负责。其余各项均不符合代理的特征要求：第（1）项的行为属于行纪行为，行纪人以自己的名义处理客户的财产；第（2）项的行为属于委托他人代为保管物品的行为，并非代理人为被代理人利益向第三人实施民事法律行为；第（4）项的行为属于居间行为，居间人作为一个独立的中介人，不代表任何一方；第（5）项的行为属于单纯的传递信息行为，不符合"代理人在代理权限内独立为意思表示"的要求。

而在英美法国家，第（1）、（3）、（4）、（5）项均可以构成代理。第（1）项的行为中，行纪人以自己的名义处理客户的财产并不影响代理的性质，英美法国家并不要求代理人必须以被代理人名义行事。第（2）项的行为属于委托他人代为保管物品的行为，与大陆法一样，英美法也认为其行为本身不属于代理。（但我们在这里可以考虑一个延伸的问题：如果小狗在此期间病了，邻居陈某又无法与张某取得联系，便自行决定带小狗去宠物诊所看病，花费 500 元钱，邻居陈某的这个行为是否属于代理？详见本章第 2 节"紧急处分的代理"）至于第（4）项，居间行为是居间人为双方牵线搭桥，促成双方谈判的活动，居间人不介入业务谈判本身。大陆法国家将其视为独立的中介人，但英美法国家认为居间人受被代理人委托，为被代理人利益行事，可以视为商事代理的一种形式。对于第（5）项传递信息的行为，英美法并不强调"代理人在代理权限内独立为意思表示"，只要求基于双方相互同意，一个人承担义务为另一个人的利益行事。

5.2　　　　　代理权产生的依据和分类

5.2.1　代理权的产生

依据代理权产生的原因不同，大陆法和英美法对代理作出不同的分类。

大陆法将代理划分为法定代理和意定代理。无须当事人作意思表示，由法律规定直接产生的代理权，被称为法定代理。这一代理权根据法律规定而产生，其"法定权限"由立法者规定，而不考虑被代理方的意志，主要适用于无民事行为能力（如未成年或精神病人）的场合，如父母或其他合法的监护人被授予广泛的权利去代表未成年子女。另外，在破产与继承中也存在法定代理情形，如法院为破产企业指定的清算人等。意定代理又称为委托代理，指由本人（委托人）的授权而产生的代理。授权的意思表示可以用书面形式，也可以用口头形式，但法律规定用书面形式的，应当用书面形式。《国际货物销售代理公约》（草案）第 10 条也规定不需要任何形式。

英美法将代理权的产生主要分为明示授权（express authority）和默示授权（implied authority）。本人（principal）以明示方式授予代理人（agent）代理权的，被称为明示授权。明示授权可以采用口头或书面方式，但本人如委托代理人代订要式合同，如转让不动产或不动产权益的合同，则授权书（power of attorney）需采用法定的方式，如签字蜡封方式等。默示授权指本人虽未明示授予，但依据法律推定为具有授权意图的代理权。默示授权有时也称为附带授权（incidental authority），这种权力是为实现产生代理的目的所必需的。例如，公司经理有权从事他职责范围内的一切活动，而无须董事会的特别授权。《国际货物销售代理公约》（草案）采用英美法关于代理权产生的分类方法。该公约草案第 9 条第 1 款规定，本人对代理人的授权可以明示或默示。

除明示授权和默示授权外，英美法还包括不容否认的代理、紧急处分的代理和追认的代理等产生代理权的原因。由于英美法的特点，这三个产生代理权的原因与前述的明示授权和默示授权存在交叉，如紧急处分代理在某些场合下会被视为具有默示授权的代理。

（1）不容否认的代理（agency by estoppel），指被代理人以其行为表示授权给代理人，如果第三人据此与代理人订立合同而遭受损害，被代理人不得否认代理权的存在。构成不可否认的代理有三项要素：一是被代理人的行为表示授权给代理人；二是第三人信赖代理人有代理权；三是如果否认此项代理权的存在，将给第三人造成损害。英美法的不可否认的代理在大陆法中相当于"表见代理"。

（2）紧急处分的代理（agency of necessity），指在发生紧急情况时，受委托照管他人财产的人，被视为具有默示授权，以代理人的身份为保全财产而采取必要的行动。例如，在海上运输中，船长享有默示授权，以船舶为抵押借债，以清偿为完成航次所需的修理费用，或者出售易于腐烂的船上货物。但这种紧急处分的代理权要求十分严格：它必须是在代理人无法同本人取得联系而在商业上又必须紧急处分的情况下，并且代理人的行为必须是善意和符合本人利益的。紧急处分的代理与大陆法的无因管理（negotiorum gestio）相似。

（3）追认的代理（agency by ratification），指本人对代理人无权代理或越权代理而订立的合同的事后确认。大陆法国家也不同程度地承认追认的代理。

例 5-2　英国 E 公司委托波兰 R 公司在波兰购买一批皮货。由于第二次世界大战爆发，在无法与 E 公司取得联系的情况下，R 公司以高价卖出该批皮货并将货款以 E 公司的名义存入银行。然而，后来 E 公司却指控 R 公司未经授权而出售货物的行为是侵权行为并要求赔偿。

问：波兰 R 公司是否可以以"紧急处分的代理"为由进行抗辩？

分析：不能。英国法院在审理这个案件时认为，皮货易于保存，也不会因储存

而减损其价值，无紧急处分的必要，因此波兰 R 公司的行为不属于英美法上的
"紧急处分的代理"。波兰 R 公司应对自己的越权行为承担责任，赔偿英国 E 公司
的损失。

我国《民法总则》第 163 条将代理分为委托代理和法定代理。其中，委托代
理是指"委托代理人按照被代理人的委托行使代理权"。委托代理授权采用书面形
式的，授权委托书应当载明代理人的姓名或者名称、代理事项、权限和期间，并由
被代理人签名或者盖章。法定代理是指"法定代理人依照法律的规定行使代理
权"。这一划分与大陆法相同。

5.2.2　无权代理

行为人不具有代理权，而以被代理人的名义与第三人订立合同或进行其他民事
活动，被称为无权代理。

大陆法国家将无权代理分为狭义的无权代理和表见代理。

狭义的无权代理是指行为人既没有代理权，也没有令第三人相信其有代理权
的事实和理由，而以本人名义所为的代理。其原因包括行为人自始没有代理权、
行为人超越代理权和代理权终止后的代理行为。狭义的无权代理处于效力不确定
状态：首先，本人可以对无权代理行为予以追认，经本人追认，无权代理的后果
对本人发生效力；其次，相对的第三人具有催告权和撤销权，在本人追认之前，
第三人可以催告本人予以追认，也可以撤回与行为人的意思表示，如果第三人已
经撤回其与行为人的意思表示，本人的追认不再发生法律效力；最后，如果得不
到本人的追认，第三人也不撤回其意思表示，则行为人应承担相应的民事责任。
而表见代理则是指本人与无权代理人之间的关系具有外表授权的特征，致使相对
人有理由相信行为人有代理权而与其进行民事法律行为，法律使之发生与有权代
理相同的法律后果。

表见代理与狭义的无权代理都属于广义上的无权代理，二者的区别在于：①表
见代理中，行为人虽未经实际授权，但在外表上有足够的理由使善意的第三人相信
其有代理权；而狭义的无权代理中，行为人不仅实质上没有代理权，而且表面上也
没有令人相信其有代理权的理由。②表见代理发生有权代理的法律后果，表见代理
人与第三人进行的民事活动的后果直接归属于被代理人；狭义的无权代理，其效力
处于未确定状态，要根据本人是否追认和第三人是否撤回其意思表示来确定。

对于狭义的无权代理和表见代理的区分，我国《民法总则》规定，行为人没
有代理权、超越代理权或者代理权终止后，仍然实施代理行为，未经被代理人追认
的，对被代理人不发生效力，但是，"相对人有理由相信行为人有代理权的"，代
理行为有效。也就是说，我国《民法总则》也通过外表上是否有足够的理由使善
意的第三人相信其有代理权，来区分狭义的无权代理和表见代理。这与我国《合
同法》的规定相同，我国《合同法》第 49 条规定，行为人没有代理权、超越代理

权和代理权终止后以被代理人名义订立的合同，相对人有理由相信行为人有代理权的，该代理行为有效。

我国《民法总则》关于无权代理的规定与大陆法基本相同。《德国民法典》第177条第1款规定，无权代理人以他人名义订立契约时，为被代理人或对被代理人订立契约的效力，依被代理人追认与否而定。除上述前几种情况外，大陆法学者还提出了"默示担保契约说（carantievertrag）"，以说明无权代理人对第三人的担保责任。该学说认为，无权代理人为代理行为时，除有相反的明示意思表示外，常有担保第三人不因此而受损害的契约。如果无权代理行为得不到被代理人的追认，无权代理人应依此默示的契约对第三人承担责任。

大陆法国家在无权代理问题上，都涉及对相对第三人的催告权和撤回权的规定。《德国民法典》第177条第2款规定，相对第三人可以催告被代理人为追认的意思表示，追认应在收到催告之后两星期内表示，在此期间内不作追认表示者，被认为拒绝追认。第178条规定，无权代理人所订立的合同，在未经被代理人追认之前，相对第三人有权撤回，但相对第三人在订立合同时明知其为无代理权，不得撤回。契约的撤回，也得向代理人为之。我国《民法总则》也对善意相对人的催告权和撤回权作出了规定。根据我国《民法总则》的规定，在无权代理的情况下，相对人可以催告被代理人自收到通知之日起一个月内予以追认。被代理人未作表示的，视为拒绝追认。行为人实施的行为被追认前，善意相对人有撤销的权利。同时，我国《民法总则》还规定了善意相对人请求损害赔偿的权利，即无权代理行为人实施的行为未被追认的，善意相对人有权请求行为人履行债务或者就其受到的损害请求行为人赔偿，但是赔偿的范围不得超过被代理人追认时相对人所能获得的利益。相对人知道或者应当知道行为人无权代理的，相对人和行为人按照各自的过错承担责任。我国《合同法》也规定，无权代理人以他人的名义订立的合同，未经被代理人追认的，对被代理人不发生效力，由行为人承担责任。与无权代理人签订合同的人可以催告被代理人在一个月内予以追认，被代理人未作表示或表示拒绝的，视为拒绝追认，该合同不生效；被代理人表示予以追认的，该合同对被代理人发生法律效力。在催告开始至被代理人追认之前，该合同处于效力待定状态。

英美法将无权代理称为违反有代理权的默示担保（breach of implied warranty of authority）或不具备默示授权的代理行为。英美法认为，代理人在与相对第三人订立合同时，就默示地承担了一个义务：他拥有合法的代理权。这一义务也称为"拥有代理权的默示担保"。因此，无权代理人如果伪称有代理权，或者超越代理权限行事，相对第三人可以对其提起诉讼，要求无权代理人承担损害赔偿责任。即使他的代理权已因本人（委托人）死亡或神经错乱而终止，但代理人不知道这一情形，代理人仍不能免除其责任。但如果第三人明知代理人为无权代理人，代理人则不承担责任。

例5-3　Pickwick 是一个买方经纪人，代表不同的买主收购谷物。AIG 饲料公司是 Pickwick 的一个重要客户，每年均有4~5笔业务委托给 Pickwick。通常程序是：AIG 饲料公司发出订单，规定数量和最低价，Pickwick 如果发现合适的货源便订购下来（有时以自己的名义，有时以 AIG 饲料公司的名义），然后通知 AIG 饲料公司，AIG 饲料公司付款给 Pickwick，Pickwick 再向卖方付款。

有一次，Pickwick 发现一笔极好的生意，非常适合 AIG 饲料公司，便决定订购下来，并在订单中注明"代表 AIG 饲料公司"。然而，AIG 饲料公司却不同意要这批货。

问：（1）如果 Pickwick 无力为该批货物付款，卖方可否要求 AIG 饲料公司付款？

（2）在什么条件下，AIG 饲料公司不能拒绝向卖主付款？

分析：（1）如果 Pickwick 无力为该批货物付款，卖方显然不能要求 AIG 饲料公司付款。AIG 饲料公司并未授权他订购这批谷物，他也无权以 AIG 饲料公司名义对外订货。在大陆法国家，Pickwick 的行为属于（狭义上的）无权代理，而在英美法国家，Pickwick 的行为属于不具备默示授权的代理行为或称违反了有代理权的默示担保。

（2）如果 Pickwick 这些年来只代表 AIG 饲料公司在市场上订购谷物，从未代表其他买主，而且每次交易 AIG 饲料公司都予以承认，对 Pickwick 声称是自己的代表也不否认，使得市场上其他人有理由相信 Pickwick 就是 AIG 饲料公司的代表，在这种条件下发生上述情形（Pickwick 未经 AIG 饲料公司授权就以其名义订购谷物），AIG 饲料公司就不能拒绝向卖主付款。在大陆法中，这就是"表见代理"，而在英美法中，这属于"不容否认的代理"。

5.3　代理关系

5.3.1　代理的内部关系

代理的内部关系，是指被代理人（本人）和代理人之间的关系。意定代理（委托代理）是代理中应用最普遍、最广泛的一种形式，而意定代理通常又基于委托合同而产生。因此，在实际生活中，本人和代理人的关系，通常是一种委托合同关系，其中本人是委托人，而代理人是受托人。

1）代理人的主要义务

（1）履行代理职责

代理人应在代理权限范围内处理委托事务。这一方面是指代理人应亲自处理代理事务，非经委托人同意或法律有特别规定，不得擅自将代理权转予他人行使；另一方面是指代理人在履行其职责时，应尽善意管理人的注意，如违反此项注意而使本人受到损失，代理人应对其过失负赔偿责任。例如，《法国民法典》第 1992 条第 1 款规定，受托人应对其处理事务的过失负责。我国《民法总则》第 164 条规定，代理人不履行或者不完全履行职责，造成被代理人损害的，应当承担民事责任。第 167 条规定，代理人知道或者应当知道代理事项违法仍然实施代理行为，或者被代理人知道或者应当知道代理人的代理行为违法未作反对表示的，被代理人和代理人应当承担连带责任。

（2）代理人应对本人诚信、忠实

代理人应向本人公开他所了解的客户的一切情况，代理人不得为自我代理或双方代理，即以本人名义同自己或自己所代理的其他人订立合同，这种"自我代理"或"双方代理"在代理法律中被称为代理权的滥用。我国《民法总则》第 168 条规定，代理人不得以被代理人的名义与自己实施民事法律行为，但是被代理人同意或者追认的除外。代理人不得以被代理人的名义与自己同时代理的其他人实施民事法律行为，但是被代理的双方同意或者追认的除外。代理人更不得为牟取私利，与第三人恶意串通而损害本人的利益。我国《民法总则》第 164 条规定，代理人和相对人恶意串通，损害被代理人合法权益的，代理人和相对人应当承担连带责任。代理人如有诈欺行贿等事情，除赔偿本人所遭受的损失外，还要承担刑事责任。

（3）报告的义务

代理人有义务向被代理人报告账目和其他受托事务的进展情况。例如，《法国民法典》第 1993 条规定，受托人"应将其处理的事务向委托人报告"。《德国民法典》第 666 条、《日本民法典》第 645 条、《瑞士债务法典》第 400 条都分别对受托人的报告义务作了规定。这种义务是代理人自动担负的义务或称为默示义务，无须合同明确规定或被代理人追问。

（4）保密的义务

代理人不得向其他人泄露他在代理业务中所获得的保密情报和资料。

（5）转移权利的义务

代理人应将因处理委托事务中所收取的利益转移给被代理人，所收取的利益包括金钱、物品和其他收益及权利。代理人以自己的的名义，为被代理人所取得的权利，也应一并移交给被代理人，对此，《德国民法典》第 667 条和《日本民法典》第 646 条都作了规定。

例 5-4 原告 N 是一名经特许的不动产经纪人。被告 G 聘用原告 N 为经纪人，为其 180 英亩土地寻找买主。后来原告 N 获悉该地块的地价将会迅速上涨，便决定自己买下这块土地，被告 G 也同意以 800 美元/亩的价格卖给原告 N，双方签订了土地转让协议。与此同时，原告 N 以自己的身份将该地块以 1 250 美元/亩的价格卖给他人。但在执行协议前，被告 G 却撤销了与原告 N 的合同，将该地块卖给了第三人。原告 N 向法院起诉，要求被告 G 赔偿其 9 万多美元的损失。

问：（1）原告 N 是否可以成为合同的当事人，购买被告 G 的土地？

（2）被告 G 是否应当赔偿原告 N 的 9 万多美元的损失？

分析：首先，经委托人（被告 G）同意，原告 N 可以成为合同的当事人，购买被告 G 的土地。根据"代理人应对本人诚信、忠实"的义务，代理人不得为自我代理，即以本人名义同自己订立合同，但如果本人同意，则不受此限。

其次，被告 G 不应当赔偿原告 N 的 9 万多美元的损失。同样根据"代理人应对本人诚信、忠实"的义务，代理人应向本人公开他所了解的客户的一切情况和与交易有关的一切信息。这里，原告 N 得知该地块的地价将会迅速上涨，却没有披露给委托人（被告 G）而是决定自己买下该地块，违反了他作为代理人所应当承担的义务，因此被告 G 有权撤销合同。

2）被代理人（本人）的主要义务

（1）支付报酬的义务

本人应向完成委托事务的代理人支付佣金或其他约定的报酬。按照英美的判例法，如果本人与第三人订立合同是代理人工作的结果，代理人就有权取得佣金。《德国商法典》第 87 条则规定，商业代理一经商定，代理人就有权取得佣金。某些国家法律还规定，即使代理关系已被解除，被代理人如果因这种代理关系而继续受益的，代理人仍有权要求补偿。

（2）偿还费用的义务

本人应偿还代理人为处理委托事务所支出的必要费用，但不包括代理人的正常业务支出。判断费用支出是否必要，应根据委托事务的性质和具体情况衡量，例如，代理人根据本人指示而对违约的客户提起诉讼时所支出的费用，应由本人偿还。《法国民法典》第 1999 条和第 2001 条、《德国民法典》第 670 条、《瑞士债务法典》第 402 条、《日本民法典》第 650 条等都对偿还处理委托事务的必要费用作了规定。

（3）允许代理人核对账目的义务

在以代理业绩决定佣金或代理费用的情况下，代理人有权核对本人的账目，以确定本人所支付的佣金是否准确、合理。在一些大陆法国家中，这是一项强制性规定，当事人不得在委托合同中排除。

例 5-5　小李大学毕业，成绩优异，被一家日本商社聘为该商社驻大连代表，负责东北地区的对日业务。一天，小李的叔叔找到小李，希望小李利用其所掌握的市场信息帮他将一批农产品销往日本，但不希望经过日本商社以免产生佣金。小李经过犹豫，决定免费帮忙，最终帮助他的叔叔将这批农产品销售给了一位日本客户。为表示感谢，他的叔叔赠送给小李一块价值 3 000 元人民币的手表。

问：小李的行为是否违反了自己的职责？

分析：小李的行为违反了自己作为代理人所应承担的义务。作为代理人，首先，对本人（被代理人）应承担"对本人诚信、忠实"的义务，不应当帮助他人从事与本人（被代理人）的业务相竞争的业务，无论这种业务是有偿的还是无偿的；其次，如果小李帮助他叔叔销售这批货物是借助于他所了解的公司内部有关客户的信息，还违反了代理人的"保密的义务"；最后，他的叔叔赠送给小李一块价值3 000元人民币的手表，小李也无权保留，这应视为小李"处理委托事务中所收取的利益"，应按"移转权利的义务"的要求移转给被代理人，除非被代理人同意小李保留这种利益。

5.3.2 代理的外部关系

代理的外部关系，是指被代理人（本人）和代理人对第三人的关系。通常所说的代理，代理人是以本人的名义进行民事行为，其法律后果直接归属本人，代理人不对其承担责任。但是在商业活动中，代理人在为本人的利益而与第三人订立合同时，有时并不披露本人的存在，而以自己的名义进行这种行为。因此，在第三人与代理人订立合同后，必须明确这样一个问题：合同的另一方当事人是本人还是代理人？对此，大陆法和英美法有不同的规定。

大陆法强调代理人在为本人订立合同时，应表明其代理人身份，包括直接指出本人的姓名，或者说明是为他人订立合同，但并不指明本人是谁，这两种情况在大陆法中被称为直接代理。在直接代理的情况下，合同的双方当事人是第三人和本人。与直接代理相对的是间接代理，间接代理主要指行纪（commission agency）而言。行纪是指以自己的名义，但为本人的计算（on the account of principal）而与第三人订立合同。这种合同的双方当事人是代理人（行纪人）和第三人，而不是本人和第三人。行纪人从此项合同中所取得的权利，须通过债权让与行为转移给本人后，本人才有权对第三人主张权利。例如，《德国商法典》第392条规定，由行纪人交易行为所发生的债权，须移转于委托人（即本人）后，委托人才能向债务人主张。

英美法对代理的外部关系，区分以下三种不同情况：

1）代理人在订立合同时明确指出本人的姓名

这是指代理人直接以本人的名义和第三人订立合同，合同的双方当事人自然是本人和第三人，代理人不对合同承担责任，但也有例外情况，如代理人在签字蜡封合同或汇票上签下自己的名字，他就要对该合同或汇票负责。

2）代理人在订立合同时表明自己是代理人，但不指明本人是谁

这种情况在国际货物买卖中经常发生，如一方当事人声明自己代表"买方"或受"卖方"委托来与第三人进行洽谈。这种合同仍应看做是本人和第三人之间的合同，合同的权利义务归属于本人，代理人不对合同直接承担责任，但代理人应在合同上写明是买方代理人（as agent for buyer）还是卖方代理人（as agent for seller）。本人的姓名不在合同中写明，只有在代理人不能指明本人是谁时，他才需要对合同负责。

3）代理人不披露本人姓名，而以自己的名义与第三人订立合同

代理人虽经本人授权，但他在与第三人订约时既不表明自己代理人的身份，也不披露本人的姓名。在这种情况下，英美法认为代理人应对合同承担个人责任，但未经披露的本人（undisclosed principal）可行使介入权（right of intervention），即直接成为合同的一方当事人，既可以对第三人行使请求权，也可以在必要时对第三人起诉，但他同时要对第三人承担合同义务。第三人如发现本人的存在，就享有选择权（right of election），在代理人或本人中选择一人对其行使请求权，也可以在必要时对其中任何一人起诉。

上述前两种情况相当于大陆法中的直接代理，而第三种情况与大陆法中的间接代理相似。大陆法中的间接代理，代理的后果不能由委托人（本人）直接承担，而只能间接承担，即代理人将有关权利义务转移给本人后，本人才能向第三人主张权利或履行义务。因此在间接代理中，本人必须通过两个合同关系，才能与第三人直接建立权利义务关系。

例5-6　某大型仓储公司是一家经济实力很强的大公司。为扩建仓库面积，该仓储公司欲购买A、B、C三人的土地。因担心A、B、C三人乘机索要高价，也担心其他不知名的竞争者介入而抬高地价，该仓储公司委托了甲、乙、丙三个代理人，让他们分别以自己的名义去与A、B、C三人谈判，购买A、B、C三人的土地，并向A、B、C三人声明是他们自己使用的。三个合同都顺利地签订了。

问：（1）如果合同签订后，A、B、C三人知道了真正的买主是该经济实力很强的大仓储公司，而他们本来可以要更好的价格，A、B、C三人是否有义务履行合同？

（2）如果甲、乙、丙三个代理人以自己的名义签订合同后发现这三块地有利可图，而拒绝将这三块地转交给仓储公司，仓储公司能否主张自己对这三块地拥有合法的权利？

分析：对于问题（1），大陆法国家和英美法国家会有不同的结论。

在大陆法国家，如果A、B、C三人在合同签订后知道了真正的买主是该经济实力很强的大仓储公司，而他们本来可以要更好的价格，此时A、B、C三人仍有义务履行合同，但其义务是针对甲、乙、丙三个代理人履行合同，法律上将这三个合同看做是A、B、C三人与甲、乙、丙三个代理人之间的合同，具有法律约束力。但如果甲、乙、丙三个代理人将他们在合同中的权利义务转让给被代理人仓储公司，则A、B、C三人有义务向仓储公司履行合同。在英美法国家，无论A、B、C三人在合同签订后是否知道真正的买主是该经济实力很强的大仓储公司，A、B、C三人均有义务向该仓储公司履行合同。根据英美法的法律原则或有关法律规定，未经披露的本人（被代理人）可行使介入权，直接成为合同的一方当事人，可以对第三人行使请求权，也可以在必要时对第三人起诉，当然，他同时要对第三人承担合同义务。

对于问题（2），也同样存在大陆法国家和英美法国家的不同。

如果甲、乙、丙三个代理人以自己的名义签订合同后发现这三块地有利可图，而拒绝将这三块地转交给仓储公司，在大陆法国家，仓储公司只能对甲、乙、丙三个代理人主张权利，追究他们的违约责任（违反与仓储公司的代理合同），但不能主张自己对这三块地拥有合法的权利：这三块地的买卖在大陆法国家被看做是A、B、C三人与甲、乙、丙三个代理人之间的土地买卖合同，只在他们之间具有法律约束力，与仓储公司无关。但在英美法国家，如果发生同样情形，甲、乙、丙三个代理人拒绝将这三块地转交给仓储公司的话，仓储公司可以主张自己对这三块地拥有直接的合法权利。因为这三块地的买卖在英美法国家将会被看做是A、B、C三人与仓储公司之间的土地买卖合同，而不论是以谁的名义签订的。只要仓储公司能证明甲、乙、丙三个人是自己的代理人，该业务是代理行为，则合同在仓储公司与A、B、C三人之间具有法律约束力，仓储公司可以行使合同权利。

5.3.3　我国外贸代理中的外部关系

我国《合同法》通过对委托合同的规定，确立了处理代理外部关系的准则，也奠定了我国外贸代理制度最基本的规则框架。由于我国《合同法》是在委托合同中对这个问题作出的规定，因此使用了委托人、受托人和第三人的用语来确定他们的相互关系。

根据我国《合同法》的规定，受托人（即代理人，以下同）以自己的名义，在委托人（即被代理人或本人，以下同）的授权范围内与第三人订立的合同，第三人在订立合同时知道受托人与委托人之间的代理关系的，该合同直接约束委托人和第三人，但有确切证据证明该合同只约束受托人和第三人的除外。

受托人以自己的名义与第三人订立合同时，第三人不知道受托人与委托人之间的代理关系的，受托人因第三人原因对委托人不履行义务，受托人应当向委托人披露第三人，委托人因此可以行使受托人对第三人的权利，但如果第三人知道该委托人的存在，就不会与受托人订立合同的除外。

受托人因委托人原因对第三人不履行义务，受托人应当向第三人披露委托人，第三人因此可以选择受托人或者委托人作为相对人主张其权利，但第三人不得变更其选定的相对人。

委托人行使受托人对第三人的权利的，第三人可以向委托人主张其对受托人的抗辩。第三人选定委托人作为其相对人的，委托人可以向第三人主张其对受托人的抗辩以及受托人对第三人的抗辩。

例5-7　大连某外贸公司（以下称"外贸公司"）受日本某公司（以下称"日本公司"）委托，在中国东北某地区收购白豆。双方在合同中约定了数量、质量标准、收购期限等各项具体的收购条件，并约定：外贸公司以自己的名义对外收购白豆，但由日本公司直接向卖方付款。

外贸公司接受委托后，以自己的名义先后与 A、B、C 订立了白豆收购合同，其中：与 A 订立了人民币 4 万元的收购合同，并告诉 A 该批货物是替一家日本公司收购的，希望保证质量，A 同意；与 B 订立了人民币 5 万元的收购合同，但 B 要求先付 30% 的货款，外贸公司同意；与 C 订购了人民币 3 万元的货物，未告诉 C 货物用途。

A、C 交货后，日本公司没有按期支付货款；B 拒绝交货，因为日本公司不同意先付 30% 的货款的要求，也未授权外贸公司同意该条件。B 坚持：不先支付 30% 的货款就拒绝交货。

问：根据以上情节，以我国《合同法》确立的外贸代理原则为依据，你认为：

（1）在 A、C 交货后，日本公司没有按期支付货款的条件下，外贸公司披露了日本公司为真正买方后，A、C 是否仍然有权要求外贸公司支付货款？A、C 是否有权直接要求日本公司支付货款？

（2）B 拒绝交货，在外贸公司向日本公司披露卖方 B 后，日本公司是否有权直接向 B 要求交货？如果日本公司决定直接向 B 要求交货，B 能否向日本公司主张先付 30% 的货款后再交货？

（3）在 A 交货后，如果外贸公司将 A 的货物转卖他人，而未交给日本公司，导致日本公司没有按期支付货款，A 是否有权要求日本公司支付货款？是否有权要求外贸公司支付货款？

分析： 对于问题（1），A 只能要求日本公司付款，而 C 则可以选择外贸公司或日本公司要求付款。因为：①外贸公司与 A 订立收购合同时告诉了 A 该批货物是替一家日本公司收购的，希望保证质量，A 也同意。根据我国《合同法》的规定，受托人以自己的名义，在委托人的授权范围内与第三人订立的合同，第三人在订立合同时知道受托人与委托人之间的代理关系的，该合同直接约束委托人和第三人。因此该合同直接约束 A 与日本公司，外贸公司只是一个代理人。②外贸公司与 C 订立收购合同时，未告诉 C 货物用途，即未披露任何代理情节。根据我国《合同法》的规定，受托人以自己的名义与第三人订立合同时，第三人不知道受托人与委托人之间的代理关系的，受托人因委托人原因对第三人不履行义务，受托人应当向第三人披露委托人，第三人因此可以选择受托人或者委托人作为相对人主张其权利。因此，C 可以选择外贸公司或日本公司作为相对人主张权利，要求付款。

对于问题（2），日本公司有权直接向 B 要求交货，同时，B 也可以向日本公司主张先付 30% 的货款后再交货。根据我国《合同法》的规定，受托人因第三人原因对委托人不履行义务，受托人应当向委托人披露第三人，委托人因此可以行使受托人对第三人的权利，但"委托人行使受托人对第三人的权利的，第三人可以向委托人主张其对受托人的抗辩"。

对于问题（3），如果外贸公司将 A 的货物转卖他人，而未交给日本公司，A 仍然有权要求日本公司支付货款，因为被代理人应对代理人的行为承担后果，只要

A 将货物交给外贸公司，就视为交给日本公司，A 有权要求日本公司支付货款。但是，A 无权要求外贸公司支付货款，理由同（1）。

5.4 代理的终止

5.4.1 代理关系终止的原因

代理关系终止的原因非常多，各国法律和不同的论著对其分类也有所不同。但无论是大陆法还是英美法，都将以下原因作为代理权终止的主要原因：

1）被代理人解除委托或代理人辞去委托

各国法律原则上都允许本人（被代理人）单方面撤回代理权，也允许代理人单方面辞去代理权，但都规定了一定的限制条件。例如，《德国民法典》第 168 条第 2 款规定，代理权也得在其授予代理权的法律关系存续中撤回之，但此项法律关系另有规定者，不在此限。如代理商依据代理合同而取得的代理权，在代理合同存续期间，本人就不得单方面撤回。大陆法各国法律都规定，无论是本人（被代理人）还是代理人单方面终止代理关系，必须事先通知对方，否则应赔偿给对方造成的损失。法国、德国、奥地利、意大利等国的法律还规定，对于不定期的代理合同，其提前通知的期限，视代理合同存续时间的长短而定。如法国的法律规定，通知期限在订约后第 1 年内为 1 个月，第 2 年为 2 个月，第 3 年为 3 个月。英美法对本人单方面撤回代理权也有一定限制。根据英美的判例，如代理权的授予，以本人从代理人处取得的某种利益为先决条件，则本人不能单方面终止代理关系。如房主甲向商人乙借款 2 000 美元，并因此授权乙作为甲的代理人去收取房租以偿还借款，则甲不能单方面终止这种代理关系。

当然，如果双方当事人经过协商，一致同意解除代理关系，代理权也可以终止，这应视为被代理人解除委托与代理人辞去委托同时发生，但也可以看做是一种单独的代理关系终止的原因。

在我国的指定代理中，指定代理权的人民法院或指定机关取消指定，也是代理权消灭的原因。

2）代理期间届满或代理事务完成

当事人有权在代理合同中指明代理关系的存续期间，如当事人约定代理关系开始于 2004 年 1 月 1 日，结束于 2004 年 12 月 31 日，那么代理关系到 2004 年 12 月 31 日则自动终止，没有这种时间的约定，英美法认为应当在合理的期间内终止。如果代理事务有特定的目的，则该目的的实现可以终止代理权，有的学者将其视为默示的代理期间约定，如彼特指定艾玛在自己出国进行商务考察时为自己管理生意，当彼特回国后，艾玛的代理权自动解除；或者某人受一位牧场主委托去购买牲口，这笔购买业务结束后，该人的代理权也自动结束。

3）代理人死亡或丧失民事行为能力或资格

代理人死亡或丧失民事行为能力，包括作为法人的代理人终止，都是代理关系终止的原因。大陆法各国的民法典或债务法典都将代理人的死亡（包括宣告死亡）、丧失行为能力或破产列为终止代理权的原因。

但被代理人的死亡或丧失民事行为能力，并不一定引起代理关系的终止。商事上的代理权，须适用商法典的有关规定，很多情况下不因本人死亡或丧失行为能力而终止。如被代理人死亡后，为了被代理人或其继承人利益而继续完成代理的，或按业务性质（或约定）须在代理事务结束后才消灭代理权的情形。但一般认为，法人不论是作为代理人还是被代理人，一旦其自身消灭，其代理权均归于消灭。

我国《民法总则》涉及该问题的相关规定是，被代理人死亡后，有下列情形之一的，委托代理人实施的代理行为有效：（1）代理人不知道并且不应当知道被代理人死亡；（2）被代理人的继承人予以承认；（3）授权中明确代理权在代理事务完成时终止；（4）被代理人死亡前已经实施，为了被代理人的继承人的利益继续代理。作为被代理人的法人、非法人组织终止的，参照适用前述规定。

4）特定事件的发生导致代理权终止

代理关系可以由于某些特定事件的发生而终止，这种特定事件的范围很广，如委托人所在国与代理人所在国发生战争或其他敌对性行为，使代理事务不再可能，或者在委托人委托代理人出售自己的房屋的合同签订后，该房屋被大火焚毁，等等。在大陆法国家的指定代理中，被代理人取得或恢复民事行为能力也可以归于该类原因。

英美法认为，当一个事件发生后，该事件对代理关系有着不同寻常的影响（或者根本性影响），使得代理人应当推断出委托人不希望该代理关系延续下去的情况下，代理关系也应当自然终止，如甲参加钢铁运输的竞标，乙受甲的委托，作为代理人为甲安排运输船只。当乙得知甲竞标失败时，除非有特别约定，他为甲安排运输船只的代理权也应当自然终止。或者，某牧场主委托代理人以 10 万美元出售自己的牧场，但随后他们了解到该牧场下是一座价值很高的金属矿床，价值 200 万美元。代理人以 10 万美元出售该牧场的代理权应当自然终止。大陆法国家在立法上一般没有这样的明确规定，但通常以"诚实信用"原则来衡量这种情形下的代理关系，其结果与英美法并无太大的差距。

我国《民法总则》分别对委托代理和法定代理的终止作出规定。根据我国《民法总则》第 173 条的规定，有下列情形之一的，委托代理终止：（1）代理期间届满或者代理事务完成；（2）被代理人取消委托或者代理人辞去委托；（3）代理人丧失民事行为能力；（4）代理人或者被代理人死亡；（5）作为代理人或者被代理人的法人、非法人组织终止。第 175 条规定，有下列情形之一的，法定代理终止：（1）被代理人取得或者恢复完全民事行为能力；（2）代理人丧失民事行为能力；（3）代理人或者被代理人死亡；（4）法律规定的其他情形。

5.4.2 代理关系终止的后果

代理关系终止的后果包括两方面：一是本人与代理人之间的后果；二是对于相对第三人的后果。

对于本人与代理人之间，代理人的代理权通常在本人撤销代理权、代理人辞去代理、代理授权期限届满或其他法定原因终止了代理合同时消灭，本人与代理人之间的权利义务关系即告终止。但在商事代理中，如代理人曾在代理期间为本人建立了商业信誉，而本人因为这种已经建立的商业信誉而受益，代理人有权向本人请求给予补偿。例如，《德国商法典》第 89 条规定，如果本人曾从与代理人所介绍的客户的交易中获得重大利益，或代理人如因代理合同终止而失去本应得到的佣金，则本人应根据公平原则给予代理人以适当补偿。法国、瑞士等国法律对此也有类似规定。英美法在其判例中也遵循类似的原则。

例 5-8 李女士是美国 Maric 公司的中国（大陆地区）独家代理人，负责在中国（大陆地区）推销美国 Maric 公司的产品，征求订单，由美国 Maric 公司根据订单向客户发货。代理协议中有一个佣金条款，其中规定，如果李女士在一个年度内的销售业绩达到 200 万美元，将在一般佣金之外得到 3 万美元的奖励性佣金。

2014 年 10 月，李女士的当年销售业绩已经达到 194 万美元，突破 200 万美元已经指日可待。但此时美国 Maric 公司董事会作出决议，决定直接进入中国（大陆地区）市场。为此 Maric 公司就需要解除与李女士的代理协议。

问：如果美国 Maric 公司董事会作出该决议的确是出于战略性考虑而非针对李女士的佣金利益，Maric 公司是否可以解除与李女士的代理协议？

分析：各国法律都允许本人（被代理人）或代理人单方面终止代理关系，除非法律有特别规定或双方当事人有特殊约定，但都必须事先通知对方。因此美国 Maric 公司提前一段合理的时间通知李女士，仍然可以提前解除代理协议。然而，这种提前解除代理协议的做法必然造成李女士的佣金损失，所以美国 Maric 公司提前解除代理的代价就是必须向李女士支付该 3 万美元的奖励性佣金。这属于代理人如因代理合同终止而失去的、本应得到的佣金，本人应根据公平原则给予补偿。

代理关系终止对于相对第三人的后果，主要取决于相对第三人是否知情，大陆法和英美法在这个问题上的立场类似。如果代理权消灭后，本人没有及时通知第三人，或者本人没有及时索回证明代理权的授权文件，而第三人对代理权的继续存在有合理的信赖，这种信赖是受法律保护的。这相当于"表见代理"的一种情形。例如，《德国民法典》第 170 条和《瑞士债务法典》第 34 条都规定，代理权的撤回，需于本人通知第三人后才对第三人发生效力。《日本民法典》第 112 条也规定，代理权的消灭不得对抗善意第三人，但第三人因过失而不知其事实者，不在此限。我国最高人民法院对代理权的司法解释也采用同样的原则。

5.5　　　　　　　　　　商事代理的种类

　　国际贸易中的代理都属于商事代理。商事代理是民事代理派生出来的特殊形式，是民事代理在商事活动中的应用，因此，商事代理通常适用各国民法典有关代理的一般原则和概念。国际贸易中的商事代理亦有直接代理和间接代理之分：如果代理人以代表身份，即以本人名义订立合同，这种代理就是直接的；如果代理人以自己的名义但是为了本人的利益而从事商事行为，该项代理就是间接代理，如大陆法中的行纪就是典型的间接代理。

　　与民事代理相比，商事代理一般具有以下几个特征：①商事代理只能来源于被代理人的委托，它通常不存在法定代理或指定代理的情形；②商事代理的被代理人和代理人均有不同程度的资格要求，如被代理人应当是商人，而商事代理人因其代理业务不同在各国往往有特定的资格要求，如从事银行、运输、商标专利、证券、外贸等必须具备专业技术资格等；③商事代理均属于有偿代理，这是由商事活动的营利性所决定的；④商事代理不以"显名"为必要，即使采用狭义民事代理概念的大陆法国家，亦承认"非显名代理"或称间接代理属于商事代理的一种形式。

5.5.1　商事代理的基本形式

　　商事代理可以有不同的分类。一般认为，商事代理主要有以下几种形式：

　　（1）独家代理商（exclusive or sole agent）。独家代理商是独立的商人，他接受本人的委托，以本人的名义在指定的国家或地区从事商事活动，如推销某项货物的业务。独家代理商在该指定的国家或地区享有代销该项货物的专营权，代表本人与客户洽谈交易、订立合同；而本人则按代理合同规定向代理人支付佣金，并承担经营风险。在独家代理的情形下，本人不得另行委托其他代理人在同一区域内办理同类业务。

　　独家代理商还可以被继续划分为狭义的独家代理商和排他代理商：前者意味着他在指定的国家或地区享有的专营权，不仅排斥其他代理人，而且排斥本人，即本人也无权介入该独家代理商的专营区域；后者则是指该独家代理商在指定的国家或地区享有的专营权，仅排斥其他代理人，但不排斥本人，即本人可以介入该独家代理商的专营区域从事相同业务。各国法律一般不对独家代理问题作出直接规定，而由当事人在合同中确定相互的权利义务关系。

　　（2）普通代理商（general agent）。普通代理商的权利义务大致与独家代理商相同，他也是独立的商人，接受本人的委托，以本人的名义在指定的国家或地区从事商事活动，但不享有专营权。普通代理商代理本人向第三人推销货物，与之谈判或签约，并按代理合同规定收取佣金。

　　（3）雇佣代理商（employed agent）。雇佣代理商作为本人的雇员，经授权代表本人与第三人订立合同或进行其他业务活动。雇佣代理商在大陆法国家包括经理人和代办商在内，又称为商辅助人。经理人是指接受他人授权而为他人进行商务管理及经营的人，如《日本商法典》第37条规定，商人可以选任经理人，使其经营本店或分店的业务。经理人对内管理商人的日常经营活动，对外全权代表商人，处理各类业务。经理人对于第三人视为具有管理上的一切权利，本人对经理人的代理权限制不得对抗善意的第三人。代办商则是指非经理人而受商人委托，于一定处所或一定地区内，以商人名义办理其全部或一部分业务者。代办商的权限一般被限制在对外业务上。

以上三种商事代理都是直接代理。

（4）居间商（broker），俗称"掮客""纤手""跑合人"等，我们日常所说的经纪商或经纪人也多指居间商。居间商是指为获取佣金而积极促成契约缔结的人，他通常不占有商品，不参与订立合同，他的主要业务是为委托人与相对人订立合同牵线搭桥，然后按成交额收取佣金。由于居间商的这种合同中介人的地位，他不受委托人与第三人之间所订立的合同的约束，也不参与委托人与第三人之间的合同洽谈过程，因此大陆法国家在分类上往往将他与代理商并列，作为代理商以外的一种"商中间人"。居间商所承担的主要义务是据实介绍义务，不得恶意促成交易或从交易中盘剥渔利。

（5）行纪人（factor, commission merchant）。行纪人是指受他人委托，以自己的名义为委托人从事贸易活动的商事主体。在大陆法的分类中，行纪属于间接代理。行纪与居间的主要区别在于：行纪活动中，委托人必须将货物交行纪人占有和经营，合同往往于委托人交付货物后成立，因此行纪合同通常是实践合同；而居间合同是诺成合同，居间人只担任合同洽谈的中间媒介，并不占有货物，也不介入交易本身。

我国《合同法》对行纪人的地位是通过行纪合同体现的。根据该法的规定，行纪合同是行纪人以自己的名义为委托人从事贸易活动，委托人支付报酬的合同。行纪人处理委托事务支出的费用，由行纪人负担，但当事人另有约定的除外。

由于行纪人的这种特殊的独立中介地位，法律一般要求行纪人严格按委托人的指示行事，委托人对价格有特别指示的，行纪人不得违背该指示卖出或者买入。在行纪实践中，如果行纪人低于委托人指定的价格卖出或者高于委托人指定的价格买入的，应当经委托人同意。但是，在未经委托人同意的情况下，如果行纪人补偿了其差额的，该买卖仍然对委托人发生效力。

另一方面，如果行纪人高于委托人指定的价格卖出或者低于委托人指定的价格买入的，可以按照约定增加报酬。没有约定或者约定不明确的，所得利益应当属于委托人。

此外各国法律大都允许行纪人直接成为委托人的交易方。我国《合同法》也规定，行纪人卖出或买入具有市场定价的商品，除委托人有相反的意思表示以外，行纪人自己可以作为买受人或出卖人。此时，行纪人仍然可以要求委托人支付报酬。

例 5-9　戴某自己经营着一家小公司，目前正与一家韩国企业洽谈一份合同，由戴某的公司负责在中国市场销售该韩国企业生产的洗涤用品。最初双方商定由戴某的公司作为该韩国企业总代理，但在准备签订合同时，戴某发现合同标题变成了总经销。

问：戴某向好友邓某咨询，总代理与总经销有什么不同？如果该韩国企业委托我们作为总代理，是否还可以在中国市场上再委托别人做总代理？

分析：首先，总代理与总经销并没有严格的、法律明确规定的差别，关键看合同内容怎么签订。但在一般意义上，总代理意味着戴某的公司是代理人，其销售产品活动所产生的权利义务以及产品的责任等法律后果归被代理人；但总经销通常意味着戴某的公司是独立的经销商，须对销售产品活动中所产生的权利义务等法律后果承担责任，并存在向该韩国企业付款购货，然后在中国市场销售的义务，以及承担一定的货物积压风险。

其次，作为总代理，戴某的公司并不能排除该韩国企业在中国市场上再委托别人做总代理或总经销的可能性。总代理只是一个称谓，并不等同于独家代理的概念，总代理可以下设若干分代理商，但一家企业在一个国家或地区设若干个总代理的情形是可能的，除非代理合同明确排除这种情况。因此，戴某的公司如果希望在中国市场上成为唯一销售该韩国企业洗涤用品的单位，最好与对方签订独家代理协议，并明确是狭义的独家代理商还是排他代理商，以免产生争议，影响自己的商业利益。

5.5.2　承担特别责任的商事代理人

在国际贸易中，除上述各种商事代理外，还有承担特别责任的商事代理人（the agent with special responsibility）。承担特别责任的商事代理人，对第三人而言是本人，而对本人而言又是代理人。与一般代理人不同的是，承担特别责任的商事代理人，在一定条件下要对第三人承担个人责任。承担特别责任的代理人主要有：

（1）保付代理人（confirming agent）。在英美等国，有一种通常由出口商担任的保付代理人。保付代理人的业务是以国外买方（本人）代理人的身份，向本国的卖方（第三人）订货，并在订单上加上自己保付或担保字样，担保买方将履行订单。保付代理的作用在于将国际贸易转化为国内贸易，从而减少出口货物中的潜在风险。如果国外买方不履约或拒付货款，保付代理人将承担向国内卖方（第三人）支付货款的义务。

（2）保兑银行（confirming bank）。在国际贸易中，在采用跟单信用证的支付方式时，开证银行如委托通知行或另一家银行对跟单信用证加以保兑，则保兑银行就与开证行一样，要对作为受益人的卖方承担义务，即保证按信用证规定的条件付款或承兑汇票。这时开证银行、保兑银行和作为受益人的卖方三者之间的法律关系是：开证行是本人，保兑行是代理人，卖方（信用证的受益人）是第三人。保兑银行作为开证行的特别代理人，对第三人承担首先付款的义务。

（3）保险经纪人（insurance broker）。按照保险行业的惯例，进出口商投保货物运输险，通常须委托保险经纪人代为办理。根据《英国海上保险法》第 54 条第 1 款规定，由经纪人代表被保险人（本人）签订的保险合同，该经纪人应直接向保险人（第三人）承担对该保险费的责任，而保险人则应对可能向被保险人赔付的金额承担直接责任。在海上货运保险合同中，保险经纪人虽是被保险人（本人）的代理人，但他的佣金却由保险人（第三人）支付。

（4）运输代理人（forwarding agent）。运输代理人是接受货主委托，以自己的名义向承运人办理货物运输的人。在海上货物运输中，运输代理人受货主（本人）委托，向轮船公司（第三人）预定舱位，如货主未按时装运货物，运输代理人须向承运人（第三人）支付空舱费（dead freight），即短装货物的运费。

以上几种代理人都是对第三人承担特别责任的代理人。

（5）信用担保代理人（the del credere agent）。信用担保代理人是对本人承担责任，保证他所介绍的第三人（买方）履行付款义务的代理人。他向本人担保第三人（买方）的清偿能力。对这种代理人，通常给予额外佣金，称为信用担保佣金（del credere commission）。信用担保代理在本人与代理人之间的代理合同外附加了另一个合同，即具有信用保险性质的信用担保合同（del credere contract）。依照担保合同，代理人在国外买方（第三人）无力支付货款时，须对国内卖方（本人）承担个人责任。

信用担保代理人是向本人提供担保，因而与向第三人承担担保责任的代理人（保付代理人、保兑银行、保险经纪人、运输代理人）不同。

● **复习思考题**

1. 简述大陆法国家的代理概念及其特征。
2. 简述英美法国家的代理概念及其判断标准。
3. 无权代理问题中，狭义的无权代理和表见代理之间的区别是什么？
4. H 重型机械公司委托 J 贸易公司代其寻找客户并售出一台 TX 型重型机械，约定售价为 120 000 美元，佣金为销售额的 8%。J 贸易公司经过努力，以 126 000 美元的价格将该机械出售给了 X 工业公司。从代理的概念出发，你认为：（1）J 贸易公司应当以谁的名义出售这台机器？（2）如果双方没有明确约定，多出的 6 000 美元应该归谁？
5. 萨拉与一名古玩经纪人签订合同卖掉一幅价值很高的字画。萨拉希望自己的身份被保密，但允许经纪人告诉买主自己是为一位委托人服务的代理人。当经纪人与第三人签订了出售该字画的合同时，仅仅表明了自己的代理人身份，而未披露被代理人姓名。合同签订后，你认为：（1）在大陆法国家，谁是合同的当事人？（2）在英美法国家，谁是合同的当事人？

6. 李某在 2014 年 4 月至 2015 年 6 月间是加拿大 B 国际语言学校驻北京的代表，负责招收中国学生赴加学习，并办理代办签证、收取学费等一系列活动。2015 年 7 月 3 日，李某因经济问题被加拿大 B 国际语言学校辞退。对于以下事件，仍然应当由加拿大 B 国际语言学校负责的是哪些？

（1）学生 A 曾经于 2015 年 3 月与李某商谈过出国留学事宜，2015 年 8 月将 38 000 元人民币的学费交给了李某。

（2）学生 B 于 2015 年 8 月看到加拿大 B 国际语言学校宣传资料上李某的代表身份和联系电话，按宣传资料与李某取得联系，并于 9 月交给李某 20 000 元人民币的预交费用。

（3）学生 C 于 2015 年 9 月经人介绍认识了李某，听说李某是加拿大 B 国际语言学校的驻京代表，便将 30 000 元人民币交给李某，委托其为自己办理出国留学。

（4）学生 D 曾经于 2015 年 4 月交给李某 30 000 元人民币，准备办理出国留学，但李某始终未将该笔款项交给加拿大 B 国际语言学校，加拿大 B 国际语言学校也不知道有这笔学费。

7. 我国《合同法》通过规定委托合同所确立的我国外贸代理的基本原则是什么？

8. 伊朗 A 公司准备向英国 B 公司订购一部机器。鉴于两国语言、文化和交易习惯的差别，英国 B 公司要求 A 公司委托一个有英国背景的代理人来洽谈此事。于是，伊朗 A 公司委托英国 C 贸易公司作为自己的代理人，与英国 B 公司签订合同，并由 C 公司担保 A 公司的付款。在这里，C 公司的身份应当是什么代理人？

第6章 / 商事组织法

学习目标

商事组织作为从事国际经济贸易活动的主体，各国对其有不同的要求。本章所考虑的就是通过对这种不同要求的介绍，使读者能够了解各国对商事组织的法律规定，具备相关的知识，为从事国际经济贸易活动打下基础。由于公司在商事组织中所占的地位非常重要，因此本章以公司的法律地位和我国的公司为主进行分析、介绍，并将我国的外商投资企业作为本章的一部分予以介绍。

商事组织或企业是国际商事活动的主要参加者。尽管各国法律对其界定不尽一致，但普遍认为商事组织是指依法设立、以自己的名义从事营利性活动，并具有一定规模的组织。也有许多西方国家将商事组织与从事商事活动的个人统称为商人，他们的共同特征都是以营利为目的、以自己的名义实施商事行为。

在商事组织中，最基本的形式有三种：个人企业、合伙企业和公司。

6.1　　　　个人企业

6.1.1　个人企业概述

个人企业（sole trading concerns，individual proprietorship）是指由一个自然人出资、独自经营的企业形式，又称独资企业。有些国家不严格区分个人经营者与个人独资企业，而在我国，前者称为个体工商户，后者称为个人独资企业。

在各国法律中，独资企业通常都不是法人，不具有独立的法律人格，出资人对企业债务承担无限清偿责任，即出资者以其全部财产对企业债务负责。同时，法律也规定个人企业的出资人拥有对企业经营管理的控制权和决策权。对于个人独资企业的出资人是否应当具备完全的民事行为能力问题，各国规定不一，有的国家并不要求个人独资企业的投资人必须具备完全民事行为能力，只要具有权利能力就可以成为出资人，以委托方式或者信托方式出资；而有的国家则要求出资人不仅具有权利能力，而且必须具有完全的行为能力。我国法律对此未作明确规定。

独资企业的主要优点是：易于成立，几乎不涉及法律形式问题；自主经营、方便灵活，企业主可以独自作出任何决定；资本规模要求较小；税务较轻，在大多数国家，企业主的利润在所得税申报表上是作为个人所得税申报的；企业利润全部归企业主。因此，在各国它都是数目最多的企业形式，如美国超过 2/3 的企业是独资企业。

但独资企业的缺点也很明显：首先，企业主要对企业债务承担无限清偿责任，在企业资产不足以清偿其债务的情况下，企业主必须以其个人财产来承担，这使得投资者对企业承担了较大的风险；其次，企业缺乏连续性，当企业主死亡时，企业往往自动解散，如果企业被移交给家庭其他成员来继承，很多国家法律认为是重新建立了一个新企业，涉及继承及其他方面的税负问题；最后，这种企业形式筹集资金的机会也受到限制。所以，尽管独资企业在各国可以拥有和经营任何种类的业务，从非正式的家庭作坊到大型的旅店或其他连锁店，但在规模上它们大多属于中小企业。

在独资企业的事务管理上，投资人可以自行管理企业事务，也可以委托或聘用其他人管理企业事务，并通过委托或聘用协议明确授权范围，但独资企业的投资人对委托或聘用人员职权的限制，不得对抗善意的第三人。受托人或受聘人员应当忠实地履行其职责，在授权范围内管理企业事务，进行经营活动。

例 6-1　2013 年 9 月，投资人本克开办一家独资企业并自己进行经营。2015 年 3 月，因身体原因，本克将企业委托给布莱克管理，并约定：金额在 2 万美元以下的合同可以由布莱克自行决定，金额超过 2 万美元的合同必须经本克同意后才可以签订，布莱克应本着诚信、忠实的原则经营管理企业。

布莱克接管企业的经营权后，开始经营管理企业，包括：（1）2015 年 10 月，布莱克认为一笔交易非常有利于企业，便在未经本克同意的情况下签订了一份 3 万美元的订货合同；（2）2015 年 11 月，布莱克为自己购买一辆汽车向银行贷款 5 万美元，以该独资企业财产设定了抵押；（3）2016 年 1 月，布莱克因感到该独资企业经营状况不佳，难以为继，便自己注册了一家经营同类业务的企业，打算不久后辞去职务，经营自己的企业。

2016 年 3 月，本克检查企业财务和经营状况时发现企业状况不佳，很难继续经营，并发现了布莱克的上述问题。本克决定关闭企业，进行清算。此时企业所有资产合计 13 万美元，而对外负债 18 万美元。

问：（1）如果本克将企业委托给布莱克管理时，仍然盈利，由于布莱克管理不善导致亏损，企业关闭时不能清偿的债务由谁承担？

（2）2015 年 10 月，布莱克在未经本克同意的情况下签订的那份金额 3 万美元的订货合同是否有效？

（3）2015 年 11 月，布莱克为自己买车而以该独资企业财产设定抵押，向银行贷款 5 万美元，该抵押合同是否有效？

（4）2016 年 1 月，布莱克自己注册了一家经营同类业务企业的行为是否违反其义务？

分析：对于问题（1），企业关闭时不能清偿的债务仍然须由投资人本克来承担。各国法律都要求独资企业的出资人对企业债务承担无限清偿责任，至于本克将企业委托给布莱克管理时，仍然盈利，由于布莱克管理不善才导致亏损、倒闭，是本克与布莱克之间的事。本克可以向布莱克追究责任，但不能以此免除自己对企业承担的无限清偿责任。

对于问题（2），布莱克在未经本克同意的情况下签订的那份金额3万美元的订货合同有效。因为独资企业的投资人对受托人或受聘人员职权的限制，不得对抗善意的、不知情的第三人。

对于问题（3），布莱克为自己买车而以该独资企业财产设定抵押，该抵押合同有效。布莱克所违反的，是他对投资人所承担的忠实义务，他应当对投资人承担责任，但并不导致对外的抵押合同无效，除非银行存在恶意串通行为或存在重大疏忽。这里应当注意的是，我国《个人独资企业法》规定，投资人委托或者聘用的人员不得从事的行为之一，是"擅自以企业财产提供担保"，这仍然是对投资人与受托人或者受聘人员之间关系的规范，但并未规定这种担保是否因此而无效。因此，具体后果仍需大家在实践中掌握。

对于问题（4），在尚未辞职的情况下，布莱克自己注册了一家经营同类业务企业的行为已经违反了他所承担的义务。作为"受托人或受聘人员应当忠实地履行其职责"义务的一部分，各国法律都要求受托人或受聘人员不得进行与其任职企业相竞争的业务，除非投资人同意他这样做。

6.1.2 我国的个人独资企业

我国调整个人企业的主要法律规范是2000年1月1日生效的《中华人民共和国个人独资企业法》（1999年8月30日第九届全国人民代表大会常务委员会第十一次会议通过）。该法律规范明确了我国个人独资企业的法律地位，为规范个人独资企业的行为、保护个人独资企业投资人和债权人的合法权益、维护社会经济秩序奠定了良好的基础，也使我国的商事组织法律体系趋于完善。

1）个人独资企业的投资人

根据我国法律的规定，个人独资企业是指依照本法在中国境内设立，由一个自然人投资，财产为投资人个人所有，投资人以其个人财产对企业债务承担无限责任的经营实体。对于投资人的资格限制，我国法律主要体现在两个方面：一是法律、行政法规禁止从事营利性活动的人，不得作为投资人申请设立个人独资企业，主要包括国家公务员以及党政机关领导干部，警官、法官、检察官等具有特定身份的人员；二是对投资人国籍的限制，根据该法规定，外商独资企业不适用本法，因此我国目前设立个人独资企业应限于中国国籍的自然人，但这一限制会随着我国改革开放以及法律制度的完备而逐步取消。

个人独资企业投资人既可以以个人财产出资，也可以以家庭财产出资。在申请企业设立登记时，如果出资人明确以其家庭共有财产作为个人出资的，应当依法以家庭共有财产对企业债务承担无限责任。

2）个人独资企业的事务管理

在我国设立个人独资企业，应当具备下列条件：①投资人为一个自然人；②有合法的企业名称；③有投资人申报的出资；④有固定的生产经营场所和必要的生产经营条件；⑤有必要的从业人员。

个人独资企业投资人既可以自行管理企业事务，也可以委托或者聘用其他具有民事行为能力的人负责企业的事务管理。投资人委托或者聘用他人管理个人独资企业事务，应当与受托人或者被聘用的人签订书面合同，明确委托的具体内容和授予的权利范围。受托人或者被聘用的人员应当履行诚信、勤勉义务，按照与投资人签订的合同负责个人独资企业的事务管理。我国法律同样要求个人独资企业的受聘人员承担诚信、忠实义务，根据我国《个人独资企业法》的要求，投资人委托或者聘用的管理个人独资企业事务的人员不得有下列行为：①利用职务上的便利，索取或者收受贿赂；②利用职务或者工作上的便利侵占企业财产；③挪用企业的资金归个人使用或者借贷给他人；④擅自将企业资金以个人名义或者以他人名义开立账户储存；⑤擅自以企业财产提供担保；⑥未经投资人同意，从事与本企业相竞争的业务；⑦未经投资人同意，同本企业订立合同或者进行交易；⑧未经投资人同意，擅自将企业商标或者其他知识产权转让给他人使用；⑨泄露本企业的商业秘密；⑩法律、行政法规禁止的其他行为。

投资人对受托人或者被聘用的人员职权的限制，不得对抗善意第三人。个人独资企业投资人与受托人或者被聘用的管理个人独资企业事务的人员之间的有关权利义务的限制只在他们之间有效，对第三人没有约束力。

3）个人独资企业的解散与清算

个人独资企业有下列情形之一时，可以解散：①投资人决定解散；②投资人死亡或者被宣告死亡，无继承人或者继承人决定放弃继承；③被依法吊销营业执照；④法律、行政法规规定的其他情形。

个人独资企业解散，由投资人自行清算或者由债权人申请人民法院指定清算人进行清算。投资人自行清算的，应当在清算前 15 日内书面通知债权人，无法通知的，应当予以公告。债权人应当在接到通知之日起 30 日内，未接到通知的应当在公告之日起 60 日内，向投资人申报其债权。清算期间，个人独资企业不得开展与清算目的无关的经济活动。在按前条规定清偿债务前，投资人不得转移、隐匿财产。

个人独资企业解散的，财产应当按照下列顺序清偿：①所欠职工工资和社会保险费用；②所欠税款；③其他债务。个人独资企业财产不足以清偿债务的，投资人应当以其个人的其他财产予以清偿。个人独资企业解散后，原投资人对个人独资企业存续期间的债务仍应承担偿还责任，但根据我国法律的规定，债权人在 5 年内未向债务人提出偿债请求的，该责任消灭。

个人独资企业清算结束后，投资人或者人民法院指定的清算人应当编制清算报告，并于 15 日内到登记机关办理注销登记。

6.2 合伙企业

6.2.1 合伙企业概述

1）合伙企业的概念

合伙企业，简称合伙，是二人或二人以上根据契约规定组成的共同投资、共同经营、共担风险、共享收益的一种企业形式。

各国法律在合伙的定义上基本一致：《法国民法典》（1978 年修订）第 1832 条规定，合伙，为二人或数人约定以其财产或技艺共集一处，以便分享由此产生的利益及自经营所得利益的契约。1980 年《英国合伙法》规定，合伙是多数人以营利为目的，而经营共同事业的关系。1940 年《美国统一合伙法》（UPA）第 6 条(1) 款规定，合伙是二人或二人以上的人作为共同所有者，以营利为目的的经营共同事业的联合。

我国《民法通则》第 30 条规定，个人合伙是指两个以上公民按照协议，各自提供资金、实物、技术等，合伙经营、共同劳动。我国的《合伙企业法》所作的规定与此类似："本法所称合伙企业，是指自然人、法人和其他组织依照本法在中国境内设立的普通合伙企业和有限合伙企业。"

2）合伙企业的基本特征

一般而言，合伙企业应具有以下主要特征：

（1）合伙是建立在合伙契约基础之上的，合伙人之间的权利、义务通过合伙契约来确定。在缺少书面合伙契约的情况下，英美法国家的法院通常会考虑几个因素来确定是否存在一个事实上的合伙：是否存在成为合伙人的共同愿望；是否共同拥有企业、共负盈亏；是否平等拥有企业的管理权。但大陆法国家倾向于否定没有书面合伙契约的合伙存在。

例 6-2 United States Court of Appeals, Eighth Circuit（1998 年）。

1967 年，玛丽·塔那瓦斯基和她的儿子莫里斯与托马斯（以下称为 T. R.）购买了一个叫克里斯特的大牧场。T. R. 和莫里斯开设了一个银行账户，存入他们各自在牧场的收入，用以支付地价、地产税和购买牛、设备、物资与服务。为了牧场，兄弟俩共同贷款、共同购买牛和机器设备。他们在州和联邦合伙企业所得税申报表上报告他们的业务活动。莫里斯负责牲畜，T. R. 负责簿记。1980 年，玛丽放弃了其在牧场收入中的利益。8 年后，T. R. 停止了簿记工作，几乎不再花费时间在牧场上。莫里斯发向 T. R. 一份"解散合伙企业的通知"。由于未能成功地达成解散协议，T. R. 在联邦地区法院提出上诉，要求得到合伙企业资产中自己的一份。法院下令向 T. R. 支付 22 万美元。莫里斯上诉，辩称合伙企业不存在。

问：兄弟之间是否存在合伙企业？

判决：存在。联邦上诉法院第八巡回法院支持了下级法院的命令，莫里斯和 T. R. 是合伙人。

分析： 联邦上诉法院第八巡回法院发现的事实满足了证明合伙企业存在的关键因素："①有成为合伙人的愿望；②共同拥有企业的所有权；③盈利动机。"法院的结论是，兄弟俩的所得税申报表、共同的银行账户和共同支付物资费用表明他们有成为合伙人的愿望。共同拥有所有权表明分享利润和控制。分享利润可从兄弟的税务申报和共同的银行账户中清楚地看出。兄弟俩都控制企业的管理，可从共同处理牧场事务和分别承担不同责任得到证明。"合伙企业最后也是最关键的因素是盈利动机，对从事牧场经营活动的盈利动机没有争论。"

（2）合伙是"人的组合"，合伙人退出、死亡、破产都影响合伙企业的存在。大部分国家要求合伙人是自然人，但有些国家或地区，如美国的许多州，允许企业等其他组织成为合伙人，《美国统一合伙法》（UPA）也特别允许公司成为合伙人。

（3）合伙企业中的普通合伙人对合伙企业债务负无限连带责任。当合伙企业的财产不足以清偿合伙企业债务时，普通合伙人有义务以自己的个人财产承担清偿责任，这是合伙企业一个突出的特点。与这个特点相对应，当合伙企业协议未约定普通合伙人的利润与亏损分配或分担方案时，大部分国家的法律规定由普通合伙人平均分配或分担，而不考虑具体合伙人在合伙企业中的出资比例或出资形态。退伙的普通合伙人对其在参与合伙经营期间的合伙企业债务仍继续承担无限连带责任，但入伙的新合伙人是否对入伙前的合伙企业债务承担无限连带责任，各国法律规定不一，如我国法律规定入伙的新合伙人（普通合伙人）须对入伙前的合伙企业债务承担无限连带责任，而美国法律则规定新合伙人仅以投入到合伙企业中的财产对入伙前的合伙企业债务承担责任，也有一些国家法律，如法国，规定新合伙人被吸收参加一个已经存在的合伙时，对入伙前合伙企业的债务不承担责任①。

例 6 - 3 United States District Court, Eastern District of Virginia Richmond Division, 847F. supp. 705（1995 年）。

马萨诸塞州平民银行同意贷款 200 万美元给帕哈姆-伍得曼医疗协会，一个合伙企业，用于建新的办公大楼。借贷协议是 1985 年 4 月 30 日签订的，规定分期发放。当理查德·汉勒等 3 人加入协会时，大部分贷款已经发放。后来，当合伙企业无力偿还贷款时，银行卖掉了办公大楼，仍缺 120 万美元。银行在联邦地区法院起诉合伙企业及全部合伙人，要求偿还欠款。

问：在贷款合同签订后，分期贷款发放完成之前加入合伙企业的合伙人，是否

---

① 冯大同. 国际商法［M］. 北京：对外经济贸易大学出版社，1991：348.

应对合伙企业债务承担无限连带责任？

判决：不应当。法院认定，理查德·汉勒等3人只以合伙企业财产为限承担责任。

分析：法院注意到，UPA第17条规定，新加入合伙的合伙人对"在他加入之前产生的合伙企业的所有义务"承担责任，但又规定，"只有合伙企业的财产才能用于偿还负债"。法院的结论是，合伙企业的义务出现在债权人将贷款发放给合伙企业时，"本案中，它出现在1985年4月30日，而不是银行发放每期贷款时"，换句话说，是在理查德·汉勒等3人加入合伙企业之前。因此，贷款文件"只对平民银行和合伙企业有约束力"。

（4）每个合伙人原则上享有平等参与管理合伙事务的权利。任何一个合伙人都有权代表合伙企业从事业务活动，合伙企业内部对接受委托执行合伙企业事务的合伙人所做的职权限制，不得对抗善意第三人。与权利相对应，合伙人也承担不得从事损害本合伙企业利益的活动的义务，包括合伙人非经其他合伙人一致同意，不得经营与本合伙企业相竞争的业务，不得同本合伙企业进行交易等。

例6-4　A、B、C 3人分别投资7万美元、2万美元和1万美元，组建一家合伙企业。3人约定：由A负责合伙企业的经营管理，对外签订合同，B、C 2人不得以合伙企业名义对外签订合同。有一天，B以合伙企业的名义与D签订了一份合同，D只知道B是合伙人，不知道A、B、C 3人的约定。A认为这个合同无效。后来，合伙企业无力偿还债权人E的6万美元债务，E要求C偿还全部债务，被C拒绝。C认为自己投资只占合伙企业的1/10，因此只同意还10%的债务。

问：（1）B以合伙企业的名义与D签订的合同是否有效？

（2）合伙企业无力偿还债权人E的6万美元债务，如果E要求C偿还，C是否有义务全部偿还？

（3）如果C偿还了债权人E的6万美元债务，他可否要求A、B分担？比例如何？

分析：（1）B以合伙企业的名义与D签订的合同有效。因为每个合伙人原则上享有平等参与管理合伙事务的权利，任何一个合伙人都有权代表合伙企业从事业务活动，合伙企业内部对合伙人的职权限制，不得对抗善意第三人。

（2）如果E要求C偿还全部6万美元债务，则C有义务全部偿还。因为合伙企业中的（普通）合伙人对合伙企业债务负无限连带责任。当合伙企业的财产不足以清偿合伙企业债务时，普通合伙人有义务以自己的个人财产承担清偿责任。

（3）如果C偿还了债权人E的6万美元债务，他可以要求A、B分担，比例应为各承担1/3。因为当合伙企业协议未约定普通合伙人的利润与亏损分配或分担方案时，大部分国家的法律规定由普通合伙人平均分配或分担，而不考虑具体合伙人在合伙企业中的出资比例或出资形态。这是由合伙人对合伙企业债务承担无限连带责任的特点所决定的。但中国法律先考虑合伙人的实缴出资比例，在无法确定出资比例时，才要求由普通合伙人平均负担。

3）合伙的分类

大陆法国家和英美法国家对合伙的分类不同。大陆法将合伙主要分为普通合伙（general partnership）和隐名合伙（dormant partnership）。普通合伙由两人或数人共同出资、共同经营，合伙人对合伙债务承担无限连带责任。隐名合伙是出名合伙人和隐名合伙人之间的协议，双方约定，隐名合伙人对出名合伙人（又称出名营业人）所经营的事业出资，分享其所得利益并分担其所受损失，但不参与经营管理。这两类合伙企业，就其法律性质而言，一般都不具备独立的法律人格，因而都不是法人。但法国、荷兰、比利时和苏格兰的法律则承认普通合伙的法人地位。如《法国民法典》第 1842 条规定，隐名合伙以外的合伙，自登记之日起享有法人资格。

英美法中的合伙也有两种形式：普通合伙（general partnership）和有限合伙（limited partnership）。英美法中的普通合伙与大陆法中的普通合伙相同。英美法中的有限合伙，至少由一名普通合伙人和一名或一名以上的有限合伙人组成。普通合伙人负责有限合伙企业的经营管理，也承担有限合伙企业的全部责任和所有债务；有限合伙人对企业出资，在企业中拥有权益，但不承担任何管理责任，也不对其投资额以外的债务承担个人责任。在英美法的有限合伙中，普通合伙人与有限合伙人之间的区分非常严格，有限合伙人可能会因为参与企业的管理而丧失有限责任的保护。与大陆法中的隐名合伙不同，英美法中的有限合伙人不必将其投资的财产所有权转归普通合伙人。

英美法中的有限合伙相当于大陆法中的两合公司。在英美法中，合伙不具有法人地位。

6.2.2　我国的合伙企业

我国现行的《合伙企业法》于 2006 年 8 月 27 日由第十届全国人大常委会第二十三次会议修订通过，2007 年 6 月 1 日起施行。根据该法规定，合伙企业是指自然人、法人和其他组织依照本法在中国境内设立的普通合伙企业和有限合伙企业，其中：普通合伙企业由普通合伙人组成，合伙人对合伙企业债务承担无限连带责任；有限合伙企业由普通合伙人和有限合伙人组成，普通合伙人对合伙企业债务承担无限连带责任，有限合伙人以其认缴的出资额为限对合伙企业债务承担责任。因此，我国在合伙企业的形式上划分为普通合伙企业和有限合伙企业两类。

1）普通合伙企业

（1）普通合伙企业的设立

根据我国《合伙企业法》的要求，设立普通合伙企业，应当具备下列条件：

①有两个以上合伙人，合伙人均对合伙企业承担无限连带责任。合伙人可以为自然人，也可以为法人。合伙人为自然人的，应当具有完全民事行为能力；合伙人为法人的，不得为国有独资公司、国有企业、上市公司以及公益性的事业单位、社会团体。对于合伙人的国籍，我国法律并没有限制。

②有书面合伙协议。合伙协议是合伙的重要基础，我国法律要求合伙协议依法由全体合伙人协商一致、以书面形式订立，并要求订立合伙协议、设立合伙企业，应当遵循自愿、平等、公平、诚实信用原则。

③有合伙人认缴或者实际缴付的出资。合伙人应当按照合伙协议约定的出资方式、数额和缴付期限，履行出资义务。根据我国《合伙企业法》的要求，合伙人既可以用货币、实物、知识产权、土地使用权或者其他财产权利出资，也可以用劳务出资。其中，以非货币财产出资的，依照法律、行政法规的规定，需要办理财产权转移手续的，应当依法办理。合伙人以实物、知识产权、土地使用权或者其他财产权利出资，需要评估作价的，可以由全体合伙人协商确定，也可以由全体合伙人委托法定评估机构评估。合伙人以劳务出资的，其评估办法由全体合伙人协商确定，并在合伙协议中载明。

④有合伙企业的名称和生产经营场所，并符合法律、行政法规规定的其他条件。合伙企业名称中应当标明"普通合伙"字样。

例6-5　我国1999年度注册会计师全国统一考试中，出了以下一道问题：

1998年元月，甲、乙、丙共同设立一家合伙企业。合伙协议约定：甲以现金人民币5万元出资，乙以房屋作价人民币8万元出资，丙以劳务作价人民币4万元出资；各合伙人按相同比例分配盈利、分担亏损。合伙企业成立后，为扩大经营，于1998年6月向银行贷款人民币5万元，期限为1年。1998年8月，甲提出退伙，鉴于当时合伙企业盈利，乙、丙表示同意。同月，甲办理了退伙结算手续。1998年9月，丁入伙，丁入伙后，因经营环境变化，企业严重亏损。1999年5月，乙、丙、丁决定解散合伙企业，并将合伙企业现有财产（价值人民币3万元）进行分配，但对未到期的银行贷款未予清偿。1999年6月，银行贷款到期后，银行找合伙企业清偿债务，发现该企业已经解散，遂向甲要求偿还全部贷款，甲称自己早已退伙，不负责清偿债务。银行向丁要求偿还全部贷款，丁称该笔贷款是自己入伙前发生的，不负责清偿。银行向乙要求偿还全部贷款，乙表示只按照合伙协议约定的比例清偿相应数额。银行向丙要求偿还全部贷款，丙则表示自己是以劳务出资的，不承担偿还贷款义务。

问：（1）甲、乙、丙、丁各自的主张能否成立？并说明理由。

（2）合伙企业所欠银行贷款应如何清偿？

（3）在银行贷款清偿后，甲、乙、丙、丁内部之间应如何分担清偿责任？

分析：以中国法律规定为基础，分析上述 3 个问题：（1）甲的主张不能成立，因为根据我国《合伙企业法》的规定，退伙人对退伙前已经发生的债务与其他合伙人仍承担连带责任，他有义务偿还全部贷款；乙的主张也不能成立，因为合伙人之间对债务承担份额的约定对债权人没有约束力，每个合伙人都对企业债务承担无限连带责任；丙的主张同样不能成立，以劳务出资的合伙人也应承担合伙人的责任，他也有义务偿还全部贷款；最后，丁的主张也不能成立，因为根据我国《合伙企业法》的规定，入伙的新合伙人对入伙前的债务也应承担连带责任。（2）合伙企业解散时，应先清偿债务。乙、丙、丁未清偿债务就分配了财产是无效的，应予退还以偿还银行的债务，不足部分甲、乙、丙、丁承担无限连带责任。（3）合伙人按合伙协议约定分担债务。甲已经退伙并结清了债权债务，不再承担内部清偿份额，若在银行的要求下承担了还款的连带责任，可以向乙、丙、丁追偿。乙、丙、丁则按合伙协议约定分担债务，任何一人实际支付的清偿责任超过其应承担的份额时，可就超过部分向其他合伙人追偿。

但应注意，如果适用美国法律，则丁仅以投入到合伙企业中的财产对入伙前的合伙企业债务承担责任（参见例 6-3）；而在法国等国家，新合伙人被吸收参加一个已经存在的合伙时，对入伙前合伙企业的债务不承担责任。这种各国在法律规定上的差别一定要注意。

（2）普通合伙企业的财产

根据我国《合伙企业法》的规定，合伙人的出资、以合伙企业名义取得的收益和依法取得的其他财产，均为合伙企业的财产。该财产成为合伙运营的基础，也是合伙企业得以存在的基础，因此，法律对合伙企业的财产处分存在诸多限制，包括：

①合伙人在合伙企业清算前，不得请求分割合伙企业的财产。但是，合伙人在合伙企业清算前私自转移或者处分合伙企业财产的，合伙企业不得以此对抗善意第三人。

②除合伙协议另有约定外，合伙人向合伙人以外的人转让其在合伙企业中的全部或者部分财产份额时，须经其他合伙人一致同意。合伙人向合伙人以外的人转让其在合伙企业中的财产份额的，在同等条件下，其他合伙人有优先购买权。

合伙人以外的人依法受让合伙人在合伙企业中的财产份额的，经修改合伙协议即成为合伙企业的合伙人，依此享有权利，履行义务。

③合伙人之间转让在合伙企业中的全部或者部分财产份额时，应当通知其他合伙人。

④合伙人以其在合伙企业中的财产份额出质的，须经其他合伙人一致同意；未经其他合伙人一致同意，其行为无效，由此给善意第三人造成损失的，由行为人依法承担赔偿责任。

合伙人死亡或者被依法宣告死亡的,对该合伙人在合伙企业中的财产份额享有合法继承权的继承人,按照合伙协议的约定或者经全体合伙人一致同意,从继承开始之日起,取得该合伙企业的合伙人资格。

有下列情形之一的,合伙企业应当向合伙人的继承人退还被继承合伙人的财产份额:①继承人不愿意成为合伙人;②法律规定或者合伙协议约定合伙人必须具有相关资格,而该继承人未取得该资格;③合伙协议约定不能成为合伙人的其他情形。

合伙人的继承人为无民事行为能力人或者限制民事行为能力人的,经全体合伙人一致同意,可以依法成为有限合伙人,普通合伙企业依法转为有限合伙企业。全体合伙人未能一致同意的,合伙企业应当将被继承合伙人的财产份额退还该继承人。

（3）普通合伙企业的事务执行

合伙人对执行合伙事务享有同等的权利。按照合伙协议的约定或者经全体合伙人决定,可以委托一个或者数个合伙人对外代表合伙企业,执行合伙事务,这种情况下,其他合伙人不再执行合伙事务。但不执行合伙事务的合伙人有权监督执行事务合伙人执行合伙事务的情况。并且,合伙企业对合伙人执行合伙事务以及对外代表合伙企业权利的限制,不得对抗善意第三人。合伙企业也可以聘任合伙人以外的人担任经营管理人员。被聘任的合伙企业的经营管理人员应当在合伙企业授权范围内履行职务。被聘任的合伙企业的经营管理人员,超越合伙企业授权范围履行职务,或者在履行职务过程中因故意或者重大过失给合伙企业造成损失的,依法承担赔偿责任。

合伙人对合伙企业有关事项作出决议,按照合伙协议约定的表决办法办理。合伙协议未约定或者约定不明确的,实行合伙人一人一票并经全体合伙人过半数通过的表决办法。

除合伙协议另有约定外,合伙企业的下列事项应当经全体合伙人一致同意:①改变合伙企业的名称;②改变合伙企业的经营范围、主要经营场所的地点;③处分合伙企业的不动产;④转让或者处分合伙企业的知识产权和其他财产权利;⑤以合伙企业名义为他人提供担保;⑥聘任合伙人以外的人担任合伙企业的经营管理人员。

合伙人不得自营或者同他人合作经营与本合伙企业相竞争的业务,不得从事损害本合伙企业利益的活动。除合伙协议另有约定或者经全体合伙人一致同意外,合伙人不得同本合伙企业进行交易。

（4）普通合伙企业的损益分配与债务承担

合伙企业的利润分配、亏损分担,按照合伙协议的约定办理;合伙协议未约定或者约定不明确的,由合伙人协商决定;协商不成的,由合伙人按照实缴出资比例分配、分担;无法确定出资比例的,由合伙人平均分配、分担。合伙协议不得约定将全部利润分配给部分合伙人或者由部分合伙人承担全部亏损。

合伙企业对其债务，应先以其全部财产进行清偿。合伙企业不能清偿到期债务的，合伙人承担无限连带责任。

合伙人由于承担无限连带责任，清偿数额超过其亏损分担比例的，有权向其他合伙人追偿。

合伙人发生与合伙企业无关的债务，相关债权人不得以其债权抵销其对合伙企业的债务；也不得代位行使合伙人在合伙企业中的权利。

合伙人的自有财产不足清偿其与合伙企业无关的债务的，该合伙人可以以其从合伙企业中分取的收益用于清偿；债权人也可以依法请求人民法院强制执行该合伙人在合伙企业中的财产份额用于清偿。

人民法院强制执行合伙人的财产份额时，应当通知全体合伙人，其他合伙人有优先购买权；其他合伙人未购买，又不同意将该财产份额转让给他人的，依照本法第五十一条的规定为该合伙人办理退伙结算，或者办理削减该合伙人相应财产份额的结算。

（5）普通合伙企业的入伙与退伙

按照我国《合伙企业法》的要求，新合伙人入伙，除合伙协议另有约定外，应当经全体合伙人一致同意，并依法订立书面入伙协议。入伙的新合伙人与原合伙人享有同等权利，承担同等责任，并须对入伙前合伙企业的债务承担无限连带责任。

而对于退伙，通常存在以下情形：

首先，可以通过协议退伙的方式退伙。我国《合伙企业法》规定，合伙协议约定合伙期限的，在合伙企业存续期间，有下列情形之一的，合伙人可以退伙：①合伙协议约定的退伙事由出现；②经全体合伙人一致同意；③发生合伙人难以继续参加合伙的事由；④其他合伙人严重违反合伙协议约定的义务。合伙协议未约定合伙期限的，合伙人在不给合伙企业事务执行造成不利影响的情况下，可以退伙，但应当提前 30 日通知其他合伙人。

其次，法律规定了当然退伙的情形。根据我国《合伙企业法》规定，合伙人有下列情形之一的，当然退伙：①作为合伙人的自然人死亡或者被依法宣告死亡；②个人丧失偿债能力；③作为合伙人的法人或者其他组织依法被吊销营业执照、责令关闭、撤销，或者被宣告破产；④法律规定或者合伙协议约定合伙人必须具有相关资格而丧失该资格；⑤合伙人在合伙企业中的全部财产份额被人民法院强制执行。

合伙人被依法认定为无民事行为能力人或者限制民事行为能力人的，经其他合伙人一致同意，可以依法转为有限合伙人，普通合伙企业依法转为有限合伙企业。其他合伙人未能一致同意的，该无民事行为能力或者限制民事行为能力的合伙人退伙，退伙事由实际发生之日为退伙生效日。

最后，可以通过除名的方式使合伙人退伙。我国《合伙企业法》规定，合伙人有下列情形之一的，经其他合伙人一致同意，可以决议将其除名：①未履行出资义务；②因故意或者重大过失给合伙企业造成损失；③执行合伙事务时有不正当行为；④发生合伙协议约定的事由。

对合伙人的除名决议应当书面通知被除名人。被除名人接到除名通知之日，除名生效，被除名人退伙。被除名人对除名决议有异议的，可以自接到除名通知之日起30日内，向人民法院起诉。

合伙人退伙，其他合伙人应当与该退伙人按照退伙时的合伙企业财产状况进行结算，退还退伙人的财产份额。退伙人对给合伙企业造成的损失负有赔偿责任的，相应扣减其应当赔偿的数额。退伙人对基于其退伙前的原因发生的合伙企业债务，承担无限连带责任。

（6）特殊的普通合伙企业

所谓特殊的普通合伙企业，是指以专业知识和专门技能为客户提供有偿服务的专业人士以合伙形式组成的服务机构，如合伙制的律师事务所、会计师事务所等。特殊的普通合伙企业属于普通合伙企业的一种特殊形式，其名称中应当标明"特殊普通合伙"字样。

在特殊的普通合伙企业中，一个合伙人或者数个合伙人在执业活动中因故意或者重大过失造成合伙企业债务的，应当承担无限责任或者无限连带责任，其他合伙人以其在合伙企业中的财产份额为限承担责任。

合伙人在执业活动中非因故意或者重大过失造成的合伙企业债务以及合伙企业的其他债务，由全体合伙人承担无限连带责任。

合伙人执业活动中因故意或者重大过失造成的合伙企业债务，以合伙企业财产对外承担责任后，该合伙人应当按照合伙协议的约定对给合伙企业造成的损失承担赔偿责任。

例6-6 甲、乙、丙均具有注册会计师资格，他们3人每人投资5万元人民币，组成一个合伙制的会计师事务所，对外承揽业务。受利益驱使，甲、乙为某公司出具了虚假的财务报告，获取利益4万元人民币。后被我国有关机构发现，对该事务所罚款5万元人民币，并须由该事务所承担因该虚假财务报告给有关当事人造成的损失30万元人民币。

问：对于罚款及损失承担，甲、乙、丙各负什么责任？

分析：对于罚款及损失承担，甲、乙承担无限连带责任，丙以投资为限承担有限责任。也就是说，首先由该会计师事务所以其财产承担责任；不能承担的部分，甲、乙应当以自己的个人财产继续承担无限连带责任，丙以投资于事务所的财产承担责任后，不再另行承担责任。因为他们3人组成的，是一个特殊的普通合伙企业。根据我国法律的规定，在特殊的普通合伙企业中，一个合伙人或者数个合伙人在执业活动中因故意或者重大过失造成合伙企业债务的，应当承担无限责任或者无限连带责任，其他合伙人以其在合伙企业中的财产份额为限承担责任。

2）有限合伙企业

（1）有限合伙企业的设立

根据我国《合伙企业法》的要求，设立有限合伙企业，应当具备下列条件：

①有限合伙企业由两个以上五十个以下合伙人设立。有限合伙企业至少应当有一个普通合伙人。有限合伙企业设立后，合伙人发生变动，如果仅剩有限合伙人的，应当解散；如果仅剩普通合伙人的，转为普通合伙企业。

②有合伙人认缴的出资。在有限合伙企业中，普通合伙人对合伙企业债务承担无限连带责任，有限合伙人以其认缴的出资额为限对合伙企业债务承担责任。有限合伙人可以用货币、实物、知识产权、土地使用权或者其他财产权利作价出资，但有限合伙人不得以劳务出资。

有限合伙人转变为普通合伙人的，对其作为有限合伙人期间有限合伙企业发生的债务承担无限连带责任；普通合伙人转变为有限合伙人的，对其作为普通合伙人期间合伙企业发生的债务承担无限连带责任。

③有合法的企业名称和其他法律所要求的条件。根据我国《合伙企业法》的规定，有限合伙企业名称中应当标明"有限合伙"字样。

（2）有限合伙企业的事务执行

有限合伙企业由普通合伙人执行合伙事务。有限合伙人不执行合伙事务，不得对外代表有限合伙企业。

参考国际上其他国家的做法，有限合伙人的下列行为，不视为执行合伙事务：①参与决定普通合伙人入伙、退伙；②对企业的经营管理提出建议；③参与选择承办有限合伙企业审计业务的会计师事务所；④获取经审计的有限合伙企业财务会计报告；⑤对涉及自身利益的情况，查阅有限合伙企业财务会计账簿等财务资料；⑥在有限合伙企业中的利益受到侵害时，向有责任的合伙人主张权利或者提起诉讼；⑦执行事务合伙人怠于行使权利时，督促其行使权利或者为了本企业的利益以自己的名义提起诉讼；⑧依法为本企业提供担保。

有限合伙人因承担有限责任，并且不执行合伙企业事务，其所受到的限制相对于普通合伙人来说比较少，如合伙协议另有约定的除外，他可以同本有限合伙企业进行交易，可以自营或者同他人合作经营与本有限合伙企业相竞争的业务，可以将其在有限合伙企业中的财产份额出质，法律上均不做任何限制。但是，有限合伙人按照合伙协议的约定向合伙人以外的人转让其在有限合伙企业中的财产份额，应当提前三十日通知其他合伙人。

第三人有理由相信有限合伙人为普通合伙人并与其交易的，该有限合伙人对该笔交易承担与普通合伙人同样的责任。有限合伙人未经授权以有限合伙企业名义与他人进行交易，给有限合伙企业或者其他合伙人造成损失的，该有限合伙人应当承担赔偿责任。

有限合伙人的自有财产不足清偿其与合伙企业无关的债务的，该合伙人可以以其从有限合伙企业中分取的收益用于清偿；债权人也可以依法请求人民法院强制执行该合伙人在有限合伙企业中的财产份额用于清偿。

有限合伙企业不得将全部利润分配给部分合伙人，但是合伙协议另有约定的除外。

（3）有限合伙企业的入伙与退伙

有限合伙企业中的普通合伙人，其入伙规定与普通合伙企业相同，但新入伙的有限合伙人对入伙前有限合伙企业的债务，仅以其认缴的出资额为限承担责任。

有限合伙人有下列情形之一的，当然退伙：①作为合伙人的自然人死亡或者被依法宣告死亡；②作为合伙人的法人或者其他组织依法被吊销营业执照、责令关闭、撤销，或者被宣告破产；③法律规定或者合伙协议约定合伙人必须具有相关资格而丧失该资格；④合伙人在合伙企业中的全部财产份额被人民法院强制执行。

考虑到有限合伙人的特殊地位，我国《合伙企业法》规定，作为有限合伙人的自然人在有限合伙企业存续期间丧失民事行为能力的，其他合伙人不得因此要求其退伙。

作为有限合伙人的自然人死亡、被依法宣告死亡或者作为有限合伙人的法人及其他组织终止时，其继承人或者权利承受人可以依法取得该有限合伙人在有限合伙企业中的资格。

有限合伙人退伙后，对基于其退伙前的原因发生的有限合伙企业债务，以其退伙时从有限合伙企业中取回的财产承担责任。

例6-7 张某、白某、金某（韩国籍）、朴某（韩国籍）共同投资在中国设立了一个有限合伙企业（以下简称"该合伙企业"）。合伙协议约定：张某、金某为普通合伙人，分别出资人民币20万元；白某、朴某为有限合伙人，分别出资人民币15万元；张某执行合伙企业事务，对外代表该合伙企业。该合伙企业内部约定：超过人民币10万元的合同，应由合伙人全体表决通过，张某无权单独与第三人签订。

2015年该合伙企业发生下列事实：

2月，张某以该合伙企业的名义与A公司签订了一份人民币18万元的买卖合同。朴某获知后，认为该买卖合同损害了该合伙企业的利益，且张某的行为违反了该合伙企业内部规定，提出异议。

4月，白某、金某分别征得张某的同意后，以自己在该合伙企业中的财产份额出质，为自己向银行借款提供质押担保。朴某对上述事项均不知情，白某、金某之间也对质押担保事项互不知情。该合伙企业的合伙协议未对合伙人以财产份额出质事项进行约定。

5月，朴某退伙，并从该合伙企业取得退伙结算财产人民币13万元。

6月，该合伙企业的债权人B公司要求该合伙企业偿还该月到期的欠款人民币

40 万元。

根据我国《合伙企业法》的规定，分别回答下列问题：

（1）张某以该合伙企业的名义与 A 公司签订的买卖合同是否有效？并说明理由。

（2）金某（韩国籍）、朴某（韩国籍）是否具备在我国设立合伙企业的合伙人资格？他们是否只能作为有限合伙人参加合伙？

（3）朴某作为有限合伙人，是否有权对合伙事务执行人张某的行为提出异议？

（4）白某、金某的质押担保行为是否有效？并分别说明理由。

（5）如果该合伙企业的全部财产不足清偿 B 公司的债务，对不足清偿的部分，哪些合伙人应当承担清偿责任？如何承担清偿责任？

分析：（1）张某以该合伙企业的名义与 A 公司签订的买卖合同有效。根据《合伙企业法》的规定，合伙企业对合伙人执行合伙企业事务以及对外代表合伙企业权利的限制不得对抗善意的第三人。在该案例中，A 公司属于不知情的善意第三人，因此，买卖合同有效。

（2）金某（韩国籍）、朴某（韩国籍）均具备在我国设立合伙企业的合伙人资格。我国《合伙企业法》并没有规定合伙人的国籍限制，因此，外国人也有权利在我国设立或者参与设立合伙企业，这也是我国加入 WTO 以后的必然趋势；此外，金某（韩国籍）、朴某（韩国籍）既可以是有限合伙人，也可以是普通合伙人，因为我国法律也并没有规定外国人只能作为有限合伙人参加合伙。

（3）有权。虽然有限合伙企业由普通合伙人执行合伙事务，有限合伙人不执行合伙事务，不得对外代表有限合伙企业。但有限合伙人的某些行为，不视为执行合伙事务，其中包括：在有限合伙企业中的利益受到侵害时，向有责任的合伙人主张权利或者提起诉讼。如果朴某认为张某的行为损害了合伙企业的利益，也损害了自己在合伙企业中的利益，他有权提出异议，甚至提起诉讼。

（4）①金某的质押行为无效。根据《合伙企业法》的规定，普通合伙人以其在合伙企业中的财产份额出质的，须经其他合伙人一致同意；未经其他合伙人一致同意，其行为无效，由此给善意第三人造成损失的，由行为人依法承担赔偿责任。金某作为普通合伙人，他的质押行为未经其他合伙人的同意，因此，质押行为无效。②白某的质押行为有效。根据《合伙企业法》的规定，有限合伙人可以将其在有限合伙企业中的财产份额出质；但是，合伙协议另有约定的除外。由于该合伙企业的合伙协议未对合伙人以财产份额出质事项进行约定，因此，有限合伙人白某的质押行为有效。

（5）如果该合伙企业的全部财产不足清偿 B 公司的债务，对不足清偿的部分，应当：①普通合伙人张某、金某承担无限连带责任；②有限合伙人白某以出资额为限承担有限责任，也就是说，在该合伙企业的全部财产不足清偿 B 公司的债务的情况下，对不足清偿的部分，白某无须再承担责任；③退伙的有限合伙人朴某以其退伙时从该合伙企业分回的人民币 13 万元财产为限承担有限责任。

6.3　　　　　　　　公司的法律地位

6.3.1　　公司与公司法

公司是商事组织中采用最广泛的企业形式，也被誉为市场经济中最成功的企业形式，在世界各国的经济中都具有举足轻重的地位。在概念上，公司是指依法成立、以营利为目的的社团法人或指以营利为目的，依法定程序登记成立通常具有法人资格的社会团体。公司法规定，公司的成立、组织、活动、解散和其他权利义务关系，是商法的组成部分。大陆法国家大多将公司法编入本国的商法典或民法典；英美法国家的公司法则多以单行法规形式出现。我国现行的《公司法》由全国人民代表大会常务委员会于 2018 年 10 月 26 日发布。

根据各国法律的规定，公司一般具有的法律特征为：公司是法人，在法律上享有独立人格；公司的财产归公司组织所有，不属于公司成员个人；设立公司的目的在于营利，营利所得分配给公司的出资人；公司股东的变化一般不影响公司的存续。

公司的设立是公司依法取得合法资格的过程，大部分公司经过设立程序后取得法人资格。对于公司设立的方式和原则，各国法律的规定有所不同，主要有以下几种：①自由设立，亦称放任主义，指国家对公司的设立不加任何干预。目前采用这种做法的国家很少，在现代社会中，国家或多或少都会对社会经济活动进行一些干预，对公司设立的管理就是这种干预的一部分。②特许设立，指公司的设立必须经过国家法令的特殊批准。该原则体现了国家对公司设立的过于严格的干预，现在已经很少使用。在 19 世纪许多公司的设立体现国家特殊政治目的时期，这种设立公司的原则较为常见，如英国、荷兰的殖民性质公司，但目前这一做法仅出现在一些国家的特殊行业或与国计民生关系密切的企业，如某些稀缺资源等。③核准设立，亦称许可主义，指公司的设立必须具备法定条件，并经过有审批权的机关审批后方可成立。许多发展中国家采用这种做法。我国过去计划经济时期以该原则为主，政府主管机关的审批是企业设立的重要程序。目前该原则在我国也仅属于辅助性原则。④准则设立，指公司设立只要符合法定条件，向专门管理机关登记即可成立，无须经任何审批手续。美国等经济发达国家多采用该做法。我国目前《公司法》对公司的设立也以准则主义为主。

6.3.2　　公司的基本形式

划分公司种类的标准有许多。大陆法国家一般根据股东对公司债务所承担的责任和集资方式不同，将公司分为无限公司、有限责任公司、两合公司、股份有限公司四种形式。英美法国家则将公司分为封闭型公司、开放型公司等形式，类似于大陆法国家的有限责任公司和股份有限公司。

1）无限公司

无限公司（unlimited company partnership，日：合名会社）是指股东对公司债务负无限清偿责任的公司形式。无限公司的股东人数，法国、德国、日本、瑞士等国的法律不加限制。英国公司法规定，经营银行业务的，股东不得超过 10 人；经营普通业务的，不得超过 20 人。

无限公司的主要特点是：

（1）无限公司是人合公司（personal company）的典型代表，它以股东个人信用为公司对外关系的基础。

（2）无限公司就其内部关系而言相当于普通合伙，股东对公司债务负无限连带责任。

（3）公司的所有权和管理权融为一体，股东有权直接参与公司事务的管理。

（4）公司账目无须公开。

（5）股东转让出资，须经全体股东同意。

大部分国家法律规定，无限责任公司不具有法人资格，但法国、日本、比利时等国的立法承认无限公司为法人。我国《公司法》没有规定无限公司这种形式。

2）有限责任公司

有限责任公司（limited company，日：有限会社），亦称有限公司，是指由两人以上的股东共同投资，每个股东以其所认缴的出资额对公司债务承担责任的社团法人。有些国家允许一人出资设立有限责任公司，如《德国有限责任公司法》第 1 条规定，有限责任公司可以根据本法之规定，基于任何合法目的，由一名或多名股东设立。

有限公司 1892 年首创于德国，其后葡萄牙、奥地利、法国、比利时等国相继采用，英美法中也存在有限公司这种称谓。英国的不上市公司（private company）和美国的封闭式公司（closely-held corporation）与大陆法中的有限公司相似。

有限责任公司具有以下几个主要特点：

（1）股东对公司债务负有限责任，是有限公司最基本的特点。各国的有限责任公司均实行资本金制度，股东的实际出资构成公司的资本，股东以其实际出资对公司债务承担有限责任。但对资本金数额的要求，各国法律规定不一，有些国家（地区）没有最低资本金的限制。

（2）股东人数受到一定的限制。大部分国家的公司法要求有限责任公司的股东人数在 50 人以下，如我国、英国和日本的立法。但德国的法律对股东人数没有限制。

（3）有限公司不能公开募股，不得向社会发行股票。公司的资本来自于股东的实际出资，股东出资是股东的一项义务，不按规定或约定缴纳出资的股东，须对其他股东承担违约责任。

（4）股东出资转让须经公司同意，并在公司登记。各国法律均允许股东之间相互转让出资，但股东向股东以外的人转让其出资时，必须经一定比例（通常为过半数）股东的同意，同等条件下，其他股东有优先购买权。但各国法律又往往规定，不同意转让的股东，应当购买该转让的出资，不购买的，视为同意转让。

（5）有限公司的设立程序和组织都较为简单。如前所述，大部分国家采取准则主义原则。

有限责任公司的组织与管理机构主要有股东会、董事会、经营管理机构和监事会。

有限责任公司的股东会由全体股东组成，是公司的权力机关，有权决定公司的一切重大问题，股东一般以其所持股份比例行使表决权。董事会是公司的业务管理机关，负责公司的经营管理和股东会决议的执行，各国法律均规定董事会是对外代表公司的经营管理机关，董事长是公司的法定代表人。有限责任公司的经营管理机构一般通过设立总经理或总裁来运行，负责公司的日常经营管理活动，对董事会负责并报告工作。监事会则是对股东会负责，对公司经营状况和财务状况进行监督的机构。有些国家的监事会则由董事会设立，对公司内部财务管理活动进行监督。

3）两合公司

两合公司（limited partnership，日：合资会社）是指由一人以上的无限责任股东与一人以上的有限责任股东组成，其无限责任股东对公司债务负无限责任并负责公司的经营管理，有限责任股东就其出资额对公司债务负责。

英美法将两合公司称为有限合伙。大陆法国家承认两合公司的法人地位，但英美法国家不承认其法人资格。我国《公司法》未规定两合公司这种公司形式。

4）股份有限公司

股份有限公司（英：company limited by shares，美：joint stock company，日：株式会社）是指由发起人发起设立公司、公开募集资本，公司全部资本分为若干股份，股东仅就其所认缴的股份对公司债务负责的公司形式。股份有限公司在各国法律中均被规定为法人。

股份有限公司的主要特点是：

（1）股份有限公司是合资公司（capital company）的典型代表，它以资本数额作为对外关系的基础，股东的变化对公司存续没有任何影响。

（2）股份有限公司的股票可以公开发行、自由转让。股份有限公司将其全部资本划分为若干等额股份（表现为股票形式），通过向社会公开发行股票筹集资本，是股份有限公司的一个重要特点。股东可以自由转让股票，无须任何机构或个人同意。

（3）股份有限公司的股东不得少于法定人数，如法国和日本的法律规定不得少于7人，德国法律规定不得少于5人。但美国的一些州允许一人发起设立股份有限公司。

（4）股份有限公司的账目必须公开。由于股份有限公司股东人数众多、变动频繁，各国法律均要求股份有限公司将生产经营及财务状况向社会公开。

（5）股份有限公司的所有权和管理权分离。

英美法国家的上市公司（public company），就其性质而言，相当于大陆法国家的股份有限公司。

股份有限公司的资本主要是通过向社会公开发行股票而募集的，因此，称为股份资本（share capital），简称"资本"。大陆法国家多实行法定资本制，在法定资本制下，公司资本又称注册资本，是指由公司章程确定的、在公司登记机关登记的由全体股东实缴的出资额或公司实际募集的股本总额。在公司的注册资本未缴足或募足前，公司不得成立；英美法国家多实行授权资本制，在授权资本制下，注册资本又称名义资本或核定资本，是公司章程规定的、授权公司最高可以发行或募集的公司资本或股本。公司在其注册资本未缴足或募足前即可成立，其余资本额可以在公司成立后分期缴付或经催缴后再缴付。

股份有限公司的组织与管理机关主要有股东大会、董事会、监事会。

股东大会是公司的最高权力机关，有权决定公司的经营方针和投资计划、连任和更换董事。董事会是股份有限公司的业务管理机关，负责处理公司经营管理事宜。监事会或监察人会对公司的经营管理实施全面监督，对董事会的工作行使监督权。

例 6-8　张某、邓某、林某于 2014 年 6 月以 4：4：2 的比例共同投资，注册成立了一家有限责任公司。张某任公司董事长，邓某任董事，林某委派杨某代表自己作为董事进入公司的董事会。在召开董事会时，林某认为自己既然是股东，当然也是董事会成员，应当参与董事会的表决。

问：公司的董事是否必须是公司的股东？或者，公司股东是否当然成为公司的董事？

分析：公司的董事不一定必须是公司的股东。这里涉及公司的股东会（或股东大会）和董事会两个机关：公司的股东会（或股东大会）由全体股东组成，是公司的权力机关，有权决定公司的一切重大问题；而公司的董事会是公司的业务管理机关，负责公司的经营管理和股东会（或股东大会）决议的执行。一般情况下，公司的股东会（或股东大会）决定公司的董事人选，股东可以聘请非股东人员代表自己进入董事会，负责公司的经营管理。董事会受聘于股东会（或股东大会），对股东会（或股东大会）负责并报告工作，执行股东会（或股东大会）的决议，经营管理公司业务，董事长是公司的法定代表人。这就是我国通常所说的"所有权"与"经营权"相分离的体现。

同样，公司股东也并不是当然成为公司的董事。公司股东可以自己进入董事会，作为董事会成员直接介入公司的经营管理，也可以委派其他人代表自己的利益，进入公司董事会参与对公司的经营管理。各国法律在这个问题上的要求有所不同，但普遍不禁止公司股东进入公司董事会，成为董事会成员。不过各国对上市公司在这方面的要求比较严格。

6.3.3 公司的特殊形式

1）母公司与子公司

母公司与子公司（parent company and subsidiary）是两个相对应的概念。母公司指拥有另一公司多数有表决权的股份，或通过协议对另一公司进行实际控制的公司。与此相应，其多数有表决权的股份被另一公司所拥有，或通过协议受另一公司实际控制的公司就是子公司。

通过股权控制子公司的母公司，称为控股公司（holding company）。控股公司分为两种：一种是纯粹控股公司（pure holding company），另一种是混合的控股公司（mixed holding company），前者只控制子公司的股权，自身不从事经营活动；后者除控制股权外，也经营自身的业务。

子公司虽然在业务上受母公司的控制，但它在法律上和母公司一样，都是具有法人资格的企业。设在其他国家的子公司往往取得当地国籍，是东道国的法人。这一点它与分公司（branch）不同，分公司是总公司的分支机构或附属机构，不是独立的法人，设在外国的分公司保留总公司国籍。

例 6-9 美国某公司决定在中国设立两家企业：在大连设立一个外商独资企业，由美国公司 100% 控股，从事某产品的加工制造；在上海设立一个销售机构，作为美国公司在中国的代表开展业务活动，但不取得独立的法人资格。

问：（1）这两家企业的法律地位是否相同？

（2）设在我国境内的外资企业和外国企业有什么不同？

分析：这两家企业的法律地位显然不一样：前者的地位是一个子公司，后者的地位是一个分公司。设在我国境内的外资企业是外国公司的子公司，它依中国法律设立，取得中国法人资格，因此，就前者而言，在大连设立的外商独资企业取得中国法人资格；而设在我国境内的外国企业是外国公司的分公司，它虽然也必须依中国法律设立，但不取得中国法人资格，而是继续保留其总公司的国籍，因此，后者我们仍称为美国公司。

我国《外资企业法》对外商独资企业的解释是，外商独资企业是指依照我国有关法律在我国境内设立的全部资本由外国投资者投资的企业，不包括外国企业和其他经济组织在中国境内的分支机构。之所以说"不包括外国企业和其他经济组织在中国境内的分支机构"，就是因为这些分支机构属于外国公司的分公司，不是我国法律规定的外商独资企业（子公司）的范畴。

2）跨国公司（又称多国公司或国际公司）

跨国公司（multinational corporation, multinational firm）问题曾在 20 世纪中期引起世界各国的广泛关注，尤其是一些经济实力雄厚的大型跨国公司对当时的发展中国家产生的影响，跨国公司母国与东道国之间产生的包括法律冲突在内的各种冲突等，使该问题成为一个须由联合国专门解决的问题。但随着经济全球化进程的加快、各国经济国际化程度的加深和各国法律协调的加强以及有关法律制度的成熟，进入 21 世纪以来，跨国经营已经成为一种普遍模式而被发达国家和发展中国家广泛接受与采用，因跨国公司而产生的各种法律冲突已经很少。但对跨国公司进行法律规范，对其母公司、子公司甚至孙公司地位的确定，仍是有关国家和国际上一个十分重要的法律问题。

作为一种公司的特殊形式，根据《联合国跨国公司行动守则》（草案）所下的定义，跨国公司是一个企业，这种企业有下列特征：

（1）组成这个企业的实体分设在两个或两个以上的国家，而不论这些实体的法律形式和活动范围如何；

（2）这种企业的业务是通过一个或多个决策中心，根据一套决策办法经营的，因而具有一贯的政策和共同的战略；

（3）企业的多个实体由于所有权关系或其他因素，其中一个或一个以上的实体可能与其他实体分享知识与资源，分担责任。

跨国公司作为一个企业是由多个实体组成的，这个实体分设在两个或两个以上国家，而只有其中一个实体作为决策中心。这个作为"全球战略"决策中心的实体称为母公司，其他各个实体称为子公司。当前，一些国家根据跨国公司的母公司和子公司分别在基地国与东道国登记成立的情况，把母公司和子公司都确认为独立民事法律关系主体，而不把母公司、子公司看作一个实体。

6.4　　　　　　　　　我国的公司

我国现行的公司法主要由 2018 年修订的《中华人民共和国公司法》（2018 年10 月 26 日第十三届全国人民代表大会常务委员会第六次会议修订）和相关的配套法规、司法解释组成。考虑我国的实际情况，我国《公司法》将公司划分为有限责任公司和股份有限公司两种形式，其中：有限责任公司，是指股东以其出资额为限对公司承担责任，公司以其全部资产对公司的债务承担责任的企业法人；股份有限公司，是指其全部资本分为等额股份，股东以其所持股份为限对公司承担责任，公司以其全部资产对公司债务承担责任的企业法人。

6.4.1　我国有限责任公司

1）有限责任公司设立的条件

根据我国《公司法》规定，设立有限责任公司，应当具备下列条件：

（1）股东符合法定人数。我国《公司法》规定，有限责任公司由五十个以下股东共同出资设立。

（2）有符合公司章程规定的全体股东认缴的出资额。我国法律现在不对有限责任公司的注册资本规定最低限额的要求，而是由公司股东在公司章程中予以规定。因而，有限责任公司的注册资本为在公司登记机关登记的全体股东认缴的出资额。法律、行政法规以及国务院决定对有限责任公司注册资本实缴、注册资本最低限额另有规定的，从其规定。

（3）股东共同制定公司章程。有限责任公司章程应当载明下列事项：①公司名称和住所；②公司经营范围；③公司注册资本；④股东的姓名或者名称；⑤股东的出资方式、出资额和出资时间；⑥公司的机构及其产生办法、职权、议事规则；⑦公司法定代表人；⑧股东会会议认为需要规定的其他事项。股东应当在公司章程上签名、盖章。

公司章程对公司、股东、董事、监事、高级管理人员具有约束力。

（4）有公司名称，建立符合有限责任公司要求的组织机构；有限责任公司的名称中，必须包含"有限责任公司"字样。

（5）有公司住所。

2）有限责任公司的组织机构

有限责任公司的组织机构有股东会、董事会、监事或监事会、经营管理机构（经理）。但我国法律并不要求所有的有限责任公司都必须设立上述机构，公司股东可以根据经营需要决定设立哪些机构。

（1）股东会

有限责任公司的股东会由全体股东组成，是有限责任公司的最高权力机构，有权依据法律的规定决定有限责任公司的一切重大问题。公司应当将股东的姓名或者名称及其出资额向公司登记机关登记：记载于股东名册的股东，可以依股东名册主张行使股东权利；登记事项发生变更的，应当办理变更登记。未经登记或者变更登记的，不得对抗第三人。

①股东会的职权。

有限责任公司的股东会会议分为定期会议和临时会议：定期会议应当依照公司章程的规定按时召开；代表十分之一以上表决权的股东，三分之一以上的董事，监事会或者不设监事会的公司的监事提议召开临时会议时，应当召开临时会议。

根据《公司法》的规定，股东会作为公司权力机构，行使下列职权：决定公司的经营方针和投资计划；选举和更换非由职工代表担任的董事、监事，决定有关董事、监事的报酬事项；审议批准董事会的报告；审议批准监事会或者监事的报告；审议批准公司的年度财务预算方案、决算方案；审议批准公司的利润分配方案和弥补亏损方案；对公司增加或者减少注册资本作出决议；对发行公司债券作出决议；对公司合并、分立、解散、清算或者变更公司形式作出决议；修改公司章程；公司章程规定的其他职权。对前述事项，股东以书面形式一致表示同意的，可以不召开股东会会议，直接作出决定，并由全体股东在决定文件上签名、盖章。

②股东的出资义务。

有限责任公司的股东承担缴纳出资的义务。股东可以用货币出资，也可以用实物、知识产权、土地使用权等可以用货币估价并可以依法转让的非货币财产作价出资，但我国法律禁止股东以以下方式出资：劳务、信用、自然人姓名、商誉、特许经营权或者设定担保的财产。

股东必须按期足额缴纳公司章程中规定的各自所认缴的出资额。股东以货币出资的，应当将货币出资足额存入有限责任公司在银行开设的账户；以非货币财产出资的，应当依法办理其财产权的转移手续。股东不按照前款规定缴纳出资的，除应当向公司足额缴纳外，还应当向已按期足额缴纳出资的股东承担违约责任。

有限责任公司成立后，发现作为设立公司出资的非货币财产的实际价额显著低于公司章程所定价额的，应当由交付该出资的股东补足其差额；公司设立时的其他股东承担连带责任。

公司成立后，股东不得抽逃出资。

例 6-10　2014 年 6 月，张某、陈某等 7 人成立了一家有限责任公司。根据公司章程规定，张某以房屋出资，作价人民币 800 万元，陈某以其持有的一项专利权出资，作价人民币 300 万元。在公司设立之日，其他股东的投资均已到位，但张某虽然将房屋过户给了公司，但始终占用，未移交公司使用；陈某虽然将专利权交付给公司使用，但始终未办理权利转移手续。到年底即将分红时，在其他股东的强烈要求下，张某于 12 月底将房屋交付给公司使用，陈某也于 12 月底办理了专利权转移手续，将专利权转移给了公司。但对于当年 6 月到 12 月期间，张某、陈某是否享有公司的股东权利，股东们产生争议。

问：从股东的出资义务角度理解，你认为张某和陈某在当年 6 月到 12 月期间，是否享有公司的股东权利？

分析：是否享有公司的股东权利，取决于股东是否履行了出资义务。或者说，股东履行出资义务是享有公司股东权利的基础。而是否履行了出资义务的主要标志是将出资转移或交付给公司。从这个角度看，张某虽然将房屋过户给了公司，但始终占用，未移交公司使用，他不应当享有此期间的公司股东权利；陈某将专利权交付给公司使用，但始终未办理权利转移手续，并不影响他享有此期间的公司股东权利，因为办理转移手续仅仅是一种行政管理措施，不影响公司享有该投资的利益。

我国最高人民法院在 2010 年 12 月 6 日通过的《关于适用〈中华人民共和国公司法〉若干问题的规定（三）》第十条中规定："出资人以房屋、土地使用权或者需要办理权属登记的知识产权等财产出资，已经交付公司使用但未办理权属变更手续，公司、其他股东或者公司债权人主张认定出资人未履行出资义务的，人民法院应当责令当事人在指定的合理期间内办理权属变更手续；在前述期间内办理了权属变更手续的，人民法院应当认定其已经履行了出资义务；出资人主张自其实际交付财产给公司使用时享有相应股东权利的，人民法院应予支持。出资人以前款规定的财产出资，已经办理权属变更手续但未交付给公司使用，公司或者其他股东主张其向公司交付、并在实际交付之前不享有相应股东权利的，人民法院应予支持。"

③股东会的议事方式和表决程序。

股东会的议事方式和表决程序，除法律另有规定的外，由公司章程规定。股东会会议由股东按照出资比例行使表决权，但是公司章程另有规定的除外。一般情况下，股东会决议由股东所持表决权的过半数通过，但股东会会议作出修改公司章程、增加或者减少注册资本的决议，以及公司合并、分立、解散或者变更公司形式的决议，应当经代表三分之二以上表决权的股东通过。

公司为公司股东或者实际控制人提供担保的，必须经股东会或者股东大会决议。接受担保的股东或者受接受担保的实际控制人支配的股东，不得参加该事项的表决，该项表决由出席会议的其他股东所持表决权的过半数通过。

④股东的其他权利与义务。

首先，股东按照实缴的出资比例分取红利；公司新增资本时，股东有权优先按照实缴的出资比例认缴出资。但是，全体股东约定不按照出资比例分取红利或者不按照出资比例优先认缴出资的除外。

其次，公司股东应当遵守法律、行政法规和公司章程，依法行使股东权利，不得滥用股东权利损害公司或者其他股东的利益；不得滥用公司法人独立地位和股东有限责任损害公司债权人的利益。

公司股东滥用股东权利给公司或者其他股东造成损失的，应当依法承担赔偿责任。

公司股东滥用公司法人独立地位和股东有限责任，逃避债务，严重损害公司债权人利益的，应当对公司债务承担连带责任。

此外，公司的控股股东、实际控制人、董事、监事、高级管理人员不得利用其关联关系损害公司利益。违反该规定，给公司造成损失的，应当承担赔偿责任。

（2）董事会或执行董事

有限责任公司的董事会是公司股东会的执行机构，对股东会负责并报告工作，并对外代表公司进行经营活动。董事会由3～13人组成，董事长为公司的法定代表人。股东人数较少或者规模较小的有限责任公司，可以设1名执行董事，不设董事会。执行董事可以兼任公司经理。董事任期由公司章程规定，但每届任期不得超过3年。董事任期届满，连选可以连任。

根据我国《公司法》的要求，两个以上的国有企业或者两个以上的其他国有投资主体投资设立的有限责任公司，其董事会成员中应当有公司职工代表；其他有限责任公司董事会成员中可以有公司职工代表。董事会中的职工代表由公司职工通过职工代表大会、职工大会或者其他形式民主选举产生。

董事会会议一般由董事长召集和主持。董事会对股东会负责，行使下列职权：

①召集股东会会议，并向股东会报告工作；②执行股东会的决议；③决定公司的经营计划和投资方案；④制订公司的年度财务预算方案、决算方案；⑤制订公司的利润分配方案和弥补亏损方案；⑥制订公司增加或者减少注册资本以及发行公司债券的方案；⑦制订公司合并、分立、解散或者变更公司形式的方案；⑧决定公司内部管理机构的设置；⑨决定聘任或者解聘公司经理及其报酬事项，并根据经理的提名决定聘任或者解聘公司副经理、财务负责人及其报酬事项；⑩制定公司的基本管理制度；⑪公司章程规定的其他职权。

董事会的议事方式和表决程序，一般由公司章程规定。董事会应当对所议事项的决定作成会议记录，出席会议的董事应当在会议记录上签名。董事会决议的表决，实行一人一票。

例6-11　某有限责任公司的董事会成员由6人组成，包括1名董事长和1名副董事长。一次，在对某个方案进行表决时，出现了3∶3的表决结果。

问：我国《公司法》规定，有限责任公司的董事会由3~13人组成。那么，董事会的人数是否必须为单数？

分析：我国法律只是要求有限责任公司的董事会由3~13人组成，但并未规定必须是单数，所以，董事会成员可以为偶数。例如，由包括董事长在内的6人组成董事会，是可以的。很多人担心表决时出现3∶3的情况怎么办，这个担心没有必要：如果董事会的表决出现3∶3这种等票结果，结论应当为"否决"，因为董事会的表决须至少过半数同意才能通过。当然，公司股东会也有权授权董事长拥有两票，或者规定在这种情况下，董事长有决定性的一票，等等。

这里应注意的另一个问题是，董事会成员，包括董事长在内，原则上每人拥有一票的表决权（当然，股东会有权决定是否如此），与股东会中股东根据自己的股份多少不同而拥有大小不等的发言权的情况不同。

（3）监事会

有限责任公司的监事会是公司的内部监督机构，由3名以上成员组成。股东人数较少和规模较小的有限责任公司，可以设1~2名监事，不设立监事会。监事会应当包括股东代表和适当比例的公司职工代表，其中职工代表的比例不得低于三分之一，具体比例由公司章程规定。监事会中的职工代表由公司职工通过职工代表大会、职工大会或者其他形式民主选举产生。

监事会的主要职权包括：检查公司财务；对董事、高级管理人员执行公司职务的行为进行监督，对违反法律、行政法规、公司章程或者股东会决议的董事、高级管理人员提出罢免的建议；当董事、高级管理人员的行为损害公司的利益时，要求董事、高级管理人员予以纠正；提议召开临时股东会会议，在董事会不履行本法规定的召集和主持股东会会议职责时召集和主持股东会会议；向股东会会议提出提案；依照法律规定，对董事、高级管理人员提起诉讼；公司章程规定的其他职权。

监事会设主席一人，由全体监事过半数选举产生。监事会主席召集和主持监事会会议；监事会主席不能履行职务或者不履行职务的，由半数以上监事共同推举一名监事召集和主持监事会会议。但是，公司的董事、高级管理人员不得兼任监事。

监事可以列席董事会会议，并对董事会决议事项提出质询或者建议。

（4）经理

有限责任公司的经营管理机构一般以经理为代表。公司也可以根据自己的需要设立总裁或设立其他头衔，如 CEO 等，作为经营管理机构的代表，但其法律地位不存在差异。有限责任公司的经理由董事会聘任或解聘，对董事会负责并报告工作，负责公司的日常经营管理工作。

经理主要行使下列职权：主持公司的生产经营管理工作，组织实施董事会决议；组织实施公司年度经营计划和投资方案；拟订公司内部管理机构设置方案；拟订公司的基本管理制度；制定公司的具体规章；提请聘任或者解聘公司副经理、财务负责人；决定聘任或者解聘除应由董事会决定聘任或者解聘以外的负责管理人员；董事会授予的其他职权。

公司章程对经理职权另有规定的，从其规定。经理列席董事会会议。

3）一人有限责任公司与国有独资公司

（1）一人有限责任公司

我国《公司法》允许一个股东单独投资设立有限责任公司，这种只有一个自然人股东或者一个法人股东的有限责任公司，称为一人有限责任公司或一人公司。

一人有限责任公司不设股东会，其章程由股东制定。股东作出决定时，应当采用书面形式，并由股东签名后置备于公司。我国法律要求一人有限责任公司应当在每一会计年度终了时编制财务报告，并经会计师事务所审计。

为保障交易秩序，防止投资者利用一人有限责任公司形式损害其他债权人利益，我国法律对一人有限责任公司主要有两项限制：①一个自然人只能投资设立一个一人有限责任公司。该一人有限责任公司不能投资设立新的一人有限责任公司。②一人有限责任公司的股东不能证明公司财产独立于股东自己的财产的，应当对公司债务承担连带责任。

（2）国有独资公司

国有独资公司是指国家授权投资的机构或者国家授权部门单独投资设立的有限责任公司，它是有限责任公司的一种特殊形式。国务院确定生产特殊产品或属于特定行业的公司（如军工企业）应采取国有独资公司形式。

国有独资公司只有一个股东，即国家。因此，国有独资公司不设股东会，由国家授权投资的机构或部门，授权公司董事会行使股东会的部分职权，决定公司的重大事宜，其董事会由 3~9 人组成，但涉及公司的合并、分立、解散、增加或减少资本、发行公司债券等问题时，仍须由国家授权投资的机构或部门决定。

4）有限责任公司的股权转让

有限责任公司的股东之间可以相互转让其全部或者部分股权。

股东向股东以外的人转让股权，应当经其他股东过半数同意。股东应就其股权转让事项书面通知其他股东征求同意，其他股东自接到书面通知之日起满三十日未答复的，视为同意转让。其他股东半数以上不同意转让的，不同意的股东应当购买该转让的股权；不购买的，视为同意转让。

经股东同意转让的股权，在同等条件下，其他股东有优先购买权。两个以上股东主张行使优先购买权的，协商确定各自的购买比例；协商不成的，按照转让时各自的出资比例行使优先购买权。

人民法院依照法律规定的强制执行程序转让股东的股权时，应当通知公司及全体股东，其他股东在同等条件下有优先购买权。其他股东自人民法院通知之日起满二十日不行使优先购买权的，视为放弃优先购买权。

有下列情形之一的，对股东会该项决议投反对票的股东可以请求公司按照合理的价格收购其股权：①公司连续五年不向股东分配利润，而公司该五年连续盈利，并且符合本法规定的分配利润条件的；②公司合并、分立、转让主要财产的；③公司章程规定的营业期限届满或者章程规定的其他解散事由出现，股东会会议通过决议修改章程使公司存续的。

自股东会会议决议通过之日起六十日内，股东与公司不能达成股权收购协议的，股东可以自股东会会议决议通过之日起九十日内向人民法院提起诉讼。

自然人股东死亡后，其合法继承人可以继承股东资格；但是，公司章程另有规定的除外。

公司章程对股权转让另有规定的，从其规定。

6.4.2　我国股份有限公司

1）股份有限公司设立的条件

根据我国《公司法》的规定，设立股份有限公司，应当具备下列条件：

（1）发起人符合法定人数。在我国设立股份有限公司，应当有二人以上二百人以下为发起人，其中须有半数以上的发起人在中国境内有住所。

（2）有符合公司章程规定的全体发起人认购的股本总额或者募集的实收股本总额。我国法律不对股份有限公司的注册资本规定最低限额，而应当由公司股东在公司章程中予以规定。股份有限公司采取发起设立方式设立的，注册资本为在公司登记机关登记的全体发起人认购的股本总额。在发起人认购的股份缴足前，不得向他人募集股份。股份有限公司采取募集方式设立的，注册资本为在公司登记机关登记的实收股本总额。法律、行政法规以及国务院决定对股份有限公司注册资本实缴、注册资本最低限额另有规定的，从其规定。

发起人可以用货币出资，也可以用实物、知识产权、土地使用权等可以用货币估价并可以依法转让的非货币财产作价出资；但是，法律、行政法规规定不得作为出资的财产除外。对作为出资的非货币财产应当评估作价，核实财产，不得高估或者低估作价。法律、行政法规对评估作价有规定的，从其规定。

（3）发起人制定公司章程，采取募集方式设立的经创立大会通过。股份有限公司章程应当载明下列事项：公司名称和住所；公司经营范围；公司设立方式；公司股份总数、每股金额和注册资本；发起人的姓名或者名称、认购的股份数、出资方式和出资时间；董事会的组成、职权和议事规则；公司法定代表人；监事会的组成、职权和议事规则；公司利润分配办法；公司的解散事由与清算办法；公司的通知和公告办法；股东大会会议认为需要规定的其他事项。

（4）有公司名称，建立符合股份有限公司要求的组织机构。

（5）有公司住所。

股份有限公司的资本划分为股份，每一股的金额相等。公司的股份采取股票的形式，股票是公司签发的证明股东所持股份的凭证。股票可以分为记名股票和无记名股票。股东对其所持股份可以依法自由转让。

2）发起人的主要责任与公司创立大会

（1）发起人的主要责任

股份有限公司发起人承担公司筹办事务。发起人应当签订发起人协议，明确各自在公司设立过程中的权利和义务。

以发起设立方式设立股份有限公司的，发起人应当书面认足公司章程规定其认购的股份；一次缴纳的，应即缴纳全部出资；分期缴纳的，应即缴纳首期出资。以非货币财产出资的，应当依法办理其财产权的转移手续。发起人不依照前款规定缴纳出资的，应当按照发起人协议承担违约责任。

发起人首次缴纳出资后，应当选举董事会和监事会，由董事会向公司登记机关报送公司章程、由依法设定的验资机构出具的验资证明以及法律、行政法规规定的其他文件，申请设立登记。

以募集设立方式设立股份有限公司的，发起人认购的股份不得少于公司股份总数的百分之三十五；法律、行政法规另有规定的除外。

发起人向社会公开募集股份，必须公告招股说明书，并制作认股书。认股书应当载明本法第八十七条所列事项，由认股人填写认购股数、金额、住所，并签名、盖章。认股人按照所认购股数缴纳股款。招股说明书应当附有发起人制订的公司章程，并载明下列事项：发起人认购的股份数；每股的票面金额和发行价格；无记名股票的发行总数；募集资金的用途；认股人的权利、义务；本次募股的起止期限及逾期未募足时认股人可以撤回所认股份的说明。

发起人向社会公开募集股份，应当由依法设立的证券公司承销，签订承销协议，并同银行签订代收股款协议。代收股款的银行应当按照协议代收和保存股款，向缴纳股款的认股人出具收款单据，并负有向有关部门出具收款证明的义务。

股份有限公司成立后，发起人未按照公司章程的规定缴足出资的，应当补缴；其他发起人承担连带责任。

股份有限公司成立后，发现作为设立公司出资的非货币财产的实际价额显著低于公司章程所定价额的，应当由交付该出资的发起人补足其差额；其他发起人承担连带责任。

此外，股份有限公司的发起人还应当承担下列责任：公司不能成立时，对设立行为所产生的债务和费用负连带责任；公司不能成立时，对认股人已缴纳的股款，负返还股款并加算银行同期存款利息的连带责任；在公司设立过程中，由于发起人的过失致使公司利益受到损害的，应当对公司承担赔偿责任。

（2）公司创立大会

发行股份的股款缴足后，必须经依法设立的验资机构验资并出具证明。发起人应当自股款缴足之日起三十日内主持召开公司创立大会。创立大会由发起人、认股人组成。

发行的股份超过招股说明书规定的截止期限尚未募足的，或者发行股份的股款缴足后，发起人在三十日内未召开创立大会的，认股人可以按照所缴股款并加算银行同期存款利息，要求发起人返还。

发起人应当在创立大会召开十五日前将会议日期通知各认股人或者予以公告。创立大会应有代表股份总数过半数的发起人、认股人出席，方可举行。

创立大会行使下列职权：审议发起人关于公司筹办情况的报告；通过公司章程；选举董事会成员；选举监事会成员；对公司的设立费用进行审核；对发起人用于抵作股款的财产的作价进行审核；发生不可抗力或者经营条件发生重大变化直接影响公司设立的，可以作出不设立公司的决议。

创立大会对前款所列事项作出决议，必须经出席会议的认股人所持表决权过半数通过。

发起人、认股人缴纳股款或者交付抵作股款的出资后，除未按期募足股份、发起人未按期召开创立大会或者创立大会决议不设立公司的情形外，不得抽回其股本。

董事会应于创立大会结束后三十日内，向公司登记机关报送下列文件，申请设立登记。以募集方式设立股份有限公司公开发行股票的，还应当向公司登记机关报送国务院证券监督管理机构的核准文件。

3）股份有限公司的股东大会

股份有限公司的股东大会由全体股东组成。股东大会是公司的权力机构，依法行使职权。股份有限公司股东大会的职权与有限责任公司相同。

股东大会应当每年召开一次年会。有下列情形之一的，应当在两个月内召开临时股东大会：①董事人数不足本法规定人数或者公司章程所定人数的三分之二时；②公司未弥补的亏损达实收股本总额三分之一时；③单独或者合计持有公司百分之十以上股份的股东请求时；④董事会认为必要时；⑤监事会提议召开时；⑥公司章程规定的其他情形。

股东大会会议由董事会召集，董事长主持；董事长不能履行职务或者不履行职务的，由副董事长主持；副董事长不能履行职务或者不履行职务的，由半数以上董事共同推举一名董事主持。董事会不能履行或者不履行召集股东大会会议职责的，监事会应当及时召集和主持；监事会不召集和主持的，连续九十日以上单独或者合计持有公司百分之十以上股份的股东可以自行召集和主持。股东可以委托代理人出席股东大会会议，代理人应当向公司提交股东授权委托书，并在授权范围内行使表决权。

单独或者合计持有公司百分之三以上股份的股东，可以在股东大会召开十日前提出临时提案并书面提交董事会；董事会应当在收到提案后二日内通知其他股东，并将该临时提案提交股东大会审议。临时提案的内容应当属于股东大会职权范围，并有明确议题和具体决议事项。股东大会不得对前两款通知中未列明的事项作出决议。

股东出席股东大会会议，所持每一股份有一表决权。但是，公司持有的本公司股份没有表决权。股东大会作出决议，必须经出席会议的股东所持表决权过半数通过。但是，股东大会作出修改公司章程、增加或者减少注册资本的决议，以及公司合并、分立、解散或者变更公司形式的决议，必须经出席会议的股东所持表决权的三分之二以上通过。

法律和公司章程规定公司转让、受让重大资产或者对外提供担保等事项必须经股东大会作出决议的，董事会应当及时召集股东大会会议，由股东大会就上述事项进行表决。

股东大会选举董事、监事，可以依照公司章程的规定或者股东大会的决议，实行累积投票制。所谓累积投票制，是指股东大会选举董事或者监事时，每一股份拥有与应选董事或者监事人数相同的表决权，股东拥有的表决权可以集中使用。

4）股份有限公司的董事会、经理

股份有限公司设董事会，其成员为五人至十九人。董事会成员中可以有公司职工代表。董事会中的职工代表由公司职工通过职工代表大会、职工大会或者其他形式民主选举产生。董事会设董事长一人，可以设副董事长。董事长和副董事长由董事会以全体董事的过半数选举产生。

股份有限公司董事的任期、职权，与有限责任公司董事任期、职权的规定相同。董事长召集和主持董事会会议，检查董事会决议的实施情况。副董事长协助董事长工作，董事长不能履行职务或者不履行职务的，由副董事长履行职务；副董事长不能履行职务或者不履行职务的，由半数以上董事共同推举一名董事履行职务。

董事会每年度至少召开两次会议，每次会议应当于会议召开十日前通知全体董事和监事。代表十分之一以上表决权的股东、三分之一以上董事或者监事会，可以提议召开董事会临时会议。董事长应当自接到提议后十日内，召集和主持董事会会议。

董事会会议应有过半数的董事出席方可举行。董事会作出决议，必须经全体董事的过半数通过。董事会决议的表决，实行一人一票。董事会会议应由董事本人出席；董事因故不能出席的，可以书面委托其他董事代为出席，委托书中应载明授权范围。

董事会应当对会议所议事项的决定作成会议记录，出席会议的董事应当在会议记录上签名。董事应当对董事会的决议承担责任。董事会的决议违反法律、行政法规或者公司章程、股东大会决议，致使公司遭受严重损失的，参与决议的董事对公司负赔偿责任。但经证明在表决时曾表明异议并记载于会议记录的，该董事可以免除责任。

股份有限公司设经理，由董事会决定聘任或者解聘，公司董事会也可以决定由董事会成员兼任经理。股份有限公司经理的职权与有限责任公司经理的职权规定相同。

公司不得直接或者通过子公司向董事、监事、高级管理人员提供借款。公司应当定期向股东披露董事、监事、高级管理人员从公司获得报酬的情况。

5）股份有限公司的监事会

股份有限公司设监事会，其成员不得少于三人。监事会应当包括股东代表和适当比例的公司职工代表，其中职工代表的比例不得低于三分之一，具体比例由公司章程规定。监事会中的职工代表由公司职工通过职工代表大会、职工大会或者其他形式民主选举产生。监事会每六个月至少召开一次会议。监事可以提议召开临时监事会会议。

监事会设主席一人，可以设副主席。监事会主席和副主席由全体监事过半数选举产生。监事会主席召集和主持监事会会议；监事会主席不能履行职务或者不履行职务的，由监事会副主席召集和主持监事会会议；监事会副主席不能履行职务或者不履行职务的，由半数以上监事共同推举一名监事召集和主持监事会会议。监事会决议应当经半数以上监事通过。

董事、高级管理人员不得兼任监事。

股份有限公司监事的任期、职权与有限责任公司监事的任期、职权规定相同。

6）上市公司

上市公司，是指其股票在证券交易所上市交易的股份有限公司。

由于上市公司在各国都居于比较重要的地位，各国法律对上市公司一般都有特别的规定。我国《公司法》也针对上市公司作出了一些特别规定：

（1）上市公司在一年内购买、出售重大资产或者担保金额超过公司资产总额百分之三十的，应当由股东大会作出决议，并经出席会议的股东所持表决权的三分之二以上通过。

（2）上市公司董事与董事会会议决议事项所涉及的企业有关联关系的，不得对该项决议行使表决权，也不得代理其他董事行使表决权。该董事会会议由过半数的无关联关系董事出席即可举行，董事会会议所作决议须经无关联关系董事过半数通过。出席董事会的无关联关系董事人数不足三人的，应将该事项提交上市公司股东大会审议。

（3）上市公司设立独立董事。我国法律要求上市公司董事会中必须包括至少三分之一的独立董事，并对独立董事资格进行了严格的限制，如在上市公司或其附属企业任职的人员及其直系亲属、主要社会关系不得担任独立董事；直接或间接持有上市公司已发行股份百分之一以上或者是上市公司前十名股东中的自然人股东及其直系亲属、在直接或间接持有上市公司已发行股份百分之五以上的股东单位任职或者在上市公司前五名股东单位任职的人员及其直系亲属不得担任独立董事；为上市公司或其附属企业提供财务、法律、咨询等服务的人员也不得担任独立董事，等等。独立董事由上市公司董事会、监事会、单独或者合并持有上市公司已发行股份百分之一以上的股东提名，经股东大会选举决定，享有法律规定的职权并有权就上市公司的重大事项发表独立意见。

（4）上市公司设董事会秘书，负责公司股东大会和董事会会议的筹备、文件保管以及公司股东资料的管理，办理信息披露事务等事宜。上市公司董事会秘书属于公司高级管理人员，其任职资格也须由国务院有关部门认证。

7）股份有限公司的股权转让

各国法律都允许股份有限公司的股东自由转让其所持有的股份，我国法律也规定，股东持有的股份可以依法转让。其中，记名股票，由股东以背书方式或者法律、行政法规规定的其他方式转让；转让后由公司将受让人的姓名或者名称及住所记载于股东名册。股东大会召开前二十日内或者公司决定分配股利的基准日前五日内，不得进行前款规定的股东名册的变更登记；无记名股票的转让，由股东将该股票交付给受让人后即发生转让的效力。

但是，发起人持有的本公司股份，自公司成立之日起一年内不得转让。公司公开发行股份前已发行的股份，自公司股票在证券交易所上市交易之日起一年内不得转让。公司董事、监事、高级管理人员应当向公司申报所持有的本公司的股份及其变动情况，在任职期间每年转让的股份不得超过其所持有本公司股份总数的百分之二十五；所持本公司股份自公司股票上市交易之日起一年内不得转让。上述人员离职后半年内，不得转让其所持有的本公司股份。公司章程可以对公司董事、监事、高级管理人员转让其所持有的本公司股份作出其他限制性规定。

此外，公司不得收购本公司股份。但是，有下列情形之一的除外：①减少公司注册资本；②与持有本公司股份的其他公司合并；③将股份用于员工持股计划或者股权激励；④股东因对股东大会作出的公司合并、分立决议持异议，要求公司收购其股份；⑤将股份用于转换上市公司发行的可转换为股票的公司债券；⑥上市公司为维护公司价值及股东权益所必需。公司因前款第①项、第②项规定的情形收购本公司股份的，应当经股东大会决议；公司因前款第③项、第⑤项、第⑥项规定的情形收购本公司股份的，可以依照公司章程的规定或者股东大会的授权，经三分之二以上董事出席的董事会会议决议。公司依照本条第一款规定收购本公司股份后，属于第①项情形的，应当自收购之日起十日内注销；属于第②项、第④项情形的，应当在六个月内转让或者注销；属于第③项、第⑤项、第⑥项情形的，公司合计持有的本公司股份数不得超过本公司已发行股份总额的百分之十，并应当在三年内转让或者注销。上市公司收购本公司股份的，应当依照《中华人民共和国证券法》的规定履行信息披露义务。上市公司因本条第一款第③项、第⑤项、第⑥项规定的情形收购本公司股份的，应当通过公开的集中交易方式进行。公司不得接受本公司的股票作为质押权的标的。

8）股份有限公司董事、监事、高级管理人员的任职资格和义务

有下列情形之一的，不得担任公司的董事、监事、高级管理人员：①无民事行为能力或者限制民事行为能力；②因贪污、贿赂、侵占财产、挪用财产或者破坏社会主义市场经济秩序，被判处刑罚，执行期满未逾五年，或者因犯罪被剥夺政治权利，执行期满未逾五年；③担任破产清算的公司、企业的董事或者厂长、经理，对该公司、企业的破产负有个人责任的，自该公司、企业破产清算完结之日起未逾三年；④担任因违法被吊销营业执照、责令关闭的公司、企业的法定代表人，并负有个人责任的，自该公司、企业被吊销营业执照之日起未逾三年；⑤个人所负数额较大的债务到期未清偿。公司违反前述规定选举、委派董事、监事或者聘任高级管理人员的，该选举、委派或者聘任无效。董事、监事、高级管理人员在任职期间出现前述所列情形之一的，公司应当解除其职务。该规定也适用于有限责任公司。

董事、监事、高级管理人员应当遵守法律、行政法规和公司章程，对公司负有忠实义务和勤勉义务，不得利用职权收受贿赂或者其他非法收入，不得侵占公司的财产，且不得有下列行为：①挪用公司资金；②将公司资金以其个人名义或者以其他个人名义开立账户存储；③违反公司章程的规定，未经股东会、股东大会或者董事会同意，将公司资金借贷给他人或者以公司财产为他人提供担保；④违反公司章程的规定或者未经股东会、股东大会同意，与本公司订立合同或者进行交易；⑤未经股东会或者股东大会同意，利用职务便利为自己或者他人谋取属于公司的商业机会，自营或者为他人经营与所任职公司同类的业务；⑥接受他人与公司交易的佣金归为己有；⑦擅自披露公司秘密；⑧违反对公司忠实义务的其他行为。董事、高级管理人员违反前述规定所得的收入应当归公司所有。

6.4.3 外国公司的分支机构

外国公司是指依照外国法律在中国境外设立的公司。

根据我国法律的要求，外国公司在中国境内设立分支机构，必须向中国主管机

关提出申请，并提交其公司章程、所属国的公司登记证书等有关文件，经批准后，向公司登记机关依法办理登记，领取营业执照。

外国公司在中国境内设立分支机构，必须在中国境内指定负责该分支机构的代表人或者代理人，并向该分支机构拨付与其所从事的经营活动相适应的资金。

外国公司的分支机构应当在其名称中标明该外国公司的国籍及责任形式。

外国公司的分支机构应当在本机构中置备该外国公司章程。

外国公司在中国境内设立的分支机构不具有中国法人资格。外国公司对其分支机构在中国境内进行的经营活动承担民事责任。

经批准设立的外国公司分支机构，在中国境内从事业务活动，必须遵守中国的法律，不得损害中国的社会公共利益，其合法权益受中国法律保护。

外国公司撤销其在中国境内的分支机构时，必须依法清偿债务，依照本法有关公司清算程序的规定进行清算。未清偿债务之前，不得将其分支机构的财产移至中国境外。

6.4.4　我国的外商投资企业

1）外商投资企业的概念及法律特征

外商投资企业，是指外国投资者经我国政府批准，在我国境内投资举办的企业，具体是指中外合资经营企业、中外合作经营企业和外资企业。

外商投资企业具有以下法律特征：

（1）外商投资企业依据我国现行法律规定设立，是我国法律有关外国人民事法律地位规定的具体体现。

（2）外商投资企业是具有中国国籍的法人或其他经济组织。

（3）外商投资企业是我国引进和利用外商直接投资的一种形式。

作为外商投资在我国境内设立的企业，外商投资企业设立成有限责任公司的，也应当适用我国《公司法》的有关规定。但为了维持我国吸引外商投资政策的连续性和稳定性，我国《公司法》第217条规定："外商投资的有限责任公司和股份有限公司适用本法；有关外商投资的法律另有规定的，适用其规定"。

2）外商投资企业的基本形式

中外合资经营企业、中外合作经营企业和外资企业是我国外商投资企业的三种基本形式，我们一般称之为"三资企业"。

中外合资经营企业（以下亦称"合资企业"）是指外国公司、企业和其他经济组织或者个人（简称外国合资者）与中国的公司、企业或其他经济组织（简称中国合资者），依据我国法律规定，经中国政府批准在中国境内共同举办的，以合资方式组成的有限责任公司。合资双方共同投资、共同经营，按照各自的出资比例共担风险、共负盈亏，因此在国际上这种企业又被称为"股权式"合营企业。

中外合作经营企业（以下亦称"合作企业"）是指外国的企业和其他经济组织或个人（简称外国合作者）同中华人民共和国的企业或其他经济组织（简称中国合作者）按照平等互利的原则，依据我国有关法律，通过合作经营合同在我国境内设立的企业或企业联合。合作双方通过合作企业合同约定各自的权利义务，灵活决定企业的运转方式，因此国际上又将这种企业形式称为"契约式"合营企业。

中外合资企业与中外合作企业（合资企业与合作企业亦统称为"合营企业"）的区别主要体现在以下几方面：

（1）合营的基础不同

中外合资企业的合资双方共同投资、共同经营，按照各自的出资比例共担风险、共负盈亏，双方的投资是企业合营的基础，即"股权式"合营；而中外合作企业的合作各方通过合作企业合同约定各自的权利义务，灵活决定企业的运转方式，双方以合作经营合同为合营基础，属于"契约式"合营。

（2）承担责任形式不同

合资企业为有限责任公司，合资各方以各自的出资额为限对企业的风险承担责任；而合作企业中合作各方所承担的责任取决于双方协议的约定，以合作经营企业合同的形成加以确定，它既可以组成有限责任公司，也可以是不具备法人资格的企业。

（3）经营管理机构不同

合资企业为具有法人地位的有限责任公司，董事会作为合资企业最高权力机构；而合作企业可以组成单一的法人实体，实行董事会制，也可以组成不具有法人地位的合作企业，实行联合管理制，另外委托管理制也是合作企业可以选择的一种灵活管理方式。

（4）投资回收方式不同

作为有限责任公司，合资企业的合资各方以各自的出资额为限对企业的风险承担责任，在企业的存续期间内不得回收投资；而合作企业在一定条件下，我国法律允许外国合作者先行回收投资。

（5）利润分配方式不同

合资企业按股权比例分配企业经营所得的净利润；而合作企业可以根据合作企业合同的约定灵活决定分配方式，如既可以采取产品分成、产值分成等方式，也可以分配净利润。

外资企业也称外商独资企业，是指依照我国有关法律在我国境内设立的全部资本由外国投资者投资的企业，不包括外国企业和其他经济组织在中国境内的分支机构。它与前两者（中外合资企业与中外合作企业）的主要区别就在于它的全部资本由外国投资者投资。

3）外商投资企业的经营管理

（1）我国法律对外商投资企业投资项目的管理

为适应我国加入世界贸易组织（WTO）的形势，按国际通行做法管理外商投资企业，2002 年 2 月 21 日，我国国务院发布了《指导外商投资方向规定》，该规定自 2002 年 4 月 1 日起施行。

根据《指导外商投资方向规定》的规定，外商投资企业的投资项目分为鼓励、限制、禁止和允许四类。

①鼓励类外商投资项目。属于下列情形之一的，列为鼓励类外商投资项目：A. 属于农业新技术、农业综合开发和能源、交通、重要原材料工业的；B. 属于高新技术、先进适用技术、能够改进产品性能、提高企业的技术经济效益或者生产国内生产能力不足的新设备、新材料的；C. 适应市场需求，能够提高产品档次、开拓新兴市场或者增加产品国际竞争能力的；D. 属于新技术、新设备、能够节约能源和原材料、综合利用资源和再生资源以防治环境污染的；E. 能够发挥中西部地区的人力和资源优势，并符合国家产业政策的；F. 法律、行政法规规定的其他情形。

鼓励类外商投资项目，除依照有关法律、行政法规的规定享受优惠待遇外，从事投资额大，回收期长的能源、交通、城市基础设施（煤炭、石油、天然气、电力、铁路、公路、港口、机场、城市道路、污水处理、垃圾处理等）建设、经营的，经批准，可以扩大与其相关的经营范围。

②限制类外商投资项目。属于下列情形之一的，列为限制类外商投资项目：A. 技术水平落后的；B. 不利于节约资源和改善生态环境的；C. 从事国家规定实行保护性开采的特定矿种勘探、开采的；D. 属于国家逐步开放的产业的；E. 法律、行政法规规定的其他情形。

③禁止类外商投资项目。属于下列情形之一的，列为禁止类外商投资项目：A. 危害国家安全或者损害社会公众利益的；B. 对环境造成污染损害，破坏自然资源或者损害人体健康的；C. 占用大量耕地，不利于保护、开发土地资源的；D. 危害军事设施安全和使用效能的；E. 运用我国特有工艺或者技术生产产品的；F. 法律、行政法规规定的其他情形。

④允许类外商投资项目。不属于鼓励类、限制类和禁止类的外商投资项目，为允许类外商投资项目。产品全部直接出口的允许类外商投资项目，视为鼓励类外商投资项目。产品出口销售额占其产品销售总额 70% 以上的限制类外商投资项目，经省、自治区、直辖市及计划单列市人民政府或者国务院主管部门批准，可以视为允许类外商投资项目。

（2）我国法律对外商投资企业出资的管理

根据我国法律的规定，外商投资企业可以采用现金、实物、工业产权和专有技术、场地使用权以及其他财产权利出资。但对这些方式均有一定的限制，如外国投资者原则上以外币缴付出资，但经批准也可以用其从中国境内获得的人民币利润出资；场地使用权出资方式原则上限于中方投资者使用；外方投资者以机器设备或其他物料出资的必须符合两个条件：①为企业生产所必需的，②作价不高于同类机器设备或其他物料当时国际市场的价格；而外方投资者投资的工业产权或专有技术则必须：①能显著改进现有产品的性能、质量，②能显著节约原材料、燃料、动力。

对于出资比例，我国法律规定，在中外合资企业注册资本中，外方合营者的投资比例不得低于 25%。

对于外商出资的保护，我国法律规定，国家对外商投资企业不实行国有化和征收；在特殊情况下，根据社会公共利益的需要，对外商投资企业可以依照法律程序实行征收，但应给予相应的补偿。

（3）我国法律对中外合资经营企业注册资本的管理

中外合资经营企业的注册资本，是指为设立合营企业在市场监督管理机关登记注册的资本总额，应为合营各方认缴的出资额之和。

根据我国法律的规定，中外合资经营企业在合营期限内，不得减少其注册资本。但因投资总额和生产经营规模等发生变化，确需减少注册资本的，须经审批机关批准。但对合营企业在合营期限内增加注册资本，法律没有禁止，只要合营各方协商一致，并由董事会会议通过，报经原审批机关核准，合资企业有权增加注册资本。

与中外合资企业的注册资本相对应的，是合资企业的投资总额。合资企业的投资总额是指按照合营企业的合同、章程规定的生产规模需要投入的基本建设资金和生产流动资金的总和。为控制企业的风险，我国法律对合资企业的投资总额与注册资本的比例进行了严格的限制：①投资总额在 300 万美元以下的（含 300 万美元），注册资本至少应占投资总额的 7/10；②投资总额在 300 万美元以上至 1 000 万（含 1 000 万）美元的，注册资本至少应占投资总额的 1/2，其中投资总额在 420 万美元以下的，注册资本不得低于 210 万美元；③投资总额在 1 000 万美元以上至 3 000 万（含 3 000 万）美元的，注册资本至少应占投资总额的 2/5，其中投资总额在 1 250 万美元以下的，注册资本不得低于 500 万美元；④投资总额在 3 000 万美元以上的，注册资本至少应占投资总额的 1/3，其中投资总额在 3 600 万美元以下的，注册资本不得低于 1 200 万美元。

例 6-12　大连某重型机械厂欲与日本某公司组建一家中外合资经营企业，投资总额预计为 1 200 万美元。

问：在这个合资企业中，日本投资者至少应投入多少注册资金？

分析：至少为 125 万美元。因为根据我国法律的规定，中外合资企业投资总额在 1 000 万美元以上至 3 000 万（含 3 000 万）美元的，注册资本至少应占投资总额的 2/5，其中投资总额在 1 250 万美元以下的，注册资本不得低于 500 万美元。因此该合资企业的注册资本不得低于 500 万美元，而外国投资者在合资企业的注册资本中，其投资比例又不得低于 25%，因此为 125 万美元。

（4）我国法律对外商投资企业组织机构的管理

根据我国法律的规定，中外合资企业的组织形式为有限责任公司，董事会是合资企业最高权力机构。中外合作企业符合法人条件的，可以组成有限责任公司，实行董事会制；不具有法人资格的合作企业，由合作各方组成联合管理委员会，实行联合管理制；此外，合作各方可以根据经营管理的需要选择委托管理制，作为一种灵活管理方式。而外资企业原则上是有限责任公司，实行董事会制。

董事会或联合管理委员会是合营企业的最高权力机构，根据合营企业章程的规定，讨论决定合营企业的一切重大问题。董事会或联合管理委员会由不少于三人的成员组成。董事长（或联合管理委员会主任，以下同）和副董事长由合营各方协商确定或者由董事会（或联合管理委员会）选举产生。中外合营者的一方担任董事长（或主任）的，由他方担任副董事长（或副主任）。董事（或联合管理委员会委员）名额的分配由合营各方参照出资比例协商确定，并由合营各方按照分配的名额委派和撤换。

董事会（或联合管理委员会）每年至少召开一次会议，经三分之一以上董事（或联合管理委员会委员）提议，可以召开临时会议。董事会（或联合管理委员会）会议应由三分之二以上董事（或联合管理委员会委员）出席，其决议方式可以根据合营企业章程载明的议事规则作出。但涉及合营企业的下列事项，必须经出席会议的全体成员一致通过方可作出决议：①合营企业章程的修改；②合营企业的终止、解散；③合营企业注册资本的增加、减少；④合营企业的合并、分立。而合作企业成立后改为委托合作各方以外的他人管理的，也必须经董事会（或联合管理委员会）一致同意。

（5）外商投资企业的解散

根据我国法律规定，外商投资企业可以因以下原因而解散：①经营期限届满；②企业发生严重亏损，无力继续经营；③中外合资经营企业或中外合作经营企业的合营一方不履行合营企业协议、合同、章程规定的义务，致使企业无法继续经营的；④因自然灾害、战争等不可抗力遭受严重损失，企业无法继续经营的；⑤合营企业未达到其经营目的，同时又无发展前途；⑥中外合资企业或者中外合作企业的合营合同或企业章程所规定的其他解散原因已经出现；⑦破产；⑧外资企业因违反中国法律、法规、危害社会公共利益被依法撤销等。

其中，涉及企业的经营期限问题，我国法律对合营企业规定，合营企业的合营期限，可以按不同行业、不同情况约定。有的行业的合营企业，应当约定合营期限；有的行业的合营企业，可以约定合营期限。但举办合营企业，属于下列行业的，合营各方应当依照国家有关法律、行政法规的规定，在合营合同中约定合营企业的合营期限：①服务性行业的；②从事土地开发及经营房地产的；③从事资源勘查开发的；④国家规定限制投资项目的；⑤国家其他法律、法规规定需要约定合营期限的。

合营企业约定合营期限，合营各方同意延长合营期限的，应当在距合营期满6

个月前向审查批准机关提出申请。

　　企业依法解散的，应按法定程序进行清算，并在解散后向我国工商行政管理部门办理注销登记手续，缴销营业执照。

● **复习思考题**

　　1. 简述合伙企业的基本特征。

　　2. 简述大陆法和英美法关于合伙企业形式的不同规定，以及隐名合伙与有限合伙的区别。

　　3. 简述有限责任公司的概念及特点。

　　4. 简述股份有限公司的概念及特点。

　　5. 简述我国法律关于有限责任公司和股份有限公司设立条件、组织机构、股东责任的规定。

　　6. 简述在我国的外商投资企业中，中外合资经营企业与中外合作经营企业的主要区别。

　　7. 简述我国外商投资企业指导目录分类规定的具体内容。

第 7 章 / 工业产权法

---学习目标---

　　工业产权是知识产权的主要组成部分。在国际经济贸易中，知识产权问题主要集中在工业产权领域，因此，本书将工业产权问题作为国际商法的问题之一予以介绍，包括工业产权的范畴、权利的取得、权利的内容以及国际贸易中经常涉及的工业产权问题。考虑到不使问题过于复杂化和便于初学者掌握，没有将其他同样重要的工业产权乃至知识产权问题列入其中，但读者在学习这个问题时，应注意了解国际上知识产权问题的最新变化和最新发展。

7.1　　　　　　　　　工业产权概述

7.1.1　工业产权的范围

　　工业产权，亦称产业产权，是知识产权的主要组成部分。知识产权（intellectual property）通常是指基于人类智力创造性活动所产生的权利。

　　知识产权有狭义与广义的区别：狭义的知识产权是指传统意义上的知识产权，一般包括专利权、商标权和著作权（也称版权）以及与著作权相关的邻接权，前两者（专利权和商标权）构成我们所说的工业产权的核心内容；而广义的知识产权则在此基础上，随着近年来社会经济发展和科技进步而不断扩展其内容，其范围由目前两个主要的知识产权国际公约所界定：

　　1）《世界知识产权组织公约》所界定的范围

　　1967 年签订的《世界知识产权组织公约》第 2 条以列举的形式，指出知识产权应当包括以下权利：

　　（1）关于文学、艺术和科学作品的权利。这里主要是指著作权或称版权。

　　（2）关于表演艺术家的表演、录音和广播的权利。

　　（3）关于人类在一切领域内的发明的权利。这里主要指发明专利权以及科技奖励意义上的发明权。

　　（4）关于科学发现享有的权利。

　　（5）关于工业品外观设计的权利。

（6）关于商品商标、服务商标、商号及其他商业标记的权利。

（7）关于制止不正当竞争的权利。

（8）其他一切来自工业、科学及文学、艺术领域的智力创作活动所产生的权利。

2）《与贸易有关的知识产权协定》（TRIPs）界定的范围

1991 年年底，关贸总协定（GATT）乌拉圭回合谈判通过了《与贸易有关的知识产权协定》，该协定成为后来在 1995 年 1 月 1 日生效的世界贸易组织（WTO）的《与贸易有关的知识产权协定》。该协定第一部分第 1 条规定了与贸易有关的知识产权的范围：①版权与邻接权；②商标权；③地理标志权；④工业品外观设计权；⑤专利权；⑥集成电路布图设计权；⑦未公开信息专有权，这里主要是指商业秘密权。

我国于 1980 年 6 月加入世界知识产权组织，2001 年加入 WTO，原则上接受上述两个国际公约对知识产权范围的界定。我国 1986 年颁布的《中华人民共和国民法通则》在第五章第三节规定了知识产权的范围，包括著作权、专利权、商标权、发现权、发明权以及其他科技成果权，其范围与《世界知识产权组织公约》的界定基本一致。

作为知识产权主要组成部分的工业产权，参照《保护工业产权的巴黎公约》（简称《巴黎公约》）和《世界知识产权组织公约》的规定，其范围一般认为由发明和实用新型专利权、工业品外观设计专利权、商标专用权、服务标记专用权、原产地标记专用权以及制止不正当竞争的权利等组成，它是知识产权最重要的组成部分，也是国际贸易活动中涉及知识产权的核心问题。

例 7-1 张某家中有一部祖上流传下来的《药典》，介绍多种中草药配方。张某从未对外公开过这些配方，仅在为人治病时偶尔使用，也从未向有关政府部门提出过专利权或其他权利的申请。

问：对于这些配方，张某拥有的权利是否属于知识产权？

分析：张某对于这些配方拥有的权利，属于商业秘密，或称 Know-How。商业秘密以前并没有被明确归入到知识产权的范围内，各国大多通过民事权利的规定来保护各种商业秘密权利。但 1995 年《与贸易有关的知识产权协定》（TRIPs）将其纳入到了知识产权的范围中，属于"未公开信息专有权"。因此，张某对于这些配方拥有的权利，现在属于知识产权的一部分。

7.1.2　工业产权的基本特征

作为人们的智力劳动成果，工业产权是一种无形财产权，是一种特殊的民事权利。同一般的财产所有权相比，工业产权具有以下特点：

（1）工业产权一般须经过法律的专门确认。由于工业产权内容的无形性特点，决定了它本身不能直接产生权利，而是必须依照专门的法律确认或经专门的部门授予才能产生独占性的权利，而有形财产权一般不需要这种专门的法律确认或授予。

（2）工业产权具有专有性。这是工业产权的一个核心特点，即工业产权的权利人有权独占其权利，非经权利人许可或者依法律规定，其他任何人不得擅自使用其智力成果，否则权利人可以指控其侵权并要求法律救济。

（3）工业产权具有地域性。工业产权只能在授予或确认其权利的国家（或地区）产生，并且只在该范围内发生法律效力，受法律保护。尽管欧盟和法语非洲国家中一国授予的权利可能被其他相关国家直接承认，但这是由于国际条约或习惯的结果，并不影响工业产权地域性的特点。

（4）工业产权具有时间限制。这是它与有形财产权的又一个区别。由于工业产权是法律授予或确认的权利，它也只能在法律规定的期限内受法律保护，一旦超过了这个有效期限，权利人的权利就自行消灭。工业产权的时间限制是世界各国的工业产权立法以及工业产权的国际保护中的普遍原则，它一方面是适应人类智力成果创新的规律性要求，另一方面是为了协调工业产权专有性与智力成果社会性之间的矛盾，维护社会公共利益。

以上特点也是知识产权所共有的特征。

7.1.3　各国工业产权法的立法模式

世界上绝大多数国家的工业产权立法都采用单行法规的模式，分别制定专利法、商标法等法律法规。大陆法国家的许多学者认为知识产权属于民事权利的一部分，属于民法范畴，但在立法上将知识产权直接规定在民法典的国家也不多。这是因为随着科技的发展和贸易模式，尤其是国际贸易模式的迅速变化，工业产权乃至知识产权领域中的新问题不断出现，对传统民商法提出许多新要求，各国法律需要不断调整以适应工业产权快速发展的形势。

从保护工业产权的国际公约和各国保护工业产权的立法来看，工业产权的法律制度涉及范围十分广泛，其内容一般包括专利权法律制度、商标权与商号权法律制度、产地标记权法律制度、工业版权法律制度、商业秘密权法律制度、反不正当竞争法律制度等。

7.1.4　我国的工业产权立法

我国目前的工业产权法律体系主要以全国人大常委会通过的法律和国务院发布的行政法规为基础，包括：《中华人民共和国商标法》（1982年8月23日全国人大常委会通过，自1983年3月1日起施行；2001年10月27日第二次修订）；《中华人民共和国专利法》（1984年3月12日全国人大常委会通过，自1985年4月1日起施行；2000年8月25日第二次修订；2013年8月30日第三次修订）；《中华人民共和国民法通则》（1986年4月12日全国人大常委会通过，自1987年1月1日起施行，该法第五章第三节将知识产权作为民事权利予以规定）；《中华人民共和国商标法实施细则》（1983 年经国务院批准发布，2002 年 9 月国务院第四次修订）；《中华人民共和国专利法实施细则》（1985 年经国务院批准发布，2002 年 12 月国务院第三次修订）；《中华人民共和国知识产权海关保护条例》（1995 年国务院发布）等。

而我国目前已经加入的保护工业产权的国际组织和国际条约主要有：《世界知识产权组织》（WIPO）（我国 1980 年 6 月 3 日起成为该组织的成员国）；《保护工业产权的巴黎公约》（我国 1985 年 3 月 19 日起成为该公约的成员国）；《商标国际注册马德里协定》（我国 1989 年 10 月 4 日起成为该协定的成员国）；《关于集成电路知识产权保护条约》（该条约于 1989 年由世界知识产权组织通过，我国是该条约首批签字国之一）；《专利合作条约》（我国 1994 年 1 月 1 日起成为该条约的成员国）；世界贸易组织《与贸易有关的知识产权协定》（TRIPs）（我国 2001 年 12 月 11 日加入世界贸易组织）。

7.2　专利法律制度

7.2.1　专利的概念

"专利"一词有两个基本含义：一是指对发明创造或技术方案的独占权，包括独占的实施、转让、许可等权利；二是指取得了这种独占权的发明创造或技术方案本身。在法律上，专利更多的是指一种权利而非权利的客体，因此前一个含义是专利的主要内容。与其他知识产权一样，在独占性这一基本特征之外，专利权也具有地域性和时间性的特点。

各国依据专利法律建立起来的专利制度，是以鼓励和保护发明创造为目的、以法律手段和经济手段推动技术进步的管理制度。由政府制度化保护专利权可以追溯到 1474 年文艺复兴时期的意大利，当时的威尼斯颁布了第一部保护发明人权益的法律，但大规模的专利保护是进入资本主义发展时期才开始的。

7.2.2　世界各国的专利制度

专利法是调整在确认和保护发明创造的专有权以及因发明创造的利用而产生的各种社会关系的法律规范的总称。专利法是国内法，任何一个国家的专利法都没有域外效力，但每一个国家都必须按已参加的国际公约承担有关义务。各国在其不同的发展背景下和不同的发展过程中建立了各具特色的专利制度：

英国于 1617 年决定建立专利制度，1624 年颁布了《垄断法》，1852 年英国正式颁布《专利法》。现行英国《专利法》是 1977 年 7 月颁布，1978 年 6 月生效的。在保护范围上，英国专利法只保护发明，不保护实用新型，外观设计另有法规保护。在审查标准上，凡是新颖的、具有创造性的以及可用于工业的发明，都可授予专利权。专利申请自申请日或优先权日起 18 个月后公开。在申请原则上，英国专利法采用申请在先的原则，专利权授予最先申请的人，专利权保护期限为 20 年，自申请之日起算。

美国是世界上建立专利制度最早的国家之一，1790 年 3 月美国第一届国会通过的第一批法律就包括专利法和版权法。自 1790 年颁布第一部专利法以后，又经过了多次重大修改。现行美国专利法是 1952 年颁布的，最后一次修改是 1994 年。美国专利法最主要的特点是专利申请与审查批准中的先发明原则和完全审查制。在保护范围上，美国无发明与实用新型（小发明）之分，不论发明还是小发明都可申请专利，保护范围比较宽泛。专利与职务专利的保护期限为 17 年，外观设计专利是 3.5 年、7 年、14 年，由申请人申请时选定，期限均从专利批准之日算起，但现在已经开始进行适应国际条约要求的调整。在申请原则上，美国采用发明在先原则，即遇到同样发明内容的专利申请时，谁先发明谁就获得专利权，只要能证明该项发明在他人之先，尽管申请在后，也能取得专利权。因此，美国的发明人妥善地保管原始资料和实验记录是一件至关重要的事。但应注意的是，美国的先发明原则在历史上只适用于在美国国内完成的发明创造，在美国以外作出发明创造的发明人在美国申请专利时只能以申请日或优先权日为准。但美国 1994 年为适应 TRIPs 的要求修改了专利法，专利申请人或专利权人如果能够拿出在 WTO 成员方进行发明活动的证据，也可以适用先发明原则。

德国专利法是 1968 年颁布的，1977 年与 1980 年作了两次修改。德国专利制度建立较晚，但它所采用的早期公开和延迟审查相结合的专利制度，对世界各国产生了很大影响。在保护范围上，德国专利法只保护发明专利，实用新型和外观设计另有法律保护。绝对新颖和严格的实质审查制是该法的特点。在申请原则上，申请在先是该法的一个原则，专利权期限为自申请日起 20 年。

法国在 1791 年初次颁布专利法，是建立专利法最早的国家之一，现行专利法颁布于 1968 年，1978 年作了重大修改。法国专利制度与英美等国都不同，它早期采用登记制或称不审查制、形式审查制，即政府专利当局收到专利申请后不对申请内容进行新颖性、创造性和实用性审查，只要申请文件形式上合格，并交纳了申请费用后即可以授予专利权。法国专利法名称是发明专利法，因此在保护范围上只保护发明和实用证书（即实用新型），外观设计另有专门法律保护。发明专利，自申请日起 20 年内有效；实用证书，自申请日起 6 年内有效；增补专利证书及增补实用证书，自申请日起生效，有效期与其所附属本专利或实用证书有效期同时届满。在申请原则上，法国专利法也采用申请在先的原则。

7.2.3　专利保护的客体

1）发明创造专利

各国专利权保护的范围不尽相同，但大多限于发明、实用新型（或称实用新型注册、实用证书）和外观设计。

（1）发明。根据世界知识产权组织的《知识产权法教程》，所谓发明，是指"人脑的一种思维活动，是利用自然规律解决生产、科研、实验中各种问题的技术解决方案"。我国《专利法实施细则》第 2 条也规定，发明是指对产品、方法或者其改进所提出的新的技术方案。因此，我们所说的发明应具有以下基本特点：①发明是人的智力活动，利用自然规律的创造。单纯的对客观世界的认识和总结属于科学发现而不是发明。②发明属于技术范畴，是一项新的技术解决方案。

对于发明专利申请所授予的专利就是发明专利，包括产品发明专利和方法发明专利。

（2）实用新型。我国《专利法实施细则》第 2 条规定，实用新型是指对产品的形状、构造或其结合所提出的适于实用的新的技术方案。为与发明专利相区别，许多国家以及《巴黎公约》文本都采用"实用新型注册"或"实用证书"等词来代替实用新型专利。

各国对实用新型保护得比较晚，直到 1843 年才出现第一部保护实用新型的条例（英国）。其后，德国于 1891 年、日本于 1905 年先后颁布了实用新型法。其目的是保护"小而实用的改良"，改变其被竞争者模仿而几乎得不到保护的不合理状态，是保护介于专利发明和外观设计之间的、小的发明创造。目前世界上有 40 多个国家建立了实用新型保护制度。虽然建立实用新型保护制度的国家不多，但实用新型在商业上的巨大价值是各国所共同关注的。

（3）外观设计。我国《专利法实施细则》第 2 条对外观设计的定义是：外观设计是指对产品的形状、图案或其结合以及色彩与形状、图案的结合所作出的富有美感并适于工业应用的新设计。

不同国家对外观设计的理解有差异：日本外观设计法规定，外观设计是指产品的形状、图案或色彩或其结合，通过视觉引起的美感设计，即一个新设计必须与特定产品相组合才能得到外观设计专利权的保护，单纯的一个新图案或其他设计不能获得外观设计专利权。世界大部分国家，包括我国在内，采用这种理解。而法国外观设计法则规定，外观设计是指所有新设计、新造型、新工业品。这种理解以外观设计本身为保护对象，而不要求它必须与特定的产品相联系，保护范围更宽，目前采用的国家较少。

1996 年 1 月 1 日生效的 TRIPs 协定要求各成员对独立创作和具有新颖性或原创性的工业品外观设计给予保护，并特别强调了对纺织品外观设计的保护。

2）不能获得专利的发明

（1）不授予专利权的发明创造。各国考虑本国的社会公共利益和法律制度，都对一定范围内的发明创造不授予专利权。我国《专利法》第 5 条也规定，对违反国家法律、社会公德或者妨害社会公共利益的发明创造，不授予专利权。

这里的"违反国家法律的发明创造"，是指该发明创造目的本身直接触犯法律的规定，为法律明文所禁止，如赌博设备、吸毒器具以及伪造货币、公文、印章的设备等。可是如果发明创造本身的目的并不违反国家法律，但若不按正常方法使用有可能违反国家法律时，一般不应以这种滥用的可能性而拒绝授予专利权。《巴黎公约》第4条第4款规定，不得以专利产品的销售或以专利方法制造的产品的销售受本国法律的限制或限定为由，而拒绝授予专利或使专利无效。TRIPs协定第27条第2款也规定了与此类似的原则。为履行我国作为TRIPS成员的义务，我国修改后的《专利法实施细则》第9条规定，《专利法》第5条所称违反国家法律的发明创造，不包括仅其实施为国家法律所禁止的发明创造。

（2）不属于发明事项或不属于专利法保护范围的发明创造。根据我国国情，并参照世界大多数国家法律规定，我国《专利法》第25条规定了不授予专利权的若干领域：

①科学发现。科学发现是对自然界中客观存在的现象或规律的认识，如万有引力定律、杠杆原理和浮力定律等，它是对自然规律的认识而不是利用自然规律的创造，因此各国法律均不授予科学发现以专利权。

②智力活动的规则和方法。智力活动的规则和方法是人们进行思维、记忆、推理判断和分析的规则与方法，如数学运算规则、经营管理方法、交通行车规则、比赛规则、会计或统计方法等，它们是抽象的智力活动，不具有利用自然力、技术方面的特征。

③疾病的诊断和治疗方法。这里一方面考虑社会公共利益原因，另一方面是因为这类方法直接以人体或动物体为实施对象，不具有在产业上利用的特征，因此各国普遍不授予其专利权，但涉及疾病的诊断和治疗方法的仪器或装置，可以获得专利权。

④动物和植物品种。按照TRIPs协定的要求，对动物和植物品种既可以用《专利法》保护，也可以制定专门的法律保护。我国制定了《植物新品种保护条例》来保护植物新品种，不在《专利法》中对其进行保护。我国《专利法》第25条第2款规定，对动物和植物品种的生产方法可以授予专利权。

⑤用原子核变换方法获得的物质。由于这方面的发明创造关系到国家的经济、国防、科研以及公共生活的重大利益，不宜为单位或私人垄断，因此不能被授予专利权。

例7-2 某食品店为推广面食，对其馒头产品进行了改进，包括：①改变面粉组合，开发出一个新配方；②在烹饪环节增加一个程序，创造了新的蒸法；③在造型上创造了一种独特的形状，非常美观、诱人；④为这种馒头起了一个非常好的名字；⑤创造了一个很响亮的推广口号；⑥在吃法上创新，研制出新的餐饮风格；⑦经研究，发现了以前所不知道的一段馒头发展的历史和典故。

问：该食品店可以就这些创造中的哪些项目申请专利？

分析：只有①②③可以，前两种可以申请方法专利，后一种可以申请外观设计专利。其余各项可以取得其他权利或得到其他保护，但不属于专利权的保护范围。

7.2.4 授予专利权的程序和条件

世界各国的专利权授予均须有一定的审查和批准程序，并经过公布或公告。各国根据自己的需要和实际情况，分别选择了形式审查制、实质审查制或早期公开、延迟审查制等不同的制度，因此各国对于专利权的授予条件存在一些差别。

1）采用形式审查制的国家

采用形式审查制（也称"登记制"或"初步审查制"）的国家在授予专利权时并不进行实质审查，即政府专利当局在专利申请人递交专利申请后，不对申请内容进行新颖性、创造性和实用性审查，只要申请文件形式上合格，并交纳了申请费用后即可以授予专利权。这种制度往往不能保证专利的质量，并造成各种权利冲突或纠纷，世界上采用单纯的形式审查制的国家已经很少。我国目前对实用新型和外观设计专利申请实行初步审查制。

2）采用实质审查制的国家

采用实质审查制的国家不仅对专利申请进行形式审查，而且还需对专利申请内容进行新颖性、创造性和实用性审查。只有符合实质性要求的专利申请才可能获得专利权的授予。19 世纪后期，世界上大多数国家采用了实质审查制，但由于实质审查制成本高、周期长，无法适应现代社会经济发展的速度，已经被许多国家所改变。目前美国仍实行严格的实质审查制。

采用实质审查制的国家，要求一项发明或者实用新型必须同时具备新颖性、创造性和实用性，才能取得专利权。

（1）新颖性

新颖性（novelty）是指一项发明在申请人提出专利申请时，必须是从未发表、公开使用或以其他形式为公众所知的，并且从未有人提出过类似的专利申请。从地域范围来看，世界各国对发明新颖性的判断标准有三种：一是世界新颖性，即该发明必须在世界范围内具有新颖性，英国、法国、德国等国家采用这个标准；二是国内新颖性，即该发明只要在国内未被公开发表、使用或以其他形式为公众所知即符合新颖性要求，目前只有希腊、巴拿马少数国家采用该标准；三是世界新颖性和国内新颖性相结合，即在世界范围内没有公开发表、在本国范围内未公开使用，美国、加拿大、日本、瑞士等国家采用该标准。我国专利法采用申请在先原则，要求是有限的世界新颖性，一项发明只要未在国内外出版物上公开发表过，在国内未公开使用过，也未以其他方式为公众所知，就可以认为具备了新颖性。

为鼓励发明创造的提早公开和促进交流，各国法律都规定了新颖性的例外或宽限期，如《日本专利法》第 30 条规定，发明自在刊物上或学术会议上发表、展览会上展出之日起 6 个月内可以向日本特许厅提出专利申请。我国《专利法》第 24 条也规定，申请专利的发明创造在申请日以前 6 个月内，有下列情形之一的，不丧失新颖性：①在中国政府主办或者承认的国际展览会上首次展出的；②在规定的学术会议上或者技术会议上首次发表的；③他人未经申请人同意而泄露其内容的。

（2）创造性

创造性（inventiveness）又称先进性（progress），是指提出专利申请的发明或实用新型所属技术领域的专门技术人员不是显而易见的，如《欧洲专利公约》第56条规定，如果一项发明对于该领域内的熟练人员来说，参考了现有技术后不是显而易见的，则认为该发明具有创造性。因此，美国专利法也将创造性或先进性称为"非显而易见性（non-obviousness）"。

我国《专利法》第22条对创造性的要求是，申请专利权的发明同申请日以前已有的技术相比必须具有突出的实质性特点和显著的进步；申请专利权的实用新型同申请日以前已有的技术相比必须具有实质性特点和进步。

（3）实用性

实用性（utility）是指申请专利的发明必须能够应用于产业部门，能够在实践中制造或使用。其判断标准一般包括：一是具有实施的可能性，在技术上可以制造和使用。科学幻想或违反自然规律的创造，如永动机等，在技术上不可能实现的东西不具有实用性。二是能够在产业中重复运用和重复生产，具有多次再现的可能性。三是有益性，能够产生积极的效果。如果一项发明虽然具备了新颖性和创造性，但具有不可克服的弊病，可能造成对人类或环境的危害，也不授予专利权。

对于外观设计，各国多强调其新颖性和创造性条件。

例7-3　工程师张某设计了一套新式水稻插秧机械，于2015年4月10日在我国政府举办的一个农业机械展览会上首次公开展出，反响很好。应一位出席该展览会的泰国农机商的邀请，张某携带该套机械赴泰国，于5月20日至6月5日在泰国作了数场公开演示，很受欢迎。2015年9月25日，张某就该套水稻插秧机械向我国政府申请专利。

问：根据我国《专利法》的规定，该发明创造是否已经丧失了新颖性？

分析：没有丧失新颖性。首先，根据我国《专利法》的规定，申请专利的发明创造在申请日以前6个月内，"在中国政府主办或者承认的国际展览会上首次展出的"，不丧失新颖性；其次，虽然张某携带该套机械赴泰国，于5月20日至6月5日作了数场公开演示，但我国对新颖性的要求是"一项发明只要未在国内外出版物上公开发表过，在国内未公开使用过，也未以其他方式为公众所知，就可以认为具备了新颖性"，因此在国外展示，不影响其新颖性。

3）采用早期公开、延迟审查制度的国家

早期公开、延迟审查制度是在实质审查制基础上发展起来的一项专利审查制度。该制度1964年起源于荷兰，现在为大多数国家所采用。尽管各国在具体细节上有所不同，但基本环节都是一致的。我国目前实行的也是早期公开、延迟审查制。

早期公开、延迟审查制度一般包括以下步骤：

（1）早期公开，即在实质审查开始前，先进行形式审查，符合要求的，将整个申请案在《专利公报》上公布。这样有利于促进信息交流，避免重复研究，提高科技进步的效率。我国《专利法》规定，专利局收到发明专利申请后，经初步审查认为符合本法要求的，自申请日起满 18 个月，即行公布。

（2）请求实质审查，也称延迟审查。这是在早期公开后的一定期限内（一般是从申请之日起 3 年之内，而有些国家规定的时间较长），申请人如果认为需要，可以再提交一份实质审查请求并缴纳费用，由政府专利当局开始进行实质审查，即对专利申请内容进行新颖性、创造性和实用性审查，符合条件的则授予专利权。申请人逾期不提出实质审查请求的，视为撤回专利申请。

（3）公告。通过了实质审查的专利申请，授予专利权，并由专利行政当局予以公告。专利权一般自公告之日起生效。

7.2.5　专利权人的权利和义务

1）专利权人的权利

作为一项民事权利，专利权是专利权人对其专利所享有的所有权。所有权是指财产所有人在法定范围内对自己的财产享有占有、使用、收益和处分的权利。专利权人对其专利所享有的所有权也以这些权利为基础。但与有形财产所有权不同，专利权主要体现为专利权人的独占实施权，即在法律规定时间内，只有专利权人才有权为工商业目的实施其发明创造。

（1）独占实施权

专利权人对其专利享有独占实施权。对产品而言，独占实施权是指制造、使用、许诺销售、销售或进口其专利产品；对专利方法而言，独占实施权是指使用其专利方法和使用、许诺销售、销售或进口用该方法直接制造的产品。因此，我国《专利法》第 11 条规定，发明和实用新型专利权被授予后，除本法另有规定外，任何单位或者个人未经专利权人许可，都不得实施其专利，即不得为生产经营目的制造、使用、许诺销售、销售或进口其专利产品，或者使用其专利方法以及使用、许诺销售、销售或进口依照该专利方法直接获得的产品；外观设计专利权被授予后，任何单位或者个人未经专利权人许可，都不得实施其专利，即不得为生产经营目的制造、销售、进口其外观设计专利产品。

我国 1984 年《专利法》规定的专利权人权利中未包含进口权。为与国际专利保护趋势相协调，并承担相应的国际义务，我国 1992 年"专利法修改决定"对我国 1984 年《专利法》第 11 条作出修正，规定专利权人有权禁止他人未经允许为商业目的进口其专利产品或进口依照其专利方法直接获得的产品。否则，专利权人有权申请海关予以扣押并对该侵权行为提起诉讼。

为与 TRIPs 保持一致并强化我国的专利保护，我国在 2000 年第二次修改专利法时又引进了"许诺销售"的概念。许诺销售是指专利权人有权禁止他人进行一些销售前的推销或促销行为。根据我国最高人民法院的司法解释,《专利法》所称的许诺销售是指以做广告、在商店橱窗中陈列或者在展销会上展出等方式作出销售商品的意思表示。但根据我国《专利法》的规定,外观设计专利权人没有许诺销售权,这与 TRIPs 协定的规定是一致的。

对于保护期限,各国法律规定不一。根据 TRIPs 协定第 33 条的要求,有效保护期不应在自申请日起算 20 年期限届满前终止。

（2）专利权人的许可权和转让权

除独占实施权外,专利权人还享有许可权和转让权。

许可权和转让权都是专利权人实现其权利的重要方式。许可权是指专利权人有权许可他人实施其专利并收取费用;而转让权则是指专利权人有权将自己的专利权或专利申请权转让给他人。许可权和转让权的区别在于:许可权只转移使用权而不转移所有权,被许可人无权擅自允许许可合同规定以外的他人实施专利,而转让权转移的是所有权,专利权人通过行使转让权而失去了专利权或专利申请权,受让人依法成为新的权利人。

（3）请求保护权

专利权人在其权利受到不法侵害时,有权向专利管理机关请求保护,也有权向法院起诉,请求司法保护。我国《专利法》第 57 条和第 58 条规定,专利权人对未经其许可而实施其专利的侵权行为,有权请求管理专利工作的部门进行处理,也可以直接向人民法院起诉。《专利法》第 68 条规定,侵犯专利权的诉讼时效为 2 年,自专利权人或利害关系人得知或应当得知侵权行为之日起计算。

例 7-4　韩国 A 公司许可中国 B 公司作为独家代理人,在中国销售其专利产品"香仕"牌空气清新剂。2014 年 9 月 15 日,中国 B 公司发现市场上出现假冒的"香仕"牌空气清新剂产品,便开始调查侵权者,2015 年 1 月 10 日确定某乡镇企业系侵权产品的制造者,2015 年 1 月 29 日,将侵权事实和调查结果通报给了韩国 A 公司。

问:根据我国法律的规定,韩国 A 公司追究专利侵权责任的诉讼时效期间应到哪天为止?

分析:应自 2014 年 9 月 15 日起至 2016 年 9 月 15 日止。因为在我国,侵犯专利权的诉讼时效为 2 年,自专利权人或利害关系人得知或应当得知侵权行为之日起计算。中国 B 公司作为韩国 A 公司的独家代理人,属于利害关系人,从它得知或应当得知侵权行为之日起,即 2014 年 9 月 15 日发现市场上出现假冒产品之日起,就应开始计算诉讼时效。

2）专利权人权利的限制

专利权的限制也称专利权的例外。为防止专利权人滥用权利,妨害国家和社会公共利益,各国法律都对专利权作出不同程度的限制。这些限制主要体现在以下几个方面：

（1）专利权人的权利用尽原则

"权利用尽原则"是合理限制专利权人权利的一个重要理论，其基本内容是：专利权人对其专利产品的权利，只限于对该产品的第一次制造或销售上，即专利权人制造或经专利权人授权许可制造的专利产品销售后，其他人就不再需要经专利权人许可或授权而自动享有使用或再销售该专利产品的权利。例如，甲有一项专利，授权乙制造该专利产品，乙制造出专利产品并销售给丙，丙及丙以后的人不必再经甲同意而享有该专利产品的使用权和销售权。

权利用尽原则所考虑的，一方面是专利权人已经从其专利产品的第一次许可或销售中获得了应有的利益；另一方面是保障专利产品投入市场后在商品流通领域中的流通。但这种权利用尽通常是指专利权的国内用尽，而不是专利权的国际用尽，除非一国法律明确规定这种权利用尽不限于国内，如法国的知识产权法明确规定，专利权人制造或经专利权人许可制造的专利产品销售后，专利权人的权利就在法国和欧洲经济空间协定成员国市场内用尽。

我国《专利法》第 69 条第 1 款规定，专利产品或者依照专利方法直接获得的产品，由专利权人或者经其许可的单位、个人售出后，使用、许诺销售或者销售该产品的，不视为侵犯专利权。

例 7-5　日本人 A 拥有某空气清新剂产品的专利权。经 A 许可，中国人 B 获得该专利产品在中国内地范围内的独家经销权。中国人 C 发现东南亚某国的经销商 D 的同样产品在价格上比 B 低很多，而 D 也是经 A 许可、合法销售该专利产品的经销商。于是 C 从 D 处进口了大批该专利产品，在中国内地范围内销售。

问：（1）C 的行为是否侵犯了专利权人 A 的权利？

（2）B 是否有权依据独家许可协议、以自己的名义对 C 提起专利侵权诉讼？

分析：这里遇到的问题就是典型的"平行进口"问题。

对于问题（1），应当认为 C 的行为侵犯了专利权人 A 的专利权。我国《专利法》第 69 条第 1 款规定，专利产品或者依照专利方法直接获得的产品，由专利权人或者经其许可的单位、个人售出后，使用、许诺销售或者销售该产品的，不视为侵犯专利权。因此，任何人从 B 处购得产品后的一切销售行为都不再视为侵权，但 C 从国外进口该产品进入中国内地地区而未经权利人许可，仍属于侵权行为。

对于问题（2），应当认为 B 无权依据独家许可协议、以自己的名义对 C 提起专利侵权诉讼。首先，独家许可协议只能约束 A 和 B，对 C 无约束力；其次，B 不是专利权人，不能以自己的名义提起专利侵权诉讼，但可以经 A 授权，代表 A 提起专利侵权诉讼（但 B 可以依据反不正当竞争法以自己的名义起诉，这里不赘述）。

（2）对专利发明的先用权

"先用权"是合理限制专利权人权利的另一个重要原则，其基本内容是：在专利申请日以前，如果有人（即先使用人）已经在制造与专利申请主题内容相同的产品，或已经使用与专利申请主题内容相同的方法，则在专利申请人获得专利权后，先使用人仍有权在原范围内继续制造其产品或使用其方法，而不视为侵犯专利权。该原则的目的在于平衡专利权人与先使用人之间的利益关系，在维护专利保护制度的同时兼顾公平合理原则。我国《专利法》第 69 条第 2 款规定，在专利申请日前已经制造相同产品、使用相同方法，或者已经作好制造、使用的必要准备，并且仅在原有范围内继续制造、使用的，不视为侵犯专利权人的权利。

例 7-6　周家作坊使用祖上流传下来的独特方法制造酱油并销售，该方法一直被周家保密。然而，某食品研究所经多年探索，研究出了相同的方法并申请了专利。

问：根据我国法律的规定，你认为：

（1）在某食品研究所获得专利后，周家是否可以继续使用其方法制造酱油并销售？

（2）在某食品研究所获得专利后，周家决定以其方法出资，与外商举办合资经营企业，以增强其竞争力。周家这种做法是否应视为侵权？

分析：（1）在某食品研究所获得专利后，周家可以在原有的范围内继续使用其方法制造酱油并销售，不视为侵犯专利权。这就是对发明专利的"先用权"。但（2）在某食品研究所获得专利后，周家决定以其方法出资，与外商举办合资经营企业，以增强竞争力，这种做法侵犯了某食品研究所的专利权，因为周家已经不是在原有的范围内使用，而是扩大了使用范围，已不属于对发明专利"先用权"的范围了。

（3）对专利不实施的强制许可

强制许可是各国法律为防止专利权人滥用独占权而规定的一项制度，其基本内容是：在一定条件下，经第三者请求，专利行政当局可以不经过专利权人同意而许可第三者利用专利权人的发明创造。强制许可制度在 1474 年威尼斯的《发明人法规》中就已经有记载，1883 年《保护工业产权的巴黎公约》也规定了这一制度：在经过自申请日起 4 年，或授予专利权之日起 3 年后（以后到期者为准），如果专利权人不能提出证据，证明有法律、经济或技术等方面的障碍阻止其实施或充分实施其专利，则授予专利权的国家根据其国内法，可以对该专利予以强制许可。

除美国等少数国家外，世界上绝大多数国家专利法中都规定了强制许可制度。TRIPs 协定第 31 条也允许各成员根据本国（地区）情况、在符合 TRIPs 规定的条件下实施强制许可。

我国《专利法》仅对发明和实用新型专利规定了强制许可。根据我国《专利法》的有关规定，在下列几种情况下，我国可以给予实施发明或实用新型专利的强制许可：

①经具备实施条件的单位或者个人申请，国务院专利行政部门可以在下列情形

下给予强制许可：

A. 专利权人自专利权被授予之日起满三年，且自提出专利申请之日起满四年，无正当理由未实施或者未充分实施其专利。

国务院专利行政部门在这种情形下给予强制许可，应当主要为了供应国内市场。申请强制许可的单位或者个人根据这项规定申请强制许可的，应当提供证据证明：其以合理的条件请求专利权人许可其实施专利，但未能在合理的时间内获得许可。

B. 专利权人行使专利权的行为被依法认定为垄断行为，为消除或者减少该行为对竞争产生的不利影响。

②在国家出现紧急状态或者非常情况时，或者为了公共利益的目的，国务院专利行政部门可以给予实施发明专利或者实用新型专利的强制许可。

该项强制许可的实施，应当主要为了供应国内市场。

③为了公共健康目的，对取得专利权的药品，国务院专利行政部门可以给予制造并将其出口到符合中华人民共和国参加的有关国际条约规定的国家或者地区的强制许可。

④一项取得专利权的发明或者实用新型比已经取得专利权的前一发明或者实用新型具有显著经济意义的重大技术进步，其实施又有赖于前一发明或者实用新型的实施的，国务院专利行政部门根据后一专利权人的申请，可以给予实施前一发明或者实用新型的强制许可。

以该项理由申请强制许可，应当主要为了供应国内市场。申请强制许可的单位或者个人在这种情形下也应当提供证据证明：其以合理的条件请求专利权人许可其实施专利，但未能在合理的时间内获得许可。

从权利义务平等原则出发，在依照这项规定给予实施强制许可的情形下，国务院专利行政部门根据前一专利权人的申请，也可以按相同条件给予实施后一发明或者实用新型的强制许可。

此外，根据我国《专利法》的规定，强制许可涉及的发明创造为半导体技术的，其实施限于两种情形：第一，为公共利益的目的；第二，为消除或者减少专利权人的垄断行为对竞争产生的不利影响。

根据我国法律的规定，国务院专利行政部门作出的给予实施强制许可的决定，应当及时通知专利权人并予以登记和公告。专利权人对国务院专利行政部门关于实施强制许可的决定不服的，可以自收到通知之日起三个月内向人民法院起诉。取得实施强制许可的单位和个人不享有独占的实施权，也无权允许他人实施，并有义务付给专利权人合理的使用费。

（4）其他合理情形下的限制

其他合理情形下对专利权人的权利限制包括：①专为科学研究和实验而使用有关专利的，不视为侵犯专利权；②临时过境的外国运输工具，依据《保护工业产权的巴黎公约》的规定或依照互惠原则，为运输工具自身需要而在其装置和设备中使用有关专利时，也不认为是侵犯专利权；③善意第三者使用、许诺销售、销售侵权产品的侵权责任，如果能证明其产品的合法来源的，可以不承担赔偿责任。

3）专利权人的义务

对于专利权人的义务，各国法律规定基本相同，包括：

（1）在法定期限内在国内实施其专利的义务

这是专利权人的基本义务，包括专利权人自己实施其专利或者许可他人实施两种形式。根据我国《专利法》的要求，专利权人应当自获得专利权之日起3年内实施其专利。

除专利权人自己实施或者许可他人实施其专利外，专利的转让或继承有时也被视为实施的方式。

（2）缴纳专利年费的义务

专利年费也称专利费，是专利权人为了维护自己专利的有效而每年向专利管理机关缴纳的规定费用。有些国家还规定了逐年递增的专利年费制度，目的在于发挥专利年费的经济杠杆作用，促使专利权人尽早放弃没有实际价值的专利，使这些发明早日成为社会公共财产。不按期缴纳专利年费的，专利权人将丧失其专利权。

7.2.6　关于保护专利权的国际公约

涉及专利的国际性保护的公约主要有1883年《保护工业产权的巴黎公约》、1970年《专利合作条约》和1995年《与贸易有关的知识产权协定》（TRIPs）。此外，还存在一些区域性的专利保护公约。

1）《保护工业产权的巴黎公约》

该公约于1883年3月20日，由法国、比利时、意大利、荷兰、瑞士、西班牙、葡萄牙、巴西、塞尔维亚和萨尔瓦多等11个国家最初签订，至2001年1月，成员国已达157个。我国于1984年11月4日参加巴黎公约，适用1967年斯德哥尔摩文本。

巴黎公约规定的工业产权保护对象有八项：发明专利（patent）；实用新型（utility model）；外观设计（industrial design）；商标（trade mark）；服务标记（service mark）；商号名称（trade names）；原产地名称（appellation of origin）；制止不正当竞争（check of unfair competition）。公约各成员国应遵守的四项原则为：

①国民待遇原则。根据该公约的要求，缔约国之间根据各自国内法，有义务给予他国国民在保护工业产权方面与本国国民相同的待遇，包括外国申请人申请和取得专利与国内申请人完全一样，不受任何歧视。公约第2条规定，成员国国民不论在其他成员国有无永久性住所或营业所，其他成员国必须给他们以本国专利法现在或今后给予本国国民同样的保护。公约第3条还规定，非成员国的国民，如果在一个公约成员国境内有永久住所或正当的工商营业所，也享有与公约成员国国民同样

的待遇。

②优先权原则。公约规定，凡已向一个成员国正式提出专利申请的人，如向其他成员国提出同样的申请，可享有优先权：发明与实用新型的专利，从第一次提出申请之日起（不包括当日）12个月内向其他成员国提出，外观设计的专利（以及商标）从第一次提出申请之日起6个月内向其他成员国提出，都以第一次申请的日期为申请日。这种办法，称为优先权日期，其作用在于：在优先权日期以后，其他专利申请人所作的披露不再影响享有优先权申请人的发明的新颖性，同时，在优先权期限内，其他人不能就同一发明提出申请而对抗享有优先权的申请人。

③专利权独立原则。各缔约国按自己的国内法独立进行审核、决定是否授予专利权，并独立决定给予哪些保护，不受其他国家的影响。公约的一个成员国对一项发明批准了专利，任何其他成员国并不必须对同一发明也批准为专利。同时，任何成员国也不能以同一发明的专利权在任何国家已被驳回或宣告无效为由对该专利也采取驳回、宣告无效或以其他形式终止。所以，凡是成员国的国民向数个成员国申请专利，虽是同一发明，也是相互独立的。

④强制许可原则。如专利权人在规定期内不实施发明，也不允许他人在合理条件下实施其发明，各国专利主管机关有权向申请实施该发明的第三人颁发强制许可证。其具体内容是：自专利申请日起满4年，或专利批准日起满3年，取得专利的发明无正当理由而没有实施或没有充分实施其专利，各成员国专利局均可根据第三人的请求，给予实施该发明强制许可，取得强制许可证后两年，如果专利权人仍无正当理由不实施或不充分实施其专利，专利主管部门便可撤销其专利权。

例7-7　2014年2月10日，一个日本人在美国学习期间研究出一项发明创造并向美国专利当局登记，申请专利权并在几个月后公开。2014年6月10日，该日本人回到日本，就该项发明创造向日本政府提出专利申请。2015年5月15日，该日本人又向中国政府提出同样的专利申请。此前，2015年4月15日已经有一个中国人就同样的发明创造向中国政府提出了专利申请。

问：根据1883年《保护工业产权的巴黎公约》的规定，中国政府应当将专利权授予谁？

分析：中国政府既不能将专利权授予日本人，也不能将专利权授予中国人。

因为根据《巴黎公约》的规定，凡已向一个成员国正式提出专利申请的人，如向其他成员国提出同样的申请，可享有优先权，发明与实用新型专利的优先权期限为12个月。该日本人2014年2月10日向美国政府申请，2015年5月15日向中国政府申请，已经超出了12个月。所以，中国政府不能将专利权授予日本人（注意：优先权期限不能从2014年6月10日，该日本人回到日本申请时起算）。

同时，2015年4月15日提出申请的中国人也无法获得该发明创造的专利权。2014年2月10日，该日本人向美国专利当局登记，申请专利权并在几个月后公开，导致中国人提出专利申请时，该发明创造已经不具备新颖性。所以，中国政府也不能将专利权授予中国人。

2)《与贸易有关的知识产权协定》

《与贸易有关的知识产权协定》（TRIPs）是关贸总协定乌拉圭回合谈判的一项重要成果，也是构成世界贸易组织（WTO）涉及的多边贸易体系的重要基础之一。

乌拉圭回合将知识产权保护问题纳入了谈判议程。其背景是：发达国家的跨国公司从 20 世纪 70 年代初开始要求加强对知识产权的保护以保持它们的技术优势。它们认为知识产权保护不充分和不能有效地实施不公正地剥夺了专利权人由其发明创造应得到的权益，从而也侵害了公司的合法商业利益。这些跨国公司以禁止假冒商品进口为突破口，要求本国政府把知识产权保护问题纳入关贸总协定乌拉圭回合谈判的范畴，以保护它们巨大的经济利益和进行国际竞争的能力。但发展中国家，如印度、巴西等均强烈反对扩大关贸总协定谈判的范围和议题，因为关贸总协定中的知识产权保护标准必然是按以美国为首的发达国家的利益来制定的，把知识产权与贸易相联系，很可能迫使发展中国家放弃依据《保护工业产权的巴黎公约》可以根据国内需要制定知识产权保护标准和制定法律的主权。经过三年协商和谈判，发展中国家最终同意了在乌拉圭回合中对知识产权保护标准进行谈判。

《与贸易有关的知识产权协定》（TRIPs）规定缔约方的基本义务是"承认知识产权是私权"，缔约方承认有必要建立国际贸易中反假冒商品的多边共同原则、规则和多边体系，并承认各国建立保护知识产权制度是以公共政策并包括发展和技术为目标，"承认其中有最大灵活性"。这就意味着与关贸总协定谈判中的其他议题一样，其知识产权协定中的某些规则在实际实施中有一定灵活性，允许发展中国家采取一些过渡性措施以维护自己利益。

《与贸易有关的知识产权协定》已于 1995 年 1 月 1 日正式生效。该协定确立了知识产权保护标准和实施规则并建立了解决缔约方之间争端的有效途径，它标志着知识产权保护已成为世界贸易组织（WTO）涉及的多边贸易体系的一个组成部分。可以说，TRIPs 是迄今为止最综合、最有影响力的知识产权多边协议。

7.3　　　　　　　　　　　　　　　　　商标法律制度

7.3.1　商标的概念和分类

1）商标的概念

商标是生产者或经营者为使其商品或服务与其他生产者或经营者的商品或服务相区别而使用在其商品或服务上的一种标志。根据世界贸易组织《与贸易有关的知识产权协定》第 15 条第 1 款的规定，任何标记或标记组合，只要能够区分一个企业和其他企业的商品或服务，就应可以构成一个商标。这些标记，特别是单词，包括个人名字、字母、数字、图形和颜色的组合以及任何这些标记的组合，应能够作为商标注册。广义商标包括商品商标、服务商标、商店名称、产地标记或原产地名称。

我国《商标法》第 8 条规定，任何能够将自然人、法人或者其他组织的商品与他人的商品区别开的标志，包括文字、图形、字母、数字、三维标志、颜色组合和声音等，以及上述要素的组合，均可以作为商标申请注册。

2）商标的分类

商标按使用对象划分为商品商标和服务商标，这是商标的主要分类。

商品商标是商标最初的主要形式。第二次世界大战后，服务商标开始出现，首先是美国于 1946 年开始办理服务商标注册，保护服务商标。随后，菲律宾于 1947 年、加拿大于 1953 年、日本于 1991 年先后开始保护服务商标。20 世纪 80 年代以后，保护服务商标的国家超过了 60 个。1995 年《与贸易有关的知识产权协定》（TRIPs）将 1883 年《保护工业产权的巴黎公约》关于商标保护的规定全面延伸到服务商标，因此，世界贸易组织的成员都承担了服务商标的注册与保护义务。

我国 1993 年修改《商标法》时，增加了对服务商标的规定：企业、事业单位和个体工商业者，对其提供服务项目，需要取得商标专用权的，应当向商标局申请服务商标注册。2001 年 12 月 1 日我国《商标法》开始将服务商标使用于自然人。2013 年 8 月 30 日我国第三次修订《商标法》时，又对证明商标、集体商标作了补充规定。但我国目前还未规定防御商标和联合商标。

证明商标，也称地理标志或原产地标志，是指由对某种商品或服务具有监督能力的组织所控制，并由该组织以外的单位或个人使用于其商品或服务，用以证明该商品或服务的原产地、原料、制造方法、质量或其他特定品质的标志。证明商标的注册人一般不使用证明商标，而是由达到规定标准并遵守证明商标管理规则的生产经营者取得使用资格，将证明商标使用于他们的商品或服务上，因此它属于"开放型"商标。集体商标，是指以团体、协会或其他组织名义注册，供该组织成员在商事活动中使用，以表明使用者在该组织中成员资格的标志。集体商标属于"封闭型"商标，仅限于组织内的成员使用。防御商标，是指将同一商标注册于不同的商品或服务上，以防止他人在不同的商品或服务上使用该商标，给消费者造成混淆。联合商标，是指将与已注册商标相近似的商标在相同或类似的商品或服务上加以注册的商标，其目的也是防止他人故意采用类似商标而造成混淆。

此外，国际上还存在一个驰名商标的概念。驰名商标一般是指《保护工业产权的巴黎公约》规定的所有成员国应当给予保护的商标。《巴黎公约》从保护商业活动的公平竞争、协调各国在注册原则和使用原则之间的差异出发，要求各国对于注册的商标给予保护，对于未注册的商标，有较高驰名度的，也要给予保护。TRIPs 则更向前推进了一步，它规定：驰名商标的保护要延伸到服务商标，并且对于注册的驰名商标保护要扩大到非类似商品。我国的驰名商标目前由国家知识产权局认定。

例 7-8　卢克先生是一位化妆品制造商，以自己的名字"卢克"为产品商标。他担心别人以类似名称注册商标来模仿他的产品，想将近似发音的"鲁克""陆克"等文字都予以注册。

问：你认为卢克先生应采用以下什么商标形式来达到目的(　　)。

A. 证明商标　　　B. 集体商标　　　C. 防御商标　　　D. 联合商标

分析：应该是 D，联合商标。联合商标是指将与已注册商标相近似的商标在相同或类似的商品或服务上加以注册的商标，其目的是防止他人故意采用类似商标而造成混淆。进一步思考一下：联合商标与防御商标的区别有哪些？

7.3.2　各国的商标立法

早期西方国家的商标使用是作为政府管理市场、监督产品质量的手段出现的。1266 年英国政府颁布了《面包师强制标志法》，要求面包师必须把自己的标志适当地标在他所制作和出售的面包上，以此保证重量和质量。1300 年关于黄金制品加工者的标志要求也是同样目的。但随着社会经济的发展和商业竞争的激烈，模仿他人标志的现象开始大量出现，英国在 19 世纪中叶开始出现对商标侵权的判例。美国 1776 年独立后，也是以法院判例为主开始了商标的法律保护。1870 年美国国会通过了《商标法》，但仅过了 7 年就因被宣布为违宪而作废，直到 1905 年，美国才又制定了一部新的《商标法》。

在欧洲大陆，法国于 1857 年制定了《商标法》，施行了 100 多年。德国 1874 年颁布了第一个保护商标的普鲁士法令，由于此时德意志帝国才成立 3 年，该法令保护范围很有限，只有图形商标才能获准注册。1896 年，德国颁布了第一部商标法律。

20 世纪三四十年代，是世界各国商标立法较多的时期，德国于 1936 年、英国于 1938 年、意大利于 1942 年、美国于 1946 年先后制定了《商标法》。21 世纪初，各国商标法又经历了一次普遍的修改，各国共同参照的蓝本就是世界贸易组织的《与贸易有关的知识产权协定》（TRIPs），从而使各国的商标法律保护趋于一致。

我国于 1982 年 8 月 23 日颁布了《中华人民共和国商标法》，1983 年 3 月 1 日开始实施。1993 年 2 月 22 日作了第一次修改，增加了对服务商标的保护、撤销注册不当条款等内容。2003 年 8 月 30 日，商标法作了第三次修改，和《与贸易有关的知识产权协定》（TRIPs）的规定保持一致。而商标法的实施细则在 1983 年通过后，分别在 1988 年、1993 年、1995 年和 2002 年进行了四次修改。

7.3.3　商标权的取得

1）商标权取得原则

各国商标法关于如何取得对商标的专用权问题通常有三种做法：

（1）以注册在先来确定商标的所有权，也称"注册在先"原则，即商标权属于最先注册的人。商标注册是取得商标专用权的必要法律程序，商标专用权只能通过有效的申请注册取得。如果商标的首先使用人未及时办理注册手续，而被别人将其商标抢先注册，就无法取得该商标专用权。在这里，如何确定提出商标注册申请日期是十分重要的问题，注册日就成为关键日。注册在先原则被大多数国家，如日本、法国、德国、意大利、比利时、俄罗斯和东欧一些国家采用。中国实行以注册在先为主的商标注册制度，即商标专用权授予最先申请注册的人，两个以上的人就相同或相似商标同时提出注册申请的，商标权则授予最先使用该商标的人。

（2）以使用在先来决定商标的所有权，也称"使用在先"原则，即商标权属于首先使用该商标的人。按照这一原则，商标注册在法律上只起到承认、声明作用，而不能确定商标权的归属，商标的首先使用人随时可以使用在先为由要求撤销已注册的商标。这样，注册制度徒具形式，商标注册人的权利无法确定。在国际经济贸易活动中，商标权的使用在先制度弊端较多。所以，按照世界知识产权组织统计，到 1977 年为止，世界上只剩下菲律宾和美国两个国家继续实行使用在先原则。即使在这两个国家里，商标所有人在通过使用获得专用权之后，仍旧可以在一定的管理机关注册，以确认和保障自己的权利。

（3）以在规定期间内无人对已注册的商标提出指控来决定商标的所有权，即商标权原则上归商标首先注册人，但商标的首先使用人可在一定期限内提出异议，请求予以撤销。如果规定期限已过，无人对此注册的商标提出异议，则该商标的注册人取得无可辩驳的专用权。这一原则既保护了首先注册人的利益，又照顾了首先使用人的利益。以《英国商标法》为代表的许多英联邦国家采用这一方法。

2）商标注册的手续及审查程序

（1）商标权主体。各国商标法都规定，自然人、法人以及符合法律规定的其他组织都可以申请商标注册。如根据《德国商标法》的规定，自然人、法人或者有能力获得权利或承担责任的合伙组织都可以成为商标权的主体。我国 2013 年修订后的《商标法》也规定，"自然人、法人或者其他组织"对其生产经营的商品或提供的服务，需要取得商标专用权的，可以向商标局申请商标注册。对外国人申请商标注册的待遇，各国普遍采用国民待遇原则，允许外国人享受与本国国民的同等待遇，申请商标注册。我国《商标法》第 17 条规定，外国人或者外国企业在中国申请商标注册的，应当按其所属国和中华人民共和国签订的协议或者共同参加的国际条约办理，或者按对等原则办理。已同我国订有商标互惠协议的国家有英国、美国、法国、德国、日本、瑞士、瑞典、意大利、加拿大、澳大利亚等几十个国家。

对于申请商标注册是否必须以实际使用为前提，各国法律要求不同，但不要求实际使用作为申请商标注册的前提是各国普遍的发展趋势，这是因为许多商标形式，如证明商标、集体商标、防御商标和联合商标等，可能存在权利人并不实际使用的情形。《与贸易有关的知识产权协定》（TRIPs）第 15 条第 3 款规定，各成员可以把使用作为注册的前提，但一项商标的使用不应是申请注册的前提条件。不能仅仅因为自申请日起三年内商标未实现所声称的使用而拒绝一项申请。因此，在采用"使用在先"原则的国家中，如美国，仍然可以将先使用作为确定商标权利的基础，谁先使用，商标权就授予谁，但各国不应当以商标未实际使用作为不授予商标权的理由，也不应当以申请日起 3 年内商标权人未实际使用其注册商标而驳回其商标注册申请。为扩大对使用的理解，美国 1988 年之前的《兰哈姆法》规定在贸易中实际使用是申请商标注册的前提，1988 年后修正为申请人具备在贸易中使用的"意图"也可以申请商标注册。我国法律目前对于商标的实际使用仍有比较严格的要求。

（2）商标注册的审查程序。各国的商标注册一般须经过申请、初审、公告、异议、复审和核准等程序，先公告后注册是各国商标注册的普遍原则。

在审查阶段，存在两种做法：相对审查制和绝对审查制。相对审查制是对申请注册的商标进行形式审查（即审查申请文件和手续是否完备）和是否存在违反商标法"禁用条款"规定情形的审查，符合条件即予以公告；绝对审查制，则是在除相对审查之外还审查商标标识的显著性，即商标所使用的文字或者图形，是否具有显著的特征，是否与他人已经注册的商标相同或者近似，是否便于消费者识别等。各国法律考虑到商标是私权，商标冲突应由私人解决为主，倾向于相对审查制。但我国仍采用绝对审查制。

对于使用商标是否必须注册，各国普遍采取"自愿注册"原则，即是否申请商标注册，由商标使用人自行决定，但未注册的商标，在采用"注册在先"原则的国家中没有排他的独占权。与自愿注册原则相对应的是"强制注册"原则，目前采用该原则的国家很少。

此外，包括我国在内的很多国家实行"一件商标一份申请"和"一件商标一类商品"的申请原则，即一项申请只能请求注册一件商标，申请的同一商标限于某一类商品。同一申请人在不同类别的商品上使用同一商标的，应按商品分类表分别提出注册申请。

（3）对商标注册的内容的限制（商标禁用条款）。各国有关商标的法律除了要求商标应具备显著性、可视性等便于识别的要求外，大多涉及禁用条款问题，即各国都根据本国的政治经济环境和文化条件，考虑本国的社会观念和善良风俗等因素，在法律中禁止使用某些特定的标志或名称。

根据我国《商标法》的规定，下列标志不得作为商标使用：

①同中华人民共和国的国家名称、国旗、国徽、军旗、勋章相同或近似的，以及同中央国家机关所在地特定地点的名称或者标志性建筑的名称、图形相同的；

②同外国的国家名称、国旗、国徽、军旗相同或近似的，但该国政府同意的除外；

③同政府间国际组织的名称、旗帜、徽记相同或近似的，但经该组织同意或不

易误导公众的除外；

④与表明实施控制、予以保证的官方标志、检验印记相同或者近似的，但经授权的除外；

⑤同"红十字""红新月"的名称、标志相同或者近似的；

⑥带有民族歧视性的；

⑦夸大宣传并带有欺骗性的；

⑧有害于社会主义道德风尚或有其他不良影响的；

⑨县级以上行政区划的地名或公众知晓的外国地名。但是，地名具有其他含义或者作为集体商标、证明商标组成部分的除外。

下列标志不得作为商标注册：

① 仅有本商品的通用名称、图形、型号的；

② 仅仅直接表示商品的质量、主要原料、功能、用途、重量、数量及其他特点的；

③ 缺乏显著特征的。

此外，我国《商标法》还规定，以三维标志申请注册商标的，仅由商品自身的性质产生的形状、为获得技术效果而需有的商品形状或者使商品具有实质性价值的形状，不得注册。对容易与驰名商标相混淆的，也不予注册。

7.3.4　商标权

商标权，也称商标专用权，是商标所有人依法对其商标所享有的权利。

1）独占权

独占权是商标权人最基本的权利。在采用"注册在先"原则的国家中，商标因为注册而取得独占的使用权；在采用其他原则的国家中，商标可以因为实际使用而取得优先权利。未经商标权人许可，其他任何人不得使用商标或以其他形式侵犯商标权人的权利。

但这种独占权与其他知识产权一样，也有时间性和地域性限制。采取"注册在先"原则的国家，注册商标都有一个有效期，采取"使用在先"原则的国家，商标必须继续使用才能获得法律保护，其中注册的，也有一个有效期。商标专用权有效期的长短，各国规定不同，美国、俄罗斯等国为 20 年，加拿大、叙利亚等国为 15 年，法国、日本、德国为 10 年，英国、印度为 7 年。《与贸易有关的知识产权协定》（TRIPs）第 18 条规定，商标首次注册及其每次续展的期限不得少于 7 年。商标注册应可无限期地续展。

我国《商标法》规定，对初步审定的商标，自公告之日起 3 个月内，任何人均可提出异议，公告期满无异议或者异议不成立的，予以核准注册。注册商标的有效期为 10 年，自核准注册之日起计算。注册商标有效期满，需要继续使用的，应当在期满前 6 个月内申请续展注册。在此期间未能提出申请的，可以给予 6 个月的宽展期，宽展期满仍未提出申请的，注销其注册商标。每次续展注册的有效期为10年。

2）处分权

商标的处分权包括许可权和转让权，以及商标权人根据自己的意愿注销其商标注册的权利等。关于商标的许可和转让，各国法律要求不同，有些国家要求商标权必须和营业权一同转让，有些国家则不要求。根据 TRIPs 协定第 21 条的规定，WTO 成员可以决定商标许可和转让的条件，但是不得允许商标的强制许可。该条款还规定，注册商标所有人有权决定将其商标单独转让，或者将其商标与该商标所属业务一并转让。

例 7-9　2005 年 1 月 10 日，甲公司向我国商标局申请"葵花"牌保健口服液的商标注册，2005 年 1 月 20 日商标局经初步审定后公告了该商标。1 月 25 日，乙公司提出异议，认为该商标乙已经使用了 2 年之久，甲无权注册，商标专用权应归乙。2 月 25 日，商标局裁定异议不成立。2015 年 10 月 10 日，乙发现甲并没有申请续展该注册商标专用权，便于当天向我国商标局申请"葵花"牌保健品的商标注册。10 月 15 日甲公司提出续展申请，续展其"葵花"牌保健口服液的注册商标专用权。

问：根据我国《商标法》的规定，"葵花"牌商标的专用权应当授予谁？

分析：应将商标专用权授予甲，因为甲是在我国《商标法》规定的有效期内提出的续展。

根据我国《商标法》的规定，注册商标的有效期为 10 年，自核准注册之日起计算。2005 年 1 月 20 日商标局经初步审定后公告了甲的商标，乙的异议未能成立，因此甲的商标权自公告之日起 3 个月，即 2005 年 4 月 20 日予以核准注册并开始计算有效期。注册商标的有效期为 10 年，应至 2015 年 4 月 20 日。

同样，根据我国《商标法》规定，注册商标有效期满，需要继续使用的，应当在期满前 12 个月内申请续展注册。在此期间未能提出申请的，可以给予 6 个月的宽展期，因此甲有权在 2015 年 10 月 20 日之前申请续展商标。10 月 15 日甲公司提出续展申请，"葵花"牌商标的专用权应当继续归甲。

进一步思考：为什么 2005 年 1 月 25 日乙公司提出的异议没有成立？在什么条件下这种异议可能成立？

7.3.5　驰名商标的保护

1）驰名商标的概念

"驰名商标（well-known mark）"一词在 1925 年修订的《巴黎公约》（海牙文本）中被作为一个术语确定下来，并在今天的国际经济贸易活动中被广泛使用，但对这一概念却无统一的规定。在不同的国家以及同一国家的不同历史阶段，对驰名商标有着不同的理解。

从市场概念上讲，驰名商标是指在市场上被公众广为知晓，并享有较高声誉的商标。但在法律概念上，驰名商标是一个伸缩性很大的名词，它需要执法机关或政府商标行政当局的判定或认定，是作为处理商标领域中不正当竞争的一个术语而存在的。

对驰名商标进行保护已经成为国际上的普遍原则，有关国际组织也努力在国际范围内协调对驰名商标的法律保护。1999 年 9 月 29 日世界知识产权组织（WPO）成员国大会第三十四次系列会议提出的《联合决议》要求：依据《保护工业产权的巴黎公约》和《与贸易有关的知识产权协定》（TRIPs），有义务适用该条约相关规定的巴黎联盟成员和本组织成员，以及相关的政府间组织，必须对驰名商标予以保护。我国自加入《巴黎公约》之后，已在立法和执法实践中对驰名商标予以保护。

2）驰名商标的判定

判定驰名商标的目的是解决涉及商标问题的不正当竞争，但又要考虑不能使政府的执法或司法机关影响、干扰市场的正当竞争秩序。因此，大部分国家的驰名商标判定采用"个案认定，被动保护"原则，执法机关针对具体案件的涉案商标作出判断，这种对商标声誉作出的判断只对特定案件有效，而不应将个案的结论用在其他案件之中，也不应用来作为对抗第三人的手段，更不能将国家行政机关或司法审判机关的个案结论作为市场促销手段，否则会破坏正当的市场竞争规则。

对于驰名商标的判定机关，各国法律普遍规定为政府的商标行政当局或法院。在我国，也是由国家知识产权局的商标管理部门和人民法院来认定：在商标注册申请的审查阶段、异议及异议复审阶段，以及商标注册的无效或者撤销阶段，由商标局、商标评审委员会和人民法院判定；在查处商标侵权的案件中，涉及驰名商标判定的，判定机关也是具体案件的处理或审理机关，即国家知识产权局和人民法院。

对于驰名商标的判定标准，各国规定也不统一。《与贸易有关的知识产权协定》第 16 条第 2 款以"相关公众的知晓程度，包括在该成员通过宣传该商标而使公众知晓的程度"作为驰名商标判定的因素。各国在此基础上根据各国自己的理解规定判断标准，如美国 1996 年实施的《联邦反商标淡化法》规定了判定驰名商标应考虑的具体因素，这些因素包括：有关商标固有的或通过使用而产生的显著性；有关商标在既定商品或服务上已经使用的时间和范围；有关商标在广告宣传中出现的时间和范围；带有该商标的商品或服务被提供的地域；带有该商标的商品或服务被提供的渠道，即消费者的广度；其他商品或服务领域中，对该商标的知晓程度；其他人使用该商标的情况。

我国《商标法》第 14 条规定，认定驰名商标应当考虑下列因素：

（1）相关公众对该商标的知晓程度；

（2）该商标使用的持续时间；

（3）该商标的任何宣传工作的持续时间、程度和地理范围；

（4）该商标作为驰名商标受保护的记录；

（5）该商标驰名的其他因素。

判断驰名商标的上述因素只是确定特定商标是否为驰名商标的指导方针，而不是前提条件。在每一个案件中，还必须考虑其具体的特殊的情况。

3）关于驰名商标的国际保护

在国际范围内协调对驰名商标的法律保护，成为20世纪以来有关国际组织的工作重点。《巴黎公约》是最早规定保护驰名商标的国际公约，《与贸易有关的知识产权协定》则将对驰名商标的国际保护提高到一个新的水平：《巴黎公约》规定对驰名的商品商标提供保护，而《与贸易有关的知识产权协定》将保护扩大到驰名的服务商标；对于已经注册的驰名商标，《巴黎公约》的保护范围为相同或类似商品，而《与贸易有关的知识产权协定》将其扩大到相关的非类似的商品或服务上。在各国的实践中，有的国家（如法国、德国）仍只提供《巴黎公约》所规定的保护水平，即只禁止在相同或类似的商品上使用与驰名商标相同或类似的商标；有的国家（如美国）则达到了《与贸易有关的知识产权协定》要求的标准，即将保护扩大到非类似的商品或服务上。

对驰名商标的保护主要体现在商标注册程序中的保护以及商标使用中的保护两方面。《巴黎公约》第6条之2确立了在商标注册程序中以及在商标使用中对驰名商标的保护原则。该条规定："本联盟各国承诺，如本国法律允许，应依职权，或依有关当事人的请求，对商标注册国或使用国主管机关认为在该国已经属于有权享受本公约利益的人所有而驰名，并且用于相同或类似商品的商标构成复制、仿制或翻译，易于产生混淆的商标，拒绝或撤销注册，并禁止使用。在商标的主要部分构成对驰名商标的复制或仿制，易于产生混淆时，也适用这些规定。自注册之日起至少5年的期间内，应允许提出取消这种商标注册的请求。本联盟各国可以规定一个期间，在这期间内必须提出禁止使用的请求。对于依恶意取得注册或使用的商标所提出的撤销或禁止使用的请求，不应规定时间限制。"

我国2001年以及2013年修订后的《商标法》第13条对驰名商标的特殊保护作了两项规定：

（1）就相同或者类似商品申请注册的商标是复制、摹仿或者翻译他人未在中国注册的驰名商标，容易导致混淆的，不予注册并禁止使用。

（2）就不相同或者不相类似商品申请注册的商标是复制、摹仿或者翻译他人已经在中国注册的驰名商标，误导公众，致使该驰名商标注册人的利益可能受到损害的，不予注册并禁止使用。

我国《商标法》的上述规定，同国际公约的有关规定是协调一致的。

7.3.6　商标的国际注册

商标的国际注册，一般是指根据马德里协定或议定书的规定，由一成员国的法人或自然人，通过本国商标主管机关向设在日内瓦的世界知识产权组织国际局提交注册申请，从而使其商标在马德里协定或议定书其他成员国获得保护的过程。

马德里体系是一个商标国际注册的主要体系，它由两个国际条约组成，即1891 年签订的《商标国际注册马德里协定》和 1989 年通过的《商标国际注册马德里协定有关议定书》。协定的签订是为成员国之间进行商标注册提供方便，而议定书的订立是为了使马德里体系更加灵活，更能适应某些尚未加入马德里协定的国家的国内立法。

我国在国外申请商标注册的渠道有很多，如委托中国国际贸易促进委员会专利商标事务所、委托我驻港澳商务机构或者直接委托国外商标代理人或者通过我驻外使馆商务处介绍当地商标代理办理，但适用马德里体系仍是我国进行国际注册的一个主要途径。

1）商标国际注册的一般程序

（1）申请国际注册的条件。根据马德里协定及其议定书的规定，任何自然人或法人，只要他在一个马德里联盟的成员国有工商营业所、住所或者是该成员国国民，均可以使用马德里体系申请国际注册。马德里协定及其议定书明确规定，商标在进行国际注册之前必须已经向原属国商标主管机关提出了国家注册申请或者已经获得了国家注册。该国家注册或申请在此商标申请国际注册时就成为该商标的基础注册或基础申请。申请国际注册的商标必须与基础申请或基础注册内容相一致，指定使用的商品或服务可以减少，但绝不能超出原有的范围。

（2）申请国际注册的步骤。在马德里体系下，申请人可以基于其在原属国①的基础注册或基础申请，通过原属国商标主管机关向世界知识产权组织国际局递交国际注册申请书。申请人在国际申请表格中写明指定的商品或服务以及寻求保护的国家，并根据申请内容缴纳国际注册费用。

商标国际注册的前 5 年里，其注册的有效性依赖于在原属国的基础注册或基础申请的有效性。如果基础申请被驳回或基础注册被撤销，则原属国主管机关应通知国际局。此外，除商标注册申请外，其他各种申请，包括后期指定、国际注册变更、撤销以及续展等事宜，在某些情况下，也必须通过原属国递交。

国际局仅对国际申请进行形式审查，包括依照有关商品或服务分类的尼斯协定划分商品或服务的类别。当国际局认为国际申请完全符合要求之后，就将申请登记在国际注册簿上，并指明国际注册号码和国际注册日期，在国际局编发的《国际

---

① 原属国是指应作为国际注册基础的国家。协定第一条第三款规定，原属国是指申请人设有真实有效的工商营业所的马德里联盟成员国；在联盟成员国中没有此类营业场所的，指申请人住所所在的联盟成员国；如果没有住所，但为联盟国家国民的，指申请人国籍所在的国家。

商标》上进行公告，并向申请人颁发商标国际注册证。国际注册的最初保护期限为10年，10年期满后可申请续展。

自商标国际注册之日起，商标在各有关成员国所得到的保护，与它在那些国家直接注册所得到的保护完全一样。商标一经国际注册并由世界知识产权组织国际局通知被指定保护的有关成员国后，该商标的指定应视为直接到这些有关国家申请。若申请未被驳回，则自国际注册日起，商标在每一个被指定国享有与直接递交给该国的商标同样的保护。

国际注册或后期指定①将会通知给每个由申请人或注册人指定的国家的主管局。被指定国的主管局将依据国内法律对国际注册或后期指定申请进行实质审查，审查期限为12个月或按照议定书规定为18个月。经审查后，如果根据国内法律存在驳回的理由，则主管机关可以拒绝在本国给予领土延伸②的商标以保护，并应在协定或议定书规定的期限内通知国际局。在这种情况下，被指定国家的主管机关应当比照国内直接申请时所适用的法律而让国际注册人享有同样的国内审查程序，相同的驳回、异议、复审和上诉程序。如果某一国际注册后来在该被指定国被判定为无效，则主管局必须将此事通知国际局。

2）中国对马德里协定及其议定书的适用

（1）我国国内法与马德里体系的衔接

由于中国商标法和实施细则与马德里体系在某些具体程序上存在差别，因此，我国在加入马德里协定之后作了适当的调整，以适应马德里体系程序上的规定。

首先，根据我国《商标法》进行的注册商标活动中，实行"一件商标一类商品"原则，而在马德里体系中，一份商标国际注册申请中可以指定多类商品或服务，即"一件商标多类商品"原则。我国在处理这个问题时采用马德里体系的原则，接受马德里联盟成员国商标注册申请人向中国提交的"一件商标多类商品"的申请。

其次，对指定到中国保护的马德里商标国际注册申请，我国商标主管机关遵循马德里体系规定的"部分驳回"程序，只驳回申请中与他人在先权利冲突的商品或服务，而保留其余部分。而在审理非马德里体系商标注册申请时，我国仍采用全部驳回程序。

最后，我国《商标法》实行两次公告程序：第一次是商标经实质审查被初步审定之后的公告。在法律规定的期限内，任何人都可以对第一次公告刊登的商标提

---

① 所谓后期指定，是指国际注册所有人希望将国际注册的保护扩展到其他马德里联盟成员国，他可以按规定的格式，通过原属国主管机关提出"后期指定"申请。国际局应立即注册后期指定申请，随即将该注册通知有关国家主管机关，并在国际局出版的定期刊物上公告。后期指定于国际注册簿登记之日起生效。这种方式也同样适用于所有人名称或地址变更、商品或服务删减或在某些被指定国家放弃保护等事项的登记。

② 商标国际注册的注册人将自己的商标指定到马德里联盟成员国予以保护的请求，就叫领土延伸申请。领土延伸可以与国际注册同时提出，也可以在国际注册之后提出，即申请人在申请商标国际注册的同时，在领土延伸申请书的有关栏目中指明要求给予保护的国家，国际注册和领土延伸二者同时进行。此外，商标所有人可以在其商标获得国际注册之后，又需在马德里联盟成员国中增加其商标保护国的，可以提出一份后期指定申请，再次进行领土延伸。

出异议。如果没有异议或经裁定异议不成立，该商标将被第二次公告并予以注册。而在办理马德里商标国际注册时，根据共同实施细则的有关要求，各成员国不需要另行公告，只要国际局发行的《国际商标》进行了公告即具有法律效力。

（2）我国作为原属国办理商标国际注册申请的主要程序

①申请人。在我国国内有真实有效的工商营业所或在我国境内有住所或有我国国籍的任何人均可以提出国际注册申请。

非"马德里联盟"成员国的国民，如果在我国有其合资或独资企业，也可以在中国向商标局提出国际注册申请。另外，我国台湾地区的法人和自然人均可向我国商标局提出国际注册申请。

②申请国际注册的商标。申请人指定保护的国家如果是"协定"成员国，则申请国际注册的商标，必须是在我国已经注册或已经初步审定的商标；申请人指定保护的国家如果是纯"议定书"成员国，则申请国际注册的商标应当是已在我国提出注册申请或已经注册的商标。

符合上述两个条件的申请人，可以向我国商标局提出商标国际注册申请。申请人可以将各项文件寄送或直接递交商标局，也可通过代理机构来办理。

商标局收到手续齐备的申请文件后，即登记申请日期，编申请号，计算申请人所需缴纳的费用，向申请人发送"收费通知单"。申请人接到"收费通知单"后，应在两个月内按数额缴纳，商标局在收到费用后，会向国际局递交申请。

国际局收到商标局递交的申请后，如手续齐备且商品分类正确，则在国际注册簿上注册该商标，并将该国际注册通知被指定国家的主管当局，并将注册证直接寄交商标注册人。

一般情况下，申请人向商标局缴齐所有费用后 4～5 个月，就可收到国际局寄来的商标注册证。在 12 个月或 18 个月内申请人如果没有收到指定国的驳回通知书，该商标即可认为在指定保护国得到保护。

如果申请人在规定期限内（从国际局在国际注册簿登记之日起 12 个月或 18 个月内）收到驳回通知书，申请人可通过代理机构向驳回国主管当局进行申诉或要求驳回复审。这种申诉或驳回复审，按照驳回商标的国家的有关法律办理。

7.3.7　地理标志权与商号权①

1）地理标志权

地理标志，也称为原产地标志或原产地名称。根据世界知识产权组织 1958 年《保护原产地名称及其国际注册里斯本协定》第 2 条和 WTO《与贸易有关的知识产权协定》（TRIPs）第 22 条的规定，所谓地理标志，是指由地理名称所构成的，用

---

① 地理标志权和商号权不属于狭义的商标权，但与商标权相近，很多学者将其纳入广义商标权的范畴，因此本书将其并入本节介绍。

于标示来源于该地，且由该地之地理环境决定其特定品质的商品的一种区别性标志。我国《商标法》规定，地理标志是指标示某商品来源于该地区，该商品的特定质量、信誉或其他特征，主要由该地区的自然因素或者人文因素所决定的标志。因此，地理标志是这样一种区别性标志：（1）它标示产品来源于特定的"原产地"；（2）该产品的特定品质决定于该"原产地"的地理环境。

决定商品特定品质的地理环境，既可以是自然因素，如原料、气候、土壤等，也可以是人文因素，如制造工艺、传统配方等。地理标志通常是这种地理环境与商品的特定品质之间内在联系的象征，是一种有普遍影响的商品质量标志或声誉。因此，它不同于单纯的产品产地名称，产地名称仅表明产品来源地和制造地，与产品的特定品质无关，而地理标志不仅包含产品产地信息，更重要的在于它与产品的特定品质相联系，与产品的质量信息或声誉相联系，因此在很多国家地理标志被允许作为商标进行注册，主要体现为集体商标或证明商标。

地理标志权是指原产地区域内符合特定条件的商品生产者对地理标志所特有的使用权与禁止权。这种权利是一种集体性权利或共有权，其存续一般不受时间的限制，该权利由特定的地理名称构成，不能转让，也不能许可他人使用。原产地内不符合特定条件要求的商品生产者以及原产地以外所有的商品生产者均无权使用该地理标志。

1883 年《保护工业产权的巴黎公约》就已经开始了对地理标志权的保护，该公约第 10 条规定，成员国应对直接或间接使用虚假地理标志的行为采取制裁措施，如在进口时扣押商品、禁止商品进口或在国内扣押商品等。此后，1891 年《制裁商品产地虚假或欺骗性标志马德里协定》、1958 年《保护原产地名称及其国际注册里斯本协定》和 1994 年《与贸易有关的知识产权协定》（TRIPs）均涉及对地理标志的法律保护问题。世界各国对地理标志进行法律保护主要有三种方式：一是通过商标法来保护地理标志权，如德国、美国、英国和瑞士等，这些国家允许将地理标志作为集体商标或证明商标进行注册，获得保护；二是通过反不正当竞争法来保护地理标志权，将侵犯地理标志权的行为作为不正当竞争行为予以制裁，如瑞典等国；三是通过专门立法来保护地理标志权，如法国 1919 年的《地理标志保护法》。我国目前主要依靠《商标法》和《反不正当竞争法》对地理标志权进行保护。

2）商号权

商号是商事主体人格特定化的标记，是商事主体借以表彰自己、与其他市场竞争主体相区别的形式标记。在企业名称中，商号居于核心地位，是企业名称最重要的组成部分。商号权则是商事主体对自己注册使用的商号所拥有的专有权。商号权通常须经过法定注册机构注册后取得，并具有排他性和一定条件下的可转让性。

商号权一般具有人格权和财产权双重属性：它依附于特定的主体，与特定主体的人身相联系，是该主体人格化的特定标志，其转让亦应伴随主体的变化，如企业的合并、分立或收购而发生，具有鲜明的人格权特点；同时它又因代表一定的商誉而具有财产意义。《保护工业产权的巴黎公约》将厂商名称纳入工业产权的保护范围，确认了商号权的知识产权属性。世界各国对商号权进行法律保护主要通过三种途径：一是适用民法的规定或原则，将商号权作为民事权利来保护；二是通过反不正当竞争法来保护地理标志权，将侵犯商号权的行为作为不正当竞争行为予以制裁；三是通过专门立法来保护。

我国《民法通则》在人身权中规定，法人、个体工商户、个人合伙享有名称权，企业法人、个体工商户、个人合伙有权使用、依法转让自己的名称。该规定以人身权来保护商号权，侵犯商号权的救济措施主要是侵犯人身权的救济措施，如停止侵害、消除影响、赔礼道歉等。而我国的《反不正当竞争法》则确定了商号权的财产权属性，对于侵犯商号权的行为可以通过财产性救济措施来获得救济。

● 复习思考题

1. 简述工业产权的特点，以及工业产权与知识产权的关系。

2. 简述世界各国专利制度的基本内容，涉及专利法保护范围、保护期限、申请原则和审查制度几个方面。

3. 简述专利权的保护范围以及不能获得专利的发明创造。

4. 授予专利权的实质条件是什么？

5. 简述各国对专利权限制的主要内容。

6. 中国 J 农业机械厂许可泰国 A 公司、越南 B 公司分别在各自本国范围内独家制造、销售 J 的专利产品 M 型水稻收割机。在许可合同有效期间，J 发现中国 C 公司未经 J 许可，从泰国 A 公司处进口 M 型水稻收割机并在越南市场和中国市场销售。根据"权利用尽"原则，你认为：（1）中国 J 厂是否有权阻止中国 C 公司在中国市场和越南市场销售的行为？（2）越南 B 公司是否有权阻止中国 C 公司向越南市场销售的行为？

7. 1883 年《保护工业产权的巴黎公约》的国民待遇原则、优先权原则、专利权独立原则和强制许可原则的主要内容是什么？

8. 简述各国商标权取得的原则。

9. 辽宁某县的 400 余农户种植樱桃，他们的樱桃在当地很有名气。为创出品牌，他们决定共同申请"红水晶"商标，作为他们的品牌标志。其他农户若想使用这个商标，必须经这些农户同意并达到一定的质量水准。如果这个商标获得注册，它应属于什么商标？

10. 我国甲企业自 2009 年开始生产并销售"白马"牌油漆。我国乙公司于 2014 年 3 月也开始在中国以"白马"牌为商标生产和销售油漆。2015 年 4 月 2 日，两家同时向我国商标主管部门提出注册申请。根据我国《商标法》的规定，"白马"牌油漆的商标专用权应该授予谁？

11. 简述各国法律关于商标"禁用条款"的规定。

12. 我国某保健品生产厂商欲将其生产的人参蜂王浆的商标定名为"蜂王"牌。该厂的几个人为该商标是否符合我国《商标法》的规定产生了不同意见,甲认为:该商标仅仅直接表示商品的主要原料、功能,缺乏显著特征,不能作为商标使用。乙认为:虽然该商标缺乏显著特征,但仍可以作为商标使用,但不得作为商标注册。丙认为:该商标属于夸大宣传并带有欺骗性,不得作为商标使用。而丁则认为:该商标与表明实施控制、予以保证的官方标志相近似,除经授权外,不得作为商标使用。根据我国《商标法》的规定,你认为这几个人的观点是否正确?说明理由。

13. 简述各国注册商标的有效期限及其续展规定。

14. 简述驰名商标的国际保护。我国《商标法》规定的认定驰名商标应当考虑的因素有哪些?

● 补充阅读材料

驰名商标的权利范围能否扩展到虚拟的网络空间?将与他人驰名商标相同或者相似的字母、文字、符号注册为域名是否侵犯了他人的驰名商标权?北京市高级人民法院终审的杜邦公司(美国)诉北京国网信息有限公司(简称"国网公司")计算机网络域名纠纷案在这方面进行了有益的探索。①

[案情] 杜邦公司于 1802 年在美国注册成立,自设立以来一直在其产品上使用椭圆字体"DU PONT"作为产品制造者的识别标志。瑞士杜邦公司于 1976 年 11 月 2 日在中国商标局注册椭圆字体"DU PONT"商标,核定使用在多类商品中。1995 年 10 月瑞士杜邦公司将它转让给杜邦公司。1997 年 3 月 7 日以来,杜邦公司在中国商标局不断扩大其注册的椭圆字体"DU PONT"商标的商品类别范围。1999 年 2 月 28 日,杜邦公司在中国商标局注册了"DU PONT"文字商标。

自 1988 年开始,杜邦公司在中国设立了 11 家独资公司或者合营公司,其商品涉及电子、化工和农药等领域。自 1992 年开始,杜邦公司在中国采用多种形式对椭圆字体"DU PONT"注册商标作了持续的广告宣传,包括在中央电视台、《经济日报》、《解放日报》、《参考消息》、《中国化工报》等新闻媒体上发布广告、制作电视专题片、参加专题展览会和举办产品推介会等。1997 年,杜邦公司在中国为椭圆字体"DU PONT"注册商标投入的广告费用为 148.2 万美元,同年使用该注册商标的商品在中国的销售额达 2.23 亿美元。

国网公司于 1996 年 3 月成立,经营范围包括计算机网络信息咨询、计算机网络在线服务等。1998 年 11 月 2 日,国网公司向中国互联网络信息中心申请注册了"Dupont.com.cn"域名,该域名一直未实际使用。在"Dupont.com.cn"域名中,".cn"为一级域名,".com"为二级域名,"Dupont"为三级域名。一级域名和二

---

① 北京市高级人民法院. 疑难案例实务研究:第 2 辑 [M]. 北京:法律出版社,2002.

级域名是域名中的固定组成部分，无法以域名注册人自己的意志创立或改动，三级域名是由域名注册人自己创立，与其他域名相区别的部分。在审理过程中，国网公司不能说明该公司的名称、地址、简称、标志、业务或其他任何方面与"Dupont"一词有关。

1999 年 3 月，杜邦公司在中国的子公司中国杜邦有限公司致函国网公司：本公司注意到你公司在中国注册了域名"Dupont. com. cn"。杜邦公司以"DU PONT"商标注册并经营国际商业活动有近 200 年历史，同时是"DU PONT"注册商标在世界各国的注册所有人。本公司在中国拥有 10 余家独资或合资公司，均以"DU PONT"之名注册。本公司亦在中国注册了"DU PONT"商标。本公司在美国和其他国家的域名为"Dupont. com"。我们要求你公司立即停止使用"DU PONT"域名，并立即撤销对"Dupont. com. cn"域名之注册。

1999 年 11 月 4 日，北京市公证处应永新专利商标代理有限公司的申请，对国网公司在计算机网络上的网页进行了公证，并出具了（99）京证京字第 31435 号和（99）京证京字第 31436 号公证书，该公证书载明，域名"Dupont. com. cn"的注册单位是国网公司。该公证书还载明，在国网公司的网页中载有："域名是企业在互联网上的'商标'，是其他企业用户识别和访问企业网站最为重要的线索。从商界看，域名已被誉为'企业的网上商标'。没注上域名比商标被抢注更头痛。国网公司提供包括域名注册、虚拟主机等一整套的企业信息化解决方案，协助企业实现电子商务。"并且在该网页上还明确载有域名注册条件，其中有"不得使用他人已在中国注册过的企业名称或商标名称"。

杜邦公司以北京国网信息有限公司的行为已构成商标侵权及不正当竞争为由诉至北京市第一中级人民法院，请求法院判令被告：（一）立即撤销其在中国互联网络信息中心注册的"Dupont. com. cn"域名，以停止对原告"DU PONT"商标专用权的侵犯和不正当竞争行为；（二）公开在报纸上向原告赔礼道歉；（三）承担原告为本案诉讼支出的调查取证费用 2 700 元人民币。

被告国网公司辩称：首先，本案不属于民事诉讼的范畴，因为被告是因域名行政主管机关的具体行政许可行为而取得的"Dupont"域名，如该行政许可行为不合法而侵害原告的合法权益，并在经行政异议程序不能解决的情况下，原告应以中国互联网络信息中心为被告提起行政诉讼；其次，原告的"DU PONT"商标未经行政认定程序，不属驰名商标；再次，商标与域名是两个领域完全不同的概念，互联网络域名的注册及使用均不在我国《商标法》调整的范围之内，我国《商标法》所列举的具体侵犯商标权的行为也未将注册与他人注册商标相同的域名的行为规定为侵犯商标专用权的行为；最后，被告的域名"Dupont. com. cn"不可能导致人们对原告商品的误认，原告对我方的指控不能成立。请求法院依法驳回原告的起诉。

北京市第一中级人民法院认为，原告指控被告的行为侵犯原告的民事权利，构成侵犯商标专用权及不正当竞争，据此请求法院依法追究被告的民事侵权责任，故本案属民事权益纠纷，属于人民法院受理民事诉讼的范围。杜邦公司系美国法人，中国与美国均属《巴黎公约》的成员国，本案的处理应适用我国相关法律及《巴黎公约》的规定。

杜邦公司是椭圆字体"DU PONT"商标的合法商标权人，该商标已在包括我国在内的94个国家、地区及组织注册。杜邦公司通过多年来对该商标大范围的持续广告宣传，以及使用该商标的商品的良好质量，使其在全球范围内拥有大规模的用户群。椭圆字体"DU PONT"商标在我国市场上也享有较高声誉，为我国相关公众所熟知。杜邦公司关于椭圆字体"DU PONT"商标属驰名商标的主张，本院予以支持。商标是否驰名是一种客观存在，对驰名商标的认定实质上是对涉及民事权利的客观事实的确认，人民法院有权就案件所涉及的商标是否属驰名商标作出认定。

椭圆字体"DU PONT"商标作为驰名商标，根据《巴黎公约》的规定应当受到在普通商标一般保护基础上的更高水平的特殊保护。域名是企业在计算机网络上的重要标志，属于知识产权范畴。商标权人有权在计算机网络上以域名的方式使用并享受驰名商标所带来的利益。将他人驰名商标注册为域名的行为，必然会给商标权人的合法权益造成损害。

国网公司使用杜邦公司驰名商标"DU PONT"作为其域名中最具识别性的内容，必然会导致公众对其出处的混淆。国网公司注册"Dupont.com.cn"域名后并不使用，实际上阻止了杜邦公司将其驰名商标用于域名注册，妨碍了杜邦公司在计算机网络上使用自己的商标进行商业活动。国网公司不能说明其与"Dupont"一词有关，不能证明其对"Dupont"享有在先权利或注册该域名的正当理由。国网公司作为注册域名的代理商，明知"不得使用他人已在中国注册过的企业名称或商标名称"注册域名，却擅自注册域名"Dupont.com.cn"，在收到杜邦公司在中国的子公司的警告信后仍不纠正其行为，足以认定其注册域名的行为具有恶意。因此，国网公司的行为构成对杜邦公司驰名商标专用权的侵犯，应承担相应的侵权责任。国网公司恶意将他人驰名商标注册为域名，无偿占有他人的商誉为自己谋取不当利益，违反了诚实信用原则，其行为构成了不正当竞争。鉴于国网公司并未实际使用该域名，杜邦公司要求被告赔礼道歉的诉讼请求不予支持。

一审法院依据中国《民法通则》第4条、中国《商标法》第38条第（4）项、中国《反不正当竞争法》第2条第1款，判决：（一）国网公司撤销其注册的"Dupont.com.cn"域名；（二）国网公司赔偿杜邦公司为本案诉讼支出的调查取证费用2 700元人民币；（三）驳回杜邦公司的其他诉讼请求。

国网公司不服一审判决，向北京市高级人民法院提起上诉。理由是：认定域名属于知识产权范畴，商标权人应有权以域名的方式使用自己的驰名商标没有法律依据；国网公司注册的域名在计算机网络上使用，不会引起公众对其出处的混淆；国网公司没有妨碍杜邦公司在计算机网络上使用自己的商标进行商业活动；不能因国网公司的名称、地址或其他方面与"Dupont"无关而认定国网公司有恶意；国网公司没有利用杜邦公司的商誉为自己谋取不当利益；国网公司没有违反中国《民法通则》第 4 条、中国《商标法》第 38 条第（4）项、中国《反不正当竞争法》第 2 条第 1 款和《巴黎公约》第 4 条的规定，一审法院适用上述法律和国际公约作出判决是错误的。杜邦公司服从一审判决。

北京市高级人民法院认为，中国与美国均属《巴黎公约》的成员国，杜邦公司作为在美国注册成立的法人，在认为其正当权益在中国受到侵害时，有权依照《巴黎公约》的规定向中国法院提起诉讼，中国法院应依照中国的法律和《巴黎公约》的规定进行审理。

中国法院在审理涉及计算机网络域名的纠纷案件时，可以依当事人的请求及案件的具体情况认定涉及的注册商标是否为驰名商标。本案中，瑞士杜邦公司于1976 年将椭圆字体"DU PONT"注册为商标，后合法转让给杜邦公司，此后，杜邦公司在多个商品类别上注册了"DU PONT"椭圆字体和文字商标。同时，杜邦公司在中国多家新闻媒体上投入大量资金长时间对"DU PONT"注册商标进行宣传，使得"DU PONT"注册商标在中国为相关公众所知悉。使用"DU PONT"注册商标的商品通过相关公众的使用，表明具有良好的质量，使得"DU PONT"注册商标代表了一定的商品质量，并且在中国实现了较大的销售额，具有了一定的市场占有率。杜邦公司所注册的"DU PONT"商标可以认定为驰名商标。"DU PONT"注册商标成为驰名商标的时间至少应早于国网公司注册"Dupont. com. cn"域名的时间。

根据《巴黎公约》的有关规定，对于驰名商标应给予较高水平的保护。因为驰名商标能够给权利人带来较大的商业利益，未经许可，将驰名商标以任何形式作商业性使用，都将损害驰名商标注册人的权益，所以都是对驰名商标专用权的侵犯。

北京市高级人民法院认为，一审判决认定事实清楚，适用法律正确。依据中国《民事诉讼法》第 153 条第 1 款第 1 项的规定，判决：驳回上诉，维持原判。

［相关法律问题］

1. 本案是不是民事案件？

本案被告认为，本案原告应当以中国互联网络信息中心为被告提起行政诉讼。那么本案是行政诉讼还是民事诉讼呢？原告、被告之间应属于民事权益纠纷：原告认为其商标为驰名商标，被告的行为侵犯了其商标权，并构成不正当竞争。原告指控的是被告注册、持有"Dupont"域名的行为，而不是中国互联网络信息中心核准被告注册该域名的行为。法院应当尊重原告的这种选择，将其作为民事案件审理。

2. 人民法院是否有权认定驰名商标？

北京市第一中级人民法院经审理，认定原告所持有的"DU PONT"商标是驰名商标，这构成被告上诉的一个重要理由。上诉人认为，一审法院认定驰名商标"超越职权"，"没有法律依据"。那么，人民法院是否有权认定驰名商标呢？

驰名商标是指在市场上享有较高的声誉并为相关公众所熟知的商标。商标是否驰名，是一个客观事实问题，其最权威的判断者应当是消费者。但消费者是分散的个体，将他们认为某个商标是否驰名的意见统一起来作为认定标准有很大的难度。因此，以法院或者特定的政府机构作为代表消费者意愿的、中立的第三者来认定驰名商标，是各国的普遍做法。世界上多数国家都是由法院在诉讼过程中来认定某一商标是否为驰名商标的，中国最早的驰名商标也是由人民法院认定的（1992 年 8 月 2 日，四川省高级人民法院以判决的形式，认定了"郎"字商标为驰名商标，这是中国法院认定的第一个驰名商标）。所以，由法院认定驰名商标，符合国际惯例，人民法院有权认定驰名商标。

中国驰名商标的认定，曾被视为行政机关的权力。根据我国相关法律的规定，国家知识产权局负责驰名商标的认定和管理工作，任何组织和个人不得认定或者采取其他变相方式认定驰名商标。但是，由行政机关垄断驰名商标的认定，并不利于对驰名商标的完整保护，也不符合 WTO 对知识产权执法的要求。TRIPs 协定要求"对于行政部门的终局决定或裁决，在任何情况下，都应使当事人有机会要求司法审查"。而司法最终审查也包括对行政机关认定驰名商标的决定或裁决的审查。因此，无论是否经过行政机关认定，法院在审理案件程序中有权认定或否定驰名商标。

本案中，通过对原告提供的证据的审查，一审法院认为"Dupont"商标"已为我国相关公众所熟知"，达到了驰名标准，应认定为驰名商标。二审法院支持了这一判断。

3. 驰名商标的权利范围能否扩展到网络空间？

审理本案的两级法院均肯定了驰名商标向网络空间的扩展，被告无正当理由将原告的驰名商标"DU PONT"注册为域名，淡化了原告的驰名商标，构成了对原告商标权的侵犯和不正当竞争。那么，驰名商标权利扩张的依据何在呢？

对驰名商标提供跨类别保护，是自《巴黎公约》到 TRIPs 协定所表明的一种世界性趋势。中国《商标法》也作出了相应的规定，根据该法的规定，就不相同或者不相类似商品或者服务申请注册的商标是复制、摹仿或者翻译他人已经在中国注册的驰名商标，误导公众，致使该驰名商标注册人的利益可能受到损害的，中国将不予注册并禁止使用。

将他人驰名商标注册为域名，是不恰当地利用了该驰名商标的巨大商业价值，造成了对相关公众的混淆，这种混淆不仅构成了对驰名商标的淡化，而且还构成对公众的欺诈。还应当看到，将他人驰名商标注册为域名，其背后往往都隐藏着电子商务所蕴涵的巨大的商业利益，而这种利益的获得本身至少部分地借助了他人驰名商标的良好商誉。因此，对驰名商标的扩大化保护是一个动态的过程。无论是从核准注册的商品或服务的范围扩展到跨类别保护，还是从现实空间扩展到网络空间，都体现了对驰名商标的保护宗旨。

4. 本案的法律适用应如何确定？

如何适用法律也是本案需要解决的问题。本案的一审、二审法院适用的均是中国 1993 年修订的《商标法》，而该《商标法》又无驰名商标的规定。那么，法院应根据什么判案呢？一种观点认为，中国和美国都是《巴黎公约》的参加国，《巴黎公约》应当适用于本案。根据中国《民法通则》第 142 条的规定，《巴黎公约》第 6 条有关驰名商标的规定可以直接引用到本案的判决，作为本案判决的依据。另一种观点认为，中国不能直接适用《巴黎公约》来审理本案。国际条约在一国内如何适用，是一个国家主权范围内的事，应由该国宪法规定。在中国宪法就如何适用国际条约作出相应规定之前，不能直接适用。

中国和美国都是该公约的成员国。本案的原告和被告分别是美国法人和中国法人，因此，不能完全不考虑《巴黎公约》，但直接将《巴黎公约》的具体条款作为法院判案的根据，也确实与法理不符。国际条约在国内如何适用，是一个有争议的问题。在对待 WTO 法律时，各国几乎都否定了 WTO 法律在国内的直接适用，中国也不应例外。在对《巴黎公约》的适用问题上，也是同一原则。

中国法官在解决这一难题时表现出了高超的审判艺术，无论是一审法院还是二审法院，都适用了《巴黎公约》，这是符合中国现行法律的有关规定的。但由于我国宪法并未对这一问题作出具体规定，因此，法官只是适用了《巴黎公约》的原则精神，并不引用其具体条款。应当说，这既考虑到了条约必须信守的基本原则，维护了中国在国际上的良好形象，又照顾了中国的实际情况，但人民法院在司法实践中如何适用有关国际条约，最终还是需要立法解决。

第8章 /比较票据法

---学习目标---

无论是在国际贸易实践中，还是在教学实践中，票据问题都是一个重要的问题。本章介绍了票据的基本概念、形式和特征，票据法的基本原理、各国票据法以及涉外票据的法律适用问题，并将重点放在汇票上，目的在于使读者能够通过学习掌握票据的基本知识，尤其是票据的基本原理，为以后的实践活动或者继续学习奠定一定的知识基础。

8.1 票 据

8.1.1 票据的概念和种类

1）票据的概念

票据法上的票据，一般是狭义上的票据，它仅指以支付一定金额为目的的有价证券。而广义上的票据，泛指商业上的凭证和各种有价证券，如发票、提单、仓单、债券等。

目前，世界各国关于票据范围的规定并不一致，立法上可以划分为包括主义与分离主义两类。

（1）包括主义

包括主义立法主要体现在英美法国家。英国 1882 年的《票据法》（Bill of Exchange Act）是集多年的习惯法、特别法与判例而成，将汇票和本票称为票据，但该法第 73 条又规定："支票是指以银行为付款人的即期付款的汇票。"也就是说，支票是作为汇票的一种特殊形式。1957 年，英国又颁布了《支票法》（共 8 条）作为补充；现行的《美国统一商法典》则将汇票、本票和支票，外加存款单（certificate of deposit），合称为商业票据（commercial paper）。该法典第 3—104 条规定："符合本条规定的文件包括：如果是委托付款，则是汇票；如果属于银行付款并且见票即付的汇票，则是支票；如果银行声明接收到现金，并承诺清偿，则是存款单，如果是承诺而不是存款单，则是本票。"因此，英美法国家倾向于将所有票据概括为一个整体进行规范。

（2）分离主义

分离主义立法主要体现在接受了日内瓦统一票据法的国家的立法中，其票据法中的票据只包括汇票和本票，支票则另有支票法单独规定。德、法、意、瑞士以及亚洲的日本等国采取这种做法，如法国 1807 年的《商法典》第一编第八章即票据法的内容只包括汇票与本票两种票据。1865 年，法国又制定了《支票法》，可见法国票据法所指的票据仅指汇票和本票，支票属于另外一种有价证券。后来的日内瓦统一票据法受其影响，分别制定了《日内瓦统一汇票本票法》和《日内瓦统一支票法》，并为包括德国在内的大多数大陆法系国家所接受，形成汇票、本票与支票分别立法的做法。

我国的做法更接近于包括主义，我国《票据法》第 2 条第 2 款规定："本法所称的票据，是指汇票、本票、支票。"

2）票据的种类

无论是包括主义还是分离主义，也无论各国对票据如何分类，商业上流通的票据均可归纳为汇票、本票和支票这三个基本类型：

（1）汇票

汇票是出票人签发的、委托付款人在见票时或指定日期无条件支付一定金额给收款人或持票人的票据。根据出票人的不同，汇票可以划分为银行汇票和商业汇票：由银行签发的汇票，称为银行汇票；由银行以外的企业、公司或其他当事人签发的汇票，称为商业汇票。汇票有三个基本当事人：出票人（drawer）、收款人（payee）和付款人（drawee）。

（2）本票

本票是由出票人签发，允诺自己于到期日无条件支付一定金额给收款人或持票人的票据。根据出票人的不同，本票也分为银行本票和商业本票。本票只有两个当事人，即出票人和收款人。本票的出票人就是付款人，因此本票无须承兑。

（3）支票

支票是由出票人签发，委托银行或其他法定金融单位，在见票时无条件支付一定金额给收款人或持票人的票据。

与汇票不同的是：支票的付款人仅限于银行或其他法定金融单位，而汇票的付款人既可以是银行或其他法定金融单位，也可以是其他人；支票属于委托证券和支付证券，支票付款人受出票人委托，以出票人的存款支付票款，而汇票属于信用证券或委托证券，汇票付款人受出票人委托，以自己的款项支付票款。

例 8-1 布莱基特（Blackett）先生欠 Andrew、Barbara、Carter 3 人各 1 000 美元。他决定以票据方式向 Andrew、Barbara、Carter 3 人付款。

他将票据 A 交给 Andrew，告诉 Andrew 他将在 2019 年 1 月 15 日凭该票据支付 1 000 美元。Andrew 接受了这张票据。

票据 A

> I promise to pay $1 000 to the order of Andrew Lake on
> January 15, 2019.
>
> *Ted Blackett*
> Ted Blackett

布莱基特先生将票据 B 交给 Barbara，告诉 Barbara 他现在没有现金，但 2 个月后 Arnold Bucks 将还给他 1 000 美元，Barbara 可以于 2019 年 2 月 15 日凭该票据直接向 Arnold Bucks 收取 1 000 美元。Barbara 接受了这张票据。

票据 B

> To: Arnold Bucks   December 12, 2018
> Pay to the order of Barbara Bird $1 000 on February
> 15, 2019.
>
> *Ted Blackett*
> Ted Blackett

对于 Carter，布莱基特先生决定从自己的银行存款中直接支付，于是他向 Carter 开出票据 C。Carter 接受了这张票据。

票据 C

> First National Bank
> 123 Main Street
> Brookville, New York   *January 12, 2019*
> Pay to the order of   *Carter Sterna* $1 000
>   *One Thousand*   Dollars
>
>   *Ted Blackett*

问：请对这 3 张票据的性质予以分析。

分析：布莱基特先生向 Andrew 开出的是一张本票，向 Barbara 开出的是一张汇票，而向 Carter 开出的是一张支票。

本票是由出票人签发，允诺自己于到期日无条件支付一定金额给收款人或持票人的票据。因此，票据 A 中，只有出票人布莱基特先生和收款人 Andrew 两个当事人，出票人就是付款人。

汇票是出票人签发的、委托付款人在见票时或指定日期无条件支付一定金额给收款人或持票人的票据。因此，票据 B 中有 3 个基本当事人：出票人布莱基特先生、收款人 Barbara 和付款人 Arnold Bucks。

支票是由出票人签发，委托银行或其他法定金融单位，在见票时无条件支付一定金额给收款人或持票人的票据。支票的付款人仅限于银行或其他法定金融单位，因此，票据 C 中，出票人是布莱基特先生、收款人是 Carter，而付款人则是第一国民银行（First National Bank）。

但应注意，我国对票据的格式要求非常严格，上述形式在我国不能使用。

8.1.2 票据的法律特征

在法律上，有价证券可以划分为物权证券（如提单、仓单）、股权证券（如公司股票）和债权证券，票据法上的票据属于债权证券，并且它只能以给付一定金钱为目的。根据票据法的一般原理，作为债权有价证券的票据，具有以下主要法律特征：

（1）票据是完全有价证券。完全有价证券就是我们所说的票、权合一：权利和证券融为一体，权利的行使和处分，以持有证券为前提，"证券之外无权利"；票据的损毁、灭失意味着权利的消灭。

（2）票据是设权证券，即票据权利产生于票据作成之时：票据的制作不是证明权利，而是创设权利。

（3）票据是要式证券。票据必须符合法定形式的要求才产生票据效力，如果不符合法定形式条件，如票据缺少绝对记载事项或票据记载了法律禁止记载的事项，票据即为无效。

（4）票据是无因证券。与票据是要式证券这一特点相对应，票据具有无因性：票据关系一经成立，即与发行或转让票据的原因关系相分离，即使原因关系无效，也不影响票据的效力。

（5）票据是文义证券，即票据权利义务的内容以及票据的其他有关事项，完全以票据上的文字记载为准，票据之外针对票据的记载不影响票据权利；凡在票据上签章的人，都必须对票据所记载的文义承担责任。

（6）票据是流通证券。票据可以依背书或交付的方式转让：无记名票据，可仅依交付方式转让；记名票据，可以通过背书方式转让。因此英美法中，票据亦称为"流通票据（negotiable instrument）"。

此外，票据还具有提示返还的特点，票据债权人行使票据权利，必须向票据债务人提示票据等。

例 8-2 被告 A 欠原告 B 款项 55 000 元。为偿付欠款，A 于 3 月 9 日向 B 开出一张金额为 55 000 元的转账支票。3 月 12 日，该支票因被告存款不足而遭银行退票，B 遂将该支票退给 A。3 月 14 日，A 又开出一张金额为 40 000 元的转账支票交给 B，言明偿付欠款。B 要求银行付款时，再次因 A 的存款不足而遭退票。于是 B 起诉 A，要求 A 按照第一次遭退票的票据金额 55 000 元承担票据责任。

A 提出抗辩称：经过核对，发现 A 欠 B 的款项不足 40 000 元，实际应为 38 000 元，故 B 无权要求 A 承担 55 000 元的票据责任，也不应要求按第二次开出的转账支票金额 40 000 元承担票据责任。

问：（1）B 是否有权要求 A 按照第一次遭退票的票据金额 55 000 元承担票据责任？

（2）如果经过核对，发现 A 欠 B 的款项确实为 38 000 元，B 是否有权要求 A 按第二次开出的转账支票金额 40 000 元承担票据责任？

（3）如果经过核对，确定 A 欠 B 的款项为 55 000 元，B 按第二次转账支票的金额 40 000 元要求 A 承担了票据责任之后，是否还有权要求 A 偿还剩余款项？

（4）如果法院在审理中发现 A 第二次开给 B 的转账支票（金额 40 000 元）是用一张已经停止使用的旧式支票，此时 B 是否有权要求 A 承担该转账支票（金额 40 000 元）的票据责任？

分析：（1）根据票据法的原理，票据是完全有价证券，票据权利的行使和处分，以持有票据为前提，"证券之外无权利"。因此，原告 B 只有占有并出示票据才能主张票据权利，但 B 在遭到银行退票后已经将第一张转账支票退还给了被告 A，故 B 已经丧失了对第一张转账支票的票据权利。

（2）如果经过核对，发现被告 A 欠原告 B 的款项确实为 38 000 元，此时，B 仍然有权要求 A 按第二次开出的转账支票金额 40 000 元承担票据责任。根据票据法的原理，票据是无因证券，票据关系一经成立，即与发行或转让票据的原因关系相分离。原因关系是否有效、是否存在争议，均不影响票据的效力。被告 A 提出实际欠款不足 40 000 元属于原因关系或基础关系的抗辩，不能以此对抗票据权利人；另外，票据还具有文义性特点，票据权利义务的内容完全以票据上的文字记载为准，凡在票据上签章的人，都必须对票据所记载的文义承担责任。因此，B 有权要求 A 按第二次开出的转账支票金额 40 000 元承担票据责任。

（3）如果经过核对，确定 A 欠 B 的款项为 55 000 元，B 在 A 按第二次转账支票的金额 40 000 元偿付了票据款项之后，仍然有权要求 A 偿还剩余的 15 000 元欠款。因为根据票据法的原理，票据是设权证券，票据的制作不是证明权利，而是创设权利。也就是说，当 A 向 B 开出一张转账支票时，在 A、B 之间除原来的债权债务关系之外，又产生了一个新的关系：票据关系。B 的票据权利产生于票据作成之时，独立于原有的债权。票据权利的行使（金额 40 000 元）只满足部分原有的债权，剩余的债权没有因为 B 行使票据权利而消灭，仍然存在。故 B 仍然有权要求 A 偿还剩余的 15 000 元欠款。

（4）如果法院在审理中发现 A 第二次开给 B 的转账支票（金额 40 000 元）是用一张已经停止使用的旧式支票，这种情况下，B 无权要求 A 承担该转账支票（金额 40 000 元）的票据责任。根据票据法的原理，票据是要式证券，票据必须符合法定形式的要求才产生票据效力，如果不符合法定形式条件，票据即为无效。这里的法定形式要求既包括票据的记载文字、签章、格式等不能出现错误，也包括票据本身不能出错。在已经停止使用的旧式支票上记载票据内容，如同在一张普通信纸上书写支票内容一样，即使其内容完全符合法律对支票的要求，也不能产生票据效力。B 并未取得票据权利，只能主张基础关系，即债权债务关系中的权利。但要注意：在英美法国家，因法律允许个人、企业等自行制作票据，以该票据样式已经停止使用为由进行抗辩的权利受到严格限制。

8.1.3　票据的沿革与票据法的法系

尽管我国很早就出现过类似票据的汇兑文据和相关机构，如唐宋时期因商业发展而产生的飞钱、帖、便钱、交子等，以及明末山西地区经营汇兑和存贷款业务而兴起的票号和钱庄，但现代票据制度是从西方国家逐渐发展起来的。

西方学者大多认为，票据起源于 12 世纪意大利商人发行的兑换证书和付款委托书。当时地中海沿岸城邦国家贸易繁盛，货币兑换商为便于异地货款结算，发行兑换证书和付款委托书，成为本票和汇票的前身。至 16 世纪，意大利商人常在票据下方记载受取文句，后来法国商人又将这种文句记载于票据背面，逐渐变为"背书"制度，通过"背书"，使票据成为流通证券。支票最早出现在荷兰，17 世纪中叶传入英国，19 世纪中叶后，又由英国传入德法等欧洲大陆国家。由于支票制度建立较晚，不少国家如法、意、瑞士等国，票据的概念仅含汇票和本票，支票则另行立法。

西方国家关于票据的成文法，在 1930 年《日内瓦统一汇票本票法》和 1931 年《日内瓦统一支票法》制定之前，原存在三大法系，即法国法系、德国法系和英美法系。

1）法国法系

公元 1873 年法国国王路易十四颁布的《陆上商事条例》或称《商事敕令》（Ordinance Sur Le Commerce）是法国票据法的基础，也是近代票据制度文化的典范。法国大革命之后，1807 年拿破仑主持编纂了《商法典》，其中第一编第八章即为票据法的内容（第 110 条至第 189 条），但这里的票据只包括汇票与本票两种。1865 年，法国又制定了《支票法》，作为特别法。法国法的影响及于波兰、比利时、希腊、土耳其、埃及、西班牙、意大利及拉丁美洲诸国，被称为法国法系。

在内容上，法国票据法认为票据只不过是输送金钱的工具，并且没有将票据关系与票据基础关系截然分开，认为票据是证明票据当事人之间基础关系的契约。因此，它不利于票据的流通和信用职能的发挥，使之无法适应现代社会经济生活的需要。鉴于此，法国于 1935 年 10 月在参考《日内瓦统一汇票本票法》的相关规定之后，修订其商法，并于 1936 年 2 月 1 日公布施行。

2）德国法系

1846 年以前，德意志各邦相继颁布各自的票据法规，其内容相互抵触，应用极为不便。因此，1846 年由关税同盟倡导，掀起了统一各邦的票据法运动。1847 年，以普鲁士邦法案为基础，制定了《普通票据条例》，该条例为关税同盟各邦采用。其后经过几次修订，于 1871 年 4 月 16 日正式公布施行，终成为德意志帝国的法律。这个票据法所规定的票据与法国法系相同，仅指汇票、本票两种，《支票法》于 1908 年 6 月另行订立。受德国法影响的国家有奥地利、匈牙利、瑞士、瑞典、丹麦、日本、挪威、荷兰等国，称为德国法系。

德国法系没有接受"票据仅仅是输送金钱的工具"这一传统观念，而是认为票据最重要的职能在于它是重要的流通工具和信用手段，强调票据的无因性，即票据所体现的票据关系与票据当事人之间的基础关系彻底分开，使票据成为无因证券。从这一点看，德国票据法在适应现代经济发展的道路上，比法国前进了一大步。德国现行的票据法是指 1933 年 6 月 21 日在参考了《日内瓦统一汇票本票法》和《日内瓦统一支票法》的基础上制定公布的《票据法》和《支票法》。

3）英美法系

英美法国家是判例法传统的国家，为了将原来分散的，甚至相互冲突的票据规则系统化、规范化，英国议会 1882 年通过并颁布了成文的《票据法》（Bill of Exchange Act）。这部法律集多年的习惯法、特别法及判例法而成，其规定的内容包括汇票、本票和支票（支票是作为汇票的一种来规定的）。1857 年，英国又颁布了《支票法》（共 8 条）作为补充。

英国票据法的精神与德国法系相近，强调票据的无因性，认为票据关系应当与票据当事人之间的基础关系彻底分开，但关于票据的形式要求不像德国法那样严格，程序也比较简便，更大程度地适应了市场流通的需要。英国法主要影响了加拿大、美国、澳大利亚、印度以及英属各殖民地。

作为英国前殖民地，美国法律深受英国法律的影响。美国在殖民地时代，大部分法律都沿袭英国法，票据规范也是如此。在 19 世纪末以前，票据规范分散存在于普通法及各州法律之中。美国独立以后，开始独立制定自己的法律，1896 年制定的《统一流通证券法》对汇票、本票和支票作出了规定。1945 年起，美国全国法律协会和全国专员会议开始合作起草《美国统一商法典》，并于 1952 年公布，该法典第三编为"商业票据"，以汇票、本票、支票和商业存款单为规范对象。随着《美国统一商法典》被各州陆续承认、接受，其已经取代《统一流通证券法》，成为美国票据制度的主要法律规范。

各国票据法的差异影响了票据的国际流通，也影响了以票据为结算工具的国际贸易的发展。自 19 世纪后期起，国际法协会（ILA）和国际法学会（HL）几次提出统一票据法的草案。1930 年和 1931 年，国际联盟理事会先后两次在日内瓦召开国际票据统一法会议，通过了《统一汇票本票法》（78 条）和《统一支票法》（57条）等文件。此后，德、日、法、瑞士等国均根据日内瓦统一法修订了本国的票据法，从而使大陆法系的票据法基本趋于统一。由于英美两国未派代表参加日内瓦会议，因而现在国际上在票据方面仍存在两大法系，即日内瓦统一法系与英美法系。

我国在清朝末年开始引进西方的银行制度，我国原有的票据制度由于当时的票号、钱庄的日益衰落而逐渐为西方的票据制度所取代，我国近现代意义上的票据制度开始形成。1929 年，当时的国民政府公布了《票据法》，共 139 条，这是我国历史上第一部票据法。这一时期，票据法上的票据是指汇票、本票和支票，这一用法被我国学术界、立法以及习惯所沿用，我国现在的票据立法也采用这个划分方法。

1995 年 5 月 10 日，为适应社会主义市场经济需要，我国第八届全国人大常务委员会第十三次会议通过了《中华人民共和国票据法》，于 2004 年 8 月修正。该法采用包括主义立法，将汇票、本票、支票合于一体。但该法对票据使用范围有较大限制，如只承认银行本票，而对商业本票持否定态度；对于票据的无因性，即票据关系和基础关系（原因关系及资金关系）相分离的原则，该法未予强调，在某种程度上影响了票据的流通。

在国际贸易活动中，票据发挥着汇兑、信用、结算和流通工具的作用，有利于克服地域限制、保障支付安全和加速资金周转，成为国际贸易活动不可分割的一个重要组成部分。

8.1.4 票据法的基本原理

1）票据转让不以通知票据债务人为生效的前提条件

票据转让是单方法律行为，通过交付或加上适当背书进行即发生转让的效力，无须通知债务人。因此，我们说票据的转让是商法上的转让，以与民法上的转让相区别。

大陆法系各国与英美法国家原则上都承认债权让与，但债权让与通常被划分为民法上的让与（assignment）和商法上的让与（negotiation）：民法上的债权让与，让与人或受让人一般应将主体变更的事实通知债务人，否则债务人仍可向原债权人清偿债务，而不向新债权人清偿债务；而商法上的债权让与，如票据的转让，则以背书或者交付的方式进行，无需通知债务人。此外，民法上的让与还有一个权利瑕疵或抗辩权的转移问题，商法上的转让一般不存在这个问题。

2）强调对善意第三人的保护

为保证票据的流通转让，各国票据法都对善意第三人提供充分的保护。在票据转让中，善意第三人（受让人）享有优于其前手（让与人）的权利，不受其前手权利瑕疵的影响。这是票据的流通转让与民法上的债权让与的重大区别。

联合国国际汇票和本票公约规定受保护的持票人（protected holder）应具备以下条件：①持票人在取得票据时，该票据是完整的。②他在成为持票人时，对有关票据责任的抗辩不知情。③他对任何人对该票据的有效请求权不知情。④对该票据曾遭拒付的事实不知情。⑤该票据未超过提示付款的期限。⑥持票人没有以欺诈、盗窃手段取得票据，也没有参与与票据有关的欺诈或盗窃行为。

3）票据关系与票据的基础关系相分离

票据关系是指当事人之间基于票据行为（出票、背书、承兑、付款等）而发生的债权债务关系，其中持有票据的人为债权人，依照票据所载文义承担付款义务的人为债务人。基础关系，又称非票据关系，是指票据关系以外当事人相互间的权利义务关系，主要有原因关系和资金关系。票据关系一经形成，就与基础关系相分离，基础关系是否存在，是否有效，对票据关系都不产生影响。同样，票据关系因一定原因而失效，亦不影响基础关系的效力。

例8-3　布鲁克先生向邓肯开出一张支票，金额1 500美元，邓肯凭该支票到银行要求付款。

问：（1）如果银行知道邓肯是一个毒品贩子，布鲁克先生向邓肯开出这张支票是用于购买毒品，银行是否应当付款？

（2）如果邓肯是通过敲诈手段获得的该支票，银行亦知道这一事实，银行是否应当付款？

（3）如果邓肯通过敲诈手段获得该支票后，将其转让给杂货店主伍兹购买日用品，银行是否应当向伍兹付款？

分析：（1）如果银行知道邓肯是一个毒品贩子，布鲁克先生向邓肯开出这张支票是用于购买毒品，银行也应当付款。银行作为付款人，只处理票据关系，而不涉及基础关系。票据关系一经形成，就与基础关系相分离，基础关系是否存在，是否有效，对票据关系都不产生影响。这是票据法的一个基本原理。

（2）如果邓肯是通过敲诈手段获得的该支票，银行亦知道这一事实，银行显然不应当付款。邓肯通过敲诈手段获得该支票，不享有票据权利。

（3）如果邓肯通过敲诈手段获得该支票后，将其转让给杂货店主伍兹购买日用品，银行则应当向伍兹付款。因为在票据转让中，善意第三人（受让人）享有优于其前手（让与人）的权利，不受其前手权利瑕疵的影响。虽然邓肯通过敲诈手段获得该支票，不享有票据权利，但其后手杂货店主伍兹作为善意的第三人，其票据权利不受前手权利瑕疵的影响，除非伍兹也参与了敲诈或明知敲诈情形而仍然接受该支票。

8.1.5　票据权利

票据权利是指持票人向票据债务人请求支付票据金额的权利，它包括付款请求权与追索权。票据权利是一种证券权利，产生于票据债务人的票据行为。行使票据权利在于以获取一定的金钱为目的，其表现为两次请求权：第一次请求权为付款请求权，应当向票据的主债务人（通常是付款人或承兑人）行使；第二次请求权为追索权，是指第一次请求权没有获得满足时，持票人有权向付款人以外的其他票据债务人要求清偿票据金额及有关费用的权利。持票人应当首先行使付款请求权，只有在行使付款请求权被拒绝或者不可能行使付款请求权时，才可以行使追索权。

1）票据权利的取得

日内瓦统一法认为票据权利的取得有以下几种方式：①因出票而取得。②票据受让人的善意取得。③依票据法规定的转让方法而取得。④依其他法律的规定而取得。其中依其他法律的规定而取得包括继承、企业合并等方式。而英美票据法更强调取得票据的正当程序，如英国 1882 年《票据法》第 29 条和《美国统一商法典》第 3—302 条的规定，只要符合程序规定即具有正当持票人的权利。

我国《票据法》规定行为人依法取得票据必须符合以下要求：①票据的取得，必须给付对价。但是，依据票据法的原理，票据取得人只要是善意的，即使没有对价，也可以取得票据权利，但其权利不得优于前手。②因税收、继承、赠与可以依法无偿取得票据的，不受给付对价的限制。但是，所享有的票据权利也不得优于其前手。③因欺诈、偷盗、胁迫、恶意或者重大过失而取得票据的，不享有票据权利。

2）票据权利的消灭

票据权利可以因多种原因而消灭，如票据灭失等，但法律上最重要的票据权利消灭原因是因时效而消灭。各国法律对于票据消灭时效的规定不同，我国《票据法》规定了以下票据权利消灭时效：

（1）持票人对票据出票人和承兑人的权利，自票据到期日起 2 年。见票即付的汇票、本票，自出票日起 2 年。

（2）持票人对支票出票人的权利，自出票日起 6 个月。

（3）持票人对前手的追索权，在被拒绝承兑或被拒绝付款之日起 6 个月。

（4）持票人对前手的再追索权，自清偿日或被提起诉讼之日起 3 个月。

其中，前两种权利包括付款请求权和追索权；后两种权利所指的追索权，不包括对出票人的追索权。

3）票据权利的瑕疵

（1）票据的伪造。票据的伪造是指假冒他人名义或者虚构人的名义而进行的票据行为，包括票据的伪造和票据上签章的伪造两种。由于伪造的票据从一开始就是无效的，因此，即使持票人是善意取得票据的正当持票人，他对被伪造人也不能行使票据权利。对伪造人而言，如果他在票据上没有进行真实的签章，也不因伪造行为而承担票据责任。

但是，由于票据要式性的特点，票据上有伪造签章的，不影响票据上其他真实签章的效力。也就是说，在伪造票据上进行了真实签章的人，仍然应当对票据债权人承担票据责任。

（2）票据的变造。票据的变造是指无权更改票据内容的人，对票据上签章以外的记载事项加以变更的行为。因此，以下行为不能理解为票据的变造：①变更票据上的签章的。变更签章属于票据的伪造，不属于变造。②经合法授权，在空白票据上进行补记行为的。③经合法授权，对其他票据记载事项进行更改的。

对于票据变造的后果，应当依据签章人是在票据被变造之前签章还是在票据被变造之后签章来决定：在票据被变造之前签章的人，应当对变造前的记载内容负责；在票据被变造之后签章的人，应当对变造后的记载内容负责。如果不能辨别是在票据被变造之前签章还是在票据被变造之后签章的，按变造前的记载内容负责。

例 8-4 某公司业务员张某伪造公司印章，签发一张支票给陈某用于还债。陈某不知其伪造签章事实，接受支票后将其背书给某家具公司用于购货，家具公司将其背书给某批发商用于还债，某批发商要求兑现支票时发现该支票是伪造支票。

问：你认为，批发商可否依据该支票进行追索？

分析：批发商可以依据该支票进行追索，但仅限于陈某和家具公司。因为伪造的票据从一开始就是无效的，因此，即使持票人是善意取得票据的正当持票人，他对被伪造人也不能行使票据权利，因此批发商不能对被伪造人行使追索权；对伪造人张某而言，他在票据上并没有以自己的名义进行真实的签章，而是假冒公司的名义出票，因此他不因伪造行为而承担票据责任，但它应当承担民事赔偿责任和因伪造票据而产生的刑事责任。

但是，在伪造票据上进行了真实签章的人，仍然应当对票据债权人承担票据责任。显然，陈某和家具公司是在这张伪造的支票上进行了真实签章的人，他们仍然应当对批发商承担票据责任。

8.2 汇 票

8.2.1 汇票的概念

汇票是出票人签发的，委托他人在见票时或指定日期无条件付款的一种票据，但《日内瓦统一汇票本票法》以及德、日等大陆法系国家的票据法律都没有关于汇票的定义。英美法系国家的票据法大多对汇票的定义作了规定。英国《票据法》（1882 年）第 3 条规定：汇票是一人向他人出具的无条件书面委托，由出具人签名，要求对方于即日或于一定日期或于未来的特定期间内，向特定人或向其指定的人或向持票人支付一定的金额。《美国统一商法典》第 3—104 条也作了类似的规定。我国台湾地区的所谓"票据法"第 2 条也规定："称汇票者，谓出票人签发一定之金额，委托付款人在指定之到期日，无条件支付给收款人或执票人之票据。"

无论是否对汇票做出定义，或者定义词句有何不同，各国法律对汇票的基本特征的要求还是一致的。作为汇票，其基本特征包括：①它属于票据的一种。②汇票是委托他人付款的票据。③汇票要求在见票时或指定日期无条件支付给收款人或持票人一定的金额。④汇票关系中有出票人、付款人和收款人三个基本当事人。

我国《票据法》第 19 条规定："汇票是出票人签发的，委托付款人在见票时或者在指定日期无条件支付确定的金额给收款人或持票人的票据。"

8.2.2　汇票的出票

对于出票（issue）的定义，《日内瓦统一汇票本票法》未作规定，英国《票据法》第 2 条则解释为：把形式上完整之汇票第一次交付于持票人。我国《票据法》第 20 条规定："出票是指出票人签发票据并将其交付给收款人的票据行为。"因此，出票具有两个含义：第一，出票是创设票据权利的基本票据行为，它以设定票据权利为目的，同时也是背书、承兑、付款等附属票据行为产生的前提和基础；第二，出票行为可以归纳为两个环节：作成票据和交付票据。

汇票是要式证券，出票是要式行为，不符合法定形式条件的汇票不产生票据上的效力。根据各国票据法的规定，汇票应记载的事项主要包括：

（1）汇票文句。大陆法国家要求汇票上应有表明"汇票"的字样，但英美法系国家不要求汇票注明"汇票"字样。我国票据使用的是统一印制的票据格式，票据文句已经印刷在票据正面，因此无须出票人再记载汇票文句。

（2）无条件支付的委托，即出票人应在汇票上记载"无条件支付"或类似的字句，如"请于到期日无条件支付""凭票祈付"等，付款委托人（出票人）不得附加任何条件，无论是延缓条件还是解除条件，否则汇票无效。

（3）确定的金额。汇票上记载的金额必须确定，而不能有"10 万美元以下""不超过 5 000 欧元"等字样。大陆法国家和英美法系国家均要求汇票金额以文字和数字同时记载（我国称为大、小写），两者有差异时，以文字记载的数额为准，如英国《票据法》第 9 条第 2 款规定："汇票应付金额同时以文字和数字表示，在二者不相符合时，应以文字表示金额为应付金额。"但我国《票据法》第 8 条规定，票据金额以中文大写和数码同时记载，二者必须一致，二者不一致的，票据无效。

（4）付款人名称。付款人是受委托于到期日支付票据金额的人，多数国家票据法都要求汇票载明付款人的姓名或商号，《日内瓦统一汇票本票法》也有相同的规定，但我国台湾地区将其规定为相对记载事项，未记载付款人的，以出票人为付款人。

（5）收款人（或受款人）名称，又称汇票抬头。汇票是否必须写明收款人，各国（或地区）的法律有不同的规定：日内瓦法系国家不承认不记名汇票（又称来人式汇票），汇票必须注明收款人；英美法则允许汇票不指定收款人，允许空白抬头汇票。我国台湾地区《票据法》也允许无记名汇票，即收款人记载为非绝对事项。我国《票据法》与日内瓦系国家的规定一致，不允许签发不记名汇票。

（6）出票日期及地点。出票日期在各国票据法中都是绝对记载事项，但出票地点如未在汇票中载明，《日内瓦统一汇票本票法》规定以出票人姓名旁的地点为出票地，英美法和我国台湾地区《票据法》则以出票人的营业场所、住所或居住地为出票地。

（7）出票人签章。签章是行为人负票据责任的意思表示，各国票据法都规定，出票人应在汇票上签名或盖章，不记载出票人的汇票无效。

根据我国的司法解释，出票人在票据上的签章不符合规定的，票据无效；承兑人、保证人在票据上的签章不符合规定的，或者无民事行为能力人、限制民事行为能力人在票据上签章的，其签章无效，但不影响其他符合规定的签章的效力；背书人在票据上的签章不符合规定的，其签章无效，但不影响其前手符合规定的签章的效力。

上述内容中，我国《票据法》第9条规定，票据金额、日期、收款人名称不得更改，更改的票据无效。

对汇票必须记载的内容，大陆法要求比较严格，而英美法则比较灵活。

出票人在签发汇票后，应对该汇票的承兑负担保责任。如果汇票得不到承兑或付款，根据我国《票据法》第70条和第71条的规定，出票人应向持票人支付汇票金额、利息和有关费用。

例8-5 某日资企业向大连新时旅行社开出一张汇票支付旅游款项，收款人记载为"大连新时旅行社"，金额记载为人民币"三万元整"及小写30 000.00元，付款人为该日资企业的开户银行。大连新时旅行社凭票向付款人提示付款时被拒付，理由：（1）大连新时旅行社全称应为"大连新时旅行社有限责任公司"，收款人名称记载与收款人印章不符；（2）金额记载人民币"三万元整"不符合规定；（3）该汇票上只有出票人的财务专用章和该单位财务部主任的印章，没有法定代表人的印章；（4）汇票没有付款日期的记载。

问：（1）付款人的4点拒付理由是否符合我国法律的规定？

（2）如果大连新时旅行社请出票人将收款人名称改为"大连新时旅行社有限责任公司"，并由出票人在更改处签章，该汇票是否有效？

分析：首先，付款人的4点拒付理由中，第（1）、（2）两项符合我国法律的规定，第（3）、（4）两项不符合我国法律的规定。对于前两项：收款人是绝对记载事项，并且票据是要式证券，收款人名称必须在形式上与其正式名称（我国法律称为"本名"）绝对一致。而金额记载人民币"三万元整"应为人民币"叁万元整"大写，否则容易被篡改。对于后两项：我国法律要求，商业汇票出票人在票据上的签章，为该法人或单位的财务专用章或者公章并加盖其法定代表人、单位负责人或其授权代理人的签名或盖章，该单位财务部主任如果是经授权的代理人，其印章有效。但如果财务部主任不是经授权的代理人，或者约定必须由法定代理人签章的，则该汇票无效。付款日期不是汇票的绝对记载事项，没有付款日期的记载不影响汇票的效力。根据我国《票据法》第23条的规定，汇票上未记载付款日期的，为见票即付；汇票上未记载付款地的，付款人的营业场所、住所或经常居住地为付款地；汇票上未记载出票地的，出票人的营业场所、住所或经常居住地为出票地。

其次，即使出票人将收款人名称改为"大连新时旅行社有限责任公司"，并在更改处签章，该汇票也无效。因为根据我国《票据法》第 9 条的规定，票据金额、日期、收款人名称不得更改，更改的票据无效。

因此，收款人应请出票人重新开出一张汇票或以其他方式付款。

8.2.3　汇票的背书

背书（endorsement）是持票人在汇票背面签名，把票据权利转让给他人或将一定票据权利授权他人行使的票据行为。

票据转让是票据制度的核心。票据转让有两种方式，分别是单纯交付和背书交付。

单纯交付是移转票据权利的简单方式，它适用于两种汇票：无记名汇票和空白背书汇票。英美法允许签发无记名汇票和进行空白背书。例如，《美国统一商法典》第 3—202 条第 1 款规定："如果票据系凭票付款，交付本身即构成流通。"对于空白背书汇票，《美国统一商法典》第 3—204 条第 2 款规定："空白背书，是没有记明特定被背书人，而仅有背书人的签名。付款给指定人并经空白背书的票据，即成为向持票人付款，在经记名背书前，仅依交付而流通。"

《日内瓦统一汇票本票法》不准许发行无记名汇票，但允许空白背书，《日内瓦统一汇票本票法》第 14 条规定，空白背书的持票人，可以不填记空白，也可以不进行背书而将汇票让与第三人。我国《票据法》不准许发行无记名汇票，也不允许空白背书，因此票据转让在我国必须以背书方式进行。

1）背书的方式

（1）记名背书（special endorsement），又称完全背书、正式背书或特别背书，即持票人在背书时，在汇票背面既要进行背书人的签章，又要记载被背书人的姓名或商号，并签名。

（2）空白背书（blank endorsement），又称无记名背书或略式背书，指背书人仅在汇票背面签章，但不写上被背书人的姓名或商号名称。空白背书后的汇票，可以仅凭交付而转让，其结果与无记名汇票相同。

如前所述，各国票据法大多承认空白背书的有效性。但我国《票据法》第 30 条规定，汇票以背书转让时或者以背书将一定的汇票权利授予他人行使时，必须记载被背书人名称。这表明我国的汇票转让必须采取背书的方式，不能仅凭单纯交付方式转让，并且不允许空白背书。

但是，在我国的票据流通实践中，很多当事人以背书方式转让票据时并不记载被背书人名称，而是在自己签章后直接将票据交付受让人，也就是说事实上在进行空白背书。对于这类问题，我国最高人民法院在 2000 年 2 月颁布的《关于审理票据纠纷案件若干问题的规定》第 49 条中规定，在背书转让票据时"背书人未记载被背书人名称即将票据交付他人的，持票人在票据被背书人栏内记载自己的名称与背书人记载具有同等法律效力"。

2）背书的种类

依背书的目的不同，背书可分为以下几种：

（1）转让背书，即以转让汇票权利为目的的背书，是最常见的背书。被背书人（受让人）因背书而取得汇票的所有权。

（2）非转让背书。

①委托取款背书（endorsement for collection）。这是持票人以行使票据上的权利为目的，授予被背书人以代理权的背书。在这种情况下，被背书人只是代理人，而未取得汇票权利，背书人仍然是票据权利人。这种背书通常记载"委托收款（for collection）"或类似字样。我国《票据法》第 35 条规定："背书记载'委托收款'字样的，被背书人有权代背书人行使被委托的汇票权利。但是，被背书人不得再以背书转让汇票权利。"因此，委托收款背书后，被背书人取得代理权，可以代为行使付款请求权和追索权，但他不能行使转让票据等处分权利，否则，原背书人对后手的被背书人不承担票据责任，但不影响出票人、承兑人以及原背书人的前手的票据责任。

②设质背书（endorsement of pledge），又称质权背书，是指持票人以票据权利设定质权为目的而在票据上的背书。根据《票据法》的基本原理，票据具有文义性特点，票据权利义务的内容完全以票据上的文字记载为准，票据之外针对票据的记载不影响票据权利。因此，各国法律都要求票据质押时必须在票据上记载"质押"或类似字样。如果未在票据上记载"质押"或类似字样并签章而是另外订立质押合同、质押条款的，不构成票据质押。

设质背书成立后，背书人仍然是票据的权利人，被背书人取得的，是质权人的地位。但是，在背书人不履行其债务的情况下，被背书人可以行使票据权利。

3）特殊转让背书

（1）限制转让背书（restrictive endorsement），指背书人背书时加注了"不得转让""只付给某人"等限制转让的文句。我国《票据法》第 34 条规定，背书人在汇票上记载"不得转让"字样，其后手再背书转让的，原背书人对后手的被背书人不承担保证责任。这一规定与各国大致相同。但我国《票据法》第 27 条第 2 款规定，出票人在汇票上记载"不得转让"字样的，该汇票不得转让。

（2）限制背书人责任的背书（qualified endorsement），又称无担保背书，指背书人在背书时载明不负任何担保责任字句的背书，通常是背书时加注"免予追索（without recourse）"等字样，免除担保承兑或付款的义务。我国法律不允许背书附条件，背书附条件的，所附条件不具有汇票上的效力。

4）法定禁止背书

各国法律都规定了一些特定情形，在这些情形下持票人不得再背书转让票据，否则承担相应的责任。我国《票据法》第 36 条规定，汇票被拒绝承兑、被拒绝付款或者超过付款提示期限的，不得背书转让；背书转让的，背书人应当承担汇票责任。

此外，我国法律不允许部分背书，即不允许将汇票金额部分转让或分别转让给两人以上。我国《票据法》第 33 条第 2 款规定，部分背书无效。

例 8-6　A 将一张汇票背书转让给 B。A 在背书时注明"不得转让"字样与注明"免予追索"字样有什么不同？

分析：在大陆法系国家，A 在背书时注明"不得转让"字样时，B 仍然可以继续将该汇票转让，如 B 又将该汇票转让给后手 C，C 又转让给 D，B 的后手 C、D 仍然可以取得票据权利，但 A 不对 C、D 承担票据责任，C、D 在不能实现票据权利时只能向 B 追索，不能向 A 追索。如果 A 在背书时注明"免予追索"字样，B 也可以继续将该汇票转让，但 A 对 B 以及 B 的后手 C、D 都不再承担该票据的保证责任，B、C、D 均不能向 A 行使追索权。在英美法系国家，结果与其相同。

在我国，A 在背书时注明"不得转让"字样的效果与大陆法国家相同（见我国《票据法》第 34 条规定），而 A 在背书时注明"免予追索"字样时，不发生任何票据法上的效力，因为这可以视为背书附条件，根据我国《票据法》第 33 条的规定，背书时附有条件的，所附条件不具有汇票上的效力。

例 8-7　2018 年 6 月 22 日，天津某轻工贸易有限公司（以下称"轻工公司"）因代理江苏昆×纺织公司（以下称"昆×公司"）从澳大利亚丸红株式会社进口羊毛，向天津某投资银行（以下称"天津银行"）申请总金额为 271.9 万美元、付款条件为见票 360 天付款的远期信用证，并以一张金额为 253 万元人民币的银行承兑汇票（以下称"汇票 1"）作为开证质押，约定待信用证项下的单据到达后，交付与发票金额等同的 360 天远期银行承兑汇票给天津银行，以换取单据。天津银行审查后，对外开出了不可撤销的远期信用证。

2018 年 7 月 26 日和 8 月 7 日，天津银行分别接到了外国议付行"西太平洋银行"和"澳大利亚国民银行"的议付单据，总金额为 270.9 万美元。经向轻工公司提示单据，轻工公司在规定期限内审单无误确认付款，同时将总金额为 2 200 万元人民币的 6 张银行承兑汇票（以下称"汇票 2"）质押给天津银行，通过背书方式办理了质押赎单手续。该 6 张银行承兑汇票由昆×公司于 2018 年 8 月 2 日签发，承兑人为中国银行昆×支行，收款人为轻工公司，汇票到期日为 2019 年 7 月 26 日和 8 月 14 日，出票人昆×公司在签发汇票时在票面记载了"不得转让"字样。天津银行分两次对议付行的单据进行了承兑，并确认了付款日（2019 年 8 月 2 日和 8 月 14 日）。

然而，由于经营不善，轻工公司陷入财务困境，无力偿付天津银行垫付的信用证款项。天津银行主张行使汇票权利获得清偿，是否可以得到法院的支持？

分析：天津银行有权就"汇票 1"主张行使汇票权利获得清偿，但无权就"汇票 2"主张行使汇票权利。

票据的设质背书是持票人以票据权利设定质权为目的而在票据上的背书。设质背书成立后，背书人仍然是票据的权利人，被背书人取得的是质权人的地位。但是，在背书人不履行其债务的情况下，被背书人可以行使票据权利。本案中，如果轻工公司陷入财务困境，无力偿付天津银行垫付的信用证款项，天津银行可以主张行使"汇票1"的票据权利获得清偿，可以得到法院的支持。

但是，"汇票2"的6张银行承兑汇票，出票人昆×公司在签发汇票时在票面记载了"不得转让"字样。根据我国《票据法》第27条规定，出票人在汇票上记载"不得转让"字样的，汇票不得转让。有关司法解释对此的规定是，依照票据法第27条的规定，出票人在票据上记载"不得转让"字样，其后手以此票据进行贴现、质押的，通过贴现、质押取得票据的持票人主张票据权利的，人民法院不予支持。因此，"汇票2"的6张银行承兑汇票即使由收款人轻工公司背书质押给天津银行，也不发生票据效力。天津银行无权就"汇票2"主张行使汇票权利。

5）背书的连续性

背书的连续性是票据（包括汇票、本票和支票）的一项重要原则。对此，各国票据法都有明确的规定。

我国《票据法》第31条规定，以背书转让的汇票，背书应当连续。该条第2款还规定，前款所称背书连续，是指在票据转让中，转让汇票的背书人与受让汇票的被背书人在汇票上的签章依次前后衔接。这种背书连续性的要求主要是指形式上的连续，但对于非经背书转让取得票据，而是以其他合法方式取得汇票时，不涉及背书连续问题，如因税收、继承、赠与以及企业的合并或者分立取得票据的，只要持票人能够证明其取得的票据合法，就可以享有票据权利。

例8-8　2月10日，A公司签发一张汇票给B公司，购买钢材，该汇票经付款人、自己的开户银行C银行承兑，付款日期为出票后2个月。B将该汇票背书给D公司，冲抵欠款。

问：（1）如果D公司收到该汇票不久，就被E公司吞并，E公司取得该汇票，又将它背书给F公司。付款人C银行是否可以以背书不连续为理由对F公司拒付票款？

（2）如果D公司收到该汇票不久，就将其遗失，被E拾得，E伪造D公司的背书，将它背书给F商场购买物品。该汇票是否可以因背书在实质上不连续而遭拒付？

分析：对于（1），如果F公司能够证明D公司被E公司吞并、E公司取得该汇票合法权利的事实，则付款人C银行不能以背书不连续为理由对F公司拒付票款。

对于（2），背书连续性的要求主要是指形式上的连续，付款人不知道背书在实质上不连续，经谨慎审查仍不能发现其中有伪造等情形的，应对持票人付款。

8.2.4　汇票的提示

汇票的提示（presentment）是持票人向付款人出示汇票，请求付款人承兑或付款的行为。因此，汇票的提示包括提示承兑和提示付款：

（1）提示承兑。汇票按付款期限不同，分为远期汇票和即期汇票。远期汇票包括定日付款的汇票、出票后定期付款的汇票和见票后定期付款的汇票，一般由持票人先向付款人作承兑提示，然后再在到期日作付款提示；即期汇票包括写明"见票即付"的汇票以及汇票上未写明但依法推定为见票即付的汇票，无须提示承兑，只需在到期日直接作付款提示。

提示承兑必须在汇票上记载的期限内或法定期限内进行。各国法律对提示承兑的期限有不同的规定。《日内瓦统一汇票本票法》第 23 条规定，见票后定期付款的汇票应在出票日起 1 年内提示承兑，出票人可以缩短或延长提示期限，背书人只能缩短而不能延长提示期限。英美法规定提示应在"合理时间"内进行。我国《票据法》第 39 条规定，定日付款的汇票或出票后定期付款的汇票，持票人应当在汇票到期日前向付款人提示承兑；第 40 条规定，见票后定期付款的汇票，持票人应当自出票日起 1 个月内向付款人提示承兑。

（2）提示付款。我国《票据法》第 53 条规定，见票即付的汇票，自出票日起 1 个月内向付款人提示付款，定日付款、出票后定期付款或者见票后定期付款的汇票，自到期日起 10 日内向承兑人提示付款。

持票人如未在规定期限内作出前述提示，就丧失对其前手的追索权。持票人如未在规定期限内作出前述提示，就丧失对其前手的追索权（但不丧失对出票人和承兑人的追索权）。但应注意，《日内瓦统一汇票本票法》只要求见票后定期付款的汇票承兑，而未要求定日付款的汇票或出票后定期付款的汇票也承兑，因此后两种汇票是否提示承兑，由持票人决定，不提示承兑并不影响其行使票据权利。

8.2.5　汇票的承兑

1）承兑的概念

承兑（acceptance）是指远期汇票的付款人承诺在汇票到期日无条件支付汇票金额的票据行为。各国法律在承兑的定义上基本一致，如我国《票据法》第 38 条规定，承兑是指汇票付款人承诺在汇票到期日支付汇票金额的票据行为。英国《票据法》第 17 条规定，承兑是受票人接受出票人命令的表示。

承兑是汇票特有的制度。汇票是出票人签发的、单方面委托付款人向持票人付款的票据，付款人是否接受委托并不确定。远期汇票在付款人未承兑前，出票人是汇票的主债务人；经付款人承兑后，付款人就成为主债务人，而出票人和其他背书人就转为从债务人。承兑后，付款人作为主债务人负有到期足额支付汇票金额的义务，而持票人则获得请求承兑人（即付款人）到期付款的权利。对此，《日内瓦统一汇票本票法》第 28 条、英国《汇票法》第 17 条、《美国统一商法典》第 3—410 条都作了类似的规定。我国《票据法》第 44 条也规定，付款人承兑汇票后，应当承担到期付款的责任。

根据《日内瓦统一汇票本票法》第 25 条的规定，承兑应于汇票上记载"承兑"或其他相等字样，见票后定期付款的汇票，或特别约定提示承兑期限的汇票，承兑人应当记载承兑日期。但英美法仅要求承兑必须有承兑人的签名，未要求加注"承兑"字样。我国《票据法》要求承兑应当在汇票正面记载"承兑"字样和承兑日期并签章。根据我国法律的要求，商业承兑汇票承兑人在票据上的签章，应为其预留银行的签章。

对于付款人作出承兑的期限，各国法律要求不同。我国《票据法》规定，付款人对向其提示承兑的汇票，应自收到提示承兑的汇票之日起 3 日内承兑或拒绝承兑；未做表示的，视为拒绝承兑。

2）承兑的种类

承兑依是否有限制，分为普通承兑和限制承兑，限制承兑又称不单纯承兑。承兑通常都是普通承兑，限制承兑属于例外情况。

《日内瓦统一汇票本票法》规定承兑应为无条件的，不单纯承兑可以被视为拒绝承兑，但承兑人仍依所附条件负责任。但是，该法允许部分承兑，即仅承兑票据金额的一部分，如《日内瓦统一汇票本票法》第 26 条规定，付款人承兑时得就汇票金额之一部分为之。英美法国家则允许限制承兑，如英国《票据法》第 19 条规定，承兑可以为一般承兑或限制承兑。但英国《票据法》也规定，持票人可以拒绝接受附条件的承兑，持票人如要接受这种承兑，则必须征得出票人和背书人的同意，否则出票人和背书人可以解除其票据义务。《美国统一商法典》第 3—412 条也规定，付款人的承兑在任何方面改变所提示的汇票之内容者，承兑人应依其记载负责；但持票人可以拒绝这种承兑，并视为该汇票被拒绝承兑，在此种情况下，付款人有权撤销其承兑；持票人也可以同意这种承兑人的不单纯承兑，但是未肯定同意的每个出票人和背书人的责任被解除。

我国法律不允许限制承兑。我国《票据法》第 43 条规定，付款人承兑汇票，不得附有条件，承兑附有条件的，视为拒绝承兑。

例 8-9 A 公司为向 B 公司支付一笔货款，签发一张自己为出票人、B 为收款人、自己的开户银行 C 为付款人的汇票，并申请 C 银行对该汇票予以承兑。C 银行在汇票上记载了"承兑"字样并签章，同时注明"以到期日出票人账户上有足够款项为付款条件"。付款日期为 2018 年 9 月 10 日。

B 公司收到汇票后，向自己的开户银行 D 银行申请贴现。D 银行以电传向 C 银行查询该汇票是否真实，C 银行电传回复"承兑有效"。据此，D 银行向 B 公司办理了贴现手续。

2018 年 9 月 10 日，D 银行提示付款，遭 C 银行拒绝，理由是出票人 A 公司账户上没有足够款项支付票款，不符合承兑人注明的付款条件。D 银行则认为，C 银行通过电传告诉 D 银行"承兑有效"，属于再次承兑，这次承兑没有任何条件，D 银行按第二次承兑要求付款，C 银行应无条件付款。

问：（1）根据票据法的一般原理，C 银行拒绝付款的理由是否正确？

（2）它是否作出了有效承兑？

（3）C 银行通过电传告诉 D 银行"承兑有效"在票据法上的后果是什么？

分析：（1）C 银行不能以"出票人 A 公司账户上没有足够款项支付票款"为拒绝理由，因为 C 银行与 A 公司之间的资金预约关系属于票据的基础关系，票据关系独立于基础关系而存在，并不受基础关系的影响。

（2）C 银行的承兑属于附条件承兑：①在我国，该承兑属于拒绝承兑，不产生承兑效力，付款人不负任何付款责任；②在日内瓦统一法系国家，这种不单纯承兑可以被视为拒绝承兑，但承兑人仍依所附条件负责任，即如果到期日"出票人账户上有足够款项"的话，付款人仍须承担付款责任；③在英美法系国家，持票人可以拒绝这种承兑，也可以接受这种承兑，但接受这种承兑必须征得出票人和背书人的同意，否则出票人和背书人可以解除其票据义务。

（3）C 银行电传答复 D 银行"承兑有效"不构成任何具有票据法意义上的承兑。票据承兑必须依法定形式进行：票据是文义性证券，任何票据权利义务应以票面记载为准，票据以外的行为对票据无任何影响。因此，承兑必须按各国法律要求进行。

8.2.6　汇票的保证

1）票据保证的概念

票据保证是指票据债务人以外的第三人，以担保特定债务人履行票据债务为目的，在票据上记载有关保证文句并签章的一种附属票据行为。保证的作用在于加强持票人票据权利的实现，增加票据的信用，确保票据付款义务的履行，以促进票据的流通性。在立法体例上，英美法通常不专门对票据保证作出规定，涉及票据保证时，其所采取的原则是：除出票人和承兑人外，凡是在票据上签章的人均须对善意持票人承担背书人的责任；而大陆法国家以及《日内瓦统一汇票本票法》均对票据保证单独进行规定。我国《票据法》第二章第四节对汇票的保证专门作出规定。

票据保证原则同样适用于本票和支票。大陆法国家大多规定票据的保证人由汇票债务人以外的其他人担当，保证人是为票据债务的履行提供担保而参与票据关系的第三人。已成为票据债务人的，再充当票据上的保证人没有实际意义。但《日内瓦统一汇票本票法》以及日本票据法并不禁止已经在票据上签章的人再作为票据的保证人。

2）汇票保证的格式

作为一种票据行为，汇票的保证必须作成于汇票或粘单之上。如果另行签订保证合同或者保证条款的，不属于票据保证，应视为一般担保法意义上的保证。对于票据保证的具体记载方法，如果是为出票人、承兑人保证的，通常应记载于汇票的正面；如果是为背书人保证，则应记载于汇票的背面或者粘单上。

票据保证的记载事项包括绝对应记载事项和相对应记载事项。我国《票据法》第46条规定，在办理保证手续时，"保证人必须在汇票或粘单上记载下列事项：（一）表明'保证'的字样；（二）保证人名称和住所；（三）被保证人的名称；（四）保证日期；（五）保证人签章"。在这些记载事项中，绝对应记载事项包括"保证文句"和"保证人签章"两项，缺少这两项记载的票据保证无效；相对应记载事项包括"被保证人的名称"、"保证日期"和"保证人住所"。其中，关于被保证人的名称，如果不记载这一内容，根据我国《票据法》第47条规定，已承兑的汇票，承兑人为被保证人；未承兑汇票，出票人为被保证人。关于保证日期，如果不记载这一内容，出票日期为保证日期。关于保证人的住所，如果不记载这一内容，可以推定为保证人的营业场所或住所。

票据保证应当是无条件的，如果票据保证附加条件，不论是作为停止条件，还是作为解除条件，都会使票据保证的效力具有不确定性，不能达到设立票据保证的目的。因此，我国《票据法》第48条规定，保证不得附有条件；附有条件的，不影响对汇票的保证责任。也就是说，如果票据保证附有条件的，所附条件无效，保证本身仍然具有效力，保证人应向持票人承担保证责任。

3）汇票保证的效力

汇票保证行为成立之后，保证人就成为票据上的债务人，必须向被保证人的一切后手承担票据责任，即满足被保证人票据权利的实现。如果汇票到期后得不到付款的，持票人有权向保证人请求付款，保证人应当足额付款。

在责任性质上，汇票的保证属于连带责任保证。虽然汇票保证具有从属性，但保证人不能以持票人未先向被保证人行使权利为由，拒绝履行其债务，也不能要求被保证人承担一部分债务，自己只就部分债务承担责任。我国《票据法》第50条亦肯定了这一内容，即："被保证的汇票，保证人应当与被保证人对持票人承担连带责任。汇票到期后得不到付款的，持票人有权向保证人请求付款，保证人应当足额付款。"连带责任保证意味着保证人与被保证人在顺序上是同一的，即保证人与被保证人对持票人所承担的票据责任，没有先后顺序的区分，持票人可以不分先后向保证人或被保证人行使票据上的权利，亦可同时向保证人或被保证人行使票据权利。

由于票据保证的特点，汇票保证人的保证责任只有在被保证人的债务因形式要件欠缺而无效的情况下才能归于无效。换言之，如果被保证人的债务无效是因实质上的原因而无效，则保证人的保证责任不能免除，如被保证人因无行为能力发出汇票或伪造汇票等原因而使汇票无效，此时汇票保证人的票据保证责任不能免除。只有出现了形式要件欠缺的情形，如汇票记载事项有缺陷而导致汇票无效，保证人才有可能免除票据保证责任。我国《票据法》第 49 条规定："保证人对合法取得汇票的持票人所享有的汇票权利，承担保证责任。但是，被保证人的债务因汇票记载事项欠缺而无效的除外。"

4）汇票保证人的追索权

汇票保证人在向持票人清偿债务后，依照法律规定取得持票人对被保证人及被保证人之前手的偿还请求权。我国《票据法》第 52 条规定："保证人清偿汇票债务后，可以行使持票人对被保证人及其前手的追索权。"保证人的这一偿还请求权是一种追索权，保证人行使这一权利时，被保证人及其前手不得以对抗持票人的事由而对抗保证人。

8.2.7 汇票的付款

1）付款与提示付款

汇票的付款（payment）是汇票的付款人或付款代理人依照汇票文义向持票人支付汇票金额以消灭票据关系的票据行为。

提示付款是付款的前提。持票人依法提示付款后，产生两方面的效力，对持票人而言，提示产生保全追索权的效力，持票人如不在规定期限内提示，就丧失对前手的追索权。对付款人而言，付款人如不按时付款，应负债务迟延履行的责任。

提示付款是持票人的义务，但作为例外，我国《票据法》第 61 条规定，汇票被拒绝承兑的，承兑人或付款人死亡、逃匿的，承兑人或者付款人被依法宣告破产的或者因违法被责令终止业务活动的，持票人可以不经提示付款，直接行使追索权。

根据我国法律的规定，商业汇票的付款期最长不得超过 6 个月；商业汇票的付款提示期限，自汇票到期日起 10 日。如果汇票金额为外币的，应按付款日的市场汇价，以人民币支付，但汇票当事人对汇票支付的货币种类另有约定的，从其约定。

2）付款的效力

付款人付款产生两方面的效力：①付款人如付清全部汇票金额，汇票的债权债务关系就随之消灭；②付款人因付款而取得了向出票人求偿的权利。

汇票如被伪造背书转让，善意的、无重大过失的付款人向持票人付款后，是否就免除其汇票责任？对此，大陆法与英美法的规定不同。《日内瓦统一汇票本票法》第 40 条规定，付款人只负背书连续合格之责，而不负辨认背书签名真伪之责。因此，不论汇票上的签名真实与否，善意的、无重大过失的付款人，在核对背书连续合格而向持票人付款后，就解除其对汇票的责任，而在汇票上留有真实签名的出票人、承兑人、保证人等仍应对汇票负责，从而使汇票善意受让人（合法持票人）的利益受到保护。但是，按照英美法的规定，伪造背书没有任何效力。因此，取得这种汇票的持票人不是正当持票人（holder in due course），不能取得汇票上的权利；付款人向这样的持票人付款，不能解除其对汇票的所有人（owner of the bill）的付款义务。但由银行付款的即期汇票属于例外情况。根据英国《票据法》第60条的规定，银行在正常营业过程中对伪造背书的汇票善意地作出付款，即可解除其汇票责任。英国法的规定是为了保护票据所有人（票据失主）的利益，让直接从伪造背书者手中取得票据的人承担风险。

联合国《国际汇票和国际本票公约》则采取折中态度，即兼顾票据善意受让人和票据所有人（票据失主）的利益，该公约第16条规定，凡通过连续背书而取得票据的人，即使其中任一背书是伪造的或由未经授权的代理人签名的，如果他对伪造签名或无权签名并不知情，他就应被认定为受保护的持票人；该公约第26条又规定，被伪造背书的人或任何在伪造背书前在票据上签名的人，有权向伪造背书的人或无权代理人以及从他们手中取得票据的人要求赔偿由此所受的损失。

我国《票据法》第14条对票据的伪造和变造作出规定。票据的伪造包括伪造票据和伪造签章两种情形。伪造的票据不具有任何法律上的效力，因此，持票人即使是善意取得，也无权要求付款人付款，对被伪造人和没有在票据上以自己名义签章的伪造人也不能行使票据权利。伪造人依法承担民事责任和刑事责任。但"票据上有伪造签章的，不影响票据上其他真实签章的效力"。票据的变造则是指无权更改票据内容的人，对票据上签章以外的记载事项加以变更的行为。当事人不知票据被变造的事实而在票据上签章的，如果签章是在票据被变造之前，则应按原记载内容负责；如果签章是在票据被变造之后，则按变造之后的内容负责。

例8-10 2018年5月11日，A百货公司开出一张由B银行承兑付款的银行承兑汇票，交给C电器经销公司购买一批家用电器，票面金额200万元人民币，付款期6个月。C电器经销公司又将该汇票背书给D公司用于进货。2018年11月15日，持票人D公司向承兑银行提示付款，11月19日B银行向D公司支付了票款，然后向A百货公司求偿票款。但此时A百货公司亏损累累，无力偿付票款。于是，B银行凭票向D公司追索，要求D公司归还票款。

问：（1）以我国《票据法》为依据，你认为持票人D公司是否是在法定的付款提示期内向承兑银行提示付款的？

（2）B银行是否有权向D公司进行追索，要求D公司归还票款？

分析：（1）根据我国《票据法》的规定，商业汇票的付款提示期限，自汇票到期日起10日。该汇票应于2018年11月11日（2018年5月11日出票，付款期6个月）到期，因此它的付款提示期限应为2018年11月11日至2018年11月21日。据此得出结论，持票人D公司是在法定的付款提示期内向承兑银行提示付款的。

（2）B银行在付款后，已经无权再向D公司进行追索，要求D公司归还票款。因为作为票据主债务人的付款人一旦进行付款，就产生了两方面的效力：①付款人如付清全部汇票金额，汇票的债权债务关系就随之消灭；②付款人因付款而取得了向出票人求偿的权利。因此，B 银行在付款后，该汇票在票据上的债权债务关系已经消灭，B 银行已经无权再向 D 公司进行追索，它只能行使向出票人求偿的权利，即向 A 百货公司求偿票款。

8.2.8 汇票的追索权

所谓追索权，是指当汇票遭到拒绝承兑、拒绝付款或有其他法定原因时，持票人有权向其前手（所有背书人或出票人）请求偿还汇票金额及费用的权利。票据权利由付款请求权和追索权组成，这种追索权又被称为票据的二次请求权。

1）行使追索权的实质条件

（1）到期追索。汇票上发生的追索权大多为到期追索。我国《票据法》第 61 条第 1 款规定，汇票到期拒绝付款的，持票人可以对背书人、出票人以及汇票的其他债务人行使追索权。《日内瓦统一汇票本票法》第 43 条、日本《票据法》等也作了类似规定。

（2）期前追索。这是指在汇票到期日前，法律赋予持票人的追索权。《日内瓦统一汇票本票法》第 43 条规定："有下列情形之一者，虽在到期前，持票人亦得行使追索权：①汇票之全部或一部分不获承兑时。②付款人破产时，不论其是否已经承兑；付款人未经法院裁定而停止付款时；或对其财产经过执行而无效果时。③不获承兑之汇票，其出票人破产时。"我国《票据法》第 61 条第 2 款规定，有下列情况之一的，持票人可以在汇票到期日前行使追索权：①汇票被拒绝承兑的；②承兑人或者付款人死亡、逃匿的；③承兑人或者付款人被依法宣告破产的或者因违法被责令终止业务活动的。

2）行使追索权的形式要件

持票人行使追索权，必须先向付款人提示汇票，请求承兑或付款。在遭到拒绝后，或在法定事由发生后，应作成拒绝证书、取得退票理由书或取得其他合法证明。

拒绝证书应在法定期限内作成。《日内瓦统一汇票本票法》第 44 条规定，拒绝承兑证书，应于规定提示承兑期内作成；拒绝付款证书，应在汇票到期日后的两个营业日内作成。但依《日内瓦统一汇票本票法》第 54 条规定，如不可抗力之事由延至到期日后 30 日以外时，持票人得直接行使追索权，无须提示或作成拒绝证书。英国《票据法》第 51 条规定，国内汇票遭到拒付，可以不作成拒绝证书；国外汇票遭到拒付，应及时作出拒绝付款证书，否则出票人和背书人可解除责任，但承兑人仍应对汇票负责。

此外，持票人还必须在遭到拒绝的法定期限内，将拒绝事实通知其前手。

3）被追索人及其责任承担

（1）确定追索对象。追索对象是指票据追索关系中的被追索人，一般情况下，被追索人包括出票人、背书人、承兑人和保证人。由于付款人并不因汇票的出票行为而当然承担付款义务，因此付款人不属于被追索人。持票人在确定追索权行使对象时，可以不受汇票债务人的先后顺序限制，有权对前述被追索人中的任何一人、数人或者全体行使追索权，并且持票人对票据债务人中的一人或者数人已经进行追索的，对其他票据债务人仍可以行使追索权。

但在出现"回头背书"情况时，持票人的追索权会受到一定的限制。所谓回头背书，是指背书人以其前手债务人为被背书人所作的逆向背书，如我国《票据法》第 69 条规定："持票人为出票人的，对其前手无追索权。"这是有关回头背书中持票人追索权限制的规定。在回头背书的情况下，持票人以票据上既存的债务人为受让人背书转让汇票，因此这种背书行为又称为还原背书或逆背书。例如，A 签发一张汇票给收款人 B，B 背书转让给 C，C 再背书转让给 D。此时，如果持票人 D 由于某种原因再将汇票背书转让给 A 或 B，这就构成了回头背书。在回头背书中：如果 D 将汇票背书转让给了 A，出票人 A 成为持票人，此时 D、C、B 均属于其前手，但 A 不得对他们行使追索权，因为 D、C、B 在此前的转让背书中也都是 A 的后手，对 A 也享有票据权利；如果 D 将汇票背书转让给了 B，前手背书人 B 现在又成为持票人时，C、D 在此前的转让背书中同时又是 B 的后手，对 B 享有票据权利，因此，B 只能向 A 行使追索权，而不能向其原来的后手 C、D 行使追索权。

（2）被追索人的责任承担。被追索人对汇票的持票人承担连带责任，在持票人向其行使追索权时，必须承担全部清偿的责任，而不得以持票人未向其他票据债务人请求清偿为由拒绝履行清偿责任或者只承担部分金额的清偿。

我国《票据法》第 68 条第 3 款规定："持票人对汇票债务人中的一人或者数人已经进行追索的，对其他汇票债务人仍可以行使追索权。被追索人清偿债务后，与持票人享有同一权利。"这就是说，持票人对某一被追索人行使追索权后，如不足清偿，还可向其他票据债务人继续追索，在其完全得到清偿之后，其追索方告完成。但被追索人由此获得向其前手再进行追索的权利，进入新的追索程序中，直至到出票人为止。

持票人行使追索权，可以请求被追索人支付的金额和费用不仅包括汇票金额，还包括有关利息和追索费用。我国《票据法》第 70 条规定，持票人有权追索的金额和费用包括：①被拒绝付款的汇票金额；②汇票金额自到期日或者提示付款日起至清偿日止，按照中国人民银行规定的同档次流动资金贷款利率计算的利息；③取得有关拒绝证明和发出通知书的费用。由此可见，作为追索权标的的追索金额，通常要比作为付款请求权标的的票据金额大。

4）行使追索权的期限

各国法律对追索权行使的期限规定不同。我国《票据法》第 17 条规定，持票人对票据出票人和承兑人的权利，自票据到期日起 2 年。见票即付的汇票、本票，自出票日起 2 年；持票人对支票出票人的权利，自出票日起 6 个月；持票人对前手的追索权，在被拒绝承兑或被拒绝付款之日起 6 个月；持票人对前手的再追索权，自清偿日或被提起诉讼之日起 3 个月。其中，前两种权利包括付款请求权和追索权；后两种权利所指的追索权，不包括对出票人的追索权。

例 8-11　2018 年 7 月 12 日，A 公司开出一张由本市 Y 工商银行承兑的银行承兑汇票向 B 进出口公司支付一笔货款，出票后 3 个月付款。B 进出口公司收到该汇票后，又将其背书给 C 公司用于购货。然而，2018 年 8 月 30 日 C 公司得知：由于 A、B 两公司因该汇票项下的供货发生纠纷，A 公司已经向法院起诉 B 公司，受案法院于 8 月 27 日裁定冻结了该汇票的票款。

问：你认为持票人 C 公司 8 月 30 日是否可以行使追索权？

分析：持票人 C 公司 8 月 30 日还不能行使追索权。因为该汇票还没有到期，持票人 C 公司如果 8 月 30 日要行使追索权，只能是期前追索，但无论根据《日内瓦统一汇票本票法》，还是根据我国的《票据法》，持票人 C 公司目前所处的时间点都不符合期前追索的条件。所以，持票人 C 公司还不能行使追索权。但 C 公司有权作为正当持票人向受案法院申报票据权利，要求受案法院对该汇票予以解冻。

如果法院解冻后，承兑人本市 Y 工商银行在汇票到期时仍拒绝付款，则持票人 C 公司可以行使追索权，追索对象应为 A 公司（出票人）、B 公司（前手背书人）和本市 Y 工商银行（承兑人），追索不必按汇票签字顺序，可以向前述任何一人或数人进行，也可以同时向所有的前手（包括出票人、承兑人、背书人）进行追索，所有的前手应对持票人 C 公司承担连带责任。

8.3　本票和支票

8.3.1　本　票

1）概念

我国《票据法》第 73 条规定，本票（promissory note）是出票人签发的，承诺自己在见票时无条件支付确定的金额给收款人或者持票人的票据。世界各主要国家票据法对本票的定义大致相同，如英国《票据法》第 83 条规定，本票是指一个人对他人所作的无条件书面承诺，经出票人签名，承担即期或在一定的日期或未来的特定期间内，向特定人或其指定人，或向来人支付一定金额的票据。

本票是一种由出票人约定自己付款的自付证券，只有出票人和收款人两个基本当事人，出票人本人就是付款人。作为一种票据，本票也具有支付功能和信用功能。但根据我国《票据法》第 73 条第 2 款和第 76 条的规定，我国的本票仅限于银行本票，且限于记名本票和即期本票。此项规定表明，我国只承认银行本票，不承认商业本票。本票的支付功能和信用功能在我国受到一定的限制。

2）本票应记载的事项

根据《日内瓦统一汇票本票法》第 75 条和第 76 条的规定，本票的出票人应在出票时记载以下绝对记载事项：①本票的主文内记载其为本票的文句，并以本票文本所使用的语言表明之；②无条件担任一定金额之支付；③收款人或其指定人的姓名（不允许签发无记名本票）；④出票日期；⑤出票人签名。日本《票据法》的规定与此相似。在英美法中，未单独规定本票的出票记载事项，应理解为适用汇票的有关规定。

我国《票据法》第 76 条规定，本票必须记载下列事项：①表明"本票"的字样；②无条件支付的承诺；③确定的金额；④收款人的名称；⑤出票日期；⑥出票人签章。根据我国有关司法解释，银行本票的出票人在票据上的签章，应为经中国人民银行批准使用的该银行本票专用章加其法定代表人或其授权代理人的签名或盖章。

3）本票的付款

本票的出票人一经出票就承担按本票所载文义支付票款的义务。即期本票和其他出票后可以确定付款日期的本票，持票人直接向付款人（即出票人）提示付款。对于见票后定期付款的本票，根据《日内瓦统一汇票本票法》第 78 条第 2 款的规定，见票后定期付款的本票持票人，应自出票日起 1 年内向出票人为见票提示。英美法未对此作专门规定，适用汇票的有关规定。我国的本票仅限于银行本票，且限于记名本票和即期本票，因此，我国《票据法》第 79 条规定，本票自出票日起，付款期最长不超过 2 个月。

4）本票与汇票的区别

本票是自付证券，汇票是委托证券，这是二者最基本的区别，但它们都是信用证券，又有许多相同之处。在不违背本票性质的前提下，票据法中有关汇票的出票、背书、保证、付款行为和追索权行使的规定都可以适用于本票（见我国《票据法》第 81 条）。

本票与汇票的主要区别在于：

（1）本票由出票人承担付款责任，而汇票则由出票人委托第三人支付票款，因此，本票只有两个当事人：出票人、收款人；而汇票有三个当事人：出票人、付款人和收款人。

（2）汇票经过承兑后，才能确定付款人到期付款的责任，主债务人是承兑人；而本票无须承兑，出票人始终处于主债务人的地位，对持票人负有绝对清偿义务。

8.3.2 支 票

1）概念

支票（cheque）是出票人委托银行或其他金融机构在见票时无条件支付给收款

人或持票人一定金额的票据。

支票有两个基本特点：一是付款人有资格限制；二是见票即付。因此，世界上许多国家对支票的立法比较特殊，将支票独立于汇票和本票之外进行单独的支票立法，如 1931 年《日内瓦统一支票法》、日本昭和 8 年的日本《支票法》以及英国 1957 年《支票法》对 1882 年英国《票据法》的补充等。日内瓦法系的支票法中对支票未下定义，英美票据法则认为"支票是由银行见票即付的汇票"（英国《票据法》第 73 条、《美国统一商法典》第 3—104 条）。

我国《票据法》第 82 条规定，支票是出票人签发的，委托办理支票存款业务的银行或者其他金融机构在见票时无条件支付确定的金额给收款人或者持票人的票据。

支票和汇票一样，都有三个当事人：出票人、付款人和收款人，但支票与汇票相比，又有以下不同之处：

（1）支票的付款人限于银行，包括经营银行业务的其他金融机构，如《日内瓦统一支票法》第 54 条规定"本法所称'银行业者'，包括法律上将其等同于银行业者之人和机构"；而汇票的付款人不以银行为限。

（2）支票都是见票即付，签发支票以在银行有存款为条件，不允许签发"空头支票"，因此支票在功能上主要是支付工具；而汇票不限于见票即付，远期汇票也是常用的票据形式，所以，汇票除作为支付手段外，远期汇票还有信用手段的作用。

（3）支票无须承兑，出票人就是支票的主债务人；而承兑是汇票特有制度，未经承兑的汇票，出票人是主债务人，经承兑的汇票，承兑人是汇票的主债务人。

（4）支票的付款人可以引用资金关系对抗出票人，对存款不足的支票拒付；但汇票的付款人原则上不能以资金关系的理由对抗持票人。

2）支票应记载的事项

《日内瓦统一支票法》第 1 条规定，出票时绝对记载事项包括：①出票人签章；②表明其为支票的文字；③一定的票据金额；④无条件支付的委托；⑤付款人名称。相对记载事项则包括"付款地"与"出票地"两项。

我国《票据法》第 85 条规定，支票必须记载下列事项：①表明"支票"的字样；②无条件支付的字样；③确定的金额；④付款人名称；⑤出票日期；⑥出票人签章。根据我国有关司法解释，支票出票人在票据上的签章，应为其预留银行的签章。为适应商业活动的要求，发挥支票灵活便利的特点，我国《票据法》规定了两项支票的绝对记载事项可以授权补记：一是支票金额；二是收款人名称。

我国《票据法》规定的相对记载事项也包括"付款地"与"出票地"两项：支票上未记载付款地的，付款人的营业场所为付款地（《票据法》第 87 条第 2 款）；支票上未记载出票地的，出票人的营业场所、住所或经常居住地为出票地（《票据法》第 87 条第 3 款）。

对于支票的付款，我国法律与世界各国一样，也规定见票即付。我国《票据法》第 90 条规定："支票限于见票即付，不得另行记载付款日期。另行记载付款日期的，该记载无效。"在我国，支票的持票人应当自出票之日起 10 日内提示付款，异地使用支票的提示付款期限由中国人民银行另行规定。

例 8-12　2018 年 10 月 25 日，我国 A 国有独资公司向日本 B 重型机械制造公司订购了一台设备，价值 120 万美元。对于付款方式，双方约定：由 A 公司于合同签订后 30 日内签发一张票面金额为 120 万美元、收款人为 B 公司、出票后 2 个月到期的票据以支付货款。

问：你认为，我国 A 国有独资公司可以采用哪种票据付款？

分析：首先，我国 A 国有独资公司不能采用本票方式付款。因为我国法律规定的本票仅限于银行本票，在我国境内的非银行企业无权开出以自己为付款人的商业本票。其次，我国 A 国有独资公司也无法用支票方式付款。因为我国法律规定支票属于见票即付的票据，不能适应"出票后 2 个月到期"的要求。因此，我国 A 国有独资公司只能采用汇票方式支付款项，汇票种类应为出票后定期付款的商业汇票。

3）支票的资金关系与空头支票

支票的资金关系表现为出票人和付款人之间的支票合同和透支合同。出票人将一定款项存入银行，约定由自己签发支票，银行则按支票上记载的金额从存款中付款，这种约定称为支票合同。支票合同是出票人签发支票和银行付款的前提条件。此外，出票人还可与银行订立透支合同，约定在出票人的存款不足支付支票金额时，银行在一定限额内垫付，事后再由出票人偿还。

欠缺资金关系的支票为空头支票。各国法律都规定，签发空头支票要承担相应的法律责任，包括民事责任、行政责任乃至刑事责任。

例 8-13　2019 年 1 月 2 日，北洋公司向云杉公司签发转账支票一张，金额为 60 万元人民币。云杉公司第二天将该支票交存自己的开户银行 A 银行，办理转账结算。1 月 10 日，因相信这笔票款会及时到账，云杉公司向某公司签发一张 55 万元人民币的转账支票，用于付款。然而，北洋公司的转账支票被其开户银行 B 银行以"存款不足"为由，于 1 月 10 日（星期四）退票。云杉公司于 1 月 14 日（星期一）得到消息，从自己的开户银行领取了退回的转账支票和退票理由书后，再次要求北洋公司付款，并立即通知某公司暂时不要使用云杉公司向其签发的转账支票。

北洋公司的 60 万元人民币款项于 1 月 21 日划到了云杉公司的账上。但此前，因担心支票过期，某公司已经于 1 月 20 日使用云杉公司签发的转账支票办理转账结算，并因云杉公司的账上当时只有 18 万元人民币款项，不足支付票款而被退票。云杉公司的开户银行因空头支票而对云杉公司罚款 2 万余元人民币。

问：（1）云杉公司的行为，是否构成签发空头支票？

（2）如果因北洋公司向云杉公司签发空头支票，导致云杉公司对外签发空头支票，云杉公司是否有权要求北洋公司承担 2 万余元人民币的罚款损失？

（3）如果北洋公司的存款充足，因其开户银行 B 银行的失误而退票，导致云杉公司签发空头支票，云杉公司是否有权要求北洋公司承担 2 万余元人民币的罚款损失？

分析：（1）云杉公司的行为，已经构成签发空头支票，尽管云杉公司不是故意的。这里应注意一个细节，云杉公司曾通知某公司暂时不要使用其签发的转账支票，这一行为不足以免除云杉公司的责任，因为票据的出票人因出票行为而对票据承担担保付款的义务，持票人所享有的票据权利不因出票人的通知而受限制。

（2）如果云杉公司对外签发空头支票的行为是因北洋公司的空头支票造成的，则云杉公司有权要求北洋公司承担 2 万余元人民币的罚款损失。云杉公司因支票的持票人资格而享有的追索权包括票款、利息和通知费用，因此，云杉公司可以请求北洋公司对罚款损失承担民事责任。

（3）如果北洋公司的存款充足，因其开户银行 B 银行的失误而退票，导致云杉公司签发空头支票，云杉公司无权要求北洋公司承担 2 万余元人民币的罚款损失，但可以向 B 银行主张权利。如（2）所述，云杉公司作为持票人，其享有的追索权包括票款、利息和通知费用，只要该支票被拒付（退票），云杉公司就有权向北洋公司追索这些款项。但罚款损失不是北洋公司造成的，并且不包括在票据追索权范围之内，因此，云杉公司只能要求责任人 B 银行对 2 万余元人民币的罚款损失承担民事责任。

8.4　　　　　　　　我国涉外票据的法律适用

8.4.1　涉外票据的概念

根据我国《票据法》第 95 条的规定，涉外票据是指出票、背书、承兑、保证、付款等行为中，既有发生在中华人民共和国境内又有发生在中华人民共和国境外的票据。因此，所谓涉外票据，是根据票据行为的发生地是否有境外因素来确定的，而不考虑票据当事人一方是否为外国人。

8.4.2　票据行为能力的法律适用

票据行为能力是指票据当事人以自己的行为取得票据权利、承担票据义务的能力或资格。国际上，关于票据行为能力应适用的法律，大陆法国家多采用本国法主义，即票据行为能力依票据行为地国家的法律；解决汇票、本票及支票法律冲突的《日内瓦冲突法公约》则采用折中主义，即票据行为能力依当事人的本国法，但依本国法无票据行为能力的外国人，如依签名地法为有行为能力时，应照样受拘束。我国采取了同样的原则，我国《票据法》第 96 条规定，票据债务人的民事行为能力，适用其本国法律。票据债务人的民事行为能力，依照其本国法律为无民事行为能力或者为限制民事行为能力而依照行为地法律为完全民事行为能力的，适用行为地法律。

8.4.3 出票时记载事项的法律适用

关于票据出票时的记载事项，各国票据法的规定不同，如英美法允许签发无记名汇票，而大陆法国家则要求汇票出票时必须记载收款人的名称。我国《票据法》第 98 条对汇票、本票和支票出票的记载事项分别给予规定：汇票、本票出票时的记载事项，适用出票地法律；支票出票时记载事项，适用出票地法律，经当事人协议，也可以适用付款地法律。这两项规定与《日内瓦冲突法公约》的规定基本相同。

8.4.4 其他票据行为的法律适用

对出票以外的其他票据行为，我国《票据法》分别不同情况，适用不同的法律：

（1）票据的背书、承兑、付款和保证行为，适用行为地法律（第 99 条）；

（2）票据追索权的行使期限，适用出票地法律（第 100 条）；

（3）票据的提示期限，有关拒绝证明的方式，出具拒绝证明期限，适用付款地法律（第 101 条）；

（4）票据丧失时，失票人请求保全票据权利的程序，适用付款地法律（第 102 条）。

8.4.5 国际条约和国际惯例的适用

根据国际法优于国内法的原则，我国《票据法》第 96 条第 1 款规定，中华人民共和国缔结或者参加的国际条约同本法有不同规定的，适用国际条约规定。但是，中华人民共和国声明保留的除外。同时，我国《票据法》第 96 条第 2 款还规定，本法和中华人民共和国缔结或者参加的国际条约没有规定的，可以适用国际惯例。

例 8-14 2018 年 10 月 25 日，一个美国商人 A 在韩国经商时，在当地开出一张见票即付的汇票给韩国商人 B，付款人为中国某银行，汇票金额为 3 万美元。B 将该汇票背书给中国公司 C。

问：根据我国《票据法》的规定，你认为以下哪些说法是正确的？

（1）该汇票的记载事项适用美国法律。

（2）如果韩国商人 B 是在中国上海将汇票背书给中国公司 C，则该背书行为适用中国法律。

（3）该票据追索权的行使期限，适用韩国法律。

（4）该汇票应在 2018 年 11 月 25 日以前向付款人提示付款。

（5）该汇票应以人民币支付。

分析：第（2）、（3）、（4）、（5）项正确。因为：

（1）汇票、本票出票时的记载事项，适用出票地法律。该汇票虽然由一个美国人开出，但他是在韩国出的票，所以应适用出票地韩国的法律而不是美国法律。

（2）票据的背书、承兑、付款和保证行为，适用行为地法律。韩国商人 B 是在中国上海将汇票背书给中国公司 C 的，则该背书行为应适用背书行为地中国的法律。

（3）票据追索权的行使期限，适用出票地法律。该汇票出票地是韩国，所以适用韩国法律。

（4）票据的提示期限、有关拒绝证明的方式、出具拒绝证明期限，适用付款地法律。该汇票在中国付款，应适用中国法律，而根据我国法律的规定，见票即付的汇票，自出票日起 1 个月内向付款人提示付款，因此，该汇票应在 2018 年 11 月 25 日（自出票日 2018 年 10 月 25 日起算 1 个月）以前向付款人提示付款。

（5）由于票据的背书、承兑、付款和保证行为，适用行为地法律，而该汇票付款行为在中国境内，所以适用中国法律。根据我国法律的规定，如果汇票金额为外币的，应按付款日的市场汇价，以人民币支付，但汇票当事人对汇票支付的货币种类另有约定的，从其约定。

● 复习思考题

1. A 为支付货款，于 2018 年 6 月 11 日向 B 开出一张以某银行为付款人的汇票，金额 9 万元人民币，但未注明付款日期。B 收到汇票 2 日后因意外身故，C 继承了 B 的产业（包括该汇票）。为购买一批货物，C 将该汇票背书转让给 D，但不久就发现 D 无货可供，是一场骗局，便立即通知付款银行停止付款，此时得知，A 此前已经通知付款银行停止兑付该汇票，理由是 B 的货物仅值 5 万元人民币。D 获得该汇票后，将票面金额改为 19 万元人民币，背书给 E，E 又背书给 F。F 向银行要求付款时，银行拒付，理由是：（1）该汇票未记载付款日期，缺少有效要件；（2）该汇票背书不连续；（3）货物实际价值仅值 5 万元人民币，与汇票金额不符；（4）D 采取欺骗手段获取该汇票，自 D 以后的持票人没有票据权利。

以我国《票据法》为依据，问：（1）银行的上述拒付理由是否成立？（2）银行能否拒付该汇票？

2. 2018 年 9 月，法国某医药公司在中国东北地区的总代理 A 公司（以下称"A 公司"）与东北 B 医药经销公司（以下称"B 公司"）订立了一份药品销售合同，总价值 20 万元人民币。合同约定 B 公司应以汇票方式先向 A 公司支付 5 万元的定金，余款收货后 1 个月内支付。

2018 年 9 月 7 日，B 公司开出一张以 C 银行为付款人的汇票，金额 5 万元。A 公司收到后将汇票背书给法国某医药公司驻上海办事处，背书附言："应扣掉 10% 的佣金，实际支付 4.5 万元，其余 5 000 元直接支付给 A 公司。"

2018 年 9 月 20 日，某医药公司直接将货物发给 B 公司，B 公司验货后发现与合同规定有差距，便立即通知 C 银行停止付款。

2018 年 10 月 10 日，法国某医药公司驻上海办事处向 C 银行要求付款，被 C 银行拒绝，理由：（1）出票人通知停止付款；（2）背书附条件；（3）上海办事处不具备法人资格，不能成为票据关系的当事人。

上海办事处向 A 追索，A 认为：自己是某医药公司的代理人，代理后果应由被代理人某医药公司直接承担，某医药公司应直接向 B 公司行使追索权。

根据以上情况，回答以下问题：

（1）C 银行的拒付理由是否成立？

（2）在上述情况下，C 银行能否拒付该汇票？

（3）法国某医药公司可否向自己的代理人 A 公司行使追索权？

● 补充阅读材料

［案情］1996 年 2 月 7 日，德国金属处理有限公司（简称"德国金属公司"）因供给中国资源联合开发总公司（简称"中国公司"）一批旧钢轨而开出一张金额为 190 万美元、有效期至 1996 年 5 月 7 日、付款人为中国公司、收款人为"我们自己指示的指示人"的汇票。之后，德国金属公司以空白背书的形式将该汇票转让给德国 B 银行。该银行取得汇票后，作出内容为"请付给指示人 D 为银行托收款项款额"的背书，委托 D 银行 Z 分行（在中国内地注册登记、经营，简称"DZ 分行"）收款，并将该汇票邮寄给 DZ 分行。DZ 分行收到该汇票后向中国公司提示承兑，并在汇票左侧上端加盖了托收印章（审理过程中，DZ 分行称其加盖印章的意思表示是应德国 B 银行的要求为该汇票作保证）。中国公司则在托收印章处加盖了其行政印章，但没有其法定代表人或其授权的代理人签章。在该汇票有效期届满前，DZ 分行以书面形式向中国公司提示付款。中国公司于 1996 年 5 月 6 日书面答复因货物存在与合同要求严重不符的问题拒绝承付该汇票项下的货款，并请 DZ 分行慎重处理该业务的货款支付问题。汇票到期之后，DZ 分行慎重处理该业务的货款支付问题。汇票到期之后，DZ 分行数次向中国公司发出付款指示通知书，中国公司均表示拒付。1996 年 5 月 13 日，德国 B 银行电传要求 DZ 分行基于汇票保证人身份支付汇票款项及迟付利息。同年 5 月 17 日，DZ 分行通过北方信托银行汇付了 189 万美元到德国 B 银行的账户，该款已扣除了 DZ 分行的担保佣金等有关费用 1 万美元。DZ 分行付款后要求中国公司付款未果，便以汇票保证人的身份，依照我国《票据法》、《担保法》及《民事诉讼法》的相关规定，向某市中级人民法院

起诉，请求判令中国公司承担付款的票据义务。DZ 分行在一审审理过程中，更正为以委托收款人的身份向中国公司主张票据权利；之后又更正为以票据持有人的身份向中国公司主张票据权利。

[一审、二审和再审之判决]

一审期间，DZ 分行出具了一份由德国 B 银行于 1996 年 7 月 29 日发给 DZ 分行的传真，其内容为：由德国金属公司出具的汇票已由付款人中国公司承兑并经 DZ 分行保证，该汇票金额为 190 万美元，已由德国 B 银行贴现，并于 1996 年 2 月 28 日付给德国金属公司。DZ 分行据此证明其是该汇票的权利所有人。一审法院认为，审理过程中，中国公司不否认其承兑的意思表示，故其承兑行为有效。DZ 分行因没有在汇票上记载"保证"的字样，故保证无效，其以汇票保证人身份要求中国公司支付票据款项，不予支持。DZ 分行不是本案诉争汇票的持票人，只是委托收款人，在无委托人特别授权的情况下，其以诉讼方式行使该票据权利，缺乏法律依据。DZ 分行基于保证人的身份付款给德国 B 银行，由于其保证不具有法律效力，故该付款行为也不具有票据意义上的法律后果。遂于 1996 年 12 月 10 日判决：驳回 DZ 分行的诉讼请求。DZ 分行不服，上诉至某省高级人民法院。

二审期间，DZ 提供了一份由德国 B 银行于 1997 年 1 月 6 日出具的证明书。该证明书经中华人民共和国驻德意志联邦共和国大使馆领事部的认证。该证明书内容为：我行特此把我行对中国公司的一切权利转让给 DZ 分行……我行在收到你行的付款凭证后即将这些索款权全部转让给你行。DZ 分行据此证明其享有票据权利。某省高级人民法院二审认为，DZ 分行作为委任取款被背书人有权行使该汇票上的付款请求权和追索权，中国公司拒付汇票金额，DZ 分行有权向法院起诉请求中国公司支付汇票金额。中国公司在该汇票托收印戳处加盖了其行政印章，虽无法定代表人或其授权的代理人签章，但按照《日内瓦统一汇票本票法》有关规定，付款人在汇票票面上签字，即构成承兑。中国公司的盖章已构成该汇票的有效承兑而成为主债务人，负有向持票人支付汇票金额的义务。德国 B 银行于 1997 年 1 月 6 日具函证实将其索款权全部转让给 DZ 分行（该函已经中国驻德国大使馆领事部认证），DZ 分行则成为该汇票的合法持有人，故 DZ 分行上诉请求理由成立。遂于 1998 年 4 月 6 日判决：撤销原审判决，中国公司应支付汇票金额 190 万美元及利息给 DZ 分行。中国公司不服而申请再审。

某省高级人民法院再审认为，德国 B 银行已将其对该汇票的索款权全部转让给 DZ 分行，DZ 分行为该汇票的合法持有人，有权行使票据权利。中国公司的承兑虽缺乏法定形式要件，但承兑为其真实意思表示，故中国公司负有将汇票金额支付给 DZ 分行的义务。遂于 2000 年 7 月 10 日判决：维持二审判决。

[讨论问题]

1. 查阅有关国家的票据法和国际公约，确认本案所涉及的汇票是一张什么汇票？其收款人是谁？（即收款人为"我们自己指示的指示人"是什么含义？）

2. 查阅有关资料，分析本案能否适用《日内瓦统一汇票本票法》？

3. "中国公司"在汇票上加盖印章的行为是否构成承兑？

4. 能否认定 DZ 分行是本案汇票的合法持票人？

（该案是一个十分典型的涉外票据纠纷，很有代表性。建议查阅人大复印资料《国际法学》2004 年第 3 期第 51 页贾和平的文章，作为讨论该案例的参考）

第 9 章 / 国际商事仲裁

━━━━━━━━━━ 学习目标 ━━━━━━━━━━

　　国际商事仲裁是解决国际经济贸易纠纷的重要形式。与实体法相对，国际商事仲裁与国际经济贸易诉讼同属于程序法范畴。本章通过介绍国际商事仲裁所涉及的几个主要问题，包括国际商事仲裁机构、仲裁协议以及各国对于国际商事仲裁裁决的承认与执行问题，使读者了解各国法律和有关国际条约在这方面的规定，具备这方面最基本的知识。

9.1　　　　　国际商事仲裁概述

9.1.1　　国际商事仲裁的概念和范围

　　"仲裁（arbitration）"一词来源于拉丁文，是指争议双方将其争议交付给第三方进行裁决或作出公断的做法。仲裁和诉讼，是解决商事争议的两种主要途径，而在国际商事活动中，仲裁又占有极其重要的地位。国际商事仲裁，是指在国际商事活动中，各方当事人根据合同中所订立的仲裁条款（arbitration clause）或事后所达成的仲裁协议（submission to arbitration），自愿将他们之间所发生的争议提交给各方都同意的仲裁机构审理、裁决的活动。这种裁决通常是终局的，对各方当事人都有拘束力。

　　以仲裁的方式处理商事争议，在国际上已有悠久的历史。早在古罗马时期，就出现以仲裁的方式解决商事纠纷的做法。1697 年，英国制定了它的第一个仲裁法案；1807 年的《法国民事诉讼法典》也对仲裁作了专门规定。后来，随着资本主义商品经济的发展，尤其是 20 世纪以来，许多国家相继制定了有关仲裁的法律。仲裁作为解决国际贸易争议的一种方式，逐步形成制度，为各国法律所认可，并得到普遍接受。

　　各国法律对于商事仲裁的范围规定并不一致。为统一"商事仲裁"的概念，1985 年联合国国际贸易法委员会通过制定《国际商事仲裁示范法》，对"商事"一词作出广义解释，使其包含不论是契约性或非契约性的一切商事性质的关系所引起的种种事情。商事性质的关系包括但不限于下列交易：供应或交换货物或服务的任何贸易交易，销售协议，商事代表或代理，租赁，建造工厂，咨询，工程，许可证，投资，筹资，银行，保险，开发协议或特许，合营和其他形式工业或商业合作，货物或旅客的天空、海上、铁路或公路的载运。

我国商事仲裁立法也未明确界定"商事"的含义。但为执行我国加入的《承认及执行外国仲裁裁决公约》，最高人民法院在司法解释中规定："根据我国加入该公约时所做的商事保留声明，我国仅对按照我国法律属于契约性或非契约性商事法律关系所引起的争议适用该公约。所谓'契约性或非契约性商事法律关系'，具体是指由于合同、侵权或者根据有关法律规定而产生的经济上的权利义务关系，如货物买卖、财产租赁、工程承包、加工承揽、技术转让、合资经营、合作经营、勘探开发自然资源、保险、信贷、劳务、代理、咨询服务和海上、民用航空、铁路、公路的客货运输以及产品责任、环境污染、海上事故和所有权争议等，但不包括外国投资者与东道国政府之间的争端。"

9.1.2 国际商事仲裁的特点

国际商事仲裁所解决的，主要是国际商事合同和交易中所产生的各种争议。中国香港海商法专家、中国海事仲裁委员会仲裁员杨良宜先生在总结英国仲裁制度时提到，仲裁最核心的性质就是具有司法上的公道或称司法精神（judicial character），它具有符合自然公正（natural justice）、实体上依照先例、程序上大原则依法院做法三个特征。这一总结同样适用于国际商事仲裁。

作为解决当事人之间国际商事争议的主要方式，国际商事仲裁具有以下特点：

（1）国际商事仲裁具有典型的国际性特点。这种国际性体现在两个方面：一是在国际范围内确立了仲裁的管辖权；二是在国际范围内具有可执行性。1958 年《承认及执行外国仲裁裁决公约》是联合国最成功的公约之一，目前它的签字国已经超过了 90 个，这些签字国以及它们的法院都承认当事人约定提交仲裁的仲裁协议的效力，从而带来管辖权的稳定：只要存在有效的仲裁条款或仲裁协议，各国法院就会驳回当事人在法院的起诉，而要求当事人依照仲裁条款或仲裁协议的约定到仲裁机构解决争议。同时，当仲裁裁决作出后，如果败诉一方不执行仲裁裁决，另一方当事人可以凭仲裁裁决及有关文件到其他签字国法院申请执行，就像执行本国法院判决或仲裁裁决一样，使仲裁裁决的执行具有国际性特点。

（2）国际商事仲裁以争议双方提交仲裁的书面协议为基础。各国的仲裁机构或组织一般属于民间团体或准民间团体，它们本身并没有司法管辖权，因此它们对具体的争议进行仲裁的基础就是双方当事人的授权：双方当事人在自愿的基础上，通过签订仲裁协议的方式授权仲裁机构裁决他们之间的争议，使仲裁机构获得了对具体纠纷进行裁决的权利。因此，国际商事仲裁必须以争议双方提交仲裁的书面协议为基础，否则仲裁机构对具体的争议没有进行裁决的权利，其裁决也不发生法律上的效力。

（3）国际商事仲裁的裁决通常是终局的，对争议双方具有约束力。目前，各国法律普遍规定国际商事仲裁是终局裁决，如果败诉一方不自动执行仲裁裁决，胜诉方可以向国内或国外有关法院申请强制执行，这与各国的诉讼有很大的不同。英国在 1979 年以前，允许仲裁当事人就仲裁中涉及的法律问题向法院上诉，因为当时英国仲裁法的规定是：仲裁员可以对事实的纠纷作出最后的定论，但法律问题（matter of law）必须由法院来判断。因此，在仲裁活动中，如果仲裁当事人一方认为其中涉及法律问题应当由法院来判，他就可以向法院上诉。1979 年，为适应国际上仲裁的发展趋势，符合国际经济贸易活动的需要，英国修改了它的仲裁法，极大地限制了国际货物买卖、租船、保险等商业合同在仲裁裁决之后向法院上诉的途径，使英国的仲裁制度与国际商事仲裁制度更为接近。我国仲裁法规定，国际经济贸易仲裁裁决是终局的，对仲裁双方具有约束力。

（4）与诉讼相比，国际商事仲裁具有易于保密、程序简便、节省费用等优点。尤其是保密性，它是仲裁的最突出特点之一，也是国际商事活动中大量适用仲裁的重要原因：诉讼必须公开，以保障公正，因为法院被视为代表国家主持公正的象征，要让所有的人看到它的公正，它的活动就必须是在社会公众的监督之下；而仲裁是私人解决纠纷的形式，具有民间解决纠纷的色彩，他人非经争议各方同意是不能介入其中的，因此仲裁一般是不公开进行的。现代商业上的很多东西都是不宜公开的，尤其涉及商业秘密时，当事人不希望公开，因此仲裁适应了这种要求而成为解决国际商事争议的主要方式。

（5）国际商事仲裁具有很强的专业性和权威性。这种专业性和权威性主要体现在仲裁员的专业性上，大部分仲裁员往往就是本行业或该领域的专家，他们的专业知识极大地帮助了他们在仲裁中作出公正、合理的裁决并减少费用、提高效率。尽管世界各国加强了专门法院的建设，但法官在专业知识方面仍与仲裁员存在差距，仍然需要借助于中立的专家来进行审判。20 世纪 80 年代，英国上诉庭在审理一个海事纠纷时，由于 3 个法官都不懂海事问题，在听了双方律师的三四天争辩后仍然没有把问题搞清楚，结果作出错判。而国际经济贸易与海事纠纷中大多是事实问题的争议而非法律问题的争议，这使得具备专业知识、本身就往往是某方面的专家的仲裁员更适于处理国际商事纠纷，从而使国际商事仲裁具有了很强的专业性和权威性。

例 9-1　中国 A 公司以 FOB 条件向日本 B 公司出口 50 吨蔬菜，在大连港装船时由商检机构检验并出具合格证明书，但该批货物运抵日本时已经严重腐烂，双方发生争议。依据出口合同的条款，该争议被当事人提交中国国际经济贸易仲裁委员会仲裁。裁决结果为：日方应承担货物损失的风险。

问：（1）如果日方对裁决结果不服，是否可以向有关法院起诉，或者要求更换仲裁机构重新仲裁？

（2）如果日方拒不执行仲裁裁决，中方是否可以申请有关机构予以强制执行？

分析：首先，对于问题（1），如果日方对裁决结果不服，原则上不能再向有关法院起诉，或者要求更换仲裁机构重新仲裁。因为国际经济贸易仲裁具有终局性特点，它的裁决是终局的，对仲裁双方具有约束力。除特别规定外，败诉方应执行仲裁裁决，他既不能向有关法院起诉，也不能要求更换仲裁机构重新仲裁。

其次，对于问题（2），如果日方拒不执行仲裁裁决，中方可以申请有关法院对仲裁裁决予以强制执行。这是国际经济贸易仲裁国际性的体现，当仲裁裁决作出后，如果败诉一方不执行仲裁裁决，另一方当事人可以凭仲裁裁决及有关文件到其他国家法院申请执行，就像执行本国法院判决或仲裁裁决一样。

9.1.3　各国商事仲裁立法

各国基于各自不同的法律传统，对商事仲裁具有不同的立法体例。法国、德国、日本等国家主要在民事诉讼法中专章对商事仲裁程序作出规定，而英国、美国、瑞典等国家则采取单行法的形式规范商事仲裁法律制度。

1）英国的商事仲裁立法

英国是最早确立仲裁制度的国家之一，并且一直是仲裁制度最为发达的国家之一。早在1697年颁布了第一部仲裁法后，英国议会又分别于1950年、1975年和1979年制定了三个仲裁法案，以完善仲裁法律制度。但在英国的仲裁法理论中，仲裁员只能就事实问题进行裁决，法律问题仍须由法官决定，因此仲裁活动受法院干预的问题十分突出。为适应国际商事仲裁的发展趋势，1989年英国贸易工业部颁布了一项报告，就英国仲裁制度改革的问题提出了建议，此后，在征询了大量的仲裁机构、国际商人、法官和公众意见的基础上，形成了一项议会讨论草案，并最终于1996年在议会通过了新《仲裁法》，并于1997年1月31日起生效。

1996年《仲裁法》共4编110条。该法案的最大特色之一就是减少了法院对仲裁进行司法干预的权力，充分体现了对当事人意思自治的尊重。该法赋予仲裁当事人最大限度的选择权，并在此基础上扩大了仲裁庭的权力，仲裁员的权力得到了加强，特别是赋予了仲裁庭自裁管辖权。法案要求法院保障仲裁程序的顺利进行，除法案中限定的情况外，法院不得干预仲裁的过程，法院应当执行仲裁协议，在约定的仲裁机构或仲裁员无法履行职责时指定仲裁员，执行仲裁员对当事人作出的程序和证据事项的决议，执行在当事人缺席时仲裁员要求提供临时救济的裁决和决议。

虽然1996年英国《仲裁法》仍然允许当事人就仲裁裁决的法律要点向法院上诉，但这种上诉的权利受到了很大的限制，其要求当事人双方同意才能行使这种权利，并且在任何类型的案件中，双方当事人均可事先约定放弃这种上诉的权利。1996年英国《仲裁法》使英国融入到了国际商事仲裁理论和实践的普遍潮流中去，同时也重申了联合国《国际商事仲裁示范法》中的基本原则，特别是关于法院作用的原则，即该法第5条之规定："由本法管辖的事情，任何法院均不得干预，除非本法另有规定。"

2）德国的商事仲裁立法

德国没有独立的仲裁法规，其关于仲裁制度的基本规则是在德国《民事诉讼法》第 10 编中予以规定的（第 1025～1066 条关于仲裁制度的专门规定）。

德国《民事诉讼法》自 1877 年生效后，经历了 1930 年和 1986 年两次有限的修改，在总体上保持了一定程度的稳定，变化很少。直至 1997 年 12 月东、西德统一，导致德国政治、经济巨大变化的背景下，才进行了重大修订。当时，在两德统一的背景下，国内重要的常设仲裁机构进行了重组、合并，同时，德国的仲裁法面临着跟上国际仲裁理论、立法、实践快速发展的步伐，与国际先进的仲裁法理论、立法、实践保持一致的问题。在这一背景下，德国仲裁程序法革新委员会经过 7 年的努力，完成并颁布了《仲裁程序修订法》，该法于 1998 年 1 月 1 日生效。

修订后的仲裁法在体例上仍然作为民事诉讼法的一编，但在具体内容上则有较大变化：它吸收了国际仲裁立法、其他国家仲裁立法以及前东德仲裁立法的先进内容，不但使内容更加详细和完备，而且增强了稳定性和可预见性，并进一步体现了充分尊重当事人的意思自治及加强司法对仲裁制度的支持等特点。与许多国家仲裁法所不同的是，该法赋予仲裁庭有权决定自身的管辖权，并赋予仲裁庭依当事人申请采取暂时性措施或保全措施的权利。

德国《民事诉讼法》对仲裁的适用范围和法院活动的范围、当事人所在不明时书面文件的送达与接收、仲裁协议的定义与形式均作出了明确的规定，对仲裁对象作了明确限定。此外，还对仲裁协议与在法院起诉及仲裁协议与法院的暂时措施问题、仲裁庭的组成、仲裁庭成员的产生、仲裁员的指定和回避、回避的程序、仲裁员不履行任务、替代仲裁员的指定等方面作出了明确规定。

3）瑞典的商事仲裁立法

瑞典也是采用单行法规体例制定仲裁法的国家。由于瑞典斯德哥尔摩商会仲裁院在解决东西方贸易纠纷中的重要地位，瑞典的商事仲裁，尤其是国际商事仲裁制度非常发达。早在 1929 年，瑞典颁布了第一部仲裁法。经过几十年的实践，瑞典于 1999 年颁布了新的《仲裁法》。1999 年瑞典《仲裁法》与其他欧洲国家不同之处在于，它并非完全以联合国《国际商事仲裁示范法》为蓝本，而是更多地强调其自从本国近一个世纪以来所积累的实践经验。

1999 年瑞典《仲裁法》共 8 章 60 条，分别对仲裁协议、仲裁员、仲裁程序、仲裁裁决、裁决书的无效和撤销、仲裁费用、管辖地和起诉的期限、承认和执行外国仲裁裁决等进行了规定。该法明确规定当事人有权自由处分具有可仲裁性的争议事项，当事人可基于此事项的可仲裁性将争议提交仲裁解决。同时，该法充分体现了当事人意思自治原则，将绝大部分条款规定为任意性条款，只有极少数条款为强制性条款。为了减少法院对国际商事仲裁的司法控制，该法规定，如果商事关系的双方当事人在瑞典既无住所亦无营业所，则可以通过仲裁协议中的明示声明全部或部分排除法院对仲裁裁决的审查程序的适用。该法同样扩大了仲裁庭的权力，允许仲裁庭对其自己的管辖权作出裁定。为推动仲裁程序的快捷与简便，该法不仅设置了简易仲裁程序，还规定了一些条款旨在加快仲裁程序的速度，并防止一方当事人或某一仲裁员滥用程序来延误仲裁等。

9.2　国际商事仲裁机构

9.2.1　国际商事仲裁机构的组织形式

国际经济贸易仲裁可分为临时仲裁和常设仲裁两种组织形式。其中，常设仲裁（permanent arbitration）的仲裁机构一般附属于民间团体，有固定的组织形式和自己的仲裁规则。国际经济贸易仲裁领域中的常设仲裁机构按其性质不同，可分为国际性的、全国性的和专门性的三种：

（1）国际性的仲裁机构，这种仲裁机构不属于任何一个特定的国家，而设立在某个国际性的机构之下，如国际商会下设立的"国际商会国际仲裁院（The ICC International Court Arbitration）"和世界银行下设立的"解决投资争议国际中心（The International Center of Settlement of Investment Disputes）"。

（2）全国性的仲裁机构，指按某一国家的国内法而设立的，但有权受理国际经济贸易方面纠纷的仲裁机构。目前世界上绝大多数国家都已设立这类仲裁机构。除我国的国际经济贸易仲裁委员会和海事仲裁委员会外，在国际上较有影响的这类机构有：英国伦敦国际仲裁院、美国仲裁协会、日本国际商事仲裁协会、瑞典斯德哥尔摩商会仲裁院、瑞士苏黎世商会仲裁院、意大利仲裁协会等。

（3）专门性的仲裁机构，指设立在某一交易所或同业公会下的常设仲裁机构。这类机构只受理行会内部成员间的争议，如伦敦谷物公会下设的谷物和食品贸易仲裁委员会，荷兰鹿特丹毛皮交易所下设的仲裁庭等。

9.2.2　国际上主要的国际商事仲裁机构

1）国际商会国际仲裁院

国际商会于1923年设立了国际商会国际仲裁院，其目的是为了给"全世界所有国家的金融家、制造商和商人"提供一个解决国际商事争议的国际性组织，"而不使其求助于正式的司法程序"。大半个世纪以来，国际商会国际仲裁院已成为世界上解决国际商事争议的最重要、最有广泛代表性的商事仲裁机构，是当今人们所共知的国际商事仲裁机构的情况下，国际商会国际仲裁院确是真正意义上的国际性商事仲裁机构，其组织成员来自5大洲的60多个国家。自其创立以来，共处理涉及全世界170多个国家和地区的1万多个国际性商事仲裁案件。

国际商会国际仲裁院的作用或职能是确保国际商会仲裁规则和调解规则的正确

实施，并根据需要向国际商事仲裁委员会提出修改仲裁规则的建设性方案，然后由国际商会执行局和理事会批准。国际商会国际仲裁院始终监督着商事仲裁程序的进行。此外，它还负责指定商事仲裁员、确认由当事人选定的商事仲裁员（如果案件需要的话）、决定商事仲裁员的回避、核阅和同意裁决书草案以及确定商事仲裁员的报酬等事项。由于案件不同，参加商事仲裁程序的人员不同，商事仲裁院能总结来自不同背景和法律文化的著名的法律专家的集体经验和智慧。

目前，国际商会仲裁院所受理的争议，已经扩大到任何"契约性商事争议"，而且，对于提交商事仲裁的当事人并无限制。采用的仲裁规则主要包括 1998 年 1 月 1 日生效的《国际商会仲裁规则》和《国际商会选择性调解规则》。

2）伦敦国际仲裁院

伦敦国际仲裁院（London Court of International Arbitration）是世界上成立最早的常设性商事仲裁机构。1892 年在英国伦敦成立了"伦敦仲裁会"，1903 年更名为"伦敦仲裁院"，1975 年伦敦仲裁院与女王特许仲裁院协会合并，1981 年改为"伦敦国际仲裁院"。需要特别注意的是，伦敦国际仲裁院是有限责任公司，在董事会领导下工作。

伦敦国际仲裁院是英国最主要的国际商业商事仲裁机构，主要是为解决国际商事争议提供服务，目前所采用的仲裁规则是 1998 年伦敦《国际仲裁院仲裁规则》。根据该规则，双方当事人可以约定按照联合国《国际贸易法委员会仲裁规则》规定的程序进行商事仲裁，但要指定该院为指定机构，如需要该院提供事务性服务，应当在商事仲裁协议或商事仲裁条款中明确约定。

伦敦国际仲裁院最大的特色在于聘任商事仲裁员的标准，仲裁院十分重视商事仲裁员的专业水准，因此，商事仲裁院的仲裁员名册中列示了 30 多个国家中具有丰富经验和专业水准的国际商事仲裁员，其专业性深获世界认同。此外，关于商事仲裁员选任方面，若双方当事人国籍不同，仲裁规则规定独任商事仲裁员或首席商事仲裁员应选任中立国国籍的人士担任，这是该院的一项重要原则。

3）美国仲裁协会

美国仲裁协会（American Arbitration Association）是美国最主要的国际常设商事仲裁机构，它是由 1922 年成立的美国商事仲裁会和 1925 年成立的美国基金会于 1926 年成立的，是独立的、非营利性的民间团体组织。总部设在纽约，但分支机构遍布美国 24 个城市。目前，美国商事仲裁协会有专职工作人员 500 多人，是世界上最大的民间商事仲裁机构。

美国商事仲裁协会的宗旨是通过各种方式，用调解与仲裁的手段解决各种纠纷。在目前处理民商事纠纷时，一般适用 2000 年修改并生效的美国《仲裁协会国际仲裁规则》，除此之外，仲裁协会还可以根据当事人的请求，适用联合国《国际贸易法委员会仲裁规则》进行商事仲裁。美国商事仲裁协会受案范围较宽，只要不是法律所禁止商事仲裁的争议，一律受理。

美国仲裁协会备有仲裁员名册，共登记了 600 多名商事仲裁员，均是在各行业中享有一定声誉并具有专业技能和知识的人士。仲裁协会内部有专门负责教育和培训商事仲裁员的部门，定期对商事仲裁员进行商事仲裁知识和技巧的培训工作。

4）斯德哥尔摩商会仲裁院

斯德哥尔摩商会仲裁院（Arbitration Institute of the Stockholm Chamber of Commerce）成立于 1917 年，是瑞典斯德哥尔摩商会的附设机构，是一个旨在促进工商、航运事业的民间组织。成立之初，斯德哥尔摩商会仲裁院主要处理国内商事仲裁案件。由于瑞典作为中立国的特殊地位，从 1970 年以后，美苏等国的国际贸易合同中的商事仲裁条款逐渐选择了该仲裁院进行商事仲裁。斯德哥尔摩商会仲裁院还在解决东西方贸易争议等方面产生了重要影响，已逐渐成为国际商事仲裁领域中非常重要的商事仲裁机构。

该院的主要宗旨是根据商事仲裁规则的规定，协助解决国内和国际的商事争议；根据仲裁院采用的简易仲裁规则、保险仲裁规则以及联合国贸易法委员会调解规则和仲裁规则中的程序规定，协助解决商事争议；提供有关依规则解决争议的咨询，以及提供有关商事仲裁和调解的信息。

9.2.3　我国的国际商事仲裁机构

我国的国际商事仲裁机构是指在北京中国国际经济贸易促进委员会（简称"中国国际商会"）内设立的"中国国际经济贸易仲裁委员会（China International Economic and Trade Arbitration Commission）"，它在深圳、上海和重庆分别设立了华南分会、上海分会和西南分会，并在天津设立了天津国际经济金融仲裁中心，使用共同的仲裁规则和仲裁员名单。同时，它在经济发达的省市设立了 21 个办事处，初步形成了覆盖全国的仲裁服务网络。由于中国国际经济贸易促进委员会于 1994 年成为国际商会的国家会员后，同时启用了中国国际商会的名称，自 2000 年 10 月 1 日起，中国国际经济贸易仲裁委员会在使用原有名称的同时，启用"中国国际商会商事仲裁院（The Court of Arbitration of China Chamber of International Commerce）"的名称。1992 年，中国国际经济贸易仲裁委员会受理的商事仲裁案件首次超过了伦敦国际仲裁院、美国仲裁协会、斯德哥尔摩商会仲裁院，成为仅次于国际商会国际仲裁院的世界第二大商事仲裁机构。

经过几次修改，中国国际经济贸易仲裁委员会的《仲裁规则》发生了较大变化。主要表现在：①中国国际经济贸易仲裁委员会的仲裁员原来只限于由中国内地人士担任，现还聘请境外人士担任。中国国际经济贸易仲裁委员会现有仲裁员 1 400 余名（2018 年 9 月统计数据），其中港澳台和外籍仲裁员 400 多人。这些仲裁员分别来自 65 个国家和地区，都是国际经济贸易、法律和科技方面具有专门知识和实践经验的知名人士。②仲裁庭审理案件，由公开进行改为不公开进行，与国际上的通行做法保持一致。③增加仲裁员回避的规定，以保证仲裁的公正性。④经仲裁委员会（及其分会）主席批准，审理可以在北京（深圳/上海）以外的地点进行，也可以在境外进行。⑤完善了瑕疵仲裁协议的补救措施，即当事人约定了适用的仲裁规则即选定了提交仲裁的仲裁机构。⑥增加了当事人推选首席仲裁员的机会和比率，以提高仲裁的公信力。在仲裁实践中，双方当事人共同指定甚至共同委托仲裁委员会指定首席仲裁员的情况很少。为了赋予双方当事人更充分地享有指定首席仲裁员的意思自治权利，2015 年《仲裁规则》第 27 条第（3）款规定双方当事人可以各自推荐一至五名候选人作为首席仲裁员人选，并按照上述第（二）款规定的期限提交推荐名单。双方当事人的推荐名单中有一名人选相同的，该人选为双方当事人共同选定的首席仲裁员；有一名以上人选相同的，由仲裁委员会主任根据案件的具体情况在相同人选中确定一名首席仲裁员，该名首席仲裁员仍为双方共同选定的首席仲裁员；推荐名单中没有相同人选时，由仲裁委员会主任指定首席仲裁员。

此种选任首席仲裁员的方式，客观上增加了双方当事人共同推选首席仲裁员的比率。从另一角度体现了当事人的意思自治原则，增加了仲裁的公信力，提高了各方当事人对仲裁的信任度。1991 年 4 月公布的《中华人民共和国民事诉讼法》和 1994 年 8 月公布的《中华人民共和国仲裁法》都对涉外仲裁作了特别规定。到 1998 年，其受案范围由最初的受理中外双方关于对外贸易契约及交易中发生的争议扩大到外商投资企业及其与其他法人、自然人及/或经济组织之间的争议和当事人自愿提交商事仲裁委员会商事仲裁的涉及中国当事人利用外国的、国际组织的或港澳台地区的资金、技术、服务进行项目融资、招标、工程建筑方面的活动的争议。2000 年，其《仲裁规则》又进一步拓宽了受案范围，将受案从传统上受理国际涉外案件扩大到当事人在商事仲裁协议中约定的所有争议案件。现行的《仲裁规则》是 2014 年 11 月 4 日中国国际贸易促进委员会、中国国际商会修订并通过，自 2015 年 1 月 1 日起施行的。修订后的《仲裁规则》更趋国际化。主要修订内容如下：

（1）贸仲委内设机构改革

2015 年《仲裁规则》第 2 条第（2）款规定："仲裁委员会设有仲裁院，在授权的副主任和仲裁院院长的领导下，履行本规则规定的职责。"明确中国国际经济贸易仲裁委员会（简称"贸仲委"）秘书局在原仲裁规则下的案件管理职能由仲裁院接替。与此相应，各分会/中心秘书处的案件管理职能由各分会仲裁院接替。仲裁院的设立及其职能与秘书局职能的区分，使贸仲委内部职能划分更细致，仲裁业务更加专业化。此举与新加坡国际仲裁中心等国际仲裁机构的做法一致。

（2）多方多份合同仲裁

2015 年《仲裁规则》进一步修改了"合并仲裁"（第 19 条）的规定，并新增了"多份合同的仲裁"（第 14 条）和"追加当事人"（第 18 条）的规定。

（3）紧急仲裁员制度

2015 年《仲裁规则》新增了紧急仲裁员程序相关规定（第 23 条第（2）款及附件三《中国国际经济贸易仲裁委员会紧急仲裁员程序》）。根据规定，"根据所适用的法律或当事人的约定"，当事人可以向贸仲委仲裁院申请紧急性临时救济；紧急仲裁员可以决定采取必要或适当的紧急性临时救济措施，且其决定对双方当事人具有约束力。

（4）简易程序适用范围

2012 年《仲裁规则》规定适用简易程序审理的案件，除当事人另有约定外，案件争议金额为人民币 200 万元以下。考虑到近些年受理的案件标的额逐步上扬的趋势，为提高办案效率，2015 年《仲裁规则》将适用简易程序的争议金额提高到了 500 万元人民币。

（5）香港仲裁特别规定

2015 年《仲裁规则》增设第 6 章"香港仲裁的特别规定"，专门就贸仲委香港国际仲裁中心的管辖权、仲裁地、程序适用法、裁决国籍、仲裁庭的组成、临时措施和紧急救济、仲裁收费等作出了特殊规定。此类规定将提升贸仲委香港仲裁中心在香港仲裁中的竞争力。

除上述几项修订外，贸仲委在 2015 年《仲裁规则》中还对其他程序环节有诸多完善。比如，在视为送达的具体方式中引入公证送达（第 8 条）；增加在审理方式中首席仲裁员经其他仲裁员授权可以单独决定程序安排的权力（第 35 条）；增加当事人可以申请速录庭审笔录的规定（第 40 条）等。这些规定均体现了贸仲委在程序体制上适应国际商事仲裁新形势的发展需要，以及对公平、效率等仲裁程序内在价值的追求。

9.3　仲裁协议

9.3.1　仲裁协议的概念

仲裁协议（arbitration agreement）是双方当事人自愿将争议提交第三人仲裁的共同意思表示。当事人订立的仲裁协议之所以能够被法律所认可，并被赋予相应的法律效力，是基于国家法律对当事人意思自治原则在商事纠纷解决领域中的认可，它允许当事人双方在不违反法律的前提下，有权为自己设定解决商事纠纷的方式并从事相应的法律行为（如签订仲裁协议），承认其行为具有法律效力。这构成了整个仲裁制度的基础。

因此，很多国家的商事仲裁立法和国际性规范都在仲裁协议概念上体现了这个原则。如德国《民事诉讼法》第 1029 条规定："仲裁协议是双方当事人愿意将他们之间现已发生的属于合同的或非合同的一定的法律关系的全部的或者个别的争议提交仲裁庭裁判的协议。"

《国际商事仲裁示范法》第 7 条规定："'仲裁协议'是指当事各方同意将在他们之间确定的不论是契约性或非契约性的法律关系上已经发生或可能发生的一切或某些争议提交仲裁的协议。"

《承认及执行外国仲裁裁决公约》（1958 年《纽约公约》）第 2 条第 1 款规定："当事人以书面协定承允彼此间所发生或可能发生之一切或任何争议，如涉及可以仲裁解决事项之确定法律关系，不论为契约性质与否，应提交仲裁时，各缔约国应承认此项协定。"

美国《仲裁法案》第 2 条规定："在任何海事或者商事契约中，为了用仲裁方式解决可能由于契约引起的或者由于拒绝履行契约全部或者部分引起的争执所作的书面规定，又或者将由于这种契约引起的，或者由于拒绝履行契约引起的现在的争执提交仲裁的书面协议都是有效的，不可撤销的和有强制性的，但是具有法律或者衡平法所规定撤销契约的理由除外。"

1996 年英国《仲裁法》对仲裁协议的概念规定相对简单，其第 6 条规定："本部分中'仲裁协议'意为将现存的或将来将要产生的争议提交仲裁的协议。"

我国在仲裁立法中也遵循了同样的原则。根据我国《仲裁法》第三章有关仲裁协议的规定，所谓仲裁协议就是双方当事人自愿将他们之间已经发生的或可能发生的争议提交仲裁解决的书面契约，是双方当事人所表达的采用仲裁方式解决纠纷的意愿的法律文书，是将双方当事人之间的仲裁合意书面化、法律化的形式。

9.3.2　仲裁协议的类型

在国际商事活动中，仲裁协议通常包括仲裁条款（arbitration clause）、仲裁协议书（submission）和其他可以证明双方当事人同意将争议提交仲裁的书面文件三种类型。但许多国家的商事仲裁立法和国际性规范中体现的主要是前两种形式，如《国际商事仲裁示范法》第 7 条规定："仲裁协议可以采取合同中的仲裁条款形式或单独的协议形式。"

德国《民事诉讼法》第 1029 条第 2 款也规定："仲裁协议可以采用单独协议的形式（仲裁协议书），或者采用合同中的条款的形式（仲裁条款）。"

法国《民事诉讼法》第 4 卷仲裁中的第 1 编仲裁协议在撰写体例上就以仲裁条款和仲裁协议为两个各自独立的章节。

1）仲裁条款

所谓仲裁条款（arbitration clause），是指在合同中规定的将争议提交仲裁的条款。它一般发生在双方当事人发生争议之前，在签订合同时包含了这样一个条款，表明他们愿意将他们之间将来可能发生的争议提交仲裁解决。

仲裁条款的效力为法律所承认，经历了一个过程。在 19 世纪初，很多国家不允许当事人把将来可能发生的争议协议以仲裁的方式解决，在相当长的一段时间内，仲裁条款的法律效力没有得到法律的承认。但是，随着经济贸易的不断发展，商事仲裁的广泛应用，仲裁条款的效力逐步得到了法律的肯定。目前，越来越多的国家已经明确地把仲裁条款列入商事仲裁立法或仲裁规则当中，一些国际仲裁条约也以法律的形式对仲裁条款的效力予以了确认。例如，1958 年《纽约公约》第 2 条第 2 款规定，称"书面协定"者，谓当事人所签订或在互换函电中所载明之契约仲裁条款或仲裁协定。

1923 年日内瓦《仲裁条款议定书》第 1 条明确规定，缔约各国既承认仲裁协议书的效力，也承认仲裁条款的效力。

法国《民事诉讼法》第 1442 条规定，仲裁条款是指合同当事人保证将因合同可能产生的争议提交仲裁的协定。

也有一些国家对关于将来争执的仲裁协议进行了有限的肯定，如日本《民事诉讼法》第 787 条规定，关于将来争执的仲裁协议，如与一定权利关系及由该关系所生的争执无关时无效。目前，虽然还有极少数国家仍不承认把将来发生的争议提交仲裁解决的仲裁条款的效力，但是，就大多数国家的情况来看，仲裁条款已经成为世界各国所广泛认同的最普遍、最重要的仲裁协议类型之一，并且，由于现代主要商事活动大多通过合同的方式实现，规定于商事合同中的仲裁条款也即成为实践中最为常用的一种仲裁协议的类型。

2）仲裁协议书

所谓仲裁协议书（submission），是指双方当事人同意将争议提交仲裁的单项书面协议。仲裁协议书脱离双方当事人在争议发生前所订立的合同而独立存在，不受已经订立的合同的约束，比仲裁条款具有更大的独立性。它既可以在争议发生之前经由双方当事人签订，也可在争议发生之后经由双方当事人的协商达成。无论当事人之间发生的是合同纠纷还是其他财产权益纠纷，双方当事人都可以通过订立单独的仲裁协议书而将争议提交仲裁解决。如《法国民事诉讼法》第 1447 条规定，仲裁协议是指已经发生之争议的当事人，将该争议提交一人或数人仲裁的协定。这一条文中所称的"仲裁协议"，就是我们所说的单独的仲裁协议书，法国商事仲裁立法将其作为与仲裁条款相并列的一种仲裁协议的有效形式加以规定。同样，包括1958 年《纽约公约》在内的很多在世界范围内有重要影响的国际仲裁公约，也对单独的仲裁协议书作了较为明确的界定。

3）其他有关书面文件中包含的仲裁协议

现代通信技术的发展使得应用于商事活动的通信方式日益多元化，商事主体之间经常通过电报、电传、传真和电子数据交换等方式就有关事项达成协议并订立合同。在这个过程中，双方当事人也把仲裁条款或仲裁协议书以类似的方式固定下来。还有一些当事人没有直接订立仲裁协议，而是通过引用另一个合同中所订立的仲裁条款作为他们之间将纠纷提交仲裁的依据，从而构成一种通过援引达成的仲裁协议。这些做法在商事仲裁实践中的应用越来越普遍，由于它也同样能够表明当事人选择仲裁方式解决纠纷的合意，法律对这些形式的仲裁协议也予以了肯定。

1958 年《纽约公约》和《国际商事仲裁示范法》均承认当事人在函电往来中达成的仲裁协议。《国际商事仲裁示范法》第 7 条第 2 款规定，仲裁协议应是书面的。协议如载于当事各方签字的文件中，或载于往来的书信、电传、电报或提供协议记录的其他电信手段中，或在申诉书和答辩书的交换中当事一方声称有协议而当事他方不否认即为书面协议。

德国《民事诉讼法》以专门条款对仲裁协议的形式作了详细的规定：（1）仲裁协议应当包含在当事人签署的书面文件中，或者在当事人间交换的书信、电传、电报中，或者足以证明该项协议的其他形式的往来信息之中；（2）仲裁协议如果包含于由一方当事人给另一方当事人，或者由第三方当事人给双方当事人的书面文件中，而该书面文件的内容未经及时提出异议、依照交易习惯应视为合同内容时，第 1 款所定的形式即为完成；（3）如果一个符合前两款的形式要件的合同引用了一个包含仲裁条款的文件，而这种引用使该条款成为合同的组成部分时，这就构成了一个仲裁协议。

9.3.3　仲裁协议的有效要件

仲裁协议的有效要件与其他民事行为有效要件一样，包括订立商事仲裁协议的当事人具有主体资格和相应的能力、仲裁协议的内容合法以及仲裁协议的形式合法三个基本要求。从国际商事仲裁的特点来看，影响国际商事仲裁协议有效性的要件主要有两个：一是提交的争议是否具有可仲裁性；二是仲裁协议的形式是否符合法律的要求。

1）提交的争议具有可仲裁性

仲裁所具有的民间性、自愿性等特点使得提交仲裁解决的争议必然只限于当事人可以自由处分或者可以调解解决的争议。因此，仲裁协议中双方当事人提交仲裁的争议范围并不是没有任何限制的。国际仲裁公约和多数国家的商事仲裁立法及仲裁规则几乎无一例外地对仲裁适用的争议范围作了限定。《国际商事仲裁示范法》将仲裁事项限定在"不论是契约性的或非契约性的一切商事性质的关系所引起的种种事情。商事性质的关系包括但不限于下列交易：供应或交换货物或服务的任何贸易交易；销售协议；商事代表或代理；租赁；建造工厂；咨询；工程；许可证；投资；筹资；银行；保险；开发协议或特许；合营或其他形式工业或商业合作；货物或旅客的天空、海上、铁路或公路的载运"。

1958 年《纽约公约》第 1 条第 3 款规定，争议起于法律关系，不论其为契约性质与否，而依提出声明国家之国内法认为系属商事关系者。

美国对仲裁的适用范围限定比较宽松，其《仲裁法》第 2 条规定，将来在海上交易或者从事商事交易产生的争议，如没有可取消的法律或衡平法上的理由，应当有效、不可取消、具有强制效力。

法国《民事诉讼法》第 1442 条、第 1447 条、第 1493 条规定，凡因当事人能自由规定的权利所引起的一切争议，都可以作为仲裁的内容，但商标权、反垄断法等知识产权争议除外。

德国《民事诉讼法》第 1030 条规定，（1）任何财产法上的请求，都能成为仲裁协议的标的。关于非财产法上的请求的仲裁协议，以当事人就所争议的标的有权达成和解的为限，有法律效力。（2）关于国内住房租赁关系的存在与否的争议的仲裁协议，无效。但争议所涉及的是《民法典》第 556 条之 1 第 8 款所规定的住房的，上述规定不适用之。（3）规定争议不属于仲裁程序的范围或者只在一定条件下才属于仲裁范围的，不受影响。

1999 年瑞典《仲裁法》第 1 条规定，当事人可以自行解决的任何争议，均可以依照协议，提交给一名或数名仲裁员作出决定……除解释协议外，填补合同中的空白问题，也可以提交仲裁员予以解决。仲裁员有权就当事人间在竞争法的民事法律效力问题上作出决定。该法第 6 条还就提供商品、服务、私人用途产品及租赁、保险等法律关系的可仲裁性作了专门的限制性规定。

我国《仲裁法》第 2 条、第 3 条规定，平等主体的公民、法人和其他组织之间发生的合同纠纷和其他财产权益纠纷，可以仲裁。但下列纠纷不能仲裁：（1）婚姻、收养、监护、抚养、继承纠纷；（2）依法应当由行政机关处理的行政争议。

由于商事活动所涉及的范围越来越广泛，仲裁的范围也有日益扩大的趋势。知识产权法、反垄断法、证券交易法等原来一直被否定作为可仲裁的争议事项，目前都受到了严峻的挑战。因为这些争议认定的权利都是以国家的行政处分为要件的，从传统的观点来看，这些争议是不宜提交仲裁解决的。但是，随着国际贸易范围的扩大，一些属于国家公权利的事项与公民的私权利发生了冲突，从而引起了争议的可仲裁性问题。各国也开始通过商事仲裁立法的改革和一些判例确认新的规则。如 1982 年，美国在一项修正法令中规定，因专利权的有效性和侵犯专利权或者属专利权的任何权利引起的所有争议是可仲裁的。美国最高法院于 1985 年判决的"三菱汽车公司诉索勒·克莱斯勒-普利茅斯"一案中首次确定反托拉斯案件的可仲裁性。英国高等法院在"Linrho 公司诉壳牌石油公司和英国石油公司"一案中，印度最高法院在"Renusagar 诉通用电气公司和国际商会"一案中，意大利最高法院在"Scherck 股份公司诉 Soe. De/Grand es Margues"一案中，分别判决侵权行为、商标许可协议纠纷等争议事项具有可仲裁性。

2）仲裁协议的形式

（1）仲裁协议的书面形式

仲裁协议的书面形式是仲裁立法所普遍认可和适用的必备条件。

《国际商事仲裁示范法》第 7 条第 2 款规定，仲裁协议应是书面的。协议如载于当事各方签字的文件中，或载于往来的书信、电传、电报或提供协议记录的其他电信手段中，或在申诉书和答辩书的交换中当事一方声称有协议而当事他方不否认即为书面协议。在合同中提出参照载有仲裁条款的一项文件即构成仲裁协议，如果该合同是书面的而且这种参照足以使该仲裁条款构成该合同的一部分的话。

1958 年《纽约公约》第 2 条规定，当事人以书面协定承允彼此间所发生或可能发生之一切或任何争议……称"书面协定"者，谓当事人所签订或在互换函电中所载明之契约仲裁条款或仲裁协定。

法国《民事诉讼法》第 1443 条、第 1449 条；德国《民事诉讼法》第 1031 条；英国《仲裁法》第 5 条以及我国《仲裁法》第 16 条等都明确了对有效仲裁协议的书面形式的要求。可见，仲裁协议作为契约的一种形式，必须以书面形式签订已经成为各国普遍认可的一项仲裁原则。

（2）仲裁协议的口头形式

有些国家没有把对仲裁协议形式上的有效要件限制在"书面形式"的范围内，如日本《民事诉讼法》和 1999 年瑞典《仲裁法》。日本法学界的观点是既承认口头仲裁协议的效力，也承认默示仲裁协议的效力。

德国《民事诉讼法典》第 1031 条虽然规定了仲裁协议的书面形式，但还规定，任何未遵守书面形式要求的缺陷，均可以通过在仲裁程序中对争议实体问题应诉的行为予以弥补。这说明，德国仲裁立法虽然把仲裁协议的书面形式作为原则，但并不排除以非书面的形式（包括口头的和默示的形式）达成的仲裁协议的有效性。

英国《仲裁法》第 5 条虽然规定了仲裁协议必须为书面形式，但其"书面"一词的含义非常广泛，不仅包括书面通信往来达成的仲裁协议，还包括证明仲裁协议存在的书面证据，以及有关的书面旁证证明仲裁协议（不论口头或行为）之存在。

但中国国际经济贸易仲裁委员会《仲裁规则》和 1958 年《承认及执行外国仲裁裁决公约》都规定，仲裁协议须采用书面形式。

例 9-2　Nissho 是一台集装箱吊车的货主和收货人。该吊车由发货人在韩国装上轮船的舱面运送到美国的巴尔的摩，在巴尔的摩卸下时已经处于严重破损状态。为此，Nissho 在美国联邦地区法院提起诉讼。但承运人提出抗辩：依照提单所载的仲裁条款，该争议应当在东京仲裁解决。Nissho 认为，自己并没有在提单上签字，也未授权发货人签署这样的条款。

问：该纠纷是否应当仲裁解决？

分析：美国联邦地区法院接受了承运人的抗辩理由，驳回了货主的起诉。可见，为适应国际商事仲裁的发展趋势，各国已经普遍接受了将提单中的仲裁条款作为有效的仲裁协议予以接受的做法，并且，这种仲裁条款无须当事人特别签署，对未签字的当事人具有法律上的约束力。通过对提单中的仲裁条款这种非规范的书面形式的肯定，说明了国际商事仲裁对书面形式拓宽理解的趋势。我国最高人民法院在 1995 年 10 月 20 日致广东高级人民法院的复函中也对提单中仲裁条款的效力予以肯定："本案上诉人福建省生产资料总公司虽然不是租赁合同和海上货物运输合同的签约人，但其持有承运人签发的含有合并租约和仲裁条款的提单，并明示接受该仲裁条款，因此，该条款对承运人和提单持有人均有约束力。"

9.3.4 仲裁协议的内容

1）仲裁协议的基本内容

对于仲裁协议的内容，各国法律和各仲裁机构的仲裁规则要求不同，但基本包括以下内容：

（1）仲裁标的，即双方当事人同意提交仲裁的事项。根据各国仲裁法和 1958 年《纽约公约》的规定，仲裁裁决不得超过仲裁协议的范围，否则不具有任何效力。我国《仲裁法》第 2 条规定，平等主体的公民、法人和其他组织之间发生的合同纠纷和其他财产权益纠纷，可以仲裁。中国国际经济贸易仲裁委员会《仲裁规则》规定，该仲裁委员会解决产生于国际或涉外的契约性或非契约性经济贸易争议。

（2）仲裁机构和仲裁地点。国际商事仲裁不受级别管辖、地域管辖等限制，完全由当事人根据双方共同意愿进行选择。涉及我国当事人的争议，可以选择在我国、在被告所在国或在第三国仲裁，仲裁机构的选择，既可以是常设仲裁机构，也可以临时组成仲裁庭进行仲裁。

在国际商事实践中，存在当事人签订了含糊的仲裁条款而未明确指明仲裁机构和仲裁地点的现象，主要包括：①有仲裁协议，但未约定仲裁机构和仲裁地点；②仅在仲裁协议中约定了仲裁地点却未明确仲裁机构，如约定"由北京的仲裁机构仲裁"；③约定了两个以上仲裁机构，即"浮动仲裁协议"现象，如约定"由美国仲裁协会或中国国际经济贸易仲裁委员会仲裁"。

对于这些问题，国际上通行的做法是，只要双方当事人有提交仲裁的约定，就维持仲裁条款的效力，不因为缺少某些因素而否定该仲裁条款，即所谓的"仲裁的优先管辖权"原则。例如，1984 年，我国四川省某进出口公司因货物买卖合同与美国某公司发生纠纷，双方当事人在仲裁协议中没有明确规定仲裁机构和仲裁地点，但美国法院判决此案强制仲裁，交由美国仲裁协会审理。美国仲裁法和判例规则认为，在国际商事合同中，只要当事人订有仲裁条款，就应认定他们之间存在明确的仲裁意愿，不论该条款是否完整、陈述是否正确，争议都应仲裁解决，法院应尊重当事人的意思自治，不得任意裁定仲裁条款无效，也不得任意审理该类案件。我国在司法实践中也贯彻同样的原则，见例 9-3 和例 9-4。

例 9-3 新加坡亿中企业有限公司（申请人）根据其与中国防城外轮代理有限公司（被申请人）1996 年 3 月 27 日签订的"苏霞"轮租船协议中的仲裁条款，

就该租船协议项下产生的运费、滞期费、延滞费等项争议，于 1996 年 7 月 9 日向中国海事仲裁委员会提起了仲裁，要求被申请人赔偿上述款项共计 149 133.45 美元。该仲裁条款约定："在中国北京仲裁，适用中国法律。"1996 年 8 月 5 日，被申请人以传真方式向中国海事仲裁委员会提出管辖权异议。被申请人认为，原仲裁条款的内容不完整，因为其中仅仅约定了仲裁地点在北京，并没有约定仲裁委员会。根据中国《仲裁法》第 16 条、第 18 条的规定，如果双方当事人不能就约定仲裁委员会达成补充协议，该仲裁条款就将归于无效。

分析：中国海事仲裁委员会在审议了本案双方当事人的书面材料以后，认为：首先，本案中的仲裁条款明确表明了当事人的仲裁意愿、仲裁事项和仲裁地点。其次，虽然本案租船协议中的仲裁条款只约定在中国北京进行仲裁，但根据国务院 1958 年 11 月 21 日《关于在中国国际贸易促进委员会内设立海事仲裁委员会的决定》和中国海事仲裁委员会仲裁规则，中国海事仲裁委员会是中国唯一受理涉外租船合同争议的仲裁机构。《仲裁法》生效以后，北京新成立了仲裁委员会，但并没有明确北京新成立的仲裁委员会有权受理涉外租船合同产生的争议，国务院办公厅 1996 年 6 月 8 日的通知恰恰说明北京新成立的仲裁委员会在 1996 年 6 月 8 日以前无权受理涉外租船合同产生的争议。因此，虽然双方在 1996 年 3 月 27 日签订租船协议时，中国《仲裁法》已经生效，但因双方订约时北京只有中国海事仲裁委员会有权受理涉外租船合同产生的争议，所以很容易推断出，双方约定在北京仲裁就是指在北京的中国海事仲裁委员会仲裁。据此，海事仲裁委员会作出了该争议案件的仲裁程序继续进行的决定。

例 9-4　1996 年 12 月 12 日，我国最高人民法院在答复山东省高级人民法院的"最高人民法院关于同时选择两个仲裁机构的仲裁条款效力问题的函"中称："你院鲁法经 [1996] 88 号'关于齐鲁制药厂诉美国安泰国际贸易公司合资合同纠纷一案中仲裁条款效力的审查报告'收悉。经调查，答复如下：本案当事人订立的合同中仲裁条款约定'合同争议应提交中国国际贸易促进委员会对外经济贸易仲裁委员会，或瑞典斯德哥尔摩商会仲裁院仲裁'，该仲裁条款对仲裁机构的约定是明确的，亦是可以执行的。当事人只要选择约定的仲裁机构之一即可进行仲裁。根据中国《诉讼法》第 111 条第 2 项之规定，本案纠纷应由当事人提交仲裁解决，人民法院对本案没有管辖权。"

分析：根据该复函的解释，只要一方当事人首先向约定的仲裁机构之一申请仲裁，该项仲裁协议就是有效的和可执行的。

（3）仲裁规则。一般情况下，选择哪个仲裁机构，就适用该机构的仲裁规则。但各国仲裁法普遍允许当事人选择非仲裁地的仲裁规则，有些仲裁机构甚至没有自己的仲裁规则而要求当事人选择适用于他们之间争议的仲裁规则。

《国际商会仲裁规则》第 6 条第 1 款规定："双方当事人约定按照国际商会仲裁规则提交仲裁时，则应视为他们事实上接受仲裁程序开始之日有效的国际商会仲裁规则，除非他们已经约定接受订立仲裁协议之日有效的国际商会仲裁规则。"

《联合国国际贸易法委员会仲裁规则》第 1 条第 1 款规定："在合同双方当事人书面同意凡与该合同有关的争议应按联合国国际贸易法委员会仲裁规则交付仲裁时，该争议应依据本规则予以解决，但双方当事人倘书面约定对此有所修改时，则从其约定。"

《美国仲裁协会国际仲裁规则》第 1 条第 1 款和第 2 款规定："当事人书面同意按本仲裁规则仲裁争议，或者在未指明特定规则的情况下将国际争议提交美国仲裁协会仲裁，应根据仲裁开始之日有效的本规则进行，当事各方可以书面形式对本规则进行任何修正。仲裁应受本规则管辖，但其任何规定与当事人不能排除之仲裁准据法的任何条款相冲突的，则应服从该条款。"

中国国际经济贸易仲裁委员会《仲裁规则》第 7 条规定："凡当事人同意将争议提交仲裁委员会仲裁的，均视为同意按照本仲裁规则进行仲裁。但当事人另有约定且仲裁委员会同意的，从其约定。"

《中华人民共和国和美利坚合众国贸易关系协定》第 8 条第 2 款规定："仲裁采用各该仲裁机构的仲裁程序规则，也可以在争议双方和仲裁机构同意的情况下，采用联合国推荐的《联合国国际贸易法委员会仲裁规则》或其他国际仲裁规则。"

与机构仲裁不同，临时仲裁的当事人只有对所适用的仲裁规则作出了明确的选择或者授权仲裁庭进行选择，仲裁程序才能开始进行。

（4）裁决的效力（the effectiveness of the award）。仲裁协议中通常都规定，仲裁裁决是终局的，对双方当事人具有约束力。大部分国家的仲裁法也直接规定仲裁裁决的终局效力。例如，《联合国国际贸易法委员会仲裁规则》第 32 条第 2 款规定："裁决应以书面为之，并应是终局的和对双方当事人具有约束力的。双方承担立即履行裁决的义务。"

《国际商会仲裁规则》第 24 条规定："仲裁裁决应是终局的。双方当事人将争议提交国际商会仲裁时，就应视为已承担毫不迟延地执行最终裁决的义务，并在依法可以放弃的范围内放弃任何形式的上诉权利。"

伦敦《国际仲裁院仲裁规则》第 16 条第 8 款规定："一经同意按照本规则仲裁，当事人就承担了毫不迟延地执行裁决的义务，并放弃了任何形式的上诉和诉诸法院或其他司法机构的权利……裁决应当是终局的，并且自作出之日起，对所有当事人具有约束力。"

《美国仲裁协会国际仲裁规则》第 28 条规定："裁决是终局的，对各方当事人均有约束力。"

但也有一些国家允许当事人针对仲裁裁决向法院起诉，英国《仲裁法》是这方面的代表。根据该法第 58 条的规定："除非当事人另有约定，根据本仲裁协议作出的裁决是终局的，对双方当事人均有约束力且对任何通过此程序下提出申请的人产生效力。此节并不影响任何人通过必要的上诉或复审程序或依据本部分之规定，对裁决书提出异议之权利。"

此外，有些仲裁协议还包括法律适用条款，以确定解决争议适用哪个国家的法律。没有写明的，仲裁庭可以根据具体情况确定所适用的法律。

2）仲裁协议的标准格式

为避免当事人的仲裁条款中因内容欠缺而影响其效力，各国都有示范的仲裁条款格式。例如，国际商会推荐的示范仲裁条款为："有关本合同所发生的一切争议应根据国际商会的仲裁规则由一名或多名仲裁员仲裁解决。"

瑞典斯德哥尔摩商会仲裁院推荐的仲裁条款为："任何有关本协议的争议，应最终根据斯德哥尔摩商会仲裁院的仲裁规则进行仲裁解决。"

伦敦国际仲裁院推荐的仲裁条款为："由本合同所产生的或与本合同有关的任何争议，包括合同的成立、效力和修正均应提交或最终根据伦敦国际仲裁院的仲裁规则仲裁解决，该规则应视为包括在本条款之中。"

中国国际经济贸易仲裁委员会的示范仲裁条款为："凡因本合同所发生的或与本合同有关的一切争议，应提交北京中国国际经济贸易仲裁委员会，依申请仲裁时该会现行有效的仲裁规则仲裁。仲裁裁决是终局的，对双方均有约束力。"

美国仲裁协会推荐的仲裁条款的内容是："由于或者关于本合同，或者违反本合同所发生的任何争议或要求，都依照美国仲裁协会的规则用仲裁方法解决，仲裁员作出的裁决，可以送请任何有管辖权的法院裁判。"

日本商会仲裁协会推荐的仲裁条款则是："因合同所产生的，或与本合同有关的一切争议、异议或分歧，应在日本依据日本商会仲裁协会的商事仲裁规则作最后的解决。裁决是终局的，对双方当事人有约束力。"

9.3.5　仲裁协议的效力与独立性

1）仲裁协议的效力

目前，世界各国的仲裁法和有关仲裁的国际公约都承认仲裁协议的法律效力。1923 年《关于仲裁条款的日内瓦议定书》和 1958 年《纽约公约》都对仲裁协议的效力作了规定。

有效仲裁协议的法律效力主要表现在：

（1）仲裁协议所载事项对双方当事人和仲裁者都有约束力；

（2）仲裁协议排除法院的管辖权；

（3）仲裁协议是当事人提请仲裁和有关仲裁机构受理争议的依据；

（4）仲裁协议是保证仲裁裁决具有强制执行力的前提条件。

《国际商事仲裁示范法》第 8 条第 1 款、第 10 条第 1 款、第 19 条第 1 款等规定："向法院提起仲裁协议标的诉讼时，如当事一方在不迟于其就争议实质提出第一次申述的时候要求仲裁，法院应让当事各方付诸仲裁，除非法院发现仲裁协议无效、不能实行或不能履行。""当事各方可以自由确定仲裁员的人数。""以服从本法的规定为准,当事各方可自由地就仲裁庭进行仲裁所应遵循的程序达成协议。"

《国际商会仲裁规则》第8条规定:"①双方当事人约定提交国际商会仲裁时,则应视为事实上接受本规则。②一方当事人拒绝或不参加仲裁时,仲裁程序仍应继续进行。③倘若一方当事人就仲裁协议的存在或效力提出一种或多种理由,而仲裁院确信存在这种协议时,仲裁院得在不影响对这种或多种理由的可接受性和实质性下决定继续仲裁。在此情况下,有关仲裁员的管辖权应由该仲裁员本人决定。④如无另外规定,仲裁员不因有人主张合同无效或不存在而丧失管辖权,如果仲裁员认定仲裁协议是有效的,即使合同本身可能不存在或无效,仲裁员仍应继续行使其管辖权,以确定当事人各自的权利,并对他们的请求和抗辩作出决定。⑤在案卷移送仲裁员之前,例外情况下甚至在案卷移送仲裁员之后,双方当事人应有权向任何司法主管当局,申请采取中间的或保全措施,并不得因此认为是违反仲裁协议或侵犯仲裁员的有关权利。任何这种申请和司法当局所采取的任何措施必须毫不迟延地通知仲裁院秘书处。秘书处应通知有关的仲裁员。"

德国《民事诉讼法》第1032条规定:"诉讼事项属于仲裁协议范围的,如果被告在法院对争议实体问题开庭审理之前提出异议,法院应驳回起诉,但法院认定仲裁协议无效、失效或者不能施行者不在此限。"

英国《仲裁法》的第一部分"依据仲裁协议仲裁"中的5个条款基本上明确了仲裁协议所具有的效力。

我国《仲裁法》中也有类似的规定。其中第5条、第26条分别规定:"当事人达成仲裁协议,一方向人民法院起诉的,人民法院不予受理,但仲裁协议无效的除外。""当事人达成仲裁协议,一方向人民法院起诉未声明有仲裁协议,人民法院受理后,另一方在首次开庭前提交仲裁协议的,人民法院应当驳回起诉,但仲裁协议无效的除外;另一方在首次开庭前未对人民法院受理该案提出异议的,视为放弃仲裁协议,人民法院应当继续审理。"

2)仲裁协议的独立性

为保证仲裁条款的有效性,合同中的仲裁条款一般被视为与合同其他条款分离地、独立地存在的一个部分。合同的变更、解除、终止、失效或无效以及存在与否,均不影响仲裁协议或仲裁条款的效力。

关于仲裁条款的独立性原则,一般认为,它是由英国法院于1942年在海曼诉达尔文思(Heyman v. Darwins)一案的审理中确立的。该案中,达尔文思与营业地位于纽约的海曼签订合同,指定后者为其独家销售代理人。双方当事人在合同中约定,通过仲裁解决争议。合同签订后,由于达尔文思拒绝履行,海曼诉诸法院。达尔文思则请求法院终止对此案的审理,将案件交由仲裁解决。上议院认为,仲裁条款可以独立于主合同而存在,没有履行合同的问题应由仲裁员而不是由法院来决定。此后,这一原则逐渐被国际仲裁公约和大多数国家的商事仲裁立法和仲裁规则所采纳。

《国际商事仲裁示范法》第 16 条第 1 款规定："构成合同的一部分的仲裁条款应视为独立于其他合同条款以外的一项协议。仲裁庭作出关于合同无效的决定，不应在法律上导致仲裁条款的无效。"

《国际商会仲裁与调解规则》中的《仲裁规则》第 8 条第 4 款规定："仲裁员不因有人主张合同无效或不存在而丧失管辖权，如果仲裁员认定仲裁协议是有效的，即使合同本身可能不存在或无效，仲裁员仍应继续行使其管辖权以确定当事人各自的权利，并对他们的请求和抗辩作出决定。"

《联合国国际贸易法委员会仲裁规则》第 21 条第 2 款规定："仲裁庭应有权决定包括仲裁条款为其组成部分的合同的存在和效力。在适用本条的规定时，作为组成部分并规定按本规则进行仲裁的仲裁条款将被视为独立于该合同其他条款的一项协议。仲裁庭所作合同无效的和作废的裁决并不在法律上影响仲裁条款的效力。"

联合国《合同公约》第 81 条规定："宣告合同无效不影响合同中关于解决争端的任何规定。"

同样，《美国仲裁协会国际仲裁规则》第 15 条第 2 款规定："仲裁庭应有权决定包括仲裁条款在内的合同的存在和效力，该仲裁条款应视为独立于合同其他条款的一种协议。"

瑞士《国际私法法案》第 178 条第 3 款规定："不得以主合同可能无效或仲裁协议项下争议尚未发生为由，对仲裁协议的有效性作出抗辩。"

伦敦《国际仲裁院仲裁规则》第 14 条第 1 款规定："仲裁庭有权对其本身的管辖权作出决定，包括对有关仲裁协议的存在或有效性的异议作出决定。为此，构成合同一部分的仲裁条款应被看作是独立于合同其他条款之外的协议。仲裁庭作出关于合同无效的决定依法律不应引起仲裁条款无效的结果。"

我国商事仲裁立法和仲裁规则也对仲裁条款的独立性作了相应的规定。我国《仲裁法》第 19 条规定："仲裁协议独立存在，合同的变更、解除、终止或者无效，不影响仲裁协议的效力。"《中国国际经济贸易仲裁委员会仲裁规则》第 5 条规定："合同中的仲裁条款应视为与合同中的其他条款分离的、独立存在的一个部分；合同的变更、解除、终止、失效或无效以及存在与否，均不影响仲裁条款或仲裁协议的效力。"《中国海事仲裁委员会仲裁规则》的规定也基本上与此一致。

例 9-5 俄罗斯 A 公司向英国 B 公司出口一批毛皮，价值 30 万美元。双方因毛皮质量等级问题发生争议，英国 B 公司宣布解除合同。俄罗斯 A 公司依据合同中的仲裁条款向瑞典斯德哥尔摩商会仲裁院申请仲裁，而英国 B 公司认为合同已经被解除，仲裁条款已经失去效力，因而向英国法院起诉。

问：（1）在英国 B 公司宣布解除合同后，该合同中所包含的仲裁条款是否还有效？

（2）该争议应该由仲裁机构解决，还是应该由法院解决？

分析：（1）在英国 B 公司宣布解除合同后，该合同中所包含的仲裁条款仍然有效。这就是仲裁协议的独立性：合同中的仲裁条款一般被视为与合同其他条款分离、独立存在的一个部分，合同的变更、解除、终止、失效或无效以及存在与否，均不影响仲裁协议或仲裁条款的效力。

（2）该争议应该由仲裁机构解决。该仲裁协议仍然有效，而仲裁协议的效力之一，就是排除法院的管辖权。因此，该争议应当由仲裁机构瑞典斯德哥尔摩商会仲裁院来解决，任何法院都没有管辖权。

9.4　仲裁裁决的承认与执行

9.4.1　仲裁裁决的承认与执行概述

仲裁裁决的执行，包括裁决在作成国境内执行和裁决在作成国境外执行。

仲裁机构作出裁决，需要在本国境内执行时，一般都依据本国的国内立法，向法院提出申请，由法院按法定程序执行。我国《民事诉讼法》第259条规定，经中华人民共和国涉外仲裁机构裁决的，当事人不得向人民法院起诉。一方当事人不履行仲裁裁决的，对方当事人可以向被申请人所在地或者财产所在地的中级人民法院申请执行。

裁决在作成国境外执行包括两层含义：一是本国所作的裁决要求得到外国的承认和执行；二是外国所作的裁决要求得到本国的承认和执行。

仲裁裁决在作成国境外执行的问题，国际上通常以双边或多边条约的方式解决。

1）大陆法系中商事仲裁裁决的执行

在大陆法国家，执行仲裁裁决通常须在获得强制执行许可之后，方可被强制执行。例如，根据德国《民事诉讼法》第1060条的规定，国内仲裁裁决只有在获得强制执行许可后方得以强制执行。如果裁决存在该法所规定的可予以撤销的情形时，强制执行申请应予以驳回，仲裁裁决应予撤销。如果在一方当事人提出强制执行申请时，另一方当事人申请撤销仲裁裁决的要求被法院拒绝，或当事人一方未在法定期限内申请撤销裁决，则撤销裁决的理由不再被予以考虑。

法国《民事诉讼法》赋予外国仲裁裁决和在法国作出的国际仲裁裁决的强制执行以特殊的地位。要强制执行此类仲裁裁决，首先需要从执行官处获得执行许可。如果寻求承认仲裁裁决的一方当事人能够证明裁决的存在而且证明裁决与国际公共政策不存在冲突，仲裁裁决就应该在法国得到认可。基于同样条件，执行官应确认裁决的可强制执行性，"当事人可就拒绝承认或强制执行的决定进行上诉"。只有在特定情况下才可以就准许强制执行外国仲裁裁决和在法国作出的国际仲裁裁决的决定提起上诉。这种上诉应在得到有关通知之日起1个月内向裁决作出地有管辖权的法院提出。

但在瑞士执行仲裁裁决无须获得强制执行许可。应一方当事人的请求，法院确认裁决的可强制执行性，仲裁庭也可应当事人的请求确认裁决系依据瑞士仲裁法而作出。这有助于裁决的执行，但并非是裁决强制执行的必要条件。强制执行要么根据联邦法进行，要么根据州法进行。一旦当事人已经排除撤销程序而裁决将在瑞士境内寻求强制执行，该裁决应被视为"以外国仲裁裁决"，此时，《纽约公约》将被类推适用。

2）英美法系中商事仲裁裁决的执行

在强制执行仲裁裁决方面，英美法与大陆法最重要的区别就在于对裁决进行司法确认及将其转化为法院的判决。

根据英国 1996 年《仲裁法》的规定，经法院签发执行许可的仲裁裁决可依执行法院判决或裁定得以强制执行并取得相同的效果。强制执行申请通常在一审法院提出。无论仲裁地是否在英国境内，当事人都可以申请强制执行仲裁裁决。一旦法院签发了强制执行许可，裁决可被转化为判决。除非被强制执行人能够证明仲裁庭缺乏作出裁决的实体管辖权，强制执行许可应予签发。如果寻求抗辩仲裁庭缺乏实体管辖权的一方当事人对此项权利予以放弃，则他可能丧失该权利，例如，他参加了整个仲裁过程而未对管辖权提出任何异议。如果仲裁裁决因仲裁庭缺乏实体管辖权而被拒绝执行，法院可裁定变更裁决或全部或部分撤销裁决。裁决亦可被作为合同之债通过在法院提起诉讼程序得以强制执行，这是英美法常见的做法而非法定的做法。在这种强制执行程序中，当事人一方要依赖于裁决本身关于事实及法律的认定。同时，英美法也规定了许多对这种强制执行的抗辩。

在美国，如当事人在仲裁协议中约定裁决应转化为法院判决而该法院应予具体确定的话，任何一方当事人均可在裁决作出之日起 1 年内任何时候向有权确定的法院申请裁定确认裁决。法院必须签发裁定确认裁决，除非裁决被撤销、更正或补正。如果当事人未在协议中具体确定法院的话，当事人应向裁决作出地的区法院提出申请以确认裁决。确认裁决申请书应送达另一方当事人，而该法院对该方当事人具有管辖权，就如同他已出席有关诉讼程序一样。如果当事人向法院申请撤销裁决、更正裁决或补正裁决，法院在确认裁决之前将先就上述问题作出决定。确认裁决的裁定，连同原裁决及其他文件应提交法院职员以转化为判决。"该判决被归类标识为如同在法院诉讼案件中作出。"如此转化的判决在各方面均具有与法院的诉讼判决相同的执行效力。"它像在其被转化的法院诉讼案件中作出的裁决一样可以得到强制执行。"

3）1958 年《承认及执行外国仲裁裁决公约》

为解决仲裁裁决在作成国境外执行的问题，国际上曾先后缔结了三个公约：1923 年《关于仲裁条款的日内瓦议定书》；1927 年《关于执行外国仲裁裁决的日内瓦公约》；1958 年联合国主持缔结的《承认及执行外国仲裁裁决公约》（亦称1958 年《纽约公约》）。1958 年《纽约公约》实际已取代前两个公约，成为当前国际上关于承认和执行外国仲裁裁决的最主要公约。

《纽约公约》已于 1987 年 4 月 22 日正式对我国生效。我国在加入该公约时作了两项保留，即"互惠保留"和"商事保留"。所谓"互惠保留"，是指只承认和执行在缔约国领土内作出的仲裁裁决；所谓"商事保留"，是指只承认和执行商事的仲裁裁决。

《纽约公约》的主要内容是：

（1）各缔约国之间应互相承认和执行在另一缔约国境内作成的仲裁裁决。

（2）缔约国按本国的程序规定，执行另一缔约国的仲裁裁决。

（3）只有在下列情况下，缔约国才可以根据被诉人的请求，拒绝承认和执行裁决：

①仲裁条款或仲裁协议无效。

②被诉人没有给予选择仲裁员或对于案件提出意见的机会。

③裁决事项不属于仲裁协议的范围。

④仲裁庭的组成或仲裁程序不符合仲裁协议或仲裁国的法律。

⑤裁决尚未生效，或已被仲裁地国的有关当局撤销。

⑥裁决的争议，依据执行地国的法律，不可以用仲裁方式解决。

⑦裁决的内容与执行地国的公共秩序相抵触。

9.4.2　承认与执行商事仲裁裁决的程序

《纽约公约》没有对外国仲裁裁决的承认与执行的程序问题作出具体规定，只有原则性的规定。这样，外国仲裁裁决的承认与执行的具体程序，最终要依照执行地国的有关程序法来决定。《纽约公约》第 3 条规定："在以下各条所规定的条件下，每一个缔约国应该承认仲裁裁决有约束力，并且依照裁决需其承认或执行的地方程序规则予以执行。对承认或执行本公约所适用的仲裁裁决，不应该比对承认或执行本国的仲裁裁决规定实质上较高的条件或较高的费用。"

1）英美法国家的程序

在美国，与国内仲裁有关的规定适用于外国仲裁裁决的承认和执行程序，但以该规定与美国承认的公约不相抵触为限。美国于 1970 年 9 月加入了《纽约公约》。为适用《纽约公约》，美国于 1970 年修改了《联邦仲裁法》，将《纽约公约》的执行问题纳入《联邦仲裁法》第 201 条至第 208 条。在属于《纽约公约》管辖范围内的一项仲裁裁决作出之后 3 年内，在美国请求承认和执行仲裁裁决的一方当事人可以向有管辖权的法院提出申请，请求法院作出一项命令，确认仲裁裁决，除非有《纽约公约》中列举的拒绝或延缓承认和执行仲裁裁决的理由之一，法院应确认裁决。

英国于 1975 年 9 月 24 日加入《纽约公约》，并将该公约纳入了本国的仲裁法。1996 年，英国大幅度修改了《仲裁法》，该法适用于英格兰、威尔士及北爱尔兰。

1996 年的英国《仲裁法》第 101 条第 2 款规定："《纽约公约》的仲裁裁决经法院的批准，可以当作判决或法院命令产生相同效力的方式予以强制执行。"可见，在英国，执行可以适用《纽约公约》的外国仲裁裁决与执行本国法院作出的生效判决的程序是相同的。

2）大陆法国家的程序

在德国，申请执行外国仲裁裁决必须先进行执行宣告，裁决于宣告可以执行后才能执行。德国于 1975 年 2 月 20 日加入《纽约公约》。德国对外国仲裁裁决的承认和执行，依德国国内仲裁裁决所适用的程序宣告即可，除非德国参加的国际公约有相反规定。对外国仲裁裁决的执行宣告可以以命令（裁定）或裁判为之：对执行宣告的申请，法院可不必经口头辩论即以命令的方式作出决定，但在作出决定前必须听取被告的意见；法院经过口头辩论而作出执行宣告时，应以终局判决为之。法院命令为口头辩论时，应依职权将口头辩论日期告知当事人，若在地方法院进行此项诉讼，应同时催告当事人指定法院所许可的律师参加。如果不经过口头辩论而作出驳回宣告执行的裁定，当事人可以提出即时抗辩，如果作出宣告执行裁决的裁定，则应当宣告执行。但当事人对裁定不服的，可以于裁定送达后两周内提出异议书。经过口头辩论的，法院应当对仲裁裁决的执行宣告作出终局判决。

法国也是《纽约公约》的缔约国。在法国，外国仲裁裁决的承认和执行依据法国《民事诉讼法》第六编外国作出的或国际仲裁裁决的承认和执行以及补救措施来执行。仲裁裁决根据有管辖权的大审法庭出具的执行许可命令予以强制执行，执行许可应以法庭的执行判决形式作出。如果援引仲裁裁决的当事人证明裁决不明显违反国际公共政策，仲裁裁决应予承认。基于同样的条件，该裁决应通过执行判决宣布在法国境内可以执行。

瑞典对《纽约公约》毫无保留地执行，在立法上不强调相互主义，也不论裁决在哪国作出。根据 1999 年的瑞典《仲裁法》，必须给予另一方当事人陈述意见的机会；否则，执行裁决的申请不能得到批准。如果一方当事人提出从未达成仲裁协议，执行申请人必须提交一份原本仲裁协议或经认证的仲裁协议复印件，除非上诉法院另行规定，申请人还须提交仲裁协议经认证的瑞典文译本，或以其他方式证明确实曾达成该仲裁协议。如果上诉法院批准了承认和执行仲裁裁决的申请，除非最高法院对上诉法院的决定有不同意见，该仲裁裁决应像终局的瑞典法院的判决一样得到执行。

日本于 1961 年 6 月 20 日加入《纽约公约》。日本《民事诉讼法》对于外国仲裁裁决的执行没有明确的规定，但是，如果外国仲裁裁决的执行可以适用诸如《纽约公约》等国际公约或双边条约的话，可以通过适用这些公约或者条约予以执行。

我国也是《纽约公约》的缔约国，在我国境外作出的仲裁裁决，可以根据我国《民事诉讼法》和有关国际条约向我国法院申请执行，根据我国《民事诉讼法》

和其他法律的规定，当事人一方不履行仲裁裁决的，对方可以向被申请人所在地或者被申请人财产所在地的中级人民法院申请执行。我国涉外仲裁机构作出的仲裁裁决，需要在国外执行时，有条约的，依条约规定办理；没有条约的，可以通过外交途径提请对方国家的有关政府部门协助执行，或提请对方国家有关的民间团体，如商会、同业公会、对外经济贸易促进组织等协助执行，还可以凭我国的仲裁裁决，在对方国家法院起诉，要求予以执行。

● 复习思考题

　　1. 简述国际商事仲裁的特点。

　　2. 提交的争议具有可仲裁性的主要内容是什么？

　　3. 有效仲裁协议的法律效力主要表现在哪些方面？

　　4. 简述《纽约公约》的主要内容。

● 补充阅读材料

　　通过我国最高人民法院 2003 年 7 月答复北京市高级人民法院的请示函，我们可以了解到我国目前对于仲裁裁决的承认与执行情况。①

最高人民法院

关于对 ED&F 曼氏（香港）有限公司申请

承认和执行伦敦糖业协会仲裁

裁决案的复函

生效日期：2003 年 7 月 1 日　　〔2003〕民四他字第 3 号

北京市高级人民法院：

　　你院 2003 年 1 月 15 日京高法〔2003〕7 号《关于对 ED&F 曼氏（香港）有限公司申请承认与执行伦敦糖业协会第 158 号仲裁裁决一案的请示》收悉。经本院审判委员会讨论决定，答复如下：

　　中国糖业酒类集团公司与 ED&F 曼氏（香港）有限公司于 1994 年 12 月 14 日签订的 8008 合同明确约定，因该合同引起的一切争议均需提交伦敦糖业协会依照该协会规则进行仲裁。双方当事人就履行 8008 合同发生争议后，伦敦糖业协会依照双方当事人的上述约定受理有关争议具有法律依据。经审查，伦敦糖业协会在仲裁本案过程中不存在 1958 年《纽约公约》第五条第一款规定的任何情形。双方当事人因履行期货交易合同产生的纠纷，在性质上属于因契约性商事法律关系产生的纠纷，依照我国法律规定可以约定提请仲裁。依照我国有关法律法规的规定，境内企业未经批准不得擅自从事境外期货交易。中国糖业酒类集团公司未经批准擅自从

———————

　　① 最高人民法院民事案例第四庭. 中国审判指导丛书·涉外商事海事审判指导：第 1 辑［M］. 北京：人民法律出版社，2004.

事境外期货交易的行为，依照中国法律无疑应认定为无效。但违反我国法律的强制性规定不能完全等同于违反我国的公共政策。因此，本案亦不存在 1958 年《纽约公约》第五条第二款规定的不可仲裁及承认与执行该判决将违反我国公共政策的情形。依照《中华人民共和国民事诉讼法》第二百六十九条及 1958 年《纽约公约》第五条之规定，应当承认和执行本案仲裁裁决。

　　此复。

附：

北京市高级人民法院

关于对 ED&F 曼氏（香港）有限公司申请

承认及执行伦敦糖业协会第 158 号仲裁

裁决一案的请示

京高法〔2003〕7 号

最高人民法院：

　　我市第一中级人民法院于 2002 年 2 月 20 日立案受理了 ED&F 曼氏（香港）有限公司申请承认及执行英国伦敦糖业协会于 2001 年 8 月 6 日作出的第 158 号仲裁裁决一案。经我院审查认为，承认及执行该仲裁裁决，存在违反我国公共政策的情形，拟驳回 ED&F 曼氏（香港）有限公司的申请，拒绝承认及执行伦敦糖业协会第 158 号仲裁裁决。现将该案有关情况报告如下：

　　一、案件基本事实

　　1994 年 12 月 14 日，中国糖业酒类集团公司（简称"中糖集团"）与 ED&F 曼氏（香港）有限公司（简称"曼氏公司"）签订 8008 合同，约定：曼氏公司向中糖集团销售原糖，销售分为两部分，一部分为 7 500 公吨，5% 增/减，卖方选择。交货期为 1995 年 7 至 9 月，付款方式为以美元现金形式在香港议付，买方开立以卖方为受益人的不可撤销的、卖方可以接受的信用证；另一部分为 10 万吨选择权，5% 增/减，卖方选择。交货期为 1995 年 10 至 12 月。选择权宣布日期不迟于 1995 年 9 月 15 日，付款方式为买方在选择权宣布后 4 天内开出信用证。两部分原糖销售价格均为每公吨 345 美元，CFO 中国主要港口。对于合同引起的一切争议将依照伦敦糖业协会条款的规定，提交伦敦糖业协会仲裁，合同的执行应遵守伦敦糖业协会条款的规定，无论买卖双方是否是成员或成员代表。

　　8008 合同中的 7 500 公吨部分，中粮公司受中糖集团委托，与曼氏公司签订进口合同，已履行完毕，无争议。

　　自 1995 年 6 月 14 日至 1998 年 6 月 29 日，中糖集团与曼氏公司就 8008 合同签订了 19 个附件，其中 1996 年 4 月 9 日签订的附件 6 将 10 万吨原糖的交货期从 1996 年 3 至 5 月推迟至 1996 年 7 至 9 月（此时中糖集团已无进口配额）；1998 年 7 月 29 日签订的附件 19 将 10 万吨原糖的交货期推迟至 1998 年 10 月至 12 月 15 日。

　　曼氏公司专门为 8008 合同在纽约期货市场开立账户，就 10 万吨原糖进行期货炒作，从中盈利。中糖集团对此情况已知，并通过收取曼氏公司的补偿款或降低商品价格的形式从中牟利，且有通过委托曼氏公司代理交易，直接参与期货交易的行为。

中糖集团没有按照附件19开出信用证，曼氏公司也没有实际发货。曼氏公司于1999年1月26日给中糖集团发一传真称，终止8008合同。

二、仲裁情况

曼氏公司就8008合同及其附件引发的争论向伦敦糖业协会提起仲裁，要求中糖集团赔偿合同价与市场价之差额，对市场价的确定方法是"确定在原告供货的那一天或那几天的市场价格的最恰当的标准，应该是10月/11月和12月上半月期货交易价格水准的平均值"。

中糖集团和曼氏公司均参加了全部仲裁程序。

2001年8月6日，伦敦糖业协会作出第158号仲裁裁决。裁决：（1）中糖集团向曼氏公司支付14 162 505.00美元作为违反8008合同的赔偿金及2 508 533.70美元的利息（计算方法采纳了曼氏公司的主张）。（2）中糖集团向曼氏公司支付以16 671 038.70美元为基础，按单价4.5%的年利率支付至付清为止时的利息。（3）中糖集团支付伦敦糖业协会与裁决有关的费用156 434.00英镑。（4）中糖集团向曼氏公司支付按标准基础评估的仲裁费用。

三、当事人的申请与抗辩理由

2002年1月22日，曼氏公司提出了承认与执行伦敦糖业协会作出的第158号仲裁裁决的申请，北京市第一中级法院于2002年2月20日立案。

中糖集团于2002年3月1日提出拒绝承认与执行伦敦糖业协会第158号仲裁裁决的申请。其主要理由如下：

1. 依据中国法律，中糖集团在订立合同以及仲裁条款时，不具有缔约行为能力。（1）中糖集团在与曼氏公司订立合同时，虽有经营进出口业务的资格，但在当时中国食糖属特种商品，中糖集团不具有进口食糖的特许外贸经营权，依据中国法律不具有行为能力；中糖集团在取得食糖对外贸易经营权后，不具有进口食糖配额，依据中国法律仍然属于无行为能力。（2）中糖集团与曼氏公司订立的食糖进口合同属于期货交易合同，依据中国法律的规定，中糖集团不具有从事期货交易的行为能力。（3）中糖集团不具有订立仲裁条款的行为能力。就缔约主体资格而言，合同与仲裁条款是不可分割的。（4）中糖集团在仲裁开始后，参加了仲裁，并不意味着其放弃了基于行为能力所提出的任何抗辩，也不能认为法院不得再以行为能力欠缺为由拒绝仲裁裁决的执行。（5）仲裁庭在审理过程中没有对当事人的行为能力问题作出裁决，也不意味着法院无权对该问题作出判定。综上所述，中糖集团作为仲裁协议的当事人，在合同订立时，依据其属人法即中国法的规定，属于无行为能力。

2. 依据我国法律涉案争议事项不可以仲裁方式解决。（1）涉案的中糖集团与曼氏公司于1994年12月14日签订的8008合同及附件是以规避法律为目的，具有欺诈性的期货交易性质的违法合同。（2）8008 合同是排除在我国法律认可的期货交易合同关系之外，进而也不属于我国法律认可的契约或非契约性商事关系。综上所述，依据《纽约公约》第五条第二款的规定，对于排除在我国法律认可的契约或非契约性商事关系之外的非法的期货交易合同争议，我国法院依据我国法律应当认定为不可以以仲裁方式解决的争议。

3. 第 158 号仲裁裁决超出了仲裁协议所约定的仲裁范围。中糖集团并没有意识到其承担的是期货交易的风险而不是买卖合同的风险，因此，对于将来可能发生的争议更无从预见。仲裁庭就与买卖合同关系无关的期货交易合同争议所作的仲裁裁决，违背了中糖集团订立仲裁协议时的意思表示，显然超出了涉案仲裁协议约定的仲裁范围。

4. 由于仲裁庭审理案件的严重不公正，中糖集团在伦敦仲裁中未能充分申辩。仲裁庭对中糖集团主张查清的事实不予澄清，对于曼氏公司的欺骗行为不予认定，使中糖集团在伦敦仲裁中未能充分申辩。

5. 第 158 号仲裁裁决所承认的是通过非法期货交易合同取得的非法利益，承认与执行该裁决将与我国公共政策相抵触。（1）8008 合同及其附件违反了我国法律禁止进行境外期货投机交易的规定，第 158 号仲裁裁决的结果，认可了双方通过规避中国期货交易管理法律，非法从事境外期货交易取得的非法利益，违反了我国强制性法律的规定。（2）应当依据本国法律的基本原则、基本制度解释各案中的公共政策。（3）8008 合同是以合法形式掩盖非法目的的期货投机性质的合同，这种期货交易行为违反了我国的强制性法律规定，构成了对我国基本法律制度以及社会公共利益的抵触。对于以合法形式掩盖非法目的取得的非法利益，我国法律应当否定其执行效力。（4）英国上诉法院 1998 年在 Soleimany 一案中确定：因非法合同取得的非法利益，英国法院可以依据公共秩序保留原则否定其执行力。该案例所反映的原则，对于我国法院在解释和适用公共政策保留时，具有重要的参考价值。

基于上述事实和理由，中糖集团申请法院依据《纽约公约》第五条第一款（一）、（二）以及第二款（一）、（二）的有关规定和我国其他相关法律的规定，拒绝承认及执行伦敦糖业协会作出的第 158 号仲裁裁决。

曼氏公司的主要抗辩理由：

1. 中糖集团是有合法对外贸易经营权的企业法人，又有签订食糖进口合同的行为能力，因此 8008 合同合法有效。

2. 中糖集团有签订 8008 合同仲裁条款的行为能力，理由同上。

3. 8008 合同按中国法律属于商事法律关系，可以用仲裁方式解决纠纷。

4. 第 158 号仲裁裁决未超越仲裁协议约定的裁定范围，8008 合同规定，由合同产生的一切争议均应移交伦敦糖业协会，按该会的《仲裁规则》仲裁。

5. 仲裁过程中不存在仲裁员不公的情况。伦敦糖业协会的两名成员（并未担任本案仲裁员）是曼氏公司的母公司集团成员这一事实并不影响本案仲裁员对本案独立作出的仲裁结果；中糖集团在仲裁时未对仲裁庭及法律顾问的组成提出任何异议；中糖集团在长达两年半的审理过程中，自始至终能够得以充分申辩；仲裁员在审理时充分考虑了双方当事人的意见和证据并且正确地适用了英国法律。

6. 承认与执行第 158 号仲裁裁决并不与中国的公共政策抵触。根据 8008 合同的内容，它不是投机性期货合同而是买卖合同，不存在违法问题；执行申请人曾明确拒绝中糖集团要求把 8008 合同变为期货合同的要求；对实际交货若干次修改不能改变 8008 合同是一份须实际履行的合同的性质。

四、我院审查意见

1. 中糖集团申请不予承认及执行第 158 号仲裁裁决的理由 1 至 5 项均不能成立。

中糖集团作为企业法人具有缔约行为能力。我国法律并无非法期货合同不属于契约性和非契约性商事法律关系的规定。在全部仲裁过程中，中糖集团明确表示对仲裁庭的管辖权和仲裁员无异议。故其所提 1 至 5 项理由没有事实依据和法律依据。

2. 承认及执行第 158 号仲裁裁决构成对我国公共政策的违反。

8008 合同及其附件的操作过程是利用期货炒作牟取投机利益，该期货交易行为违反了我国法律禁止性规定。第 158 号仲裁裁决认可了双方通过规避中国期货交易管理法规，非法从事境外期货交易取得的非法利益，违反了我国法律强制性的规定，构成了对我国公共政策的违反。

依据《纽约公约》第五条第二款（2）的规定，拟驳回曼氏公司的申请，拒绝承认及执行伦敦糖业协会第 158 号仲裁裁决。

妥否，请指示。

附录一　联合国国际货物销售合同公约

（1980 年 4 月 11 日订于维也纳）

　　本公约各缔约国，铭记联合国大会第六届特别会议通过的关于建立新的国际经济秩序的各项决议的广泛目标，考虑到在平等互利基础上发展国际贸易是促进各国间友好关系的一个重要因素，认为采用照顾到不同的社会、经济和法律制度的国际货物销售合同统一规则，将有助于减少国际贸易的法律障碍，促进国际贸易的发展，兹协议如下：

第一部分　适用范围和总则

第一章　适用范围

　　第 1 条　　（1）本公约适用于营业地在不同国家的当事人之间所订立的货物销售合同：

　　（a）如果这些国家是缔约国；或

　　（b）如果国际私法规则导致适用某一缔约国的法律。

　　（2）当事人营业地在不同国家的事实，如果从合同或从订立合同前任何时候或订立合同时，当事人之间的任何交易或当事人透露的情报均看不出，应不予考虑。

　　（3）在确定本公约的适用时，当事人的国籍和当事人或合同的民事或商业性质，应不予考虑。

　　第 2 条　　本公约不适用于以下的销售：

　　（a）购供私人、家人或家庭使用的货物的销售，除非卖方在订立合同前任何时候或订立合同时，不知道而且没有理由知道这些货物是购供任何这种使用；

　　（b）经由拍卖的销售；

　　（c）根据法律执行令状或其他令状的销售；

　　（d）公债、股票、投资证券、流通票据或货币的销售；

　　（e）船舶、船只、气垫船或飞机的销售；

　　（f）电力的销售。

　　第 3 条　　（1）供应尚待制造或生产的货物的合同应视为销售合同，除非订购货物的当事人保证供应这种制造或生产所需的大部分重要材料。

　　（2）本公约不适用于供应货物一方的绝大部分义务在于供应劳力或其他服务的合同。

第4条　本公约只适用于销售合同的订立和卖方和买方因此种合同而产生的权利和义务。特别是，本公约除非另有明文规定，与以下事项无关：

（a）合同的效力，或其任何条款的效力，或任何惯例的效力；

（b）合同对所售货物所有权可能产生的影响。

第5条　本公约不适用于卖方对于货物对任何人所造成的死亡或伤害的责任。

第6条　双方当事人可以约定不适用本公约，或在第12条的条件下，减损本公约的任何规定或改变其效力。

第二章　总则

第7条　（1）在解释本公约时，应考虑到本公约的国际性质和促进其适用的统一以及在国际贸易上遵守诚信的需要。

（2）凡本公约未明确解决的属于本公约范围的问题，应按照本公约所依据的一般原则来解决，在没有一般原则的情况下，则应按照国际私法规定适用的法律来解决。

第8条　（1）为本公约的目的，一方当事人所作的声明和其他行为，应依照他的意旨解释，如果另一方当事人已知道或者不可能不知道此一意旨。

（2）如果上一款的规定不适用，当事人所作的声明和其他行为，应按照一个与另一方当事人同等资格、通情达理的人处于相同情况中，应有的理解来解释。

（3）在确定一方当事人的意旨或一个通情达理的人应有的理解时，应适当地考虑到与事实有关的一切情况，包括谈判情形、当事人之间确立的任何习惯做法、惯例和当事人其后的任何行为。

第9条　（1）双方当事人业已同意的任何惯例和他们之间确立的任何习惯做法，对双方当事人均有约束力。

（2）除非另有协议，双方当事人应视为已默示地同意对他们的合同或合同的订立适用双方当事人已知道或理应知道的惯例，而这种惯例，在国际贸易上，已为有关特定贸易所涉同类合同的当事人所广泛知道并为他们所经常遵守。

第10条　为本公约的目的：

（a）如果当事人有一个以上的营业地，则以与合同及合同的履行关系最密切的营业地为其营业地，但要考虑到双方当事人在订立合同前任何时候或订立合同时所知道或所设想的情况；

（b）如果当事人没有营业地，则以其惯常居住地为准。

第11条　销售合同无须以书面订立或书面证明，在形式方面也不受任何其他条件的限制。

销售合同可以用包括人证在内的任何方法证明。

第12条　本公约第11条、第29条或第二部分准许销售合同或其更改或根据协议终止，或者任何发价、接受或其他意旨表示得以书面以外任何形式作出的任何规定不适用，如果任何一方当事人的营业地是在已按照本公约第 96 条作出了声明的一个缔约国内，各当事人不得减损本条或改变其效力。

第 13 条 为本公约的目的，"书面"包括电报和电传。

第二部分 合同的订立

第 14 条 （1）向一个或一个以上特定的人提出的订立合同的建议，如果十分确定并且表明发价人在得到接受时承受约束的意旨，即构成发价①。一个建议如果写明货物并且明示或暗示地规定数量和价格或规定如何确定数量和价格，即为十分确定。

（2）非向一个或一个以上特定的人提出的建议，仅应视为邀请作出发价，除非提出建议的人明确地表示相反的意向。

第 15 条 （1）发价于送达被发价人时生效。

（2）一项发价，即使是不可撤销的，得予撤回，如果撤回通知于发价送达被发价人之前或同时，送达被发价人。

第 16 条 （1）在未订立合同之前，发价得予撤销，如果撤销通知于被发价人发出接受通知之前送达被发价人。

（2）但在下列情况下，发价不得撤销：

（a）发价写明接受发价的期限或以其他方式表示发价是不可撤销的；或

（b）被发价人有理由信赖该项发价是不可撤销的，而且被发价人已本着对该项发价的信赖行事。

第 17 条 一项发价，即使是不可撤销的，于拒绝通知送达发价人时终止。

第 18 条 （1）被发价人声明或作出其他行为表示同意一项发价，即是接受②，缄默或不行动本身不等于接受。

（2）接受发价于表示同意的通知送达发价人时生效。如果表示同意的通知在发价人所规定的时间内，如未规定时间，在一段合理的时间内，未曾送达发价人，接受就成为无效，但须适当地考虑到交易的情况，包括发价人所使用的通信方法的迅速程序。对口头发价必须立即接受，但情况有别者不在此限。

（3）但是，如果根据该项发价或依照当事人之间确立的习惯做法或惯例，被发价人可以作出某种行为，例如与发运货物或支付价款有关的行为，来表示同意，而无须向发价人发出通知，则接受于该项行为作出时生效，但该项行为必须在上一款所规定的期间内作出。

第 19 条 （1）对发价表示接受但载有添加、限制或其他更改的答复，即为

---

① "发价"是我国对联合国《国际货物销售合同公约》中"offer"一词的最早译法，现在我国在正式法律文件中统一称为"要约"，学术文献中也普遍使用"要约"一词。"发价"一词基本不再使用。但从尊重历史角度考虑，本书这里在附录《国际货物销售合同公约》时仍然保留以前"发价"的译法。

② "接受"是我国对联合国《国际货物销售合同公约》中 acceptance 一词的最早译法，现在我国在正式法律文件中统一称为"承诺"，学术文献中也普遍使用"承诺"一词。"接受"一词基本不再作为对要约的承诺来使用。与前注对"发价"的解释一样，从尊重历史的角度考虑，本书这里在附录《国际货物销售合同公约》时仍然保留以前的"接受"这一译法。

拒绝该项发价，并构成还价。

（2）但是，对发价表示接受但载有添加或不同条件的答复，如所载的添加或不同条件在实质上并不变更该项发价的条件，除发价人在不过分迟延的期间内以口头或书面通知反对其间的差异外，仍构成接受。如果发价人不作出这种反对，合同的条件就以该项发价的条件以及接受通知内所载的更改条件为准。

（3）有关货物价格、付款、货物质量和数量、交货地点和时间、一方当事人对另一方当事人的赔偿责任范围或解决争端等等的添加或不同条件，均视为在实质上变更发价的条件。

第20条　（1）发价人在电报或信件内规定的接受期间，从电报交发时刻或信上载明的发信日期起算，如信上未载明发信日期，则从信封上所载日期起算。发价人以电话、电传或其他快速通信方法规定的接受期间，从发价送达被发价人时起算。

（2）在计算接受期间时，接受期间内的正式假日或非营业日应计算在内。但是，如果接受通知在接受期间的最后1天未能送到发价人地址，因为那天在发价人营业地是正式假日或非营业日，则接受期间应顺延至下一个营业日。

第21条　（1）逾期接受仍有接受的效力，如果发价人毫不迟延地用口头或书面方式将此种意见通知被发价人。

（2）如果载有逾期接受的信件或其他书面文件表明，它是在传递正常、能及时送达发价人的情况下寄发的，则该项逾期接受具有接受的效力，除非发价人毫不迟延地用口头或书面方式通知被发价人：他认为他的发价已经失效。

第22条　接受得予撤回，如果撤回通知于接受原应生效之前或同时，送达发价人。

第23条　合同于按照本公约规定对发价的接受生效时订立。

第24条　为公约本部分的目的，发价、接受声明或任何其他意旨表示"送达"对方，系指用口头通知对方或通过任何其他方法送交对方本人，或其营业地或通信地址，如无营业地或通信地址，则送交对方惯常居住地。

第三部分　货物销售
第一章　总则

第25条　一方当事人违反合同的结果，如使另一方当事人蒙受损害，以致于实际上剥夺了他根据合同规定有权期待得到的东西，即为根本违反合同，除非违反合同一方并不预知而且一个同等资格、通情达理的人处于相同情况中也没有理由预知会发生这种结果。

第26条　宣告合同无效的声明，必须向另一方当事人发出通知，方始有效。

第27条　除非公约本部分另有明文规定，当事人按照本部分的规定，以适合情况的方法发出任何通知、要求或其他通知后，这种通知如在传递上发生耽搁或错误，或者未能到达，并不使该当事人丧失依靠该项通知的权利。

第28条　如果按照本公约的规定，一方当事人有权要求另一方当事人履行某一义务，法院没有义务作出判决，要求具体履行此一义务，除非法院依照其本身的法律对不属本公约范围的类似销售合同愿意这样做。

第29条　（1）合同只需双方当事人协议，就可更改或终止。

（2）规定任何更改或根据协议终止必须以书面作出的书面合同，不得以任何其他方式更改或根据协议终止。但是，一方当事人的行为，如经另一方当事人寄以信赖，就不得坚持此项规定。

第二章　卖方的义务

第30条　卖方必须按照合同和本公约的规定，交付货物，移交一切与货物有关的单据并转移货物所有权。

第一节　交付货物和移交单据

第31条　如果卖方没有义务要在任何其他特定地点交付货物，他的交货义务如下：

（a）如果销售合同涉及到货物的运输，卖方应把货物移交给第一承运人，以运交给买方；

（b）在不属于上款规定的情况下，如果合同指的是特定货物或从特定存货中提取的或尚待制造或生产的未经特定化的货物，而双方当事人在订立合同时已知道这些货物是在某一特定地点，或将在某一特定地点制造或生产，卖方应在该地点把货物交给买方处置；

（c）在其他情况下，卖方应在他于订立合同时的营业地把货物交给买方处置。

第32条　（1）如果卖方按照合同或本公约的规定将货物交付给承运人，但货物没有以货物上加标记，或以装运单据或其他方式清楚地注明有关合同，卖方必须向买方发出列明货物的发货通知。

（2）如果卖方有义务安排货物的运输，他必须订立必要的合同，以按照通常运输条件，用适合情况的运输工具，把货物运到指定地点。

（3）如果卖方没有义务对货物的运输办理保险，他必须在买方提出要求时，向买方提供一切现有的必要资料，使他能够办理这种保险。

第33条　卖方必须按以下规定的日期交付货物：

（a）如果合同规定有日期，或从合同可以确定日期，应在该日期交货；

（b）如果合同规定有一段时间，或从合同可以确定一段时间，除非情况表明应由买方选定一个日期外，应在该段时间内任何时候交货；或者

（c）在其他情况下，应在订立合同后一段合理时间内交货。

第34条　如果卖方有义务移交与货物有关的单据，他必须按照合同所规定的时间、地点和方式移交这些单据。如果卖方在合同规定的时间以前已移交这些单据，他可以在那个时间到达前纠正单据中任何不符合同规定的情形，但是，此一权利的行使不得使买方遭受不合理的不便或承担不合理的开支。但是，买方保留本公

约所规定的要求损害赔偿的任何权利。

第二节　货物相符与第三方要求

第35条　（1）卖方交付的货物必须与合同所规定的数量、质量和规格相符，并须按照合同所规定的方式装箱或包装。

（2）除双方当事人业已另有协议外，货物除非符合以下规定，否则即为与合同不符：

（a）货物适用于同一规格货物通常使用的目的；

（b）货物适用于订立合同时曾明示或默示地通知卖方的任何特定目的，除非情况表明买方并不依赖卖方的技能和判断力，或者这种依赖对他是不合理的；

（c）货物的质量与卖方向买方提供的货物样品或样式相同；

（d）货物按照同类货物通用的方式装箱或包装，如果没有此种通用方式，则按照足以保全和保护货物的方式装箱或包装。

（3）如果买方在订立合同时知道或者不可能不知道货物不符合同，卖方就无须按上一款（a）项至（d）项负有此种不符合同的责任。

第36条　（1）卖方应按照合同和本公约的规定，对风险移转到买方时所存在的任何不符合同情形负有责任，即使这种不符合同情形在该时间后方始明显。

（2）卖方对在上一款所述时间后发生的任何不符合同情形，也应负有责任，如果这种不符合同情形是由于卖方违反他的某项义务所致，包括违反关于在一段时间内货物将继续适用于其通常使用的目的或某种特定目的，或将保持某种特定质量或性质的任何保证。

第37条　如果卖方在交货日期前交付货物，他可以在那个日期到达前，交付任何缺漏部分或补足所交付货物的不足数量，或交付用以替换所交付不符合同规定的货物，或对所交付货物中任何不符合同规定的情形作出补救，但是，此一权利的行使不得使买方遭受不合理的不便或承担不合理的开支。但是，买方保留本公约所规定的要求损害赔偿的任何权利。

第38条　（1）买方必须在按情况实际可行的最短时间内检验货物或由他人检验货物。

（2）如果合同涉及到货物的运输，检验可推迟到货物到达目的地后进行。

（3）如果货物在运输途中改运或买方须再发运货物，没有合理机会加以检验，而卖方在订立合同时已知道或理应知道这种改运或再发运的可能性，检验可推迟到货物到达新目的地后进行。

第39条　（1）买方对货物不符合同，必须在发现或理应发现不符情形后一段合理时间内通知卖方，说明不符合同情形的性质，否则就丧失声称货物不符合同的权利。

（2）无论如何，如果买方不在实际收到货物之日起两年内将货物不符合同情形通知卖方，他就丧失声称货物不符合同的权利，除非这一时限与合同规定的保证期限不符。

第 40 条 如果货物不符合同规定指的是卖方已知道或不可能不知道而又没有告知买方的一些事实，则卖方无权援引第 38 条和第 39 条的规定。

第 41 条 卖方所交付的货物，必须是第三方不能提出任何权利或要求的货物，除非买方同意在这种权利或要求的条件下，收取货物。但是，如果这种权利或要求是以工业产权或其他知识产权为基础的，卖方的义务应依照第 42 条的规定。

第 42 条 （1）卖方所交付的货物，必须是第三方不能根据工业产权或其他知识产权主张任何权利或要求的货物，但以卖方在订立合同时已知道或不可能不知道的权利或要求为限，而且这种权利或要求根据以下国家的法律规定是以工业产权或其他知识产权为基础的：

（a）如果双方当事人在订立合同时预期货物将在某一国境内转售或做其他使用，则根据货物将在其境内转售或做其他使用的国家的法律；或者

（b）在任何其他情况下，根据买方营业地所在国家的法律。

（2）卖方在上一款中的义务不适用于以下情况：

（a）买方在订立合同时已知道或不可能不知道此项权利或要求；或者

（b）此项权利或要求的发生，是由于卖方要遵照买方所提供的技术图样、图案、程式或其他规格。

第 43 条 （1）买方如果不在已知道或理应知道第三方的权利或要求后一段合理时间内，将此一权利或要求的性质通知卖方，就丧失援引第 41 条或第 42 条规定的权利。

（2）卖方如果知道第三方的权利或要求以及此一权利或要求的性质，就无权援引上一款的规定。

第 44 条 尽管有第三十九条第（1）款和第 43 条第（1）款的规定，买方如果对他未发出所需的通知具备合理的理由，仍可按照第 50 条规定减低价格，或要求利润损失以外的损害赔偿。

第三节 卖方违反合同的补救办法

第 45 条 （1）如果卖方不履行他在合同和本公约中的任何义务，买方可以：

（a）行使第 46 条至第 52 条所规定的权利；

（b）按照第 74 条至第 77 条的规定，要求损害赔偿。

（2）买方可能享有的要求损害赔偿的任何权利，不因他行使采取其他补救办法的权利而丧失。

（3）如果买方对违反合同采取某种补救办法，法院或仲裁庭不得给予卖方宽限期。

第 46 条 （1）买方可以要求卖方履行义务，除非买方已采取与此一要求相抵触的某种补救办法。

（2）如果货物不符合同，买方只有在此种不符合同情形构成根本违反合同时，

才可以要求交付替代货物，而且关于替代货物的要求，必须与依照第39条发出的通知同时提出，或者在该项通知发出后一段合理时间内提出。

（3）如果货物不符合同，买方可以要求卖方通过修理对不符合同之处作出补救，除非他考虑了所有情况之后，认为这样做是不合理的。修理的要求必须与依照第39条发出的通知同时提出，或者在该项通知发出后一段合理时间内提出。

第47条　（1）买方可以规定一段合理时限的额外时间，让卖方履行其义务。

（2）除非买方收到卖方的通知，声称他将不在所规定的时间内履行义务，买方在这段时间内不得对违反合同采取任何补救办法。但是，买方并不因此丧失他对迟延履行义务可能享有的要求损害赔偿的任何权利。

第48条　（1）在第49条的条件下，卖方即使在交货日期之后，仍可自付费用，对任何不履行义务作出补救，但这种补救不得造成不合理的迟延，也不得使买方遭受不合理的不便，或无法确定卖方是否将偿付买方预付的费用。但是，买方保留本公约所规定的要求损害赔偿的任何权利。

（2）如果卖方要求买方表明他是否接受卖方履行义务，而买方不在一段合理时间内对此一要求作出答复，则卖方可以按其要求中所指明的时间履行义务。买方不得在该段时间内采取与卖方履行义务相抵触的任何补救办法。

（3）卖方表明他将在某一特定时间内履行义务的通知，应视为包括根据上一款规定要买方表明决定的要求在内。

（4）卖方按照本条第（2）和第（3）款作出的要求或通知，必须在买方收到后，始生效力。

第49条　（1）买方在以下情况下可以宣告合同无效：

（a）卖方不履行其在合同或本公约中的任何义务，等于根本违反合同；或（b）如果发生不交货的情况，卖方不在买方按照第47条第（1）款规定的额外时间内交付货物，或卖方声明他将不在所规定的时间内交付货物。

（2）但是，如果卖方已交付货物，买方就丧失宣告合同无效的权利，除非：

（a）对于迟延交货，他在知道交货后一段合理时间内这样做；

（b）对于迟延交货以外的任何违反合同事情：

（一）他在已知道或理应知道这种违反合同后一段合理时间内这样做；或（二）他在买方按照第47条第（1）款规定的任何额外时间满期后，或在卖方声明他将不在这一额外时间履行义务后一段合理时间内这样做；或（三）他在卖方按照第48条第（2）款指明的任何额外时间满期后，或在买方声明他将不接受卖方履行义务后一段合理时间内这样做。

第50条　如果货物不符合同，不论价款是否已付，买方都可以减低价格，减价按实际交付的货物在交货时的价值与符合合同的货物在当时的价值两者之间的比例计算。但是，如果卖方按照第37条或第48条的规定对任何不履行义务作出补救，或者买方拒绝接受卖方按照该两条规定履行义务，则买方不得减低价格。

第 51 条　（1）如果卖方只交付一部分货物，或者交付的货物中只有一部分符合合同规定，第 46 条至第 50 条的规定适用于缺漏部分及不符合同规定部分的货物。

（2）买方只有在完全不交付货物或不按照合同规定交付货物等于根本违反合同时，才可以宣告整个合同无效。

第 52 条　（1）如果卖方在规定的日期前交付货物，买方可以收取货物，也可以拒绝收取货物。

（2）如果卖方交付的货物数量大于合同规定的数量，买方可以收取也可以拒绝收取多交部分的货物。如果买方收取多交部分货物的全部或一部分，他必须按合同价格付款。

第三章　买方的义务

第 53 条　买方必须按照合同和本公约规定支付货物价款和收取货物。

第一节　支付价款

第 54 条　买方支付价款的义务包括根据合同或任何有关法律和规章规定的步骤和手续，以便支付价款。

第 55 条　如果合同已有效的订立，但没有明示或暗示地规定价格或规定如何确定价格，在没有任何相反表示的情况下，双方当事人应视为已默示地引用订立合同时此种货物在有关贸易的类似情况下销售的通常价格。

第 56 条　如果价格是按货物的重量规定的，如有疑问，应按净重确定。

第 57 条　（1）如果买方没有义务在任何其他特定地点支付价款，他必须在以下地点向卖方支付价款：

（a）卖方的营业地；或者

（b）如凭移交货物或单据支付价款，则为移交货物或单据的地点。

（2）卖方必须承担因其营业地在订立合同后发生变动而增加的支付方面的有关费用。

第 58 条　（1）如果买方没有义务在任何其他特定时间内支付价款，他必须于卖方按照合同和本公约规定将货物或控制货物处置权的单据交给买方处置时支付价款。卖方可以支付价款作为移交货物或单据的条件。

（2）如果合同涉及到货物的运输，卖方可以在支付价款后方可把货物或控制货物处置权的单据移交给买方作为发运货物的条件。

（3）买方在未有机会检验货物前，无义务支付价款，除非这种机会与双方当事人议定的交货或支付程序相抵触。

第 59 条　买方必须按合同和本公约规定的日期或从合同和本公约可以确定的日期支付价款，而无需卖方提出任何要求或办理任何手续。

第二节　收取货物

第 60 条　买方收取货物的义务如下：

采取一切理应采取的行动，以期卖方能交付货物；接收货物。

第三节　买方违反合同的补救办法

第 61 条　（1）如果买方不履行他在合同和本公约中的任何义务，卖方可以：

（a）行使第 62 条至第 65 条所规定的权利；

（b）按照第 74 至第 77 条的规定，要求损害赔偿。

（2）卖方可能享有的要求损害赔偿的任何权利，不因他行使采取其他补救办法的权利而丧失。

（3）如果卖方对违反合同采取某种补救办法，法院或仲裁庭不得给予买方宽限期。

第 62 条　卖方可以要求买方支付价款、收取货物或履行他的其他义务，除非卖方已采取与此一要求相抵触的某种补救办法。

第 63 条　（1）卖方可以规定一段合理时限的额外时间，让买方履行义务。

（2）除非卖方收到买方的通知，声称他将不在所规定的时间内履行义务，卖方不得在这段时间内对违反合同采取任何补救办法。但是，卖方并不因此丧失他对迟延履行义务可能享有的要求损害赔偿的任何权利。

第 64 条　（1）卖方在以下情况下可以宣告合同无效：

（a）买方不履行其在合同或本公约中的任何义务，等于根本违反合同；或

（b）买方不在卖方按照第 63 条第（1）款规定的额外时间内履行支付价款的义务或收取货物，或买方声明他将不在所规定的额外时间内这样做。

（2）但是，如果买方已支付价款，卖方就丧失宣告合同无效的权利，除非：

（a）对于买方迟延履行义务，他在知道买方履行义务前这样做；或者

（b）对于买方迟延履行义务以外的任何违反合同事情：

（一）他在已知道或理应知道这种违反合同后一段合理时间内这样做；或

（二）他在卖方按照第 63 条第（1）款规定的任何额外时间满期后或在买方声明他将不在这一额外时间内履行义务后一段合理时间内这样做。

第 65 条　（1）如果买方应根据合同规定订明货物的形状、大小或其他特征，而他在议定的日期或在收到卖方的要求后一段合理时间内没有订明这些规格，则卖方在不损害其可能享有的任何其他权利的情况下，可以依照他所知的买方的要求，自己订明规格。

（2）如果卖方自己订明规格，他必须把订明规格的细节通知买方，而且必须规定一段合理时间，让买方可以在该段时间内订出不同的规格。如果买方在收到这种通知后没有在该段时间内这样做，卖方所订的规格就具有约束力。

第四章　风险移转

第 66 条　货物在风险移转到买方承担后遗失或损坏，买方支付价款的义务并不因此解除，除非这种遗失或损坏是由于卖方的行为或不行为所造成。

第 67 条　（1）如果销售合同涉及到货物的运输，但卖方没有义务在某一特

定地点交付货物，自货物按照销售合同交付给第一承运人以转交给买方时起，风险就移转到买方承担。如果卖方有义务在某一特定地点把货物交付给承运人，在货物于该地点交付给承运人以前，风险不移转到买方承担。卖方受权保留控制货物处置权的单据，并不影响风险的移转。

（2）但是，在货物以货物上加标记，或以装运单据，或向买方发出通知或其他方式清楚地注明有关合同以前，风险不移转到买方承担。

第 68 条　对于在运输途中销售的货物，从订立合同时起，风险就移转到买方承担。但是，如果情况表明有此需要，从货物交付给签发载有运输合同单据的承运人时起，风险就由买方承担。尽管如此，如果卖方在订立合同时已知道或理应知道货物已经遗失或损坏，而他又不将这一事实告之买方，则这种遗失或损坏应由卖方负责。

第 69 条　（1）在不属于第 67 条和第 68 条规定的情况下，从买方接收货物时起，或如果买方不在适当时间内这样做，则从货物交给他处置但他不收取货物从而违反合同时起，风险移转到买方承担。

（2）但是，如果买方有义务在卖方营业地以外的某一地点接收货物，当交货时间已到而买方知道货物已在该地点交给他处置时，风险方始移转。

（3）如果合同指的是当时未加识别的货物，则这些货物在未清楚注明有关合同以前，不得视为已交给买方处置。

第 70 条　如果卖方已根本违反合同第 67 条、第 68 条和第 69 条的规定，不损害买方因此种违反合同而可以采取的各种补救办法。

第五章　卖方和买方义务的一般规定
第一节　预期违反合同和分批交货合同

第 71 条　（1）如果订立合同后，另一方当事人由于下列原因显然将不履行其大部分重要义务，一方当事人可以中止履行义务：

（a）他履行义务的能力或他的信用有严重缺陷；或

（b）他在准备履行合同或履行合同中的行为。

（2）如果卖方在上一款所述的理由明显化以前已将货物发运，他可以阻止将货物交给买方，即使买方持有其有权获得货物的单据。本款规定只与买方和卖方间对货物的权利有关。

（3）中止履行义务的一方当事人不论是在货物发运前还是发运后，都必须立即通知另一方当事人，如经另一方当事人对履行义务提供充分保证，则他必须继续履行义务。

第 72 条　（1）如果在履行合同日期之前，明显看出一方当事人将根本违反合同，另一方当事人可以宣告合同无效。

（2）如果时间许可，打算宣告合同无效的一方当事人必须向另一方当事人发出合理的通知，使他可以对履行义务提供充分保证。

（3）如果另一方当事人已声明他将不履行其义务，则上一款的规定不适用。

第 73 条　（1）对于分批交付货物的合同，如果一方当事人不履行对任何一批货物的义务，便对该批货物构成根本违反合同，则另一方当事人可以宣告合同对该批货物无效。

（2）如果一方当事人不履行对任何一批货物的义务，使另一方当事人有充分理由断定对今后各批货物将会发生根本违反合同，该另一方当事人可以在一段合理时间内宣告合同今后无效。

（3）买方宣告合同对任何一批货物的交付为无效时，可以同时宣告合同对已交付的或今后交付的各批货物均为无效，如果各批货物是互相依存的，不能单独用于双方当事人在订立合同时所设想的目的。

第二节　损害赔偿

第 74 条　一方当事人违反合同应负的损害赔偿额，应与另一方当事人因他违反合同而遭受的包括利润在内的损失额相等。这种损害赔偿不得超过违反合同一方在订立合同时，依照他当时已知道或理应知道的事实和情况，对违反合同预料到或理应预料到的可能损失。

第 75 条　如果合同被宣告无效，而在宣告无效后一段合理时间内，买方已以合理方式购买替代货物，或者卖方已以合理方式把货物转卖，则要求损害赔偿的一方可以取得合同价格和替代货物交易价格之间的差额以及按照第 74 条规定可以取得的任何其他损害赔偿。

第 76 条　（1）如果合同被宣告无效，而货物又有时价，要求损害赔偿的一方，如果没有根据第 75 条规定进行购买或转卖，则可以取得合同规定的价格和宣告合同无效时的时价之间的差额以及按照第 74 条规定可以取得的任何其他损害赔偿。但是，如果要求损害赔偿的一方在接收货物之后宣告合同无效，则应适用接收货物时的时价，而不适用宣告合同无效时的时价。

（2）为上一款的目的，时价指原应交付货物地点的现行价格，如果该地点没有时价，则指另一合理替代地点的价格，但应适当地考虑货物运费的差额。

第 77 条　声称另一方违反合同的一方，必须按情况采取合理措施，减轻由于该另一方违反合同而引起的损失，包括利润方面的损失。如果他不采取这种措施，违反合同一方可以要求从损害赔偿中扣除原可以减轻的损失数额。

第三节　利息

第 78 条　如果一方当事人没有支付价款或任何其他拖欠金额，另一方当事人有权对这些款额收取利息，但不妨碍要求按照第 74 条规定可以取得的损害赔偿。

第四节　免责

第 79 条　（1）当事人对不履行义务，不负责任，如果他能证明此种不履行义务，是由于某种非他所能控制的障碍，而且对于这种障碍，没有理由预期他在订立合同时能考虑到或能避免或克服它或它的后果。

（2）如果当事人不履行义务是由于他所雇用履行合同的全部或一部分规定的第三方不履行义务所致，该当事人只有在以下情况下才能免除责任：

（a）他按照上一款的规定应免除责任，和

（b）假如该项的规定也适用于他所雇用的人，这个人也同样会免除责任。

（3）本条所规定的免责对障碍存在的期间有效。

（4）不履行义务的一方必须将障碍及其对他履行义务能力的影响通知另一方。如果该项通知在不履行义务的一方已知道或理应知道此一障碍后一段合理时间内仍未为另一方收到，则他对由于另一方未收到通知而造成的损害应负赔偿责任。

（5）本条规定不妨碍任何一方行使本公约规定的要求损害赔偿以外的任何权利。

第80条 一方当事人因其行为或不行为而使得另一方当事人不履行义务时，不得声称该另一方当事人不履行义务。

第五节 宣告合同无效的效果

第81条 （1）宣告合同无效解除了双方在合同中的义务，但应负责的任何损害赔偿仍应负责。宣告合同无效不影响合同关于解决争端的任何规定，也不影响合同中关于双方在宣告合同无效后权利和义务的任何其他规定。

（2）已全部或局部履行合同的一方，可以要求另一方归还他按照合同供应的货物或支付的价款，如果双方都须归还，他们必须同时这样做。

第82条 （1）买方如果不可能按实际收到货物的原状归还货物，他就丧失宣告合同无效或要求卖方交付替代货物的权利。

（2）上一款的规定不适用于以下情况：

（a）如果不可能归还货物或不可能按实际收到货物的原状归还货物，并非由于买方的行为或不行为所造成；或者

（b）如果货物或其中一部分的毁灭或变坏，是由于按照第38条规定进行检验所致；

或者

（c）如果货物或其中一部分，在买方发现或理应发现与合同不符以前，已为买方在正常营业过程中售出，或在正常使用过程中消费或改变。

第83条 买方虽然依第82条规定丧失宣告合同无效或要求卖方交付替代货物的权利，但是根据合同和本公约规定，他仍保有采取一切其他补救办法的权利。

第84条 （1）如果卖方有义务归还价款，他必须同时从支付价款之日起支付价款利息。

（2）在以下情况下，买方必须向卖方说明他从货物或其中一部分得到的一切利益：

（a）如果他必须归还货物或其中一部分；或者

（b）如果他不可能归还全部或一部分货物，或不可能按实际收到货物的原状

归还全部或一部分货物，但他已宣告合同无效或已要求卖方支付替代货物。

第六节　保全货物

第 85 条　如果买方推迟收取货物，或在支付价款和交付货物应同时履行时，买方没有支付价款，而卖方仍拥有这些货物或仍能控制这些货物的处置权，卖方必须按情况采取合理措施，以保全货物。他有权保有这些货物，直至买方把他所付的合理费用偿还他为止。

第 86 条　（1）如果买方已收到货物，但打算行使合同或本公约规定的任何权利，把货物退回，他必须按情况采取合理措施，以保全货物。他有权保有这些货物，直至卖方把他所付的合理费用偿还给他为止。

（2）如果发运给买方的货物已到达目的地，并交给买方处置，而买方行使退货权利，则买方必须代表卖方收取货物，除非他这样做需要支付价款而且会使他遭受不合理的不便或需承担不合理的费用。如果卖方或受权代表他掌管货物的人也在目的地，则此一规定不适用。如果买方根据本款规定收取货物，他的权利和义务与上一款所规定的相同。

第 87 条　有义务采取措施以保全货物的一方当事人，可以把货物寄放在第三方的仓库，由另一方当事人担负费用，但该项费用必须合理。

第 88 条　（1）如果另一方当事人在收取货物或收回货物或支付价款或保全货物费用方面有不合理的迟延，按照第 85 条或第 86 条规定有义务保全货物的一方当事人，可以采取任何适当办法，把货物出售，但必须事前向另一方当事人发出合理的意向通知。

（2）如果货物易于迅速变坏，或者货物的保全牵涉到不合理的费用，则按照第 85 条或第 86 条规定有义务保全货物的一方当事人，必须采取合理措施，把货物出售，在可能的范围内，他必须把出售货物的打算通知另一方当事人。

（3）出售货物的一方当事人，有权从销售所得收入中扣回为保全货物和销售货物而付的合理费用。他必须向另一方当事人说明所余款项。

第四部分　最后条款

第 89 条　兹指定联合国秘书长为本公约保管人。

第 90 条　本公约不优于业已缔结或可以缔结并载有与属于本公约范围内事项有关的条款的任何国际协定，但以双方当事人的营业地均在这种协定的缔约国内为限。

第 91 条　（1）本公约在联合国国际货物销售合同会议闭幕会议上开放签字，并在纽约联合国总部继续开放签字，直至 1981 年 9 月 30 日为止。

（2）本公约须经签字国批准、接受或核准。

（3）本公约从开放签字之日起开放给所有非签字国加入。

（4）批准书、接受书、核准书和加入书应送交联合国秘书长存放。

第 92 条　（1）缔约国可在签字、批准、接受、核准或加入时声明他不受本公约第二部分的约束或不受本公约第三部分的约束。

（2）按照上一款规定就本公约第二部分或第三部分作出声明的缔约国，在该声明适用的部分所规定事项上，不得视为本公约第 1 条第（1）款范围内的缔约国。

第 93 条　（1）如果缔约国具有两个或两个以上的领土单位，而依照该国宪法规定、各领土单位对本公约所规定的事项适用不同的法律制度，则该国得在签字、批准、接受、核准或加入时声明本公约适用于该国全部领土单位或仅适用于其中的一个或数个领土单位，并且可以随时提出另一声明来修改其所做的声明。

（2）此种声明应通知保管人，并且明确地说明适用本公约的领土单位。

（3）如果根据按本条作出的声明，本公约适用于缔约国的一个或数个但不是全部领土单位，而且一方当事人的营业地位于该缔约国内，则为本公约的目的，该营业地除非位于本公约适用的领土单位内，否则视为不在缔约国内。

（4）如果缔约国没有按照本条第（1）款作出声明，则本公约适用于该国所有领土单位。

第 94 条　（1）对属于本公约范围的事项具有相同或非常近似的法律规则的两个或两个以上的缔约国，可随时声明本公约不适用于营业地在这些缔约国内的当事人之间的销售合同，也不适用于这些合同的订立。此种声明可联合作出，也可以相互单方面声明的方式作出。

（2）对属于本公约范围的事项具有与一个或一个以上非缔约国相同或非常近似的法律规则的缔约国，可随时声明本公约不适用于营业地在这些非缔约国内的当事人之间的销售合同，也不适用于这些合同的订立。

（3）作为根据上一款所做声明对象的国家如果后来成为缔约国，这项声明从本公约对该新缔约国生效之日起，具有根据第（1）款所做声明的效力，但以该新缔约国加入这项声明，或作出相互单方面声明为限。

第 95 条　任何国家在交存其批准书、接受书、核准书或加入书时，可声明它不受本公约第 1 条第（1）款（b）项的约束。

第 96 条　本国法律规定销售合同必须以书面订立或书面证明的缔约国，可以随时按照第 12 条的规定，声明本公约第 11 条、第 29 九条或第二部分准许销售合同或其更改或根据协议终止，或者任何发价、接受或其他意旨表示得以书面以外任何形式作出的任何规定不适用，如果任何一方当事人的营业地是在该缔约国内。

第 97 条　（1）根据本公约规定在签字时作出的声明，须在批准、接受或核准时加以确认。

（2）声明和声明的确认，应以书面提出，并应正式通知保管人。

（3）声明在本公约对有关国家开始生效时同时生效。但是，保管人于此种生效后收到正式通知的声明，应于保管人收到声明之日起 6 个月后的第 1 个月第 1 天生效。根据第 94 条规定作出的相互单方面声明，应于保管人收到最后一份声明之日起 6 个月后的第 1 个月第 1 天生效。

（4）根据本公约规定作出声明的任何国家可以随时用书面正式通知保管人撤回该项声明。此种撤回于保管人收到通知之日起 6 个月后的第 1 个月第 1 天生效。

（5）撤回根据第 94 条作出的声明，自撤回生效之日起，就会使另一国家根据该条所做的任何相互声明失效。

第 98 条　除本公约明文许可的保留外，不得作任何保留。

第 99 条　（1）在本条第（6）款规定的条件下，本公约在第十件批准书、接受书、核准书或加入书、包括载有根据第 92 条规定作出的声明的文书交存之日起 12 月后的第 1 个月第 1 天生效。

（2）在本条第（6）款规定的条件下，对于在第十件批准书、接受书、核准书或加入书交存后才批准、接受、核准或加入本公约的国家，本公约在该国交存其批准书、接受书、核准书或加入书之日起 12 个月后的第 1 个月第 1 天对该国生效，但不适用的部分除外。

（3）批准、接受、核准或加入本公约的国家，如果是 1964 年 7 月 1 日海牙签订的《关于国际货物销售合同的订立统一法公约》（《1964 年海牙订立合同公约》）和 1964 年 7 月 1 日在海牙签订的《关于国际货物销售统一法的公约》（《1964 年海牙货物销售公约》）中一项或两项公约的缔约国。应按情况同时通知荷兰政府声明退出《1964 年海牙货物销售公约》或《1964 年海牙订立合同公约》或退出该两公约。

（4）凡为《1964 年海牙货物销售公约》缔约国并批准、接受、核准或加入本公约和根据第 92 条规定声明或业已声明不受本公约第二部分约束的国家，应于批准、接受、核准或加入时通知荷兰政府声明退出《1964 年海牙货物销售公约》。

（5）凡为《1964 年海牙订立合同公约》缔约国并批准、接受、核准或加入本公约和根据第 92 条规定声明或业已声明不受本公约第三部分约束的国家，应于批准、接受、核准或加入时通知荷兰政府声明退出《1964 年海牙订立合同公约》。

（6）为本条的目的，《1964 年海牙订立合同公约》或《1964 年海牙货物销售公约》的缔约国的批准、接受、核准或加入本公约，应在这些国家按照规定退出该两公约生效后方始生效。本公约保管人应与 1964 年两公约的保管人荷兰政府进行协商，以确保在这方面进行必要的协调。

第 100 条　（1）本公约适用于合同的订立，只要订立该合同的建议是在本公约对第 1 条第（1）款（a）项所指缔约国或第 1 条第（1）款（b）项所指缔约国生效之日或其后作出的。

（2）本公约只适用于在它对第 1 条第（1）款（a）项所指缔约国或第一条第（1）款（b）项所指缔约国生效之日或其后订立的合同。

第 101 条　（1）缔约国可以用书面正式通知保管人声明退出本公约，或本公约第二部分或第三部分。

（2）退出于保管人收到通知 12 个月后的第 1 个月第 1 天起生效。凡通知内订明一段退出生效的更长时间，则退出于保管人收到通知后该段更长时间满时起生效。

1980 年 4 月 11 日订于维也纳，正本 1 份，其阿拉伯文本、中文本、英文本、法文本、俄文本和西班牙文本都具有同等效力。

下列全权代表，经各自政府正式授权，在本公约上签字，以资证明。

附录二 缔约国状况

（截至 2014 年 12 月 31 日）

联合国《国际货物销售合同公约》是联合国国际贸易法委员会（UNCITRAL）于 1980 年 4 月 11 日在维也纳召开的外交会议上通过的。该公约于 1988 年 1 月 1 日生效。1981 年 9 月 30 日，中华人民共和国政府代表签署该公约，1986 年 12 月 11 日交存核准书，该核准书中载明，中国不受公约第 1 条第 1 款（b）项、第 11 条及与第 11 条内容有关规定的约束。2013 年 1 月 16 日，中国向联合国国际贸易法委员会秘书处递交文件，撤销了针对第 11 条及与第 11 条内容有关的保留，该撤销自 2013 年 8 月 1 日起生效。

至 2014 年 12 月 31 日，批准、加入或认可该公约的国家（缔约方）已达 80 多个。具体资料如下：

国家	注	签字日期	批准、加入（＊）、核准（†）、接受（‡）或继承（§）	生效日期
阿尔巴尼亚			13/05/2009（＊）	01/06/2010
阿根廷	（a）		19/07/1983（＊）	01/01/1988
亚美尼亚	（a），（b）		02/12/2008（＊）	01/01/2010
澳大利亚			17/03/1988（＊）	01/04/1989
奥地利		11/04/1980	29/12/1987	01/01/1989
巴林			25/09/2013（＊）	01/10/2014
白俄罗斯	（a）		09/10/1989（＊）	01/11/1990
比利时			31/10/1996（＊）	01/11/1997
贝宁			29/07/2011（＊）	01/08/2012
波斯尼亚和黑塞哥维那			12/01/1994（§）	06/03/1992
巴西			04/03/2013（＊）	01/04/2014
保加利亚			09/07/1990（＊）	01/08/1991
布隆迪			04/09/1998（＊）	01/10/1999

续表

国家	注	签字日期	批准、加入（＊）、核准（†）、接受（‡）或继承（§）	生效日期
加拿大	（c）		23/04/1991（＊）	01/05/1992
智利	（a）	11/04/1980	07/02/1990	01/03/1991
中国	（b）	30/09/1981	11/12/1986（†）	01/01/1988
哥伦比亚			10/07/2001（＊）	01/08/2002
刚果			11/06/2014（＊）	01/07/2015
克罗地亚			08/06/1998（§）	08/10/1991
古巴			02/11/1994（＊）	01/12/1995
塞浦路斯			07/03/2005（＊）	01/04/2006
捷克共和国	（b）		30/09/1993（§）	01/01/1993
丹麦	（d）	26/05/1981	14/02/1989	01/03/1990
多米尼加共和国			07/06/2010（＊）	01/07/2011
厄瓜多尔			27/01/1992（＊）	01/02/1993
埃及			06/12/1982（＊）	01/01/1988
萨尔瓦多			27/11/2006（＊）	01/12/2007
爱沙尼亚			20/09/1993（＊）	01/10/1994
芬兰	（d）	26/05/1981	15/12/1987	01/01/1989
法国		27/08/1981	06/08/1982（†）	01/01/1988
加蓬			15/12/2004（＊）	01/01/2006
格鲁吉亚			16/08/1994（＊）	01/09/1995
德国	（e）	26/05/1981	21/12/1989	01/01/1991
加纳		11/04/1980		
希腊			12/01/1998（＊）	01/02/1999
几内亚			23/01/1991（＊）	01/02/1992
圭亚那			25/09/2014（＊）	01/10/2015
洪都拉斯			10/10/2002（＊）	01/11/2003
匈牙利	（a），（f）	11/04/1980	16/06/1983	01/01/1988
冰岛	（d）		10/05/2001（＊）	01/06/2002

国家	注	签字日期	批准、加入（＊）、核准（†）、接受（‡）或继承（§）	生效日期
伊拉克			05/03/1990（＊）	01/04/1991
以色列			22/01/2002（＊）	01/02/2003
意大利		30/09/1981	11/12/1986	01/01/1988
日本			01/07/2008（＊）	01/08/2009
吉尔吉斯斯坦			11/05/1999（＊）	01/06/2000
拉脱维亚			31/07/1997（＊）	01/08/1998
黎巴嫩			21/11/2008（＊）	01/12/2009
莱索托		18/06/1981	18/06/1981	01/01/1988
利比里亚			16/09/2005（＊）	01/10/2006
立陶宛			18/01/1995（＊）	01/02/1996
卢森堡			30/01/1997（＊）	01/02/1998
马达加斯加			24/09/2014（＊）	01/10/2015
毛里塔尼亚			20/08/1999（＊）	01/09/2000
墨西哥			29/12/1987（＊）	01/01/1989
蒙古			31/12/1997（＊）	01/01/1999
黑山			23/10/2006（§）	03/06/2006
荷兰		29/05/1981	13/12/1990（‡）	01/01/1992
新西兰			22/09/1994（＊）	01/10/1995
挪威	（d）	26/05/1981	20/07/1988	01/08/1989
巴拉圭	（a）		13/01/2006（＊）	01/02/2007
秘鲁			25/03/1999（＊）	01/04/2000
波兰		28/09/1981	19/05/1995	01/06/1996
韩国			17/02/2004（＊）	01/03/2005
摩尔多瓦共和国			13/10/1994（＊）	01/11/1995
罗马尼亚			22/05/1991（＊）	01/06/1992
俄罗斯	（a）		16/08/1990（＊）	01/09/1991
圣文森特和格林纳丁斯	（b）		12/09/2000（＊）	01/10/2001

续表

国家	注	签字日期	批准、加入（＊）、核准（†）、接受（‡）或继承（§）	生效日期
圣马力诺			22/02/2012（＊）	01/03/2013
塞尔维亚			12/03/2001（§）	27/04/1992
新加坡	（b）	11/04/1980	16/02/1995	01/03/1996
斯洛伐克	（b）		28/05/1993（§）	01/01/1993
斯洛文尼亚			07/01/1994（§）	25/06/1991
西班牙			24/07/1990（＊）	01/08/1991
瑞典	（d）	26/05/1981	15/12/1987	01/01/1989
瑞士			21/02/1990（＊）	01/03/1991
阿拉伯叙利亚共和国			19/10/1982（＊）	01/01/1988
马其顿共和国			22/11/2006（§）	17/11/1991
土耳其			07/07/2010（＊）	01/08/2011
乌干达			12/02/1992（＊）	01/03/1993
乌克兰	（a）		03/01/1990（＊）	01/02/1991
美国	（b）	31/08/1981	11/12/1986	01/01/1988
乌拉圭			25/01/1999（＊）	01/02/2000
乌兹别克斯坦			27/11/1996（＊）	01/12/1997
委内瑞拉		28/09/1981		
赞比亚			06/06/1986（＊）	01/01/1988

注：

（a）该国在批准或加入公约时根据公约第12条和第96条规定声明，公约第11条、第29条或第二部分任何条款，凡准予通过协议形式签订销售合同或进行修改或终止，或以书面形式以外的任何形式提出要约、承诺或表示意向者，概不适用于任何当事方在其各自国家内设有营业地点的销售合同。

（b）该国声明不受第1条第1款（b）项的约束。

（c）加拿大政府在加入时声明，根据公约第93条，公约同时适用于艾伯塔、不列颠哥伦比亚、马尼托巴、新不伦瑞克、纽芬兰、新斯科舍、安大略、爱德华王子岛和西北地区。在1992

年 4 月 9 日收到的一份声明中，加拿大政府将该公约的适用范围扩大到魁北克和萨斯喀彻温。在 1992 年 6 月 29 日收到的一份通知中，加拿大再将公约适用范围扩大到育空地区。在 2003 年 6 月 18 日收到的一份通知中，加拿大又将公约适用范围扩大到努勒维特地区。

（d）丹麦、芬兰、冰岛、挪威和瑞典声明，公约不适用于营业地点设在丹麦、芬兰、冰岛、挪威或瑞典的当事方的销售合同及合同的订立。

（e）德国政府在批准公约时声明，对于已经声明不适用第 1 条第 1 款（b）项的任何国家，德国也不适用第 1 条第 1 款（b）项。

（f）匈牙利政府在批准公约时声明，它认为经济互助委员会各成员国的组织之间接受交货的一般条件应受公约第 90 条规定的约束。

主要参考文献

［1］施米托夫．国际贸易法文选［M］．赵秀文，译．北京：中国大百科全书出版社，1993．

［2］王军．美国合同法判例选评［M］．北京：中国政法大学出版社，1995．

［3］张乃根．美国专利法判例选析［M］．北京：中国政法大学出版社，1995．

［4］杨良宜．国际货物买卖［M］．北京：中国政法大学出版社，1998．

［5］杨良宜．国际商务游戏规则［M］．北京：中国政法大学出版社，1998．

［6］杨桢．英美契约法论［M］．北京：北京大学出版社，2001．

［7］潘维大，黄阳寿．英美契约法案例解析［M］．北京：北京大学出版社，2001．

［8］克茨．欧洲合同法：上［M］．周忠海，等，译．北京：法律出版社，2001．

［9］王小能．票据法教程［M］．北京：北京大学出版社，2001．

［10］李巍．联合国国际货物销售合同公约评释［M］．北京：法律出版社，2002．

［11］王利明．中国民法案例与学理研究［M］．北京：法律出版社，2003．

［12］Kleinberger．代理、合伙与有限责任公司［M］．英文版．北京：中信出版社，2003．

［13］布鲁克．买卖与租赁［M］．英文版．北京：中信出版社，2003．

［14］布鲁克．支付系统：案例与解析［M］．英文版．北京：中信出版社，2003．

［15］杨良宜．国际商务与海事仲裁［M］．大连：大连海事大学出版社，2003．

［16］麦克约翰．知识产权法［M］．英文版．北京：中信出版社，2003．

［17］最高人民法院民事审判第四庭．涉外商事海事审判指导［M］．北京：人民法院出版社，2004．

［18］魏振瀛．民法［M］．北京：北京大学出版社，高等教育出版社，2006．

［19］施莱希特里姆．《联合国国际货物销售合同公约》评释［M］．李慧妮，译．北京：北京大学出版社，2006．

［20］张玉卿．国际货物买卖统一法——《联合国国际货物销售合同公约》释义［M］．3版．北京：中国商务出版社，2009．